Die Zehner-Gruppe

Bankwirtschaftliche Studien

Folge 2

Frank Braun

Die Zehner-Gruppe

Stellung und Kooperation der Zehner-Gruppe
im internationalen Währungssystem

Physica-Verlag · Würzburg
1970
ISBN 3 7908 0017 1

Bankwirtschaftliche Studien

Herausgeber:

Institut für Bank- und Kreditwirtschaft der

Bayer. Julius-Maximilians-Universität Würzburg.

Vorstände:

Prof. Dr. Werner Vollrodt Prof. Dr. Hans Ruchti

ISBN-13:978-3-7908-0017-3 e-ISBN-13:978-3-642-93616-6

DOI: 10.1007/978-3-642-93616-6

VORWORT

Seit Anfang der sechziger Jahre haben zehn Industrienationen der freien Welt - Belgien, die Bundesrepublik Deutschland, Frankreich, Großbritannien, Italien, Japan, Kanada, die Niederlande, Schweden und die Vereinigten Staaten - aufgrund ihrer währungspolitischen Kooperation eine unübersehbare Stellung innerhalb des internationalen Währungssystems aufgebaut. Mit dem Beginn der währungspolitischen Kooperation dieser Industrienationen ist für sie die Bezeichnung Zehner-Gruppe gebräuchlich geworden.
Die Kooperation der Mitglieder der Zehner-Gruppe hat im Einzelfall weltweites Interesse geweckt, und zwar insbesondere dann, wenn sie darauf gerichtet war, die Krisen zu überwinden, welche das internationale Währungssystem in immer kürzeren Intervallen erschütterten und dabei nicht nur die monetäre Basis der Weltwirtschaft zu zerstören drohten, sondern darüber hinaus den Integrationsprozeß der Weltwirtschaft gefährdeten. Weniger sichtbar für die breite Öffentlichkeit, aber nicht minder bedeutend für die Entwicklung der Weltwirtschaft sind die Bemühungen der Mitglieder der Zehner-Gruppe um eine Reform des internationalen Währungssystems.

Mit der vorliegenden Arbeit wird versucht, die Stellung und Kooperation der Zehner-Gruppe im internationalen Währungssystem, dessen Grundlage die Statuten des Internationalen Währungsfonds sind, darzustellen. Zu diesem Zweck wird in einem ersten Teil der Rahmen zur Kooperation innerhalb der Zehner-Gruppe beschrieben. Im zweiten Teil werden Ausgangspunkt und Grundlagen der Kooperation der Zehner-Gruppe dargelegt. Der dritte Teil befaßt sich mit der Kooperation der Mitglieder der Zehner-Gruppe in den Jahren 1963 bis 1969; dabei liegt das Schwergewicht einerseits auf den Maßnahmen zur Überwindung akuter Währungskrisen, andererseits auf den Maßnahmen zur Reform des internationalen Währungssystems. Im Mittelpunkt dieser Arbeit stehen monetäre Zusammenhänge. Die Arbeit wurde im September 1969 abgeschlossen.

An dieser Stelle möchte ich Herrn Professor Dr. Werner Vollrodt für die Betreuung der vorliegenden Arbeit danken.

Frank Braun

INHALTSVERZEICHNIS

ABKÜRZUNGSVERZEICHNIS

AKV	Allgemeine Kreditvereinbarungen
Articles of Agreement (1944)	Articles of Agreement of the International Monetary Fund (Abkommen über den Internationalen Währungsfonds)
Articles of Agreement (1968)	Amendment to the Articles of Agreement of the International Monetary Fund (Änderungen und Ergänzungen des Abkommens über den Internationalen Währungsfonds)
BGBl.	Bundesgesetzblatt
BIZ	Bank für Internationalen Zahlungsausgleich
CRU	Collective Reserve Units
EWA	Europäisches Währungsabkommen
EWG	Europäische Wirtschaftsgemeinschaft
EWGV	Vertrag zur Gründung der Europäischen Wirtschaftsgemeinschaft
EZU	Europäische Zahlungsunion
FAZ	Frankfurter Allgemeine Zeitung
Federal Reserve Bank	Federal Reserve Bank of New York
g	Gramm Feingold
GAB	General Arrangements to Borrow
GATT	General Agreement on Tariffs and Trade (Allgemeines Zoll- und Handelsabkommen)
IMF	International Monetary Fund
IWF	Internationaler Währungsfonds
MCA	Mutual Currency Account

NZZ	Neue Zürcher Zeitung, Fernausgabe
OECD	Organisation for Economic Cooperation and Development (Organisation für wirtschaftliche Zusammenarbeit und Entwicklung)
SDRs	Special Drawing Rights
SZ	Süddeutsche Zeitung
SZR	Sonderziehungsrechte

ERSTER TEIL

1 DER RAHMEN ZUR KOOPERATION DER ZEHNER-GRUPPE

11 DER INTERNATIONALE WÄHRUNGSFONDS ALS ZENTRALE INSTITUTION IM INTERNATIONALEN WÄHRUNGSSYSTEM

Während früher von einzelnen Volkswirtschaften immer wieder versucht worden war, zu einer relativen Autonomie innerhalb der Weltwirtschaft zu gelangen, wurde vor 25 Jahren damit begonnen, eine neuzeitliche, liberal geprägte Weltwirtschaft auf multilateraler Grundlage aufzubauen. Der Zweck der angestrebten ökonomischen Verflechtung, d.h. des umfangreicheren Austausches von Gütern und Leistungen zwischen den beteiligten Volkswirtschaften, besteht darin, die Arbeitsteilung auf internationaler Ebene zu intensivieren, um über den Weg zunehmender Spezialisierung eine größtmögliche Produktivität zu erreichen. Als Ziel des Strebens nach tieferer Arbeitsteilung, das auch mit dem Begriff der Integration gekennzeichnet werden kann, gilt allgemein die Erhöhung und Festigung des materiellen Wohlstands der beteiligten Staaten, damit die freiheitlichen Prinzipien, auf denen das Zusammenleben der Staaten der freien Welt aufbaut, weiter verfolgt werden können. Die ökonomische Verflechtung führt zwangsläufig zu einer gegenseitigen Abhängigkeit und zwingt die beteiligten Staaten zu einer Solidarität, die sogar über den ökonomischen Bereich hinauszugehen vermag. Wer versucht, sich dieser Solidarität zu entziehen, hemmt den Integrationsprozeß der Weltwirtschaft und läuft Gefahr, ökonomisch und politisch isoliert zu werden.

Wie innerhalb eines Staatsgebiets zwischen den verschiedenen Wirtschaftssubjekten, so entstehen aufgrund der güterwirtschaftlichen Transaktionen im Zuge der weltwirtschaftlichen Verflechtung gleichermaßen Forderungen und Verbindlichkeiten zwischen den beteiligten Volkswirtschaften. Während aber im nationalen Bereich die den güterwirtschaftlichen Transaktionen äquivalenten finanziellen Transaktionen unschwer in der jeweiligen Währung verrechnet und durchgeführt werden können, ist die ökonomische Verflechtung souveräner Staaten mit verschiedenen Währungen vom Funktionieren des internationalen Zahlungsverkehrs abhängig.[1] Daher mußte zur Realisierung der Integrationsbestrebungen ein Währungssystem aufgebaut werden, das einen ungestörten Austausch von Gütern und Leistungen gewährleisten würde.

Ein bedeutender Fortschritt im gemeinsamen Bemühen um ein neues internationales Währungssystem wurde erzielt, als sich die Vertreter von 44 Staaten im Juli 1944 zu einer Währungs- und Finanzkonferenz der Vereinten Nationen in Bretton Woods, N.H. (USA) trafen.[2] Die Grundlage der damals geführten Beratungen bildeten die von englischer Seite eingebrachten "Proposals for an International Clearing Union"[3] und die von amerikanischer Seite vorgelegten "United States Proposals for a United and Associated Stabilization Fund"[3]. Der erste Entwurf wird auch nach seinem Hauptverfasser, dem britischen Nationalökonomen J.M. Keynes, als Keynes-Plan benannt und der zweite nach seinem Hauptverfasser, dem amerikanischen Währungsexperten H.D. White, als White-Plan. Beide Pläne gehen auf das Jahr 1943 zurück, als erstmals zwischen Großbritannien und den Vereinigten Staaten Gespräche über den Aufbau eines neuen Weltwährungssystems stattfanden. Sowohl der Keynes-Plan als auch der White-Plan enthalten die Idee, "die währungspolitische Zusammenarbeit auf zwischenstaatlicher Ebene durch die Schaffung einer internationalen Organisation zu institutionalisieren"[4]. Nach mehrwöchigen Beratungen einigten sich die Konferenzteilnehmer auf einen Kompromiß zwischen den genannten Plänen und unterzeichneten am 22. Juli 1944 das Abkommen über die Errichtung eines Internationalen Währungsfonds. Das Abkommen trat am 27. Dezember

---

[1] Eine Darstellung der grundsätzlichen Zusammenhänge des Ablaufs des internationalen Zahlungsverkehrs gibt Schneider, E., Zahlungsbilanz und Wechselkurs, Eine Einführung in die monetären Probleme internationaler Wirtschaftsbeziehungsn, Tübingen 1968, S. 12 ff.. Über die technischen Einzelheiten des internationalen Zahlungsverkehrs informiert Lipfert, H., Internationaler Devisen- und Geldhandel, 2. Aufl. von Devisenhandel, Frankfurt am Main 1967.

[2] Siehe zu dieser Konferenz auch Madan, B.K., Echoes of Bretton Woods, in: Finance and Development, Vol. 6, No. 2, June 1969, S. 30 ff.

[3] Siehe zur Diskussion beider Vorschläge Robinson, J., The International Currency Proposals, in: The Economic Journal, Vol. LIII, 1943, S. 161 ff. und Scammel, W.M., International Monetary Policy, Second Ed. 1961, Reprinted 1965, London, S. 128 ff.

[4] Meyer, H., Die kurzfristige internationale Kredithilfe, Veröffentlichungen der Hochschule St.Gallen für Wirtschafts- und Sozialwissenschaften, Volkswirtschaftlich-wirtschaftsgeographische Reihe - Bd. 8, Zürich und St.Gallen 1966, S. 23.

1945 in Kraft, nachdem es von der Mehrzahl der beteiligten Staaten ratifiziert worden war. Der Internationale Währungsfonds (IWF) nahm im März 1947 in Washington, D.C. seine Geschäfte auf. Die Bundesrepublik Deutschland trat dem Abkommen über den IWF am 29. Juli 1952 bei.[5] Inzwischen ist die Zahl der Mitglieder auf 111 (Stand: September 1969) angewachsen. Von den Ländern der freien Welt ist die Schweiz das einzige Land mit wirtschaftlicher Relevanz, das nicht zu den ursprünglichen Mitgliedern des IWF zählte und auch bis heute noch keine IWF-Mitgliedschaft erworben hat.[6] Jedoch hat sich die Schweiz der internationalen Solidarität auf währungspolitischem Gebiet in den vorausgegangenen 25 Jahren keineswegs entzogen; sie nahm vielmehr an zahlreichen währungspolitischen Maßnahmen von Fall zu Fall teil, und zwar insbesondere im regionalen Rahmen. Außerdem hat sich die Schweiz 1963 in besonderen Vereinbarungen mit dem IWF verpflichtet, bei bestimmten, vom IWF gelenkten Maßnahmen mitzuwirken.

Auf der Grundlage, die die Konferenz von Bretton Woods geschaffen hat, entsteht "zum ersten Mal in der Geschichte - im Gegensatz zum Goldstandardsystem - ein organisches, durch geschriebene Vereinbarungen zwischen den Mitgliedsländern geschaffenes internationales Währungssystem"[7]. Mit der Unterzeichnung der IWF-Statuten verpflichten sich die Mitgliedsländer zur Zusammenarbeit in gegenseitigem Vertrauen und zur Bereitschaft zu gegenseitiger Hilfeleistung, wobei der IWF als zentrale Institution zur Kooperation, d.h. zur Konsultation und Koordination auf dem Gebiet der äußeren Währungspolitik seiner Mitglieder errichtet wurde. Die währungspolitische Koope-

---

[5] Siehe: Gesetz über den Beitritt der Bundesrepublik Deutschland zu den Abkommen über den Internationalen Währungsfonds (International Monetary Fund) und über die Internationale Bank für Wiederaufbau und Entwicklung (International Bank for Reconstruction and Development) - Vom 28. Juli 1952, BGBl., Jg. 1952, Tl. II, S. 637. Da nur Staaten Mitglieder des IWF werden können, wurde im Außenverhältnis die Bundesrepublik Träger von Rechten und Pflichten aus der IWF-Mitgliedschaft, während im Innenverhältnis die Notenbank der Bundesrepublik den erforderlichen Kredit für die Einzahlung des Mitgliedsbeitrags gewährt, den Geschäftsverkehr mit dem Fonds durchführt und als Hinterlegungsstelle des Fonds dient. Siehe ebenda und siehe: § 20, Abs. 1, Ziff. 2, Buchst. a Gesetz über die Deutsche Bundesbank.

[6] Für und Wider einer schweizerischen IWF-Mitgliedschaft werden dargelegt von Schaefer, A., Beitritt der Schweiz zum Währungsfonds?, in: NZZ, Nr. 117, 30. 4. 1968, S. 13.

[7] Schneider, E., a.a.O., S. 179 (im Original in Kursivschrift).

ration innerhalb des institutionellen Rahmens des IWF wird ergänzt durch eine teilweise noch intensivere währungspolitische Kooperation einzelner Ländergruppen, und zwar aufgrund informeller oder formeller Vereinbarungen. In diesem Zusammenhang ist die währungspolitische Kooperation der 21 Mitgliedsländer der OECD, der sechs EWG-Länder und, wie in der vorliegenden Arbeit gezeigt werden soll, insbesondere die währungspolitische Kooperation der Mitgliedsländer der Zehner-Gruppe hervorzuheben. Demnach bilden die IWF-Statuten nur die Grundlage und den Rahmen dessen, was gegenwärtig als internationales Währungssystem[8] bezeichnet wird. Das internationale Währungssystem, das auf der Grundlage der IWF-Statuten aufbaut, besteht jedoch "aus einem Ineinanderwirken von internationalen und nationalen Verhaltensnormen, teilweise in Form vertraglich fixierter Regeln und Vereinbarungen, teilweise als ungeschriebene Spielregeln, wirtschaftspolitische Überzeugungen, Attitüden und Hemmungen" [9].

111 Die Organisation und Geschäftsführung des Internationalen Währungsfonds

Der IWF hat drei Organe:[1] den Gouverneursrat (Board of Governors), den Exekutivrat (Executive Board) und den Geschäftsführenden Direktor (Managing Director).

Alle dem IWF übertragenen Befugnisse liegen beim Gouverneursrat, der als oberstes Organ fungiert. In ihm wird jedes Mitgliedsland durch einen Gouverneur und seinen Stellvertreter repräsentiert. Dabei wird das Amt des Gouverneurs in der Regel durch den Notenbankpräsidenten oder den für die Währungspolitik zuständigen Minister des betreffenden Mitgliedslandes ausgeübt. Die Gouverneure treten alljährlich zu einer Jahrestagung zusammen, die alle drei Jahre jeweils in einem anderen

---

[8] Die Begriffe "internationales Währungssystem", "internationale Währungsordnung", "Weltwährungssystem" und "Währungssystem" werden in der vorliegenden Arbeit synonym gebraucht.

[9] Emminger, O., Internationales Währungssystem, in: Enzyklopädisches Lexikon für das Geld-, Bank- und Börsenwesen, Bd. 2, 3. Aufl., Frankfurt am Main 1967/68, S. 843.

---

[1] Siehe hier und im folgenden Art. XII Articles of Agreement (1944).

Mitgliedsland außerhalb der Vereinigten Staaten stattfindet und in den dazwischenliegenden Jahren in Washington, D.C., am Sitz des Fonds abgehalten wird. Sie dient der Stellungnahme zum Jahresbericht, der Diskussion über internationale Währungs- und Finanzprobleme und schließlich der Beschlußfassung über die zukünftige Konzeption der Fondspolitik. Die Jahrestagungen des Fonds und der Weltbank[2], die zur gleichen Zeit und am gleichen Ort abgehalten werden, haben im Verlauf der zweieinhalb Jahrzehnte des Bestehens dieser Institutionen den Charakter internationaler Währungs- und Finanzkonferenzen ersten Ranges angenommen.
Die praktische Leitung des Fonds liegt jedoch nicht bei den Gouverneuren, sondern beim Exekutivrat, dem der Gouverneursrat im Einklang mit den IWF-Statuten verschiedene seiner Befugnisse übertragen hat. Der Exekutivrat setzt sich zur Zeit aus 20 Exekutivdirektoren (Executive Directors) zusammen. Fünf der Direktoren werden von den Mitgliedsländern mit den fünf höchsten Quoten am Fondsvermögen ernannt, während die anderen Direktoren durch die Gouverneure der übrigen Mitgliedsländer alle zwei Jahre gewählt werden.
Der Exekutivrat wählt einen Geschäftsführenden Direktor für eine Amtszeit von fünf Jahren außerhalb des Personenkreises der Gouverneure und Direktoren. Der Geschäftsführende Direktor führt den Vorsitz im Exekutivrat und die laufenden Geschäfte des Fonds nach den Weisungen der Direktoren.[3]

Für die Beschlußfassung gelten folgende Regelungen:[4] Bei Abstimmungen hat jedes Mitgliedsland 250 zugeteilte Stimmen und entsprechend seiner finanziellen Beteiligung am Fonds je eine weitere pro einhunderttausend US-Dollar. Damit bestimmt sich das Gewicht eines Landes bei Abstimmungen im wesentlichen, wenn auch nicht ausschließlich nach der Höhe seiner finanziellen Beteiligung. Normalerweise können die Entscheidungen mit einfacher Stimmenmehrheit der gewogenen

---

[2] Siehe zur Weltbank bei Joerges, H., Schleiminger, G., Internationaler Währungsfonds - Weltbank - IFC - IDA, Frankfurt am Main 1965, S. 57 ff.

[3] Von 1946 - 1951 war der Belgier Camille Gutt Geschäftsführender Direktor. Von 1951 - 1956 wurde dieses Amt von dem Schweden Ivar Rooth übernommen. Von 1956 - 1963 folgte der Schwede Per Jacobsson. Seit 1963 ist der Franzose Pierre-Paul Schweitzer Geschäftsführender Direktor des IWF; er wurde 1968 für eine weitere Amtsperiode von fünf Jahren gewählt.

[4] Siehe Art. XII, Abschnitt 5 Articles of Agreement (1944).

Stimmen getroffen werden. Besonders bedeutsame und in den IWF-Statuten im einzelnen genannte Entscheidungen können jedoch nur mit einer qualifizierten Mehrheit der gewogenen Stimmen getroffen werden. Dies gilt vor allem für Änderungen der Quoten am Fondsvermögen. Für sie war bisher eine qualifizierte Mehrheit von 80 v.H. der gewogenen Stimmen erforderlich.[5] Damit hatten bisher im Fall von Quotenänderungen nur die Vereinigten Staaten, die einen Anteil von rd. 22 v.H. der Stimmen besitzen, eine Sperrminorität, während dagegen die Gruppe der kontinentaleuropäischen Länder mit rd. 24 v.H. Stimmenanteil schwächer vertreten war als es ihrem weltwirtschaftlichen Gewicht entsprochen hätte. Dies gilt insbesondere für die EWG-Länder, deren Stimmenanteil sich nur auf knapp 17 v.H. beläuft. Mit dem Inkrafttreten der Änderungen und Ergänzungen zu den IWF-Statuten wurde die qualifizierte Mehrheit für den Fall von Quotenänderungen auf 85 v.H. der gewogenen Stimmen angehoben.[6]

112 Die Ziele des Internationalen Währungsfonds

Das auf den IWF-Statuten aufbauende internationale Währungssystem ist "ein komplexes Instrument mit dem ebenso komplexen Zweck, gleichzeitig für jedes der zahlreichen Länder ein ausgewogenes Verhältnis zwischen mehreren binnenwirtschaftlichen und außenwirtschaftlichen Zielen zu erreichen"[1]. Gleichwohl lassen sich drei Hauptziele der internationalen Zusammenarbeit im Rahmen der IWF-Statuten hervorheben:

> "Stabilität der Wechselkurse mit geordneten Paritäten zwischen den Währungen der Mitgliedsländer,

---

[5] Siehe Art. III, Abschnitt 2 Articles of Agreement (1944).

[6] Siehe Art. III, Abschnitt 2 Articles of Agreement (1968). Siehe zur Begründung Gliederungspunkt 32313, S. 218 ff.

---

[1] "The international monetary system is thus a complex instrument, with the equally complex objective of attaining simultaneously, for each of a very large number of countries, an appropriate balance among a number of internal and external objectives." Schweitzer, P.-P., The International Monetary System and International Liquidity, Address by the Managing Director of the International Monetary Fund at the Institut d'Etudes Bancaires et Financières Paris - June 2, 1965 (English text of Speech being delivered in French), in: Deutsche Bundesbank/Auszüge aus Presseartikeln, Nr. 40/4. 6. 1965, S. 2.

Errichtung eines multilateralen Zahlungssystems für alle laufenden Geldleistungen unter gleichzeitigem Abbau der handelspolitischen Devisenrestriktionen und schließlich
die Stützung einzelner von vorübergehenden Zahlungsbilanzstörungen betroffener Mitgliedsländer mit Hilfe von Überbrückungskrediten."[2]

Selbstverständlich sind diese Hauptziele der monetären Kooperation in multilateralem Rahmen dem obersten Ziel der Kooperation, nämlich der Förderung eines ausgeglichenen Welthandelswachstums und damit des materiellen Wohlstands der beteiligten Länder[3], untergeordnet. Mit der Realisierung der drei Hauptziele wird vielmehr erst die Bedingungslage für die optimale Realisierung des obersten Ziels der Kooperation geschaffen. Die monetäre Kooperation erfolgt mithin nicht um ihrer selbst willen. Sie hat vielmehr die Funktion, die ökonomische Integration der beteiligten Länder überhaupt erst zu ermöglichen und soweit sie erreicht ist, von Störungen im monetären Bereich abzuschirmen.

1121 Förderung der Stabilität der Wechselkurse

Die ökonomische Verflechtung verschiedener Währungsgebiete erfordert einen Markt, auf dem die unterschiedlichen Währungen als Äquivalent der güterwirtschaftlichen Übertragungen gehandelt, d.h. gekauft und verkauft werden können. Der Kauf und der Verkauf von Währungen werden vom Devisenhandel auf dem Devisenmarkt durchgeführt. Der Preis, der dabei entsteht, ist der Wechsel- oder Devisenkurs. Er wird in der Regel als Preis der ausländischen Währung, ausgedrückt in nationaler Währung, definiert.

Zur Realisierung des angestrebten Ziels stabiler Wechselkurse verpflichten sich die IWF-Mitglieder, bei den untereinander durchzuführenden Devisentransaktionen verschiedene Regeln einzuhalten.[1] Dazu

---

[2] Schmölders, G., Geldpolitik, 2. Aufl., Tübingen - Zürich 1968, S. 236. Vgl. auch Art. I Articles of Agreement (1944).

[3] Vgl. Art. I. Articles of Agreement (1944).

---

[1] Siehe dazu Art. IV Articles of Agreement (1944).

gehört insbesondere die Verpflichtung zur Festlegung eines Wechselkurses, des Paritätswerts, gegenüber den Währungen der anderen IWF-Mitglieder. Dieser Paritätswert ist in Gold (Goldparität) oder in US-Dollar (Währungsparität) im Gewicht und in der Feinheit vom 1. Juli 1944 auszudrücken. Da der US-Dollar fest an den Goldpreis gebunden ist[2], entsteht also in beiden Fällen, gleichgültig ob der Paritätswert einer Währung in Gold oder in US-Dollar ausgedrückt wird, eine stabile Relation zu den anderen Währungen. Außerdem ist jede Währung direkt - oder indirekt über den US-Dollar - an den Goldpreis gebunden. Damit besitzt das Gold die Funktion eines gemeinsamen Maßstabs und absoluten Wertmessers. Die IWF-Mitglieder haben ferner dafür Sorge zu tragen, daß die auf dem Devisenmarkt aufgrund der jeweiligen Angebots-Nachfrage-Konstellation sich tatsächlich einstellenden Kurse, bei Kassageschäften nicht mehr als jeweils 1 v.H. über (oberer Interventionspunkt) oder unter (unterer Interventionspunkt) dem Paritätswert liegen.[3] Die Bandbreite, d.h. die Spanne zwischen dem oberen und dem unteren Interventionspunkt soll also nicht größer als 2 v.H. des Paritätswerts sein. Für die Devisentermingeschäfte sind in den IWF-Statuten zwar keine Kurslimite vorgeschrieben, doch sollen sich die Terminkurse innerhalb angemessener Grenzen bewegen. Sobald der Wechselkurs in bezug auf den US-Dollar die Interventionspunkte zu überschreiten bzw. unterschreiten droht, ist die entsprechende Notenbank verpflichtet, solange als Anbieter bzw. Nachfrager von US-Dollar aufzutreten, d.h. auf dem Devisenmarkt zu intervenieren, bis sich der Kassakurs der betroffenen Währung wieder in der Nähe der festgelegten Währungsparität eingependelt hat.[4] Darüber hinaus

---

[2] Im Gold Reserve Act von 1934 wurde der Preis des Goldes mit 35 US-$ pro Troy-Unze (rd. 31,1 g) vom US-Schatzamt festgelegt und seither beibehalten.

[3] Nach dem Inkrafttreten des EWA hat der Exekutivrat 1959 beschlossen, die Bandbreite für Devisenkassageschäfte in den Währungen der am EWA beteiligten Länder bis zu 2 v.H. beiderseits des Paritätswertes zu erweitern. Siehe IMF, Annual Report (1959/60), S. 31. Dieser Beschluß war erforderlich, "weil sämtliche EWA-Länder auf dem Devisenmarkt nur in US-Dollars intervenieren, also nur diesem gegenüber die Schwankungen ihrer Währung innerhalb der vorgeschriebenen Limite (in der bisherigen Praxis der meisten EWA-Länder sogar innerhalb ± 3/4 v.H.) halten. Zwischen zwei EWA-Währungen kann also ... eine äußerste Abweichung von der rechnerischen Parität in Höhe von etwa 1,5 v.H. nach beiden Seiten auftreten." Emminger, O., Internationaler Währungsfonds, in: Enzyklopädisches Lexikon für das Geld-, Bank- und Börsenwesen, Bd.2, 3. Aufl., Frankfurt am Main 1967/68, S. 836.

[4] Die Beeinflussung der Kursbildung auf den Devisenmärkten kann auch durch koordinierte Interventionen mehrerer Notenbanken erfolgen.

liegt es im Ermessen der Notenbanken, die Kursbildung auf den Devisenmärkten zu beeinflussen.[5] Festzuhalten ist jedoch, daß die Interventionen der Notenbanken der IWF-Mitgliedsländer grundsätzlich nur in US-Dollar erfolgen; nur in Einzelfällen wird auch in Pfund Sterling interveniert. Zum Zweck der Intervention benötigen die Notenbanken ausreichende Bestände an Währungsreserven. Die traditionellen Währungsreserven, die auch als Primärreserven bezeichnet werden, setzen sich im gegenwärtigen Währungssystem aus Devisen und Gold[6] zusammen. Als Devisenbestandteil der Währungsreserven halten die Notenbanken vornehmlich US-Dollar-Bestände und in geringerem Umfang auch Bestände an Pfund Sterling.[7] Beide Währungen werden außerdem bei der Fakturierung des internationalen Handels in weitestem Umfang verwendet. Daher werden diese Währungen auch als Reservewährungen bezeichnet.[8] Die dominierende Stellung nimmt dabei der US-Dollar ein, dessen volle Goldkonvertibilität im Verkehr mit Währungsbehörden ihn bisher als Währungsreserve zudem besonders attraktiv erscheinen ließ.

Wenngleich die Stabilität der Wechselkurse ein wichtiges Kennzeichen des gegenwärtigen Währungssystems ist, so ist doch auch in den IWF-Statuten die Änderung der Paritäten als währungspolitisches Mittel verankert.[9] Aufwertungen und Abwertungen sind nach den IWF-Statuten

5 Siehe zur Praxis der Intervention Einzig, P., The Support Points Mechanism, in: Banca Nazionale del Lavoro, Quarterly Review, Vol. XVIII, No. 74, September 1965, S. 225 ff.

6 Zur Wertmesserfunktion des Goldes tritt also seine Reservefunktion hinzu. Im gegenwärtigen Währungssystem werden die Goldbestände der Notenbanken hauptsächlich zum Erwerb der Interventionswährung US-Dollar verwendet und nur sehr selten zum Zweck direkter Zahlungen zwischen Notenbanken bzw. Währungsbehörden.

7 Daher wird das gegenwärtige Währungssystem verschiedentlich auch als Gold-Dollar-Standard bezeichnet.

8 Die Begriffe "Reservewährung", "Leitwährung" und "Schlüsselwährung" werden in der einschlägigen Literatur synonym verwendet. Im folgenden dieser Arbeit wird der Begriff "Reservewährung" gebraucht. Siehe zu den Merkmalen einer Reservewährung C.J. Devine Institute of Finance, New York University, The Key Currencies, Bulletin, No. 17, November 1961, S. 7 ff.. Siehe auch Karlstroem, Bo S., How Did They Become Reserve Currencies?, in: Finance and Development, Vol. 4, No. 3, September 1967, S. 209 ff.

9 Da es gilt, den Rahmen zur Kooperation der Zehner-Gruppe zu kennzeichnen, kann nachstehend nur angedeutet werden, wie sich die Theorie zum Problem der Wechselkurspolitik stellt. Stellvertretend für die nahezu unermeßliche Literatur sei zunächst Küng, E., Zah-

für den Fall vorgesehen, daß die Beseitigung eines fundamentalen Ungleichgewichts (fundamental disequilibrium) der Zahlungsbilanz auf andere Weise nicht möglich ist. Die nahestehende Frage, was unter einem fundamentalen Ungleichgewicht zu verstehen ist, bleibt in den IWF-Statuten selbst indeterminiert. Im allgemeinen kann man darunter jedoch ein Ungleichgewicht verstehen, "das nicht vorübergehender Natur ist und nicht durch die Beeinflussung der effektiven Nachfrage mit Hilfe ... der Kredit- und Finanzpolitik beseitigt werden kann"[10]. Vor jeder Paritätsänderung hat das entsprechende IWF-Mitglied die Fondsleitung zu konsultieren, da die Interessen der von jeder Paritätsänderung ebenfalls betroffenen anderen Mitgliedsländer berücksichtigt werden sollen. Soweit die vorgeschlagene Änderung unter Berücksichtigung der bisher durchgeführten Änderungen nicht mehr als 10 v.H. von der Anfangsparität abweicht, hat die Fondsleitung kein Einspruchsrecht. Darüber hinausgehenden Änderungen kann sie ihre Zustimmung nur dann verweigern, wenn sie nicht davon überzeugt ist, daß die Änderung erforderlich ist, um eine grundlegende Störung des Gleichgewichts zu beheben. Dem Fonds wird also keineswegs die Pflicht auferlegt, "im Namen der Stabilität Wechselkursraten zu verewigen, welche die Verbindung zu den wirtschaftlichen Realitäten verloren haben"[11]. Vielmehr wurde im Fonds schon rechtzeitig erkannt, daß fundamentale Störungen des außenwirtschaftlichen Gleichgewichts der IWF-Mitgliedsländer durch eine realistische Wechselkurspolitik behoben werden müssen[12] und daß unter bestimmten Umständen sogar frei schwankende Wechselkurse vorübergehend sinnvoller sein können, als die Aufgabe

---

lungsbilanzpolitik, St. Galler Wirtschaftswissenschaftliche Forschungen, Hrsg. Handels-Hochschule St. Gallen, Bd. 15, Zürich - Tübingen 1959, S. 851 angeführt. Nach umfassender Analyse ergibt sich für ihn "als besonders bemerkenswerte Schlußfolgerung eine gewisse Überlegenheit der Wechselkurspolitik im Vergleich zu allen anderen Ausgleichsverfahren ... wobei insbesondere die flexiblen Wechselkurse Situationen gewachsen sind, in denen die übrigen Methoden versagen." Und selbst bei Berücksichtigung ihrer negativen Auswirkungen liegt ihre Überlegenheit noch darin begründet, "daß die Summe der Nachteile bei ihnen in verschiedenen Fällen im kleinsten erscheint und daß die Vereinbarkeit mit den unterschiedlichsten Störungsarten bei voller Wahrung wichtigster Werte am ausgeprägtesten ist". Ebenda. Siehe zur Diskussion dieses Problems auch bei Machlup, F., Die Pläne zur Reform des internationalen Geldwesens, Kieler Vorträge, Neue Folge 23, Kiel 1962, S. 50 ff.

[10] Schneider, E., a.a.O., S. 184.

[11] IMF, Annual Report (1947/48), S. 21.

[12] Siehe IMF, Annual Report (1948/49), S. 21.

der bisherigen Parität verbunden mit dem sofortigen Übergang zu einer neuen Parität[13]. Weil die IWF-Statuten den Fall frei schwankender Wechselkurse aber nicht vorsehen, kann der Fonds den Übergang zu frei schwankenden Wechselkursen allerdings nicht offiziell genehmigen, sondern lediglich für eine Übergangszeit tolerieren.[14] Die Initiative zu einer Paritätsänderung liegt jedoch in jedem Fall beim Mitgliedsland, das der Fondsleitung die Gründe und das Ausmaß der beabsichtigten Korrektur mitzuteilen hat. Da die Fondsleitung Paritätsänderungsanträgen nur unter den genannten Voraussetzungen zustimmt und auch solche Paritätsänderungen, die keinem Einspruchsrecht der Fondsleitung unterliegen, an diese Voraussetzungen gebunden sind, können die IWF-Mitglieder Änderungen der grundsätzlich festen Paritäten ihrer Währungen nur von Fall zu Fall vornehmen. Daher kann das Wechselkurssystem des IWF auch als System der fallweisen Paritätsänderungen bezeichnet werden.[15] In Anpassung an die wirtschaftlichen Realitäten in den einzelnen Mitgliedsländern hat sich jedoch das auf einer formalen Einheitlichkeit aufbauende Wechselkurssystem des IWF zu einem weitgespannten Fächer entwickelt, der "von der äußersten Starrheit bei den Reservewährungen über die Benutzung von Wechselkursänderungen als ‚ultima ratio' bei den übrigen Industrieländern bis zur völligen Beweglichkeit des Wechselkurses bei inflationsanfälligen Randländern der Weltwirtschaft reicht"[16].

Abschließend ist noch festzuhalten, daß die IWF-Statuten auch den Fall einheitlicher Paritätsänderungen der Währungen aller IWF-Mitglieder vorsehen. Für einheitliche Paritätsänderungen wäre bisher eine einfache Mehrheit der gewogenen Stimmen der IWF-Mitglieder, einschließlich der Zustimmung jedes IWF-Mitglieds, das 10 v.H. oder mehr der Stimmen besitzt (Vereinigte Staaten und Großbritannien), erforderlich

[13] Siehe insbesondere IMF, Annual Report (1950/51), S. 36 ff. und IMF, Annual Report (1961/62), S. 58 ff.

[14] Siehe auch de Vries, M.G., Fluctuating Exchange Rates: The Fund's Approach, in: Finance and Development, Vol. 6, No. 2, June 1969, S. 44 ff.

[15] Vgl. Schneider, E., a.a.O., S. 185. Ebenda, S. 80 zum Bereich der Möglichkeiten für die Wechselkursgestaltung.

[16] Emminger, O., Grundprobleme der internationalen Währungsordnung, Referat auf der Wirtschaftswissenschaftlichen Tagung 1964 der Gesellschaft für Wirtschaft- und Sozialwissenschaften in Travemünde am 22. September 1964, in: Deutsche Bundesbank/Auszüge aus Presseartikeln, Nr. 65/7. 10. 1964, S. 4.

gewesen.[17] Mit dem Inkrafttreten der Änderungen und Ergänzungen zu den IWF-Statuten wird für Entscheidungen über einheitliche Paritätsänderungen eine qualifizierte Mehrheit von 85 v.H. der gewogenen Stimmen verlangt.[18]

1122 Errichtung eines multilateralen Zahlungssystems und Beseitigung von Devisenverkehrsbeschränkungen

Die weltwirtschaftliche Integration setzt den Aufbau eines Zahlungssystems voraus, in dem das Prinzip der Multilateralität und des freien Austausches der Währungen dominiert. Zur Verwirklichung dieses Ziels verpflichten sich die IWF-Mitglieder nach Artikel VIII der IWF-Statuten grundsätzlich dazu,

> Beschränkungen der Zahlungen für laufende internationale Transaktionen zu vermeiden,
> unzulässige und vom Fonds nicht genehmigte diskriminierende Währungspraktiken zu Lasten anderer IWF-Mitglieder zu unterlassen
> und insbesondere nach eigener Wahl Guthaben der nationalen Währung, die andere IWF-Mitglieder erworben haben, entweder in der Währung des anderen IWF-Mitglieds oder in Gold zurückzukaufen, d.h. zu konvertieren.

Sowohl die Vorschriften bezüglich der Vermeidung von Devisenverkehrsbeschränkungen als auch bezüglich der Konvertibilität[1], gelten jedoch wohlgemerkt nur für Zahlungen zur Abwicklung laufender Transaktionen, d.h. Zahlungen aus dem Waren- und Dienstleistungsverkehr

---

[17] Siehe Art. IV, Abschnitt 7 Articles of Agreement (1944).

[18] Siehe Art. IV, Abschnitt 7 Articles of Agreement (1968). Siehe zur Begründung Gliederungspunkt 32313, S. 218 ff.

---

[1] Siehe zu den verschiedenen Begriffsbildungen hinsichtlich der Konvertibilität bei Veit, O., Grundriß der Währungspolitik, Zweite unveränderte Aufl., Frankfurt/Main ohne Jahr, S. 780 ff. und Lutz, F.A., The Case for Flexible Exchange Rates, in: Banca Nazionale del Lavoro, Quarterly Review, Vol. VII, No. 3, December 1954, S. 175 ff.

und Zahlungen auf Kapitalerträge[2]. Dagegen wird die Regelung des Kapitalverkehrs nach den IWF-Statuten praktisch ganz der Autonomie der Mitgliedsländer überlassen.[3] Es hat sich jedoch gezeigt, daß der Fonds in der praktischen Entwicklung seiner Geschäftspolitik, über den durch die IWF-Statuten vorgegebenen Rahmen hinaus, auch den Abbau von Beschränkungen im Bereich des Kapitalverkehrs begünstigt. Dazu sah er sich vor allem deshalb veranlaßt, weil in der Praxis der führenden Industrieländer sowie in später in Kraft getretenen internationalen Verträgen die Freizügigkeit immer mehr auch auf den Kapitalverkehr ausgedehnt wurde.[4]

Den generellen Verpflichtungen nach Artikel VIII stehen zwei Ausnahmeregelungen gegenüber: Die Ausnahmeregelung über knappe Währungen[5] und die Ausnahmeregelung bezüglich der Übergangsphase[6]. Sofern die Nachfrage nach der Währung eines IWF-Mitglieds die Fähigkeit des Fonds, diese Währung bereitzustellen, ernstlich zu gefährden droht, kann er diese Währung offiziell für knapp erklären. Damit wird den anderen IWF-Mitgliedern die Ermächtigung erteilt, nach Beratung mit der Fondsleitung unter Hinzuziehung des betroffenen IWF-Mitglieds, dessen Währung zu diskriminieren, d.h. den freien Zahlungsverkehr in der betroffenen Währung zeitweilig zu beschränken. Eine derartige Erklärung ist aber an die Voraussetzung einer nachhaltigen Knappheit in den Beständen des Fonds an der betreffenden Landeswährung gebunden. Da der Fonds die Möglichkeit hat, von der Bereitstellung knapp werdender Währungen abzusehen und darüber hinaus den Verkauf der knapp werdenden Währung zur Auffüllung seiner Bestände von dem betreffen-

---

[2] Vgl. Art. XIX (i) Articles of Agreement (1944). Dazu Evans, Jr., J.G., Current and Capital Transactions: How the Fund Defines Them, in: Finance and Development, Vol. 5, No. 3, September 1968, S. 35: "It can be stated with reasonable accuracy that the definition ... includes all payments that by generally accepted economic formulations would be considered as current, with the exception of 'transfer payments' such as donations, gifts, and inheritances; in addition certain payments that would otherwise have been considered capital are specifically deemed to be current."

[3] Siehe auch Art. VI, Abschnitt 3 Articles of Agreement (1944).

[4] Vgl. Emminger, O., Internationaler Währungsfonds, a.a.O., S. 841. Ebenda: "Als Fernziel, das allerdings nur schrittweise erreicht werden kann, ist die Vollkonvertibilität unter Einschluß des Kapitalverkehrs seit Jahren überwiegend anerkannt."

[5] Nach Art. VII, Abschnitt 3 Articles of Agreement (1944).

[6] Nach Art. XIV, Abschnitt 2 Articles of Agreement (1944).

den Mitgliedsland verlangen kann, wurde bisher noch keine Währung offiziell für knapp erklärt.[7] Von größerem Gewicht ist die zweite Ausnahmeregelung, die den Mitgliedsländern erlaubt, für eine nicht begrenzte Übergangszeit nach Inkrafttreten der IWF-Statuten, Beschränkungen im Zahlungs- und Überweisungsverkehr für laufende Transaktionen aufrechtzuerhalten und der jeweiligen Zahlungsbilanzsituation durch weitere Schritte anzupassen. Allerdings sind diejenigen IWF-Mitglieder, die von der Übergangsregelung Gebrauch machen, dazu verpflichtet, die Fondsleitung davon in Kenntnis zu setzen und seit 1952 mit der Fondsleitung zu alljährlichen Konsultationen zusammenzutreten.[8] Im Verlauf der Konsultationen kann die Fondsleitung jedoch nur Empfehlungen zum Abbau der Beschränkungen geben, wohingegen die Aufhebung noch vorhandener Beschränkungen allein den Mitgliedsländern überlassen bleibt. Die praktische Bedeutung der zweiten Ausnahmeregelung zeigt sich darin, daß bis Mitte 1969 erst 34 von insgesamt 111 Mitgliedsländern auf die Inanspruchnahme der Übergangsregelung verzichtet und die Verpflichtungen von Artikel VIII übernommen haben.[9] Alle übrigen IWF-Mitglieder machen von den Möglichkeiten der Übergangsregelung in mehr oder minder weitem Ausmaß noch immer Gebrauch. Die für eine gewisse Übergangszeit nach Inkrafttreten der IWF-Statuten vorgesehenen Erleichterungen sind "zu einer allgemeinen Schutzbestimmung für die Devisensysteme der schwächeren Länder geworden"[10].

Dagegen erklärten bereits am 29. Dezember 1958 die meisten europäischen Länder, als Ergebnis einer mehr als zehnjährigen Zusammenar-

---

[7] Siehe zu den Gründen, die zur Aufnahme dieser Ausnahmeregelung führten, Emminger, O., Internationaler Währungsfonds, a.a.O., S. 838.

[8] Siehe zu den Konsultationsverfahren van der Mensbrugghe, J., Consultations with the Fund, in: Finance and Development, Vol. 2, No. 2, June 1965, S. 90 ff.

[9] Siehe IMF, Twentieth Annual Report on Exchange Restrictions (1969), S. 1.

[10] Joerges, H., Schleiminger, G., a.a.O., S. 27. Dazu de Vries, M.G., Exchange Restrictions: Progress Toward Liberalization, in: Finance and Development, Vol. 6, No. 3, September 1969, S. 43: "While the industrial countries were able to maintain their external economic relations with few limitations on the acquisation or use of foreign exchange, many less developed countries continued to rely on restrictions. Several of them even tightened their restrictions, both to deal with payments deficits and to protect domestic industries ... Possibly worst of all, in some less developed countries restrictions seemed to have become more or less permanent."

beit im europäischen Raum, die Ausländerkonvertibilität (nonresident convertibility) ihrer Währungen.[11] Der Übergang zur Ausländerkonvertibilität erfolgte auf der Grundlage stabiler Kurse, die gegenüber dem US-Dollar nur in engen Grenzen schwankten. Dabei ging die Bundesrepublik Deutschland in zweierlei Hinsicht weiter als es die multilateralen Vereinbarungen der an diesem Schritt beteiligten Länder forderten, indem sie die Konvertibilität auch auf die Inländer (resident convertibility) ausdehnte und außerdem auch den Kapitalverkehr von Beschränkungen freistellte.[12] Diese weiterreichenden Maßnahmen waren der Bundesrepublik insbesondere deshalb möglich, weil sie zu diesem Zeitpunkt eine starke Überschußposition aufgebaut hatte. Damit aber hatte sie de facto die Anforderungen von Artikel VIII sogar übertroffen, wenngleich der formelle Übergang zu Artikel VIII erst später erfolgte. Der insgesamt erreichte Grad der Liberalisierung war nicht einheitlich. Dennoch war der gemeinsame Schritt für die Vorbereitung des Übergangs zu Artikel VIII von wesentlicher Bedeutung.[13] Dieser Übergang wurde am 15. Februar 1961 von neun Ländern (Belgien, Bundesrepublik Deutschland, Frankreich, Großbritannien, Irland, Italien, Luxemburg, Niederlande, Schweden) vollzogen, die alle bereits 1958 die Ausländerkonvertibilität ihrer Währungen erklärt hatten und bis 1961 die noch bestehenden Beschränkungen aufhoben.[14] Zur gleichen Zeit ging auch Peru zu Artikel VIII über und nur wenig später folgte Saudi-Arabien mit dem Übergang zu Artikel VIII. Nachdem zehn[15] andere Mitgliedsländer schon vor 1961 diesen Übergang vollzogen hatten, waren 1961 also die Währungen von 21 Mitgliedsländern im Sinne der IWF-Statuten konvertierbar. Als 1962 auch Österreich und 1964 noch Japan die Verpflichtungen von Artikel VIII

---

[11] Dieser Schritt erfolgte im Zusammenhang mit der Auflösung der EZU und dem Inkrafttreten des EWA.

[12] Vgl. Deutsche Bundesbank, Geschäftsbericht für das Jahr 1958, S. 68.

[13] Dazu IMF, Tenth Annual Report on Exchange Restrictions (1959), S. 9: "Experience has shown that after the disturbances of World War II convertibility could not be introduced all at once; it had to be achieved by successive steps, and it was therefore of the greatest importance that the industrialized European Countries seized the opportunity to go ahead - and it was also important that they did so by a concerted action."

[14] Siehe IMF, Twelfth Annual Report on Exchange Restrictions (1961), S. 3 ff.

[15] Dominikanische Republik, El Salvador, Guatemala, Haiti, Honduras, Kanada, Kuba, Mexico, Panama, USA.

übernahmen, hatten neben anderen Ländern alle Industrieländer, auf die auch der Hauptteil des Welthandels entfällt, konvertierbare Währungen.[16] Damit war eines der wichtigsten Ziele für die Aufbauphase des gegenwärtigen Währungssystems weitgehend erreicht, nämlich die Errichtung eines multilateralen Zahlungssystems und die Beseitigung von Devisenverkehrsbeschränkungen bei grundsätzlich festen Wechselkursen.

Der Übernahme der Verpflichtungen nach Artikel VIII durch die oben genannten IWF-Mitglieder zu Anfang 1961 ging 1960 eine Entscheidung des Exekutivrats voraus, in welcher den Mitgliedsländern nahegelegt wurde, den Übergang zu Artikel VIII nur dann zu vollziehen, wenn anzunehmen ist, daß sie in absehbarer Zeit nicht zur Einführung neuer Devisenrestriktionen gezwungen werden.[17] Der Übergang zur Konvertibilität im Sinne der IWF-Statuten bedeutet nämlich nicht in jedem Fall den endgültigen Verzicht auf Devisenrestriktionen seitens der betreffenden Mitgliedsländer. Vielmehr können auch nach dem Übergang zu Artikel VIII unter bestimmten Bedingungen neue Devisenrestriktionen mit Genehmigung der Fondsleitung vorübergehend wieder eingeführt werden. Soweit dies geschieht, sind die entsprechenden Mitgliedsländer nach der Entscheidung des Exekutivrats von 1961 verpflichtet, alljährlich zu diesbezüglichen Konsultationen mit der Fondsleitung zusammenzutreten. Die gleiche Entscheidung fordert darüber hinaus auch die anderen IWF-Mitglieder, welche die Verpflichtungen von Artikel VIII übernommen haben, zu Konsultationen allgemeiner Natur auf freiwilliger Basis auf. Diese Konsultationen werden seit 1961 regelmäßig durchgeführt.[18]

---

16 Während damit eine der wichtigsten Bedingungen für die Integration des Welthandels weitgehend erfüllt wurde, werden insbesondere auch im Kreis der Industrieländer nach wie vor handelspolitische Schutzmaßnahmen im Einklang mit den Bestimmungen des GATT aufrechterhalten oder neu errichtet, die den Fortschritt der Integration erschweren. Siehe zum Problem der handelspolitischen Schutzmaßnahmen Braun, B., Rechtliche Schranken des Handels-Protektionismus, in: FAZ - Blick durch die Wirtschaft, Nr. 141, 23. 6. 1969, S. 2.

17 Siehe IMF, Twelfth Annual Report on Exchange Restrictions (1961), S. 15 f.

18 Siehe dazu auch van der Mensbrugghe, J., a.a.O., S. 94 ff.

1123 Überbrückung von Zahlungsbilanzstörungen

Da die Stabilität der Wechselkurse ein vorrangiges Ziel des IWF ist und aus diesem Grunde das zahlungsbilanzpolitische Mittel der Wechselkurskorrektur nur als ultima ratio eingesetzt werden darf, wird von den Mitgliedsländern verlangt, daß sie einmal eingetretenen Defiziten in der Zahlungsbilanz, d.h. speziell im Bereich der Devisenbilanz mit entsprechenden wirtschaftspolitischen Maßnahmen entgegentreten und zur Aufrechterhaltung des Paritätswerts ihrer Währungen auf den Devisenmärkten intervenieren. Soweit im Einzelfall die zur Überwindung eines gestörten Gleichgewichts getroffenen Maßnahmen nicht die beabsichtigte Wirkung zeigen und die zur Intervention erforderlichen eigenen Währungsreserven allmählich aufgezehrt werden, bleibt dem betroffenen Land nur der Ausweg, die zusätzlich benötigten Devisen auf dem Kreditwege zu beschaffen. Zu den traditionellen Währungsreserven der Notenbanken der IWF-Mitglieder, den eigenen Reserven (owned reserves bzw. earned reserves) treten damit die geliehenen Reserven (borrowed reserves) hinzu.

Neben bilateralen Vereinbarungen zur Bereitstellung von Währungsreserven zwischen einzelnen Ländern soll vor allem das Vermögen des Fonds, das aufgrund der Einzahlungen der Mitgliedsländer entstanden ist, dazu dienen, diesen bei der Behebung von Störungen des Gleichgewichts der Zahlungsbilanz überbrückend zur Seite zu stehen. Daher können die Mitgliedsländer kurz- und mittelfristige Devisenhilfen beim Fonds zur Überbrückung von Zahlungsbilanzschwierigkeiten aufnehmen. Mit diesen Devisenhilfen wird das Ziel verfolgt, den Mitgliedsländern die Überwindung vorübergehender Zahlungsbilanzstörungen unter Aufrechterhaltung geordneter Wechselkursverhältnisse und des erreichten Grades der Freizügigkeit des Zahlungsverkehrs zu erleichtern. Wie gesagt, die Devisenhilfen des Fonds sollen sich dem Prinzip nach auf den Ausgleich vorübergehender Zahlungsbilanzdefizite beschränken. Bis Anfang der sechziger Jahre waren die Devisenhilfen des Fonds außerdem grundsätzlich nur in Fällen passiver Handels- und Dienstleistungsbilanzen gewährt worden.

Im Verlauf der praktischen Entwicklung der Fondspolitik hat jedoch auch die Ausleihepolitik des Fonds verschiedene Änderungen erfahren. Von besonderer Bedeutung sind dabei die Beschlüsse des Exekutivrats aufgrund des Rooth-Plans[1] aus dem Jahr 1952. Diese Beschlüsse laufen einerseits auf einen teilweise erleichterten Zugang zu den Mitteln des Fonds hinaus[2], andererseits heben sie den temporären Charakter der zu überbrückenden Ungleichgewichte expressis verbis hervor und machen den Beistand mit Überbrückungshilfen davon abhängig, daß das Mitgliedsland selbst durch geeignete Maßnahmen zur Überwindung eines gestörten Gleichgewichts im entsprechenden Zeitraum beiträgt.[3] Der ausdrückliche Hinweis darauf, daß die Devisenhilfen des Fonds auf den Ausgleich vorübergehender Ungleichgewichte beschränkt sind, war erforderlich, weil dies aus den IWF-Statuten bisher nur implizite hervorging. Mit dem Inkrafttreten der Änderungen und Ergänzungen zu den IWF-Statuten wird in den IWF-Statuten explizite bestimmt, daß die Devisenhilfen des Fonds auf den Ausgleich vorübergehender Defizite beschränkt sind.[4] Neben den Beschlüssen aufgrund der Rooth-Plans wurde die Ausleihepolitik des Fonds insbesondere durch den Beschluß des Exekutivrats über die Gewährung von Devisenhilfen im Fall von Kapitalbewegungen geändert.[5]

113 Die traditionellen Mittel des Internationalen Währungsfonds zur Überbrückung von Zahlungsbilanzstörungen

1131 Allgemeine finanzielle Grundlage

Artikel III der IWF-Statuten enthält die grundsätzlichen Vorschriften über den Aufbau, die Zusammensetzung und die Erweiterung des Fondsvermögens.[1] Danach ist jedes Mitgliedsland verpflichtet, eine bestimmte Quote des Fondsvermögens zu übernehmen und dieser entsprechend zur Bereitstellung der finanziellen Mittel des Fonds eine

---

[1] Benannt nach dem damals amtierenden Geschäftsführenden Direktor des IWF, Ivar Rooth.

[2] Siehe im einzelnen die Ausführungen im nachfolgenden Gliederungspunkt 113.

[3] Vgl. IMF, Annual Report (1951/52), Appendix I, S. 87 ff.

[4] Siehe Art. I (v) und Art. V, Abschnitt 3 (c) Articles of Agreement (1968). Siehe auch die Ausführungen in Gliederungspunkt 32313, S. 218 ff.

[5] Siehe zu den Einzelheiten Gliederungspunkt 123, S. 41 f.

---

[1] Siehe Art. III Articles of Agreement (1944). Über die technischen Details informiert Kroc, R., The Financial Structure of the Fund, Part I: Quotas and Charges, in: Finance and Development, Vol. 2, No. 1, March 1965, S. 40 ff.

Einlage, d.h. eine Subskriptionszahlung zu leisten. Dabei sind 25 v.H. der Quote in Gold und 75 v.H. der Quote in Landeswährung einzuzahlen. Während aber die Einzahlung in Gold regelmäßig mit dem Eintritt in den Fonds fällig wird, ist der Betrag in eigener Währung dem Fonds erst auf Anforderung zur Verfügung zu stellen. In der Zwischenzeit hinterlegt jedes Mitgliedsland bei seiner Notenbank nicht übertragbare, unverzinsliche, bei Sicht zum Paritätswert zahlbar gestellte Schuldurkunden. Alleiniger Berechtigter aus diesen Schuldurkunden ist der Fonds. Lediglich eine Mindesteinzahlung in Höhe von 1 v.H. der Quote, ist neben der Einzahlung in Gold sofort in eigener Währung fällig und wird vom Fonds in allen Mitgliedsländern ständig auf seinen Landeswährungskonten unterhalten. Sobald der Fonds die Währung eines IWF-Mitglieds benötigt, ruft er sie aus dessen Subskriptionsbeitrag in Landeswährung ab. Entsprechend seiner Grundkonstruktion verfügt der Fonds also über ein Vermögen, das zu einem Viertel aus Gold und zu drei Vierteln aus Guthaben in den Währungen der Mitgliedsländer besteht. Wohlgemerkt, beide Komponenten des Fondsvermögens werden durch Einlagen der Mitgliedsländer erbracht. Soweit ist der IWF nichts anderes als ein Pool von Goldbeständen und nationalen Währungen.[2] Die Subskriptionszahlungen in Gold und Landeswährungen beliefen sich bei den ursprünglichen IWF-Mitgliedern auf einen Gegenwert von insgesamt 8 800 Mio. US-$.[3] Für hinzutretende Mitglieder wird die Höhe der Quote vom Fonds als Bestandteil der Aufnahmebedingungen unter besonderer Berücksichtigung des Volkseinkommens, der Währungsreserven und des Außenhandels der betreffenden Länder festgelegt.[4]

Über die grundsätzlichen Vorschriften in Artikel III hinaus, können aber in bestimmten Einzelfällen noch weitere Leistungen in Landeswährung an den Fonds aufgrund Artikel VII, Abschnitt 2 erbracht werden. Danach ist jedes IWF-Mitglied verpflichtet, weitere Beträge seiner Währung gegen Gold an den Fonds zu verkaufen, sofern dessen Bestände in der betreffenden Landeswährung nicht ausreichen, um der Nach-

---

[2] Vgl. auch Schweitzer, P.-P., International Liquidity and the Fund, An Address by the Managing Director of the International Monetary Fund before the Commercial Club of Chicago, March 24, 1966, in: Finance and Development, Vol. 3, No. 2, June 1966, S. 100.

[3] Siehe Anhang A Articles of Agreement (1944).

[4] Vgl. Emminger, O., Internationaler Währungsfonds, a.a.O., S. 828.

frage nach dieser Währung gerecht zu werden.[5] Außerdem besteht die Möglichkeit, daß sich der Fonds im Wege bilateraler oder multilateraler Vereinbarungen mit den Mitgliedsländern zusätzliche Landeswährungsbeträge auf Kreditbasis beschafft.[6] Die Mitgliedsländer sind jedoch nicht verpflichtet, solche Kreditgeschäfte mit dem Fonds einzugehen. Während im Fall von Goldverkäufen dem Fonds keine neuen Mittel zugeführt werden, sondern lediglich ein Aktivtausch vorgenommen wird, werden seine Mittel im Fall von Kreditgeschäften zumindest temporär aufgestockt.

Die Fondsleitung ist verpflichtet, die Quoten der Mitgliedsländer mindestens alle fünf Jahre zu überprüfen und den Gouverneuren gegebenenfalls allgemeine Erhöhungen und/oder selektive Erhöhungen vorzuschlagen.[7] Mit allgemeinen Erhöhungen der Quoten soll den wachsenden Liquiditätsbedürfnissen einer expandierenden Weltwirtschaft Rechnung getragen werden, mit selektiven Erhöhungen dem zunehmenden Welthandelsanteil der entsprechenden Mitgliedsländer. Keine Quote darf ohne die Zustimmung des betreffenden IWF-Mitglieds geändert werden. Im Anschluß an die Überprüfung der Quoten im Jahr 1958 fand 1959 erstmalig eine allgemeine Quotenerhöhung statt, und zwar um 50 v.H..[8] Gleichzeitig wurden verschiedene selektive Quotenerhöhungen durchgeführt. Eine weitere Aufstockung der Quoten wurde 1965 beschlossen und bis Ende 1966 im wesentlichen durchgeführt.[9] Sie führte zu einer allgemeinen Erhöhung um 25 v.H. und bei 16 Mitgliedsländern, die bis dahin eine hervorragende Stellung in der Weltwirtschaft aufgebaut hatten, zu über die allgemeine Erhöhung hinausgehenden selektiven Erhöhungen. Die gesamten Gold- und Devisenbe-

---

5 Siehe Art. VII, Abschnitt 2 (ii) Articles of Agreement (1944).

6 Siehe Art. VII, Abschnitt 2 (i) Articles of Agreement (1944).

7 Siehe zu den Vorschriften über Quotenerhöhungen Art. III, Abschnitt 2 Articles of Agreement (1944). Siehe zu den Änderungen bei der Beschlußfassung über Quotenerhöhungen oben, S. 8.

8 Siehe IMF, Annual Report (1958/59), S. 13 ff., Appendix V, S. 185 ff. und Appendix VI, S. 189 zu den Quotenerhöhungen von 1959.

9 Siehe Board of Governors of the International Monetary Fund, Resolutions Nos. 20-6 and 20-7: Increases in Quotas of Members - Fourth Quinquennial Review, in: IMF, Summary Proceedings (1965), S. 245 ff.. Siehe auch Altmann, O.L., Fund Quotas Will Be Increased to $ 21 Billion, in: Finance and Development, Vol. 2, No. 4, December 1965, S. 207 ff.

stände des Fonds, die durch Einzahlungen der gegenwärtig 111 Mitgliedsländer aufgebracht wurden, belaufen sich mit der Erhöhung von 1965 auf etwas über 21 Mrd. US-$[10], ohne Berücksichtigung der potentiell verfügbaren Bestände aufgrund der Möglichkeiten von Artikel VII, Abschnitt 2.

Die Bundesrepublik Deutschland gehört zum Kreis derjenigen Länder, deren Quoten anläßlich der Erhöhungen von 1959 und 1965 jeweils überproportional aufgestockt wurden. Die Quote der Bundesrepublik wurde 1959 von 330 Mio. US-$ auf 787,5 Mio. US-$ und 1965 auf 1 200 Mio. US-$ erhöht.[11]

1132 Ziehungsrechte

Die Durchführung einer Wirtschafts- und Währungspolitik, die den Zielsetzungen der IWF-Statuten entspricht, soll den Mitgliedsländern dadurch erleichtert werden, daß ihnen bei Erfüllung der allgemeinen Verpflichtungen aus den IWF-Statuten im Fall vorübergehender Zahlungsbilanzstörungen der Zugang zu den Mitteln des Fonds offen steht.[1] Die Inanspruchnahme des Fondsvermögens erfolgt durch eine Ziehung (Drawing), und zwar "formell in der Weise, daß das Mitgliedsland die benötigte andere Währung vom Fonds kauft und dem Konto des Fonds bei seiner eigenen Zentralbank dafür den entsprechenden Betrag in seiner Landeswährung gutschreibt oder Schuldscheine zugunsten des IWF in entsprechender Höhe hinterlegt"[2]. Der Sache nach handelt es sich bei diesen Transaktionen jedoch um nichts anderes als um Devisenkredite aus den Mitteln des Fonds an die antragstellenden Mitgliedsländer.

10 Wie bei Abschluß dieser Arbeit bekanntgeworden ist, haben die Gouverneure des IWF auf der Jahrestagung 1969 im Grundsatz einer weiteren Aufstockung zugestimmt und den Exekutivrat beauftragt, entsprechende Vorschläge für eine allgemeine Erhöhung und insbesondere auch für selektive Erhöhungen bis Ende 1969 vorzulegen. Siehe auch Gruppe der Zehn, Press Communiqué of the Ministerial Meeting of the Group of Ten, 1st October, 1969 - Washington, D.C., Ziff. 4, in: Deutsche Bundesbank/Auszüge aus Presseartikeln, Nr. 75/6. 10. 1969, S. 1.

11 Seit der Quotenerhöhung von 1959 gehört die Bundesrepublik zu den fünf Mitgliedern mit den höchsten Quoten, die jeweils einen Exekutivdirektor ernennen dürfen.

1 Siehe oben, S. 19 f. und Art. V Articles of Agreement (1944).

2 Emminger, O., Internationaler Währungsfonds, a.a.O., S. 832.

Der Umfang der Ziehungsrechte (Drawing Rights) eines IWF-Mitglieds wird durch seine Quote bestimmt.[3] Innerhalb der ersten 25 v.H. der Quote, der sogenannten Goldtranche, konnten die Mittel des Fonds im Normalfall schon bisher quasi-automatisch bzw. de facto-automatisch in Anspruch genommen werden und standen daher bei Bedarf schon bisher bedingungslos zur Verfügung.[4] Dem Fonds genügte es, wenn das ziehende Mitgliedsland versicherte, daß es die Devisenhilfen ausschließlich zur Überbrückung eines Zahlungsbilanzdefizits verwenden will. Diese Handhabung der Ziehungsrechte aus der Goldtranche, die seit den Beschlüssen aufgrund des Rooth-Plans von 1952[5] Gültigkeit hatte, wird durch die Änderungen und Ergänzungen zu den IWF-Statuten dahingehend erweitert, daß die Ziehungsrechte aus der Goldtranche nicht nur de facto-automatisch, sondern de jure-automatisch beansprucht werden können[6]. Mit den Änderungen und Ergänzungen zu den IWF-Statuten wird also der automatische Charakter der Ziehungsrechte aus der Goldtranche rechtlich fundiert. Aufgrund der bisherigen und zukünftigen Praxis in der Ausleihepolitik des Fonds stellen die Ziehungsrechte im Rahmen der Goldtranche unbedingte internationale Liquidität (unconditional international liquidity) dar.[7] Als goldwertgesicherte

---

[3] Wie sich aus den bisherigen Erörterungen ergibt, übernimmt die IWF-Quote drei Funktionen: Sie bestimmt die Subskriptionszahlung, sie bildet die Grundlage für das Stimmrecht und sie legt den Umfang der Ziehungsrechte fest.

[4] Dazu IMF, Annual Report (1951/52), Appendix I, S. 89: "Each member can count on receiving the overwhelming benefit of any doubt respecting drawings which would raise the Fund's holdings of its currency to not more than its quota."

[5] Siehe auch oben, S. 19 f.

[6] Siehe Art. V, Abschnitt 3 i.V.m. Art. VI, Abschnitt 2 Articles of Agreement (1968). Siehe zur Begründung auch Gliederungspunkt 32313, S. 218 ff.

[7] Vgl. Schweitzer, P.-P., International Liquidity and the Fund, a.a.O., S. 102. Der Begriff "internationale Liquidität" wird hier und im folgenden der vorliegenden Arbeit entsprechend der Definition des IWF gebraucht: "International liquidity consists of all the resources that are available to the monetary authorities of countries for the purpose of meeting balance of payments deficits. Such liquidity ranges from assets readily available to resources that become available only after extensive negotiation. It may take many forms: reserves of gold and foreign exchange; other assets that can be mobilized in case of need; facilities to draw on the International Monetary Fund or to borrow from other international institutions; various arrangements with foreign central banks or governments to borrow. It also includes, conceptually, such elements, not readily subject to statistical measurement, as a country's capacity to borrow in the money markets of other countries and, for a reserve center, the willingness of other countries to accumulate further holdings of its currency." IMF, Annual Report (1963/64), S. 25 f.

Devisenforderungen gegen den Fonds wurden die Ziehungsrechte aus der Goldtranche schon bisher zwar nicht von allen, aber doch von den meisten Notenbanken der IWF-Mitglieder neben den Gold- und Devisenbeständen zu den eigenen Reserven gerechnet.[8] In Zukunft sollen die Ziehungsrechte aus der Goldtranche von allen IWF-Mitgliedern zu den eigenen Reserven gerechnet werden.

Ziehungen über die Goldtranche hinaus im Rahmen der sogenannten Kredittranchen - jede Kredittranche entspricht einem Viertel der Quote - sind demgegenüber an strengere Anforderungen gebunden.[9] Voraussetzung für die Inanspruchnahme der Ziehungsrechte aus den Kredittranchen ist die Vorlage eines realistischen Sanierungsprogramms, das die Überwindung der Zahlungsbilanzschwierigkeiten in angemessener Zeit erwarten läßt und damit eine weitere Hilfe über die Goldtranche hinaus im Rahmen der Kredittranchen rechtfertigt. Dabei werden die Anforderungen an die Wirtschafts- und Währungspolitik des ziehenden IWF-Mitglieds mit der Inanspruchnahme jeder weiteren Kredittranche höher gesetzt. Dadurch soll das ziehende Mitgliedsland angehalten werden, die dem Defizit zugrunde liegenden Ursachen beschleunigt zu beseitigen. Weil die Ziehungsrechte aus den Kredittranchen also nicht bedingungslos zur Verfügung stehen, können sie auch nur zur bedingten internationalen Liquidität (conditional international liquidity) gerechnet werden.[10]

Innerhalb eines Zeitraums von zwölf Monaten dürfen im Regelfall nur Währungen bis zu 25 v.H. der Quote gezogen werden.[11] Außerdem soll vermieden werden, daß durch Ziehungen über mehrere Jahre der Bestand des Fonds in der Währung des ziehenden IWF-Mitglieds über eine Obergrenze von 200 v.H. der Quote hinausgeht.[12] Da der Fonds aufgrund der Subskriptionszahlung 75 v.H. der Quote in Beständen der

---

8 Entsprechend werden sie in den Statistiken des IWF erfaßt.

9 Zu den Grundsätzen für Ziehungen aus den Kredittranchen, die noch heute Gültigkeit besitzen, vgl. IMF, Annual Report (1961/62), S. 31 ff.

10 Vgl. Schweitzer, P.-P., International Liquidity and the Fund, a.a.O., S. 102.

11 Siehe Art. V, Abschnitt 3 (a) (iii) Articles of Agreement (1944). Von diesem Grundsatz wurde jedoch mit Billigung des Exekutivrats in zahlreichen Fällen abgewichen.

12 Siehe Art. V, Abschnitt 3 (a) (iii) Articles of Agreement (1944).

Währung des ziehenden IWF-Mitglieds besitzt, kann nach diesen Bestimmungen insgesamt bis zu 125 v.H. der Quote in fremden Währungen gezogen werden, und zwar 25 v.H. aus der Goldtranche und 100 v.H. aus vier Kredittranchen zu je 25 v.H. der Quote. Diese Vorschriften werden durch folgende Ausnahmeregelungen durchbrochen. Ist der Bestand einer Währung durch Ziehungen anderer IWF-Mitglieder unter 75 v.H. der Quote des betreffenden Mitgliedslands gesunken, so ist dieses IWF-Mitglied berechtigt, seinerseits so lange zu ziehen, bis der Bestand seiner Währung beim Fonds wieder auf 75 v.H. seiner Quote aufgefüllt ist.[13] Dieser Kreditspielraum besteht neben den Ziehungsrechten aus der regulären Goldtranche und den verschiedenen Kredittranchen. Er wird als Super-Goldtranche oder auch als Nettoüberschußposition benannt und zeichnet sich im Vergleich zur regulären Goldtranche dadurch aus, daß Ziehungen in seinem Rahmen nicht mit einer Rückzahlungsverpflichtung verbunden sind. Auch die Ziehungsrechte aus der Super-Goldtranche konnten schon bisher quasiautomatisch beansprucht werden. Der automatische Charakter der Ziehungsrechte aus der Super-Goldtranche wird durch die Änderungen und Ergänzungen zu den IWF-Statuten ebenfalls rechtlich fundiert. Eine zweite Ausnahmeregelung wurde durch die Beschlüsse des Exekutivrats über die kompensierende Finanzierung von Exporterlösschwankungen für rohstoffexportierende Entwicklungsländer schon in den Jahren 1963 bis 1966 geschaffen.[14] Nach diesen Beschlüssen stehen den entsprechenden Entwicklungsländern zusätzliche Ziehungsrechte in Höhe von maximal 50 v.H. ihrer Quoten zu, von denen sie dann Gebrauch machen können, wenn sich aufgrund eines temporären Rückgangs ihrer Ausfuhrerlöse Zahlungsbilanzschwierigkeiten abzeichnen. Diese zusätzlichen Ziehungsrechte sollen jedoch pro Jahr grundsätzlich nur bis zu 25 v.H. der Quote beansprucht werden. Im Juni 1969 wurden die Ausnahmeregelungen für Entwicklungsländer durch einen weiteren Beschluß des Exekutivrats ergänzt.[15] Danach werden zur Erleichterung

---

[13] Siehe ebenda. Somit ist folgendes festzuhalten: Vor Ziehungen aus der Super-Goldtranche belaufen sich die Fondsbestände in der Währung des jeweiligen IWF-Mitglieds auf weniger als 75 v.H. seiner Quote und werden durch diese Ziehungen auf nicht mehr als 75 v.H. seiner Quote angehoben; vor Ziehungen aus der Goldtranche belaufen sich die Fondsbestände auf mindestens 75 v.H. der Quote des jeweiligen IWF-Mitglieds und werden durch diese Ziehungen auf nicht mehr als 100 v.H. angehoben.

[14] Siehe IMF, Annual Report (1962/63), Appendix III, S. 196 ff. und IMF, Annual Report (1966/67), Appendix I, S. 159 ff.

[15] Siehe IMF, Press Release No. 746 - July 9, 1969.

der Finanzierung von Puffervorräten (buffer stocks), die aufgrund internationaler Rohstoffabkommen unterhalten werden, ebenfalls zusätzliche Ziehungsrechte in Höhe von maximal 50 v.H. der Quote bewilligt, mit der Einschränkung, daß Ziehungen im Rahmen beider Ausnahmeregelungen für Entwicklungsländer insgesamt nicht mehr als 75 v.H. der Quote des jeweiligen IWF-Mitglieds betragen. Diese zusätzlichen Ziehungsrechte berühren die regulären Ziehungsrechte nicht. Soweit sie voll beansprucht werden, hat dies zur Folge, daß die für die anderen IWF-Mitglieder zugelassene Obergrenze mit der fünften, sechsten und siebten Kredittranche (200 v.H. - 225 v.H., 225 v.H. - 250 v.H. und 250 v.H. bis 275 v.H. der Quote) um 75 v.H. der Quote überschritten werden kann.

Für die Ziehungen ist an den Fonds eine Bearbeitungsgebühr zu entrichten. Darüber hinaus verrechnet der Fonds weitere Gebühren, die von der Quote, den beanspruchten Tranchen und der Laufzeit der Ziehungen abhängig sind.[16] Wirtschaftlich gesehen handelt es sich dabei um Zinsleistungen, die von den ziehenden IWF-Mitgliedern, den Kreditnehmern, erbracht werden müssen. Durch die Staffelung der Gebühren wird versucht, einen Anreiz zur baldigen Rückzahlung auszuüben. Damit der revolvierende Charakter der Mittel des Fonds erhalten werden kann, sollen seine Mittel nicht länger beansprucht werden, als dies für die Überwindung vorübergehender Zahlungsbilanzschwierigkeiten erforderlich ist.[17] Je mehr dieser Forderung entsprochen wird, desto eher wird der Fonds in die Lage versetzt, die ihm zur Verfügung stehenden Mittel optimal einzusetzen. Im allgemeinen soll die Laufzeit der Ziehungen drei bis fünf Jahre nicht überschreiten.[18] Die Rückzahlung, d.h. in der Terminologie des Fonds, der Rückkauf, der zum Erwerb anderer Währungen an den Fonds übertragenen eigenen Währung, mußte bisher ausschließlich in Gold oder in Währungen, die im Sinne der IWF-Statuten konvertierbar sind, vorgenommen werden.[19] Mit dem Inkrafttreten der Änderungen und Ergänzungen zu den

[16] Siehe dazu Horsefield, J.K., The Fund's Charges, in: Finance and Development, Vol. 6, No. 3, September 1969, S. 19 ff.

[17] Siehe dazu auch Kroc, R., The Financial Structure of the Fund, Part II: How the Fund's Resources Revolve, in: Finance and Development, Vol. 2, No. 2, June 1965, 103 ff.

[18] Siehe IMF, Annual Report (1951/52), Appendix I, S. 88.

[19] Siehe Art. V, Abschnitt 7 (b) Articles of Agreement (1944).

IWF-Statuten kann von dieser Vorschrift in bestimmten Fällen abgewichen werden.[20] Für Rückzahlungen hat der Fonds mit dem rückzahlungspflichtigen IWF-Mitglied einen Tilgungsplan zu vereinbaren. Die genannte Rückzahlungsfrist gilt allerdings nur dann, wenn die Rückzahlung aufgrund der Zunahme der Währungsreserven des rückzahlungspflichtigen IWF-Mitglieds nicht schon früher fällig wird.[21]

In diesem Zusammenhang ist schließlich die Fortentwicklung der Fondspolitik bezüglich der Auswahl von Währungen, die für Ziehungen und Rückzahlungen in Betracht kommen, von Bedeutung.[22] In den Jahren vor dem Übergang der wichtigsten europäischen Währungen zur Konvertibilität im Sinne der IWF-Statuten, wurden von den Mitgliedsländern nahezu ausschließlich US-Dollar bei Ziehungen verlangt und auch vom Fonds zur Verfügung gestellt. Die Erklärung dafür liefert in erster Linie der Umstand, daß der US-Dollar damals die einzige bedeutende Währung war, die nicht nur für alle Zahlungen im internationalen Verkehr verwendet werden konnte, sondern auch in alle anderen Währungen transferierbar war. Seitdem aber eine Reihe von europäischen Währungen im Februar 1961 zur offiziellen Konvertibilität im Sinne der IWF-Statuten übergegangen sind, sind sie dem US-Dollar diesbezüglich gleichrangig geworden und können seither sowohl für Ziehungen als auch für Rückzahlungen verwendet werden. Damit ist ihre Bedeutung für das Kreditgeschäft des Fonds beträchtlich erhöht worden. Außerdem ergab sich nunmehr für den Fonds die Möglichkeit, Ziehungen und ihre Rückzahlungen mehr als bisher jeweils auf verschiedene Währungen zu verteilen. Daher hat der Fonds seine Ausleihepolitik weiter entwickelt.[23] Insbesondere werden bei Ziehungen als gleichberechtigte Kriterien die Zahlungsbilanzsituation und die Reservenlage derjenigen Mitgliedsländer, deren Währungen bereitgestellt werden, in Betracht gezogen, sowie die Bestände des Fonds an den entsprechenden Währungen. Die Auswahl der für Rückzahlungen zu ver-

[20] Siehe Art. V, Abschnitt 7 (b) Articles of Agreement (1968) und die Ausführungen in Gliederungspunkt 32322, S. 237 f.

[21] Siehe Art. V, Abschnitt 7 (c) Articles of Agreement (1944). Die diesbezüglichen Vorschriften wurden ebenfalls geringfügig geändert. Siehe Art. V, Abschnitt 7 (c) Articles of Agreement (1968).

[22] Vgl. dazu Deutsche Bundesbank, Monatsbericht Februar 1962, S. 22 ff.

[23] Vgl. dazu IMF, Annual Report (1961/62), S. 36 ff.

wendenden Währungen erfolgt vor allem unter Berücksichtigung der Fondsbestände an den betreffenden Währungen, aber auch entsprechend der Zahlungsbilanzentwicklung derjenigen Mitgliedsländer, deren Währungen für Rückzahlungen in Frage kommen. In diesem Rahmen "bemüht sich der Fonds um einen gewissen Währungsausgleich zwischen Überschuß- und Defizitländern, indem er die Ziehungen auf Währungen der Überschußländer lenkt und für Rückzahlungen - soweit möglich - Währungen von Defizitländern vorschlägt"[24]. Diese Berücksichtigung der Reservenlage und Zahlungsbilanzverhältnisse seiner Mitgliedsländer ist ihm möglich, weil sich die IWF-Mitglieder sowohl bei Ziehungen als auch bei Rückzahlungen zur Auswahl der Währungen mit dem Fonds in Verbindung setzen müssen.

1133 Bereitschaftskredite

Seit 1952 werden den IWF-Mitgliedern die Mittel des Fonds nicht nur im Wege unmittelbarer Ziehungen, sondern darüber hinaus auf der Grundlage sogenannter Bereitschaftskreditvereinbarungen (Stand-By Credit Arrangements) zugänglich gemacht.[1] Die entsprechenden Beschlüsse wurden vom Exekutivrat aufgrund des Rooth-Plans gefaßt.[2] Die Bereitschaftskreditvereinbarungen beinhalten eine Kreditzusage, die dem antragstellenden IWF-Mitglied die Möglichkeit bietet, innerhalb der vereinbarten Laufzeit Devisenbeträge bis zur Höhe der Kreditlinie abzurufen, ohne sich einem nochmaligen Prüfungsverfahren unterwerfen zu müssen. Sie werden in der Regel für eine Laufzeit bis zu zwölf Monaten getroffen und können danach bei Bedarf prolongiert werden. Die Prolongation erfolgt aber grundsätzlich nur nach erneuter Prüfung des Kreditantrags unter Berücksichtigung der zwischenzeitlich eingetretenen Entwicklungen in der Zahlungsbilanz- und Reservenlage des entsprechenden Mitgliedslands. Für die Einräumung der Kreditlinien gelten im allgemeinen die gleichen Grundsätze wie für die Gewährung unmittelbarer Ziehungen. Die Ziehungen auf der Grundlage von Bereitschaftskreditvereinbarungen zeichnen sich jedoch gegenüber un-

[24] Deutsche Bundesbank, Monatsbericht Juni 1965, S. 18.

[1] Vgl. dazu IMF, Annual Report (1952/53), Appendix I, S. 95 ff. sowie die Stellungnahme der Fondsleitung ebenda, S. 49 ff.

[2] Siehe oben, S. 19 f.

mittelbaren Ziehungen dadurch aus, daß sie im konkreten Einzelfall nicht auf ein Viertel der Quote je Jahr beschränkt werden müssen. Für die effektive Inanspruchnahme von Bereitschaftskreditvereinbarungen sind ebenso wie bei unmittelbaren Ziehungen einmalige Gebühren und gestaffelte Zinsleistungen an den Fonds zu entrichten.[3] Währungen, die im Rahmen von Bereitschaftskreditvereinbarungen gezogen werden, sind spätestens drei Jahre nach der Ziehung zurückzuzahlen.

Die Bedeutung der Bereitschaftskreditvereinbarungen "hat sich im Laufe der Zeit durch den Umstand erhöht, daß andere Geldgeber, seien es internationale Institutionen, Regierungen oder Kreditinstitute, sich häufig zu eigenen Kreditgewährungen nur bereit fanden, wenn der potentielle Schuldner vorher eine Kreditzusage des Fonds erhielt"[4]. Es hat sich auch gezeigt, daß die bisher getroffenen Bereitschaftskreditvereinbarungen nicht in jedem Fall durch spätere Ziehungen in Anspruch genommen wurden. "Dies beweist, daß Kredite zum Teil nur vorsorglich beantragt werden und daß manchmal bereits die öffentlich erklärte Bereitschaft des IWF, einem Mitglied im Bedarfsfall sofort Devisenhilfe in einer bestimmten Höhe zu leisten, eine ausreichende Zahlungsbilanzhilfe darstellte."[5] Die Bereitschaftskredite sind also dazu geeignet, zur Beruhigung krisenhafter Währungssituationen im internationalen Bereich beizutragen. Diesem stabilisierenden Charakter entsprechend können sie auch als Stabilisierungskredite bezeichnet werden.[6]

---

[3] Siehe dazu Horsefield, J.K., a.a.O., S. 19 ff.

[4] Emminger, O., Internationaler Währungsfonds, a.a.O., S. 833.

[5] Deutsche Bundesbank, Monatsbericht Juni 1965, S. 11.

[6] Nach Adler, J.H., Internationale Kapitalbewegungen, in: Enzyklopädisches Lexikon für das Geld-, Bank- und Börsenwesen, Bd. 2, 3. Aufl., Frankfurt am Main 1967/68, S. 808.

12 PRIVATE KURZFRISTIGE KAPITALBEWEGUNGEN ZWISCHEN DEN MITGLIEDSLÄNDERN DES INTERNATIONALEN WÄHRUNGSFONDS

121 Die Grundformen privater kurzfristiger Kapitalbewegungen

Neben dem Austausch von Waren und Dienstleistungen wurde im Verlauf der praktischen Entwicklung der neuen internationalen wirtschaftlichen Verflechtung auch der Kapitalverkehr weitgehend liberalisiert.[1] Mit dem Übergang der wichtigsten Industrieländer zur Konvertibilität ihrer Währungen im Sinne der IWF-Statuten und den in einzelnen dieser Länder darüber hinaus getroffenen Liberalisierungsmaßnahmen wurde die Grundlage für Kapitaltransaktionen zwischen privaten[2] Wirtschaftssubjekten der verschiedenen Währungsgebiete geschaffen. Damit hat sich die Mobilität der Währungen schlagartig erhöht, was sich denn auch alsbald in einer starken Zunahme des privaten kurzfristigen[3] Kapitalverkehrs zeigte, und zwar einerseits zwischen den Ländern mit konvertierbaren Währungen, andererseits zwischen diesen Ländern und dem Zentrum des kurzfristigen Kapitalverkehrs, dem Eurogeldmarkt[4].

Ein spezifisches und allen Formen kurzfristiger Kapitalbewegungen gleichermaßen eigenes Merkmal ist - insbesondere bei Erwartung bzw. bei Eintritt außerordentlicher politischer und wirtschaftlicher Entwicklungen - die Plötzlichkeit mit der sie ausgelöst werden. Eine Klassifi-

---

[1] Entgegen dem engeren Konvertibilitätsbegriff der IWF-Statuten, der sich nur auf die Freizügigkeit des Zahlungsverkehrs für die laufenden Transaktionen erstreckt.

[2] Der offizielle kurzfristige Kapitalverkehr zwischen Notenbanken, Schatzämtern und anderen öffentlichen nationalen und übernationalen Institutionen ist vom privaten kurzfristigen Kapitalverkehr zu unterscheiden. Ersterem liegen nicht einzelwirtschaftliche Überlegungen, sondern vielmehr kollektive, volkswirtschaftliche Zielsetzungen und in der Regel zahlungsbilanzkonforme Verhaltensweisen zugrunde.

[3] Üblicherweise werden alle Kapitalbewegungen mit Fälligkeiten bis zu einem Jahr als kurzfristig bezeichnet. Vgl. Adler, J.H., a.a.O., S. 808.

[4] Siehe zum Eurodollarmarkt Brestel, H., Die verstossenen Milliarden, Geschichte und Bedeutung des Eurodollar-Marktes, in: FAZ, Nr. 158, 12. 7. 1969, S. 17.

zierung dieser Transaktionen kann entsprechend der vorherrschenden Ursachen, die ihnen zugrunde liegen, in drei Grundformen erfolgen:[5]

a) Das Streben nach maximalen Zinserträgen führt zu zinsinduzierten Kapitalbewegungen;
b) das Bedürfnis nach Sicherheit läßt im Falle tatsächlicher oder vermeintlicher Risiken risikoinduzierte Kapitalbewegungen entstehen;
c) die Erwartung auf Spekulationsgewinne hat spekulative Kapitalbewegungen zur Folge.

Freilich ist eine derartige Gruppierung nicht unproblematisch, denn es ist praktisch nur bedingt möglich, kurzfristigen Kapitalbewegungen ausschließlich das eine oder das andere Motiv zuzuordnen; vielmehr wirken meist verschiedene Motive (mixed motive) zusammen, deren Einflüsse nicht immer eindeutig auseinandergehalten werden können.[6]

1211 Zinsinduzierte Kapitalbewegungen

Das Vorhandensein eines internationalen Gefälles kurzfristiger Zinssätze führt zu kurzfristigen Kapitaltransaktionen zwischen Wirtschaftssubjekten verschiedener Währungsgebiete mit dem Zweck, die Zinssatzdifferenzen zu nützen. Geschäfte dieser Art werden in ihrer reinen Form als Zinsarbitrage bezeichnet.[1] Sie können entweder in Form der Gläubigerarbitrage durchgeführt werden, indem liquide Mittel zur kurzfristigen Anlage von einem Land mit niedrigem Zinsniveau in ein Land mit höherem Zinsniveau transferiert werden, damit der Zinsertrag maximiert werden kann oder in Form der Schuldnerarbitrage, wobei versucht wird, den Zinsaufwand bei Kapitalaufnahme dadurch möglichst gering zu halten, daß die Verschuldung in einem Land mit

---

[5] Vgl. Dudler, H.-J., Kurzfristige internationale Kapitalbewegungen, Ihre quantitativ-definitorische Erfassung und theoretische Analyse, Veröffentlichungen des Instituts für Bankwirtschaft an der Universität Köln, Bd. XVI, Frankfurt am Main 1966, S. 129 ff.

[6] Vgl. Kindleberger, Ch.P., International Short-Term Capital Movements, Reprinted Ed., New York 1965, S. 7 und Bloomfield, A.I., Speculative and Flight Movements of Capital in Postwar International Finance, Princeton, N.J., 1954, S. 1, Fußnote 1 und S. 7.

---

[1] Vgl. Lipfert, H., Internationaler Devisen- und Geldhandel, a.a.O., S. 120 und S. 122 f.. Vgl. im folgenden auch Dudler, H.-J., a.a.O., S. 138 ff.

niedrigerem Zinsniveau stattfindet. Die Träger beider Formen sind vornehmlich in den Reihen international renommierter Banken und Großunternehmen zu finden.

Da die Gewinnspannen dieser Geschäfte im allgemeinen sehr gering sind, ist die Zinsarbitrage im konkreten Einzelfall durch mögliche Kursschwankungen im Rahmen der Interventionspunkte risikobehaftet und überdies durch Paritätsänderungsrisiken, d.h. Auf- und Abwertungen bedroht.[2] Risiko und Bedrohung liegen in einer möglichen Aufzehrung oder gegebenenfalls in einer Überkompensation des zunächst erwarteten Zinsertrags. Daher erscheint eine Sicherung gegen Kurs- und Paritätsänderungsrisiken praktisch unerläßlich zu sein. Sie erfolgt durch entsprechende Gegengeschäfte am Devisenterminmarkt. "Bei der Gläubigerarbitrage wird der in Fremdwährung angelegte Betrag zu einem festen Kurs am Devisenterminmarkt für den Zeitpunkt der Fälligkeit einer Auslandsanlage verkauft, bei der Schuldnerarbitrage der in ausländischer Währung geschuldete Fremdwährungsbetrag zum Rückzahlungstermin zu einem festen Kurs im voraus eingedeckt."[3] Über Ausmaß und Richtung der Zinsarbitrage entscheiden damit nicht die Bruttozinssatzdifferenzen, sondern die Nettozinssatzdifferenzen gleichartiger Anlagen. Letztere ergeben sich aus der Relation von in- und ausländischen Bruttozinssatzdifferenzen und den Kursgewinnen bzw. Kursverlusten, die sich aus den Kursen der den Kassageschäften gegenläufigen Termingeschäften errechnen lassen.

1212 Risikoinduzierte Kapitalbewegungen

Politische, soziale und wirtschaftliche Instabilität und sich abzeichnende Krisensituationen in diesen Bereichen, sowie die meist als Folgeerscheinung angekündigten oder erwarteten Gegenmaßnahmen in Form von wirtschaftspolitischen Eingriffen, bedeuten für Inländer des betroffenen Währungsgebietes gleichermaßen wie für Ausländer, die dort frei verfügbares Kapital angelegt haben, regelmäßig eine Bedrohung ihrer Verfügungsmöglichkeiten oder gar potentielle Vermögensverluste. Diesen Entwicklungen ist gemeinsam, daß sie zwischen In-

[2] Vgl. Lipfert, H., Internationaler Devisen- und Geldhandel, a.a.O., S. 54 zu den Risiken bei Devisenhandelsgeschäften.

[3] Dudler, H.-J., a.a.O., S. 139.

und Ausland ein oft erhebliches Risikogefälle entstehen lassen, das alsdann zu kurzfristigen Kapitalbewegungen anreizt: Auslandskapital wird abgezogen und insbesondere heimisches Kapital ins Ausland transferiert.
Ein derartiger mit dem entstandenen Risikogefälle ursächlich verknüpfter Vorgang, der sich insbesondere durch seine Plötzlichkeit auszeichnet und sich schließlich aufgrund des psychologisch zu erklärenden Moments der Ansteckung zu einer stetig anschwellenden Kapitalabwanderung ausweiten kann, wird häufig mit dem Begriff der Kapitalflucht, das abgewanderte Kapital selbst als Fluchtkapital sehr drastisch gekennzeichnet.[1] Den Trägern dieser Kapitalbewegungen schlägt oft eine Welle nationaler Gefühle entgegen, die durch gezielte Äußerungen von offizieller Seite beträchtlich verstärkt werden kann. Seit der Erreichung der Konvertibilität auch im Kapitalverkehr besteht jedoch für Kapitaldispositionen eine Mobilität, die über den nationalen Rahmen hinausgeht, in dem das Bewußtsein der Allgemeinheit vielfach verharrt. So erklärt sich die Tatsache, daß im Fall von risikoinduzierten Kapitalbewegungen übersehen wird, daß das Kriterium der Sicherheit bei jeder Entscheidung über Kapitaldisposition berücksichtigt wird, ob sie nun zu einem Transfer ins Ausland führt oder nicht. Bei risikoinduzierten Kapitalbewegungen tritt allerdings das Kriterium der Sicherheit dominierend hervor und drängt damit Ertragsüberlegungen oder gar Spekulationsabsichten in den Hintergrund. Die krisenhafte Zuspitzung politischer Spannungen und der sich anschließende Einsatz von wirtschaftspolitischen Maßnahmen zumeist stark dirigistischen Zuschnitts, sind sogar dazu geeignet, das Kriterium des Ertrags völlig zu entwerten.[2] An seine Stelle tritt vielmehr das Bestreben nach Verlustminderung mit der Absicht die Vermögenssubstanz zu erhalten.[3]

---

[1] Siehe Machlup, F., Die Theorie der Kapitalflucht, in: Weltwirtschaftliches Archiv, 36. Bd. (1932 II), S. 512 ff.. Dabei handelt es sich nach Roeper, H., Woher kommt das "heiße Geld"?, in: FAZ, Nr. 39, 15. 2. 1964, S. 7., um Begriffe, die wohl einer nationalen Betrachtungsweise entspringen. "Darin schwingt meist etwas Anklägerisches mit: Der Vorwurf, das ins Ausland emigrierte Kapital entziehe sich seinen nationalen Pflichten." Ebenda.

[2] Zur Relation von Ertrags- und Sicherheitsüberlegungen siehe insbesondere Kindleberger, Ch.P., a.a.O., S. 155 ff. und Bloomfield, A.I., a.a.O., S. 30 ff.

[3] In ihrer ausgeprägtesten Form zeigen sich diese Bestrebungen bei denjenigen Kapitaltransakteuren, die ihr Geld in die Schweiz transferieren, da dort Bankguthaben für Ausländer entweder gar keine oder nur eine sehr geringe Rendite erwirtschaften.

Zielländer der risikoinduzierten Kapitalbewegungen sind vor allem diejenigen Staaten, die sich über längere Perioden durch eine bemerkenswerte politische, soziale und wirtschaftliche Stabilität ausgezeichnet haben und damit im Hinblick auf ihre Währung in internationalem Ansehen stehen.

1213 Spekulative Kapitalbewegungen

Diejenigen Bestrebungen im wirtschaftlichen Bereich, "die aus künftig vermuteten Preisveränderungen eines Wirtschaftsgutes einen Nutzen gewinnen wollen"[1], können ganz allgemein unter dem Begriff der Spekulation zusammengefaßt werden. Entsprechend dem Grade subjektiver Interpretation der zukünftigen Entwicklung ist die Spekulation denn auch mit der Übernahme eines Risikos verbunden. "Das Risiko kann in der Gefahr von Verlusten, die das Vermögen des Spekulanten mindern, und in der Gefahr des Entgehens eines Gewinnes bestehen, der ohne das spekulative Engagement hätte erzielt werden können."[2]
Im bestehenden Währungssystem sind Schwankungen der Wechselkurse innerhalb der Interventionspunkte möglich und Änderungen der Paritäten als offizielles Instrument der Währungspolitik vorgesehen. Da insbesondere eine Änderung der Parität immer als möglich angesehen werden kann, ist die Voraussetzung für die Ingangsetzung spekulativer Kapitalbewegungen gegeben.[3] Primäre Ursache sind jedoch im entsprechenden Zeitraum vorhandene Ungleichgewichte in den Zahlungsbilanzen, die denn auch den Anstoß zur Bereinigung unhaltbarer Paritäten geben.

Auf den Devisenmärkten ist zwischen der professionellen und der kommerziellen Spekulation zu unterscheiden.[4] Die professionelle Spekulation tritt einerseits auf als sogenannte Baissespekulation (bear speculation) durch Verkauf einer Währung in Verbindung mit einem späteren Kauf der gleichen Währung, sofern der erwartete Kursrückgang eingetreten ist. Sie zeigt sich andererseits als sogenannte Haussespekula-

1 Kloidt, H., Spekulation, in: Handwörterbuch der Betriebswirtschaft, Bd. III, 3. Aufl., Stuttgart 1960, Sp. 4987.

2 Lipfert, H., Internationaler Devisen- und Geldhandel, a.a.O., S. 48.

3 Vgl. Bloomfield, A.I., a.a.O., S. 15 f.

4 Vgl. Dudler, H.-J., a.a.O., S. 131 f.

tion (bull speculation) durch Kauf einer Währung im Zusammenhang mit einem späteren Verkauf dieser Währung, und zwar nach erfolgtem Kursanstieg. In beiden Fällen wird also der Versuch gemacht, die zeitlichen Kurs- bzw. Preisunterschiede zu nützen, im Gegensatz zur Arbitrage, bei der die örtlichen Preis- bzw. Kursunterschiede genützt werden.[5] Die Markttransparenz, die für die Banken dank modernster Kommunikationsmittel zu jedem Zeitpunkt gegeben ist, sowie die Tatsache, daß die Banken über die notwendigerweise umfangreichen Geschäftsbeziehungen verfügen, macht es verständlich, daß vor allem sie die Träger der professionellen Spekulation sind. Sie führen ihre Spekulationsgeschäfte insbesondere auf den Devisenterminmärkten durch. Devisentermingeschäfte sind insofern vorteilhaft, als im Zeitpunkt ihres Abschlusses keine flüssigen Mittel benötigt werden.[6] Vielmehr wird in Erwartung einer Paritätsänderung eine Plus- oder Minusposition, d.h. ein Nettoguthaben oder eine Nettoschuld in fremder Währung geschaffen.[7] Bei Fälligkeit des Geschäftes ist dann lediglich die Differenz zwischen dem Kassakurs des Tages und dem vereinbarten Terminkurs je nach Kursentwicklung entweder zu begleichen oder zu erheben. Auch die kommerzielle Spekulation findet vorwiegend auf den Devisenterminmärkten statt. Sie kann in der Form sogenannter Leads und Lags erfolgen[8], wobei mit der Abwicklung der Außenhandelsgeschäfte eine zeitliche Verschiebung der Zahlungsvorgänge verbunden wird, aber auch in Form von Gegengeschäften mit stark spekulativem Charakter. Bei beiden Formen zeigen also die Träger der kommerziellen Spekulation in Erwartung von Paritätsänderungen eine andere Verhaltensweise als bei normalen Verhältnissen.
Über das Ausmaß sowohl der professionellen als auch der kommerzi-

5 Vgl. Stucken, R., Spekulation, in: Handwörterbuch der Sozialwissenschaften, 9. Bd., Stuttgart - Tübingen - Göttingen 1956, S. 690.

6 Vgl. Sohmen, E., The Theory of Forward Exchange, Princeton Studies in International Finance No. 17, Princeton, N.J., 1966, S. 12.

7 Vgl. Lipfert, H., Internationaler Devisen- und Geldhandel, a.a.O., S. 187.

8 Dazu Lipfert, H., Einführung in die Währungspolitik, 4. überarbeitete Aufl., München 1969, S. 99: "Für den Vorgang, daß Importeure früher als bisher üblich bzw. im Kontrakt vorgesehen zahlen, hat sich international der Ausdruck ‚leading' eingebürgert. Das Gegenteil, das vereinbarte oder nicht vereinbarte Zurückhalten der Zahlung, wird als ‚lagging' bezeichnet. ‚Leads and lags' sind die entscheidenden Ursachen von Veränderungen in den terms of payment." Siehe im einzelnen bei Einzig, P., Leads and Lags - The Main Cause of Devaluation, London - Melbourne - Toronto - New York 1968, S. 9 ff.

ellen Spekulation entscheiden in erster Linie die erwarteten Paritätsänderungsgewinne. Daneben gehen aber auch Zins- und Risikoüberlegungen in das ökonomische Kalkül ihrer Träger ein. Allerdings, und darin besteht ein weiterer Unterschied zwischen Arbitrageuren und Spekulanten, versuchen erstere sich gegen das Risiko abzusichern, während es von letzteren bewußt eingegangen wird.[9]

122 Die Auswirkungen privater kurzfristiger Kapitalbewegungen

Die privaten kurzfristigen Kapitalbewegungen wirken sich in ihrer Gesamtheit zunächst einmal sowohl bei den Ursprungsländern als auch bei den Zielländern auf die Zahlungsbilanzen, d.h. speziell die Kapitalverkehrsbilanzen aus und führen bei ersteren zu einem Abfluß von Währungsreserven und bei letzteren zu einem Zugang an Währungsreserven. Diese Bewegungen müssen nicht in jedem Fall abträglich sein. Vielmehr können von ihnen sehr wohl auch stabilisierende Tendenzen ausgehen, dann nämlich, wenn sie von einem Überschußland zu einem Defizitland verlaufen.[1] Erfahrungsgemäß ist jedoch der Anteil der Kapitalbewegungen mit stabilisierendem Charakter relativ gering. In den Vordergrund des Interesses rücken daher mit Berechtigung diejenigen Kapitalbewegungen, deren Richtung umgekehrt verläuft, nämlich von den Defizitländern zu den Überschußländern. Diesen Kapitalbewegungen mit destabilisierendem Charakter ist eigentümlich, daß sie sich in aller Regel sehr einseitig entwickeln und außerdem meist einen beträchtlichen Umfang annehmen. Damit aber laufen sie den Ausgleichstendenzen der Zahlungsbilanzen zuwider, tragen dazu bei, daß sich die Währungslage in den Ursprungsländern erheblich verschlimmert und daß die Zahlungsbilanzschwierigkeiten in den betroffenen Ländern Ursprungs- und Zielländern - zu einem erstrangigen Problem werden. Darüber hinaus lassen sich vier Einzelwirkungen privater kurzfristiger Kapitalbewegungen erkennen, die jedoch stets im Zusammenhang mit der allgemeinen Zahlungsbilanzsituation und der wirtschaftlichen

---

9 "In no case is the speculative movement of short-term capital covered by an opposite transaction in forward exchange, since the primary purpose of the transaction is to run an exchange risk, not to avoid one." Kindleberger, Ch.P., a.a.O., S. 9.

---

1 Daher erscheint auch Adler, J.H., a.a.O., S. 808 eine Unterscheidung zwischen "das Gleichgewicht herstellenden und das Gleichgewicht störenden Kapitalbewegungen wohl berechtigt"

Entwicklung in den betroffenen Ländern zu sehen sind:[2] Sie wirken sich generell auf die Liquiditätspositionen der an ihrer Bewegung beteiligten Wirtschaftssubjekte aus. Die Plötzlichkeit, mit der sie ausgelöst werden, hat zur Folge, daß sie bei entsprechendem Umfang die Kursgestaltung an den Kassa- und Termindevisenmärkten merklich beeinflussen können. Da die Notenbanken im gegenwärtigen Währungssystem zur Intervention auf den Devisenmärkten verpflichtet sind, führt die aufgrund der kurzfristigen Kapitalbewegungen eingetretene Spannung auf den Devisenmärkten zu einer Veränderung ihrer Reserven. Schließlich verstärken die kurzfristigen Kapitalbewegungen das Vertrauen oder das Mißtrauen in die Stabilität der betroffenen Währungen. Den hervorgehobenen Grundformen privater kurzfristiger Kapitalbewegungen lassen sich diese Einzelwirkungen als Primäreffekte zuordnen. Ihre gesamtwirtschaftliche Bedeutung hängt indessen von ihrem Ausmaß ab.[3]

Die unmittelbare Folge der internationalen Zinsarbitrage zeigt sich in Kapitalbewegungen entgegen der Richtung des Zinsgefälles, d.h. von Tiefzinsländern zu Hochzinsländern. Dadurch ergeben sich gegenläufige Liquiditätswirkungen in den kapitalausführenden und den kapitaleinführenden Ländern. Diese wiederum beeinflussen die Struktur der Zinssätze, indem sie tendenziell in Richtung eines Zinsausgleichs auf den beteiligten Märkten wirken.[4] Damit verbindet sich mit den arbitragebedingten Kapitalbewegungen vorzugsweise eine positive Erscheinung. Diese ist jedoch nicht in jedem Fall solcher Kapitalbewegungen gegeben. Das Zinsgefälle muß nämlich nicht immer mit der jeweiligen konjunktur- und zahlungsbilanzpolitischen Entwicklung konform verlaufen. Daraus folgt, daß sich der entsprechende Kapitalverkehr auch in umgekehrter Richtung entwickeln kann, die ohnehin vorhandene Zahlungsbilanzschwäche der Ursprungsländer verschärft und schließlich zu Reservenverlusten der betroffenen Notenbanken führt.

---

[2] Vgl. Dudler, H.J., a.a.O., S. 126 ff.. Siehe aber auch Adler, J.H., a.a.O., S. 809 ff. zu den Wirkungen in den kapitaleinführenden Ländern und S. 812 zu den Wirkungen in den kapitalausführenden Ländern.

[3] Weitere Sekundäreffekte wären denn auch vornehmlich anhand einer gesamtwirtschaftlichen Analyse, die hier nicht beabsichtigt wird, abzuleiten.

[4] Vgl. zu diesem Prozeß und seiner konsequenten Weiterverfolgung Lipfert, H., Internationaler Devisen- und Geldhandel, a.a.O., S. 141 f.

In seiner zweiten Grundform wird der kurzfristige Kapitalverkehr durch ein internationales Risikogefälle, d.h. durch erwartete oder eingetretene Beschränkungen in der Verfügungsgewalt über Kapital und gegebenenfalls durch potentielle oder effektive Vermögensverluste bestimmt. Die über die objektive Einschätzung hinausgehende subjektive Antizipation der politischen, sozialen und wirtschaftlichen Entwicklung im Ursprungsland der einsetzenden Kapitalbewegungen, sowie das psychologische Moment der Ansteckung führen alsdann zu einem sich stetig selbst steigernden Vertrauensschwund in die Stabilität der betroffenen Währung. Daraus resultiert ein zusätzlicher Anreiz zu weiteren und oft noch umfangreicheren Kapitaltransaktionen. Insbesondere die Entwicklung im kapitalausführenden Land entscheidet schließlich darüber, ob es sich tatsächlich nur um vorübergehende Kapitalabflüsse handelt.[5] Ob es sich demgegenüber aus der Sicht der kapitaleinführenden Länder - bei fortdauerndem Risikogefälle mit dem Anreiz zu Kapitalabflüssen aus dem Ursprungsland - gegebenenfalls um einen längerfristigen Liquiditätszugang handelt, hängt vor allem von deren Absorbtionsfähigkeit ab.[6] Entsprechende Veränderungen zeigen sich ebenfalls in den Reserven der betroffenen Notenbanken.[7]

Unter normalen Verhältnissen verbindet die Devisenspekulation, indem sie auf der Basis möglicher Wechselkursschwankungen innerhalb der Interventionspunkte operiert, die Devisenmärkte. Sie trägt ferner dazu bei, daß sich der notwendige Marktausgleich leichter vollzieht. Damit ist sie eine wichtige Bedingung für die Funktionsfähigkeit sowohl der Devisenkassamärkte als auch der Devisenterminmärkte.[8] Bei erwarteten Paritätsänderungen entwickelt sie sich jedoch regelmäßig - ihrem Wesen in solcher Situation entsprechend - einerseits zu hartnäckigen Baissespekulationen gegenüber den als überbewertet angese-

---

5 Dazu Machlup, F., Die Theorie der Kapitalflucht, a.a.O., S. 529: Insbesondere "die Eingriffe in die Verfügungsgewalt über das Kapital, die Eingriffe in das Eigentum werden die Mißtrauischen in ihrer Ansicht bestärken, daß die Belassung von Kapital in solchen Ländern nicht ratsam ist .

6 Vgl. Dudler, H.-J., a.a.O., S. 143.

7 Zur Korrelation zwischen Notenbankinterventionen und dem Ausmaß der sogenannten Fluchtkapitalbewegungen siehe Machlup, F., Die Theorie der Kapitalflucht, a.a.O., S. 527 f.

8 Nach Lipfert, H., Internationaler Devisen- und Geldhandel, a.a.O., S. 48.

henen und damit abwertungsverdächtigen Währungen, andererseits zu beharrlichen Haussespekulationen gegenüber den als unterbewertet angesehenen und damit aufwertungsverdächtigen Währungen. Speziell "eine massive Baissespekulation ist in der Lage, durch eine spekulative 'Attacke' kurzfristig hohe Reserveverluste herbeizuführen, um damit zu versuchen, eine Abwertung zu erzwingen und den Spekulationserfolg zu sichern"[9]. Wenngleich dieses Unterfangen nicht beim ersten Versuch gelingen muß, so bewirken die daraus resultierenden Kapitalabflüsse doch eine erhebliche Verschärfung des vordem vorhandenen Ungleichgewichts, ihrer primären Ursache. Damit aber verdichten sich die Erwartungen auf eine Paritätsänderung und der einmal inganggesetzte Prozeß wird zusätzlich entfacht, was denn auch schließlich seitens der betroffenen Währungsbehörden Maßnahmen erfordert, die ohne die Spekulation unter Umständen weit weniger drastisch ausgefallen wären.[10] Demnach übertrifft auch das Ausmaß der Spekulationswellen in aller Regel das Gewicht des ursprünglich vorhandenen und sie auslösenden Ungleichgewichts.

Abschließend ist also festzuhalten, daß die privaten kurzfristigen Kapitalbewegungen - insgesamt besehen - überwiegend störend und destabilisierend auftreten. Dabei können bereits relativ unbedeutende Ungleichgewichte der Zahlungsbilanzen Kapitalbewegungen induzieren, die rasch einen außerordentlichen Umfang annehmen und dadurch zu einer sehr ernstzunehmenden Bedrohung der erreichten Freizügigkeit des internationalen Zahlungs- und Kapitalverkehrs werden. Aus diesem Grund trägt der private kurzfristige Kapitalverkehr natürlicherweise seinen Teil zu einer wachsenden Unzufriedenheit mit dem bestehenden Währungssystem, dessen zentrale Grundlage die IWF-Statuten sind, bei. Bei seiner Beurteilung darf jedoch nicht übersehen werden, daß das eigentliche Problem und die auslösenden Faktoren für den kurzfristigen Kapitalverkehr mit destabilisierendem Charakter neben solchen politischer Natur überwiegend die Ungleichgewichte aufgrund der Überbewertung und der Unterbewertung von Währungen sind.

---

[9] Dudler, H.-J., a.a.O., S. 132 f.

[10] Dazu Küng, E., a.a.O., S. 454: "Es ist begreiflicherweise nicht ausgeschlossen, daß die gehegten Erwartungen und die daraufhin getroffenen Dispositionen sich in dem Sinne selber bestätigen, daß sie eine Abwertung - oder vielleicht den Übergang zur Devisenzwangswirtschaft - geradezu unausweichlich werden lassen und schon früher nahelegen, als es vielleicht aufgrund der Leistungsbilanzsituation notwendig gewesen wäre."

123 Die Unterstützung des Internationalen Währungsfonds für seine Mitglieder bei privaten kurzfristigen Kapitalbewegungen

Im Hinblick auf die Behandlung der Kapitalbewegungen zwischen den Mitgliedsländern des IWF "hat sich die tatsächliche Entwicklung außerhalb der ursprünglichen Absichten des Bretton-Woods-Abkommens oder gar gegen sie vollzogen"[1]. Nachdem der Fonds - entgegen den Statuten - die Bestrebungen zur Liberalisierung des Kapitalverkehrs unterstützte[2], mußte er, nachdem sich die Bestrebungen zur Liberalisierung des Kapitalverkehrs mehr und mehr durchsetzten, auch seine Ausleihepolitik der neuen Situation anpassen. Unter Bezugnahme auf eine Entscheidung aus dem Jahr 1946 hat der Fonds daher zur Frage der Unterstützung seiner Mitglieder bei Kapitalbewegungen 1961 erneut Stellung genommen.[3] Dabei wurde die frühere Interpretation von Artikel VI, Abschnitt 1 (a) korrigiert und den Mitgliedern auch bei der Überwindung von Reservenschwierigkeiten, die durch Kapitalbewegungen verursacht werden, Unterstützung zugesichert.[4] Diese Unterstützung beschränkt sich jedoch auf diejenigen Fälle, in denen es sich nicht um Schwierigkeiten aufgrund von anhaltenden Kapitalbewegungen oder aufgrund von Kapitalbewegungen großen Umfangs handelt. Als Begründung führt der Fonds an, daß im konkreten Einzelfall die Reservenschwierigkeiten aufgrund von Kapitalabflüssen nur sehr schwer von denen, die auf andere Entwicklungen in der Zahlungsbilanz zurückgehen, unterschieden werden können, und daß außerdem die wirklichen Gründe für Reservenverluste im Zeitpunkt ihres Entstehens unbekannt sein können. Daher könne die Hilfe nicht von den Hintergründen der Reservenschwäche abhängig gemacht werden.

---

[1] Emminger, O., Internationaler Währungsfonds, a.a.O., S. 841.

[2] Siehe oben, S. 15.

[3] Vgl. zu der im folgenden behandelten Entscheidung IMF, Annual Report (1961/62), S. 32 f. und Appendix XI, S. 232.

[4] "Obwohl damit vom IWF die ursprüngliche enge Auffassung des Konvertibilitätsbegriffs beiseite geschoben wurde, ist die Grundsatzfrage, wie weit bei Zahlungsbilanzstörungen ein- oder ausgehende Kapitalbewegungen im Notfall einer Kontrolle oder Manipulation unterworfen werden sollten, weiterhin in der internationalen Diskussion umstritten." Emminger, O., Internationaler Währungsfonds, a.a.O., S. 841.

Wohlgemerkt, nach der Entscheidung von 1961 beschränkt sich die Unterstützung des Fonds im Fall von Kapitalabflüssen auf solche temporärer Natur. Außerdem schließt diese Entscheidung eine Unterstützung in denjenigen Fällen, in denen die Kapitalabflüsse einen großen Umfang annehmen, expressis verbis aus. Freilich wurde dabei keine absolute Grenze angegeben.[5] Schließlich wurde mit dieser Entscheidung festgehalten, daß die Mitglieder bei anhaltenden Kapitalabflüssen nicht unterstützt werden.[6]

Die in der Entscheidung von 1961 zugesicherte Unterstützung erfolgt durch die Genehmigung von Ziehungen und die Vereinbarung von Bereitschaftskrediten. Die Unterstützung wird, soweit es die regulären Fondsmittel zulassen, mit diesen gewährt.[7]

---

[5] Dazu Evans, Jr., J.G., a.a.O., S. 33: "Certainly a basic criterion would be that the financing of such capital movements should not be of such a magnitude as to interfere with the Fund's ability to finance current account deficits for any member or members in general."

[6] Mit dem Inkrafttreten der Änderungen und Ergänzungen zu den IWF-Statuten können die Mitglieder jedoch auch in diesen Fällen ihre Ziehungsrechte aus der Goldtranche beanspruchen. Siehe Art. VI, Abschnitt 2 Articles of Agreement (1968).

[7] Entgegen Lipfert, H., Einführung in die Währungspolitik, a.a.O., S. 234 f., der die Entscheidung von 1961 expressis verbis nicht berücksichtigt.

ZWEITER TEIL

2 DIE BILDUNG DER ZEHNER-GRUPPE

21 DIE BASLER ABSPRACHE DER NOTENBANKEN ZUR ABWEHR PRIVATER KURZFRISTIGER KAPITALBEWEGUNGEN

211 Die Ausgangslage für die Basler Absprache

Kaum mehr als zwei Jahre, nachdem zwölf europäische Staaten ihre Währungen als ausländerkonvertierbar erklärt hatten und nur wenige Wochen, nachdem die Mehrzahl von ihnen - neben teilweise noch weitergehenden Liberalisierungsmaßnahmen - auch die Verpflichtungen von Artikel VIII der Statuten des IWF akzeptiert hatten, wurde die damit erreichte Freizügigkeit im internationalen Zahlungs- und Kapitalverkehr einer ernsten Belastungsprobe ausgesetzt. Gleichzeitig zeigte sich, daß die Beruhigung, die sich aufgrund der kategorischen Erklärung der zu Anfang 1961 ins Amt getretenen amerikanischen Regierung, nämlich die Dollarparität um jeden Preis aufrecht zu erhalten[1], auf den internationalen Devisenmärkten eingestellt hatte, nur vordergründig und keineswegs gesichert war.
Das auslösende Moment der aufkommenden Krise war die Aufwertung der Deutschen Mark mit Wirkung vom 6. März 1961. Nachdem die beträchtlichen und anhaltenden Zahlungsbilanzüberschüsse der vorausgehenden Jahre mit den herkömmlichen Mitteln der Kredit- und Finanzpolitik nicht eingedämmt werden konnten, der Zustrom von Auslandsgeld zudem noch durch das im zweiten Halbjahr 1960 entstandene Zinsgefälle von der Bundesrepublik Deutschland nach den Vereinigten Staaten erheblich verstärkt wurde, entschloß sich die Bundesregierung - im Einvernehmen mit der Deutschen Bundesbank - zur Aufwertung der Deutschen Mark.[2] Dabei wurde der Wechselkurs von 4,20 DM/1 US-$ auf 4,00 DM/1 US-$ festgelegt und die Goldparität der Deutschen Mark

---

[1] Siehe: Kennedys Botschaft zum amerikanischen Zahlungsbilanzproblem, Der Wortlaut der Botschaft, in: NZZ, Nr. 38, 8. 2. 1961, Bl. 3.

[2] Vgl.: Erklärung des Bundesministers für Wirtschaft, Prof. Dr. Ludwig Erhard, auf der Pressekonferenz in Bonn am 5. März 1961 zur Aufwertung der DMark, in: Deutsche Bundesbank/ Auszüge aus Presseartikeln, Nr. 19/8. 3. 1961, S. 1 ff. sowie: Erklärung des Präsidenten der Deutschen Bundesbank Karl Blessing auf der Pressekonferenz in Bonn am 5. März 1961 zur Aufwertung der DMark, ebenda, S. 3.

von 0,211588 g/1 DM auf 0,222168 g/1 DM erhöht[3]; dies entsprach einem Aufwertungssatz von rd. 4,75 v.H.. Entsprechend erhöhte sich der Wert der Deutschen Mark gegenüber den Währungen der anderen IWF-Mitglieder. Zweck dieser Maßnahme war es, die Kaufkraft der Deutschen Mark im Ausland zu stärken, den Abbau der als chronisch bezeichneten Zahlungsbilanzüberschüsse durch verteuerte Exporte und verbilligte Importe herbeizuführen, und die Preisauftriebstendenzen, die sich als Folge der Zahlungsbilanzüberschüsse ergaben, unter Kontrolle zu bringen.
Da ein derartiger Schritt in Anbetracht der anhaltenden Zahlungsbilanzüberschüsse schon seit einiger Zeit (auch öffentlich) diskutiert worden war, hatten jedoch die Träger der professionellen Spekulation bereits beträchtliche Kapitalbeträge in die Bundesrepublik Deutschland transferiert und dort als DM-Guthaben gehalten bzw. zum Ankauf festverzinslicher Wertpapiere mit relativ hohem Zinsniveau verwendet.[4] Auch die wiederholten Dementis, die gegenüber international kursierenden Gerüchten ausgesprochen wurden, wie auch ein vorübergehend aufgehobenes, dann aber wieder in Kraft gesetztes Verzinsungsverbot[5] für ausländische DM-Sichteinlagen, konnten die Spekulationen, deren Erwartungen nun ja auch eintrafen, nicht zum Rückzug veranlassen. Es ist anzunehmen, daß neben der professionellen auch die kommerzielle Spekulation in Erwartung einer Aufwertung die vorteilhaftesten Arrangements getroffen hatte.

Nur mit einer Verzögerung von zwei Tagen folgten die Niederlande - nachdem sie von der deutschen Maßnahme erst einen Tag vor der Regierungserklärung vom 5. März 1961 unterrichtet worden waren - mit einer Aufwertung des Gulden. Dabei wurde der Wechselkurs von 3,80 hfl/1 US-$ auf 3,62 hfl/1 US-$ festgesetzt und die Goldparität von 0,233861 g/1 hfl auf 0,245489 g/1 hfl mit Wirkung vom 7. März erhöht[6], was ebenfalls einem Aufwertungssatz von rd. 4,75 v.H. ent-

---

[3] Die vorausgegangene Parität bestand seit dem 30. 1. 1953. Siehe zur neuen Parität: Der Bundesminister für Wirtschaft, Bekanntmachung über die neue Parität der D-Mark - Vom 8. März 1961, VIB3 - 425/7 - 18712/61II, in: Bundesanzeiger, Jg. 13, Nr. 48, 9. März 1961, S. 2.

[4] Siehe auch Deutsche Bundesbank, Geschäftsbericht für das Jahr 1961, S. 37 f.

[5] Siehe ebenda, S. 97.

[6] Siehe N.N., Die Niederlande nach der Guldenaufwertung, in: NZZ, Nr. 67, 9. 3. 1961, Bl. 7. Die alte Parität bestand seit dem 21. 9. 1949.

sprach. Die Zahlungsbilanzsituation der Niederlande war zu diesem Zeitpunkt auch durch hohe und anhaltende Überschüsse gekennzeichnet. Die Aufwertung war außerdem eine Präventivmaßnahme gegen eine weitere Steigerung der Zahlungsbilanzüberschüsse aufgrund verstärkter Exporte nach der Bundesrepublik Deutschland, die sich als Folge der deutschen Aufwertung ergeben hätten.[7]

Die nun tatsächlich erfolgte Aufwertung der Deutschen Mark und der Überraschungseffekt durch das unmittelbare Nachziehen der Niederlande, der Umstand, daß es sich also nicht um eine einzelne Paritätsänderung handelte, sowie die unerwartet geringen Aufwertungssätze, führten dazu, daß Beunruhigung und Mißtrauen in die Stabilität des gesamten Währungsgefüges rasch um sich griffen. "Die Währungen wurden nur noch daraufhin beurteilt, welche zu den Aufwertungs- und welche zu den Abwertungskandidaten gerechnet werden müssen, denn die Idee, daß ein allgemeines Alignement der Währungen unmittelbar bevorstehe, war nicht aus den Köpfen der europäischen Finanzwelt zu bringen."[8] In der Erwartung noch weiterer Aufwertungen setzte daher ein hektischer Hausseangriff insbesondere auf den Schweizer Franken, aber auch auf die italienische Lira und den französischen Franc ein, der zu massiven Kapitalbewegungen in die entsprechenden Länder führte. Außerdem hielten die Träger der Spekulation in der Annahme einer weiteren Aufwertung der Deutschen Mark - trotz gegenteiliger Erklärungen von offizieller Seite, daß es sich um eine einmalige Maßnahme gehandelt habe - teilweise beharrlich an ihren DM-Pluspositionen fest. Der Umfang der gesamten Kapitalbewegungen belief sich auf einen Gegenwert von 500 Mio. US-$, von denen bereits innerhalb weniger Tage mehr als 300 Mio. der Schweiz zuflossen.[9] Diese Lage wurde in drastischer Weise dadurch verschärft, daß gleichzeitig mit der Haussespekulation eine bis dahin beispiellose Baissespekulation gegen das Pfund Sterling geführt wurde, denn man nahm an, daß das gestörte Gleichgewicht der europäischen Währungen nur noch durch eine Abwer-

---

7 Vgl. N.N., Die Niederlande nach der Guldenaufwertung, a.a.O., Bl. 7.

8 Iklé, M., Währungspolitik in der Konvertibilität, in: Vereinigung für gesunde Währung, Zürich, Jahresbericht 1961, S. 23.

9 Siehe N.N., Die internationalen Geldbewegungen und die Notenbanken, in: NZZ, Nr. 207, 30. 7. 1961, Bl. 11 und Schweizerische Nationalbank, Vierundfünfzigster Geschäftsbericht (1961), S. 5.

tung der Währung Großbritanniens bereinigt werden könne. Das beträchtliche außenhandelsbedingte Defizit der britischen Grundbilanz wurde im zweiten Halbjahr 1960 infolge des hohen britischen Zinsniveaus durch umfangreiche zinsinduzierte Kapitalzuflüsse verdeckt.[10] Im Zusammenhang mit der Befestigung des US-Dollars zu Anfang 1961 und insbesondere aufgrund des aufgekommenen Mißtrauens in die Währungsparitäten, trat das ungünstige Zahlungsbilanzergebnis jedoch offen zutage, als sich die Richtung der Kapitalbewegungen spontan änderte, nämlich von der abwertungsbedrohten Währung zu den aufwertungsverdächtigen Währungen. Für die Welle des Mißtrauens, die gegenüber der Parität des Pfund Sterling entfacht wurde, waren die vorausgehenden Paritätsänderungen also nur der Anlaß, während ihre Ursache die starke Importabhängigkeit und die mangelnde Exportfähigkeit der britischen Volkswirtschaft war.

212 Die Abwehrmaßnahmen aufgrund der Basler Absprache

Das unfaßbare Ausmaß der Spekulationswelle führte jedoch rasch zu der Erkenntnis, daß sie nicht nur unerwünschte Auswirkungen - auf die Liquidität, die Währungsreserven und die Wechselkursgestaltung - in den von ihr unmittelbar betroffenen Ländern hervorrufen könnte, sondern insbesondere im Falle einer tatsächlichen Abwertung des Pfund Sterling das gesamte Währungsgefüge in Mitleidenschaft zu ziehen drohte und damit auch die Dollarparität erneut in Frage stellen würde.
Angesichts der nach wenigen Tagen bekannten Tatsache, daß sich die Hauptlast des spekulativen Drucks einerseits gegen das abwertungsbedrohte Pfund Sterling, andererseits gegen den Schweizer Franken richtete, ergriff die Schweizerische Nationalbank die Initiative zur Zusammenarbeit mit den britischen Währungsbehörden. Die Grundlage für die Zusammenarbeit bildete ein Beschluß vom 9. März 1961 seitens der Schweizerischen Nationalbank, aufgrund dessen die Schweizerische Nationalbank der Bank von England einen Kredit in Höhe von 200 Mio. US-$ einräumte.[1] Damit sollte der überwiegende Teil der kurzfristig zugeflossenen Mittel den britischen Währungsbehörden auf dem Kredit-

[10] Vgl. Deutsche Bundesbank, Geschäftsbericht für das Jahr 1961, S. 75 f.

[1] Siehe Iklé, M., a.a.O., S. 24. Siehe ebenda zur Begründung dieser Maßnahme.

wege wieder zur Verfügung gestellt werden. Daher mußten die US-Dollar-Bestände, die aufgrund eines "Gentlemen's Agreement zur Abwehr und Verminderung ausländischer Gelder"[2] bei den Banken angesammelt wurden, von der Nationalbank übernommen werden. Der dadurch entstandene starke Liquiditätszuwachs der schweizerischen Banken ließ es sodann als ratsam erscheinen, auch den durch die hohen Kurssicherungskosten stark behinderten kurzfristigen Kapitalverkehr zwischen der Schweiz und Großbritannien durch eine weitere Maßnahme zu fördern. "Zu diesem Zweck überliess die Nationalbank der Bank von England im Rahmen verschiedener Swap-Operationen Gold gegen Pfund Sterling auf zwei bis drei Monate und stellte dem Bund und den Banken die auf diese Weise kursgesicherten Pfundbeträge - insgesamt 40 Millionen Pfund - für kurzfristige Anlagen in England zur Verfügung."[3] Die Durchführung der Stützungsmaßnahmen, deren Gesamtbetrag sich auf rd. 1 350 Mio. sfr belief, begann, nachdem sie der Bank von England am 12. März 1961 mitgeteilt worden waren. Zu diesem Zeitpunkt, also eine Woche nach der Regierungserklärung über die Aufwertung der Deutschen Mark, berieten auch die Gouverneure der wichtigsten europäischen Notenbanken im Rahmen ihrer monatlichen Routinesitzung bei der Bank für Internationalen Zahlungsausgleich (BIZ)[4], über Maßnahmen zur Überwindung der gefahrvollen Entwicklung auf den Devisenmärkten. Im Anschluß an diese Beratungen wurde folgende offizielle Erklärung abgegeben:

"Anlässlich ihrer monatlichen Zusammenkunft an diesem Wochenende bei der Bank für Internationalen Zahlungsausgleich in Basel haben die anwesenden Zentralbankpräsidenten die Lage besprochen, die sich aus den Währungsänderungen in Deutschland und in Holland ergeben hat. Sie haben dabei festgestellt, dass die Gerüchte, die in der letzten Woche auf den Devisenmärkten über mögliche weitere Währungsänderungen umgingen, der Grundlage entbehren, und machen darauf aufmerksam, dass die beteiligten Zentralbanken auf den Devisenmärkten eng zusammenarbeiten. Die Zentralbanken, die auf der Zusammen-

---

[2] Siehe Schweizerische Nationalbank, Vierundfünfzigster Geschäftsbericht (1961), S. 7.

[3] Ebenda, S. 6.

[4] Siehe zur Tätigkeit der BIZ die Ausführungen von Fankhauser, L.H., Schweigsam und mächtig: Die Bank der Banken, Weichensteller an der europäischen Finanzfront, in: Industriekurier, Nr. 54, 12. 4. 1969, S. 24.

kunft vertreten waren, sind die Banque Nationale de Belgique, die Deutsche Bundesbank, die Bank of England, die Banque de France, die Banca d'Italia, die Nederlandsche Bank, die Schweizerische Nationalbank und die Sveriges Riksbank."[5]

Dieser Erklärung folgten keine Einzelheiten über die Art der Zusammenarbeit; sie wurden auch zu einem späteren Zeitpunkt nicht bekanntgegeben. Fest steht jedoch, daß neben massiven Interventionen auf den Devisenmärkten, der Bank von England kurzfristige Devisenhilfen in verschiedenen Formen und beträchtlichen Größenordnungen zur Verfügung gestellt wurden. Die bereitgestellten Devisenhilfen wurden von der Bank von England bis zum 30. Juni 1961 im Gegenwert von rd. 325 Mio. £ effektiv in Anspruch genommen.[6] Dieser Betrag setzte sich nach Angaben der Bank von England wie folgt zusammen:[7]

1) Aus Guthaben in Höhe von 112 Mio. £, die von Notenbanken außerhalb des Sterlinggebiets direkt gehalten wurden;
2) aus Guthaben in Höhe von 85 Mio. £, die von Notenbanken außerhalb des Sterlinggebiets indirekt über das ihnen angeschlossene Bankensystem gehalten wurden;
3) aus Devisenhilfen im Gegenwert von 126 Mio. £ in verschiedenen anderen Währungen.

Da die Devisenhilfen der Notenbanken kurzfristiger Natur waren und vornehmlich dem Zweck dienten, spekulative Übersteigerungen abzuwehren[8], mußten sie entweder durch eine Umkehr der Entwicklung auf den Devisenmärkten bzw. durch eine Änderung der britischen Zahlungsbilanzverhältnisse überflüssig gemacht werden oder durch längerfristige Devisenhilfen abgelöst werden. Daher leitete die damals konservative Regierung Großbritanniens mit Wirkung vom 25. Juli 1961 ein Sanierungsprogramm ein, das eine nachhaltige Tendenzumkehr in der

---

[5] BIZ, Communiqué vom 12. März 1961.

[6] Siehe Bank of England, Quarterly Bulletin, Vol. I, No. 4, September 1961, S. 10.

[7] Siehe ebenda.

[8] Vgl. Deutsche Bundesbank, Geschäftsbericht für das Jahr 1961, S. 76.

britischen Zahlungsbilanzentwicklung herbeiführen sollte.[9] Dieses Programm setzte sich aus verschiedenen Maßnahmen zusammen; u.a. wurde der Diskontsatz von 5 auf 7 v.H. erhöht und für die Belegschaften verstaatlichter Industrien sowie des öffentlichen Dienstes ein Lohn- und Gehaltsstopp eingeführt. Während mehr als acht Monaten wurden diese Krisenbekämpfungsmaßnahmen - mit Ausnahme des sehr hohen Diskontsatzes - beibehalten. Mit der Ingangsetzung dieses Sanierungsprogramms war die Voraussetzung für die Ablösung der kurzfristigen Devisenhilfen der Notenbanken durch eine längerfristige Unterstützung seitens des Fonds erfüllt. Anfang August zogen die britischen Währungsbehörden beim Fonds Devisen im Gegenwert von 1 500 Mio. US-$ und vereinbarten mit dem Fonds außerdem einen Bereitschaftskredit im Gegenwert von 500 Mio. US-$.[10] Die Ziehung verteilte sich auf neun Währungen: 450 Mio. US-$ und den Gegenwert von 270 Mio. US-$ in DM, 270 Mio. US-$ in FF, 120 Mio. US-$ in Lit, 120 Mio. US-$ in hfl, 90 Mio. US-$ in bfr, 75 Mio. US-$ in Yen, 75 Mio. US-$ in can$ und 30 Mio. US-$ in skr. Die Bereitschaftskreditvereinbarung eröffnete den britischen Währungsbehörden darüber hinaus die Möglichkeit, innerhalb der vereinbarten Laufzeit von zwölf Monaten Devisenbeträge im Gegenwert bis zu 500 Mio. US-$ abzurufen. Diese Kreditlinie wurde jedoch nicht mehr beansprucht. Nach den umfassenden Stützungsaktionen und der Einleitung der Maßnahmen zur Sanierung der britischen Zahlungsbilanz trat nämlich sehr bald eine Wende in der Beurteilung des Pfund Sterling und überdies eine spürbare Verbesserung der britischen Außenhandelsergebnisse und somit auch der Devisenlage Großbritanniens ein. Während die Devisenhilfen des Fonds teilweise dazu verwendet worden waren, den überwiegenden Teil der kurzfristigen Devisenhilfen der Notenbanken zu begleichen, wurde nun - nach der Verbesserung der britischen Zahlungsbilanzverhältnisse - bereits bis zum Jahresende 1961 ein Gegenwert von 420 Mio. US-$ der Anfang August gezogenen Währungen zurückgezahlt.[11] Gleichzeitig wurden die restlichen Verpflichtungen aus der Beanspruchung der kurzfristigen Devisenhilfen der Notenbanken durch ein Darlehen der Schweiz in Höhe von 215 Mio. sfr fundiert; dieses Darlehen gewährte die Schweiz den britischen Währungsbehörden für die Dauer von drei Jahren, und zwar

---

[9] Siehe zu den Maßnahmen vom 25. Juli 1961 Bank of England, Quarterly Bulletin, September 1961, a.a.O., S. 5 ff.

[10] Siehe ebenda, S. 9.

[11] Siehe Bank of England, Quarterly Bulletin, Vol. I, No. 5, December 1961, S. 5 f.

als ergänzende Maßnahme zur britischen IWF-Ziehung.[12] Die noch ausstehenden Verpflichtungen aus der Ziehung vom August 1961 wurden bis zum August 1962 vollständig getilgt.[13]

213 Kritische Würdigung der Basler Absprache

Mit den Aufwertungen vom März 1961 versuchten die Bundesrepublik Deutschland und auch die Niederlande auf einen Abbau ihrer Zahlungsbilanzüberschüsse hinzuwirken und gleichzeitig einen Beitrag zur Überwindung der internationalen Zahlungsungleichgewichte zu leisten. Es lag auf der Hand, daß sich die beabsichtigte Wirkung dieser Maßnahmen nicht kurzfristig einstellen würde und einstellen konnte. Unbezweifelbar ist jedoch, daß die vorgenommenen Wechselkursänderungen in beiden Ländern auf längere Sicht zu einer Minderung der Zahlungsbilanzüberschüsse beitrugen und damit den internationalen Zahlungsungleichgewichten entgegenwirkten.[1] Zunächst wurde durch diese Aufwertungen das Vertrauen in die Stabilität des Wechselkursgefüges erschüttert und eine der schwersten Krisen seit Beginn der währungspolitischen Zusammenarbeit auf der Grundlage der IWF-Statuten ausgelöst, was bekanntlich auch zu sehr konträren Beurteilungen dieser Maßnahmen führte. Dabei entwickelte sich eine Baissespekulation in einem vorher nicht gekannten Ausmaß gegen das Pfund Sterling, der die britischen Währungsbehörden allein - unter Aufrechterhaltung der Parität des Pfund Sterling und der Freizügigkeit im Zahlungs- und Kapitalverkehr - vermutlich nicht zu widerstehen vermocht hätten. In dieser Situation war die Hilfe der Notenbanken von entscheidender Bedeutung. Im einzelnen gingen von ihr folgende primäre Wirkungen aus:[2]

1) Die Reservenverluste der Bank von England konnten durch die Transaktionen der Notenbanken weitgehend kompensiert werden.

---

[12] Siehe Schweizerische Nationalbank, Vierundfünfzigster Geschäftsbericht (1961), S. 6.

[13] Siehe N.N., Die Abwicklung der Währungsfondshilfe an England, in: NZZ, Nr. 211, 4. 8. 1962, Bl. 7.

---

[1] Vgl. Fensch, U., Zum Problem der internationalen Liquidität, Kieler Studien 62, Tübingen 1963, S. 93. Siehe zur Zahlungsbilanzentwicklung der Bundesrepublik, Deutsche Bundesbank, Geschäftsbericht für das Jahr 1962, S. 89 ff.

[2] Vgl. Janocha, P., Intervention und Kooperation der Zentralbanken auf den Devisenmärkten nach dem Zweiten Weltkrieg, Kieler Studien 74, Tübingen 1966, S. 56 f.

2) Die Bank von England wurde in die Lage versetzt, durch massive Interventionen auf dem Devisenmarkt der Baissespekulation entgegenzutreten und weitere spekulative Kapitalabflüsse einzudämmen.
3) Die beteiligten Notenbanken konnten den beträchtlichen Zugang an Reserven durch Transaktionen mit der Bank von England vorübergehend wieder abbauen.
4) Durch eine kursgesicherte Weitergabe der aufgelaufenen Guthaben in Pfund Sterling an den heimischen Bankenapparat, konnte ein Teil der überschüssigen Inlandsliquidität von den Notenbanken abgeschöpft werden.

Die spontane Hilfe der Notenbanken war, "schon infolge ihrer sofortigen Verfügbarkeit und ihrer unbürokratischen Handhabung, sicher von besonderem Wert"[3]. Nur durch derart rasch ergriffene und flexible Gegenmaßnahmen konnte das Pfund Sterling wirksam gestützt werden. Darüber hinaus mußte die Spekulation durch die vergleichsweise diskret gewährte Hilfe - im Gegensatz zu der offiziell bekanntgegebenen Ziehung Großbritanniens beim IWF - und der damit verbundenen Ungewißheit über die Maßnahmen einer Reihe geschlossen operierender Notenbanken entmutigt und zum Rückzug angespornt werden. Schließlich erhielt Großbritannien Zeit, um den Ursachen der Krise auf den Grund zu gehen und die notwendigen Schritte zu ihrer Beseitigung in die Wege zu leiten.

Im Zusammenhang mit den Maßnahmen der Notenbanken zur Stützung des Pfund Sterling wird verschiedentlich von einem "Basler Abkommen" gesprochen. Die kurzfristigen Devisenhilfen wurden jedoch "aus freiem Ermessen der beteiligten Notenbanken auf bilateraler Basis erbracht"[4], ohne daß zu diesem Zweck ein internationales Abkommen im engeren Sinne geschlossen worden wäre. Für die Beurteilung der Basler Absprache ist jedoch vielmehr entscheidend, daß auf ihrer Grundlage die erste gemeinsame Aktion verschiedener Notenbanken, zur unmittelbaren Stützung einer angegriffenen Währung und darüber hinaus zum Schutz der gesamten Währungsordnung schlechthin, mit Erfolg durchgeführt wurde. Die geschilderte Zusammenarbeit stellte damit einen Wendepunkt in der Zusammenarbeit der Notenbanken dar und gab ein

---

[3] Deutsche Bundesbank, Geschäftsbericht für das Jahr 1961, S. 76.

[4] Schweizerische Nationalbank, Vierundfünfzigster Geschäftsbericht (1961), S. 4.

einprägsames Beispiel für die Effizienz des beträchtlichen Potentials vereint operierender Notenbanken.[5] Die Beteiligten waren sich daher einig, daß diese ad hoc bereitzustellenden kurzfristigen Devisenhilfen auch weiterhin, sofern erforderlich, zur Abwehr privater kurzfristiger Kapitalbewegungen eingesetzt werden sollten. Die Tatsache, daß seither zahlreiche kurzfristige Devisenhilfen auf der Grundlage der Basler Absprache gewährt wurden, hat dies bestätigt.

Schließlich war die Zusammenarbeit der Notenbanken insofern beispielgebend, als bereits wenige Monate nach der Basler Absprache auch der IWF seine Ausleihepolitik einer Revision unterzog und dahingehend korrigierte, daß er von da an - entgegen früherer Handhabung - auch bei Zahlungsbilanzschwierigkeiten, die durch kurzfristige Kapitalbewegungen hervorgerufen oder verschärft werden, den Mitgliedern seine Unterstützung gewährt. Der entsprechende Beschluß wurde am 28. Juli 1961 gefaßt.[6] Nachdem die britische Regierung bis zu diesem Zeitpunkt schon ein Sanierungsprogramm eingeleitet hatte, das nach den Ausleihegrundsätzen des Fonds für Ziehungen aus den Kredittranchen regelmäßig erforderlich ist, konnten die britischen Währungsbehörden nun auch die Mittel des Fonds in Anspruch nehmen. Die britische Ziehung vom August 1961 ist die umfangreichste Ziehung, die der Fonds jemals genehmigt hat. Infolge dieser Ziehung im Gegenwert von 1 500 Mio. US-$ wurden die Pfund Sterling-Bestände des Fonds auf etwa 150 v.H. der damaligen britischen Quote erhöht. Dagegen wurden die Bestände des Fonds an den zur Ziehung verwendeten neun Währungen stark reduziert. Deshalb machte der Fonds von der Möglichkeit des Goldverkaufs[7] Gebrauch und finanzierte je ein Drittel der von Großbritannien gezogenen Währungsbeträge durch Goldverkäufe an diejenigen Mitglieder, deren Währungen er für die britische Zie-

---

[5] "In practice, the operation achieved its objective and is perhaps an example significant for the future of the power and size of the resources which can be deployed by the leading monetary authorities when, as was the case on this occasion, they are in agreement about the aim to be pursued." Bank of England, Quarterly Bulletin, September 1961, a.a.O., S. 10.

[6] Siehe oben, S. 41 f.

[7] Nach Art. VII, Abschnitt 2 (ii) Articles of Agreement (1944).

hung bereitstellte.[8] Demnach stammten die anderen zwei Drittel der von Großbritannien gezogenen Währungen, also ein Betrag im Gegenwert von 1 000 Mio. US-$, aus den Mitgliedssubskriptionen. Mit dieser Hilfsaktion setzte der IWF die mit der Erreichung der Konvertibilität offiziell begonnene Politik - Ziehungen und Rückzahlungen auf verschiedene Währungen zum Zweck eines Reservenausgleichs zu verteilen - fort.[9]

22 DIE ALLGEMEINEN KREDITVEREINBARUNGEN DER ZEHNER-GRUPPE MIT DEM INTERNATIONALEN WÄHRUNGSFONDS

221 Die Ausgangslage für die Allgemeinen Kreditvereinbarungen

Mit der Durchführung der 1959 beschlossenen Eröhung der IWF-Quoten wurde das Fondsvermögen um mehr als 50 v.H. aufgestockt.[1] Damit wurden die Mittel des Fonds für das unter normalen Verhältnissen zu erwartende Kreditgeschäft der absehbaren Zukunft, d.h. bis zur nächsten Überprüfung der Quoten, auf eine als ausreichend zu betrachtende Höhe angehoben. Zum Jahresende 1961, nach der überaus hohen Beanspruchung durch die britische Ziehung und einer Reihe anderer nicht derart umfangreichen Aktionen, beliefen sich die gesamten Mittel des Fonds noch immer auf einen Gegenwert von rd. 14,5 Mrd. US-$; davon entfielen 2,9 Mrd. auf den Goldbestand des Fonds, rd. 5,0 Mrd. auf Währungen von zumeist devisenschwachen Ländern und rd. 6,6 Mrd. auf die Währungen der dem IWF angehörenden zehn Hauptindustrieländer. Diesen standen allerdings noch Bereitschaftskreditvereinbarungen in Höhe von 1,4 Mrd. US-$ gegenüber. Die folgende Tabelle gibt einen Überblick über die Quoten der zehn Hauptindustrieländer und die Bestände des IWF an den Währungen dieser Mitglieder zum 31. 12. 1961.[2]

---

[8] Vgl. Jacobsson, P., Presentation of the Sixteenth Annual Report by the Chairman of the Executive Board and Managing Director of the International Monetary Fund, in: IMF, Summary Proceedings (1961), S. 21.

[9] Siehe oben, S. 28 f.

---

[1] Vgl. oben, S. 22.

[2] Vgl. Deutsche Bundesbank, Monatsbericht Februar 1962, S. 14.

IWF-Mitglied	Quote in Mio. US-$	Bestand des IWF in Mio. US-$ bzw. Gegenwert	Bestand des IWF in v.H. der Quote
Vereinigte Staaten	4 125,0	2 435,1	59
Großbritannien	1 950,0	2 508,5	129
BR Deutschland	787,5	150,2	19
Frankreich	787,5	361,0	46
Kanada	550,0	337,9	61
Japan[3]	500,0	320,0	64
Niederlande	412,5	169,9	41
Belgien	337,5	181,1	54
Italien	270,0	27,2	10
Schweden	150,0	87,5	58
Insgesamt	9 870,0	6 578,4	67

Wenn im Verlauf des Jahres 1961 wieder an Plänen zur Stärkung der Mittel des Fonds gearbeitet wurde, so nicht deshalb, weil ihre globale Höhe für die Aktionen des IWF unter normalen Verhältnissen als unzureichend erachtet worden wäre, sondern weil die durch die Subskriptionszahlungen gegebene Zusammensetzung für Fälle einer außerordentlichen und massiven Beanspruchung nicht geeignet erschien. In der neuen Ära der fortschreitenden Konvertibilität auch im Kapitalsektor, die bereits Ende 1958 begonnen hatte, haben sich nämlich die privaten kurzfristigen Kapitalbewegungen sowohl ihrem Umfang nach als auch in ihrer Häufigkeit schlagartig erhöht. Indem sie mit einer unerwarteten Plötzlichkeit von einer Reservewährung in die andere, sowie von beiden Reservewährungen in die nun ebenfalls konvertierbaren Währungen der kontinentaleuropäischen Industrienationen flossen, haben sie denn auch den Status der Reservewährungen und darüber hinaus das gesamte Währungsgefüge verschiedentlich sehr ernsten Belastungsproben ausgesetzt. Aufgrund der Zahlungsbilanzschwierigkeiten der Vereinigten Staaten und Großbritanniens richteten sich diese Bewegungen in den Jahren 1960 und 1961 vor allem gegen den US-Dollar und gegen das Pfund Sterling. Anläßlich der Hilfsaktion für das Pfund Sterling mußte der IWF von der Möglichkeit des Goldverkaufs zum Erwerb von Währungen Gebrauch machen, damit seine Bestände in den Währungen der

[3] Japan war das einzige in der Tabelle aufgeführte Mitglied, das die Verpflichtungen des Art. VIII, Abschnitte 2, 3 und 4 Articles of Agreement (1944) erst nach 1961, nämlich 1964 übernommen hat.

kontinentaleuropäischen Mitgliedsländer nicht zu sehr absanken. Hinzu kam, daß die Vereinigten Staaten ankündigten, bei zukünftigen Zahlungsbilanzschwierigkeiten gegebenenfalls von ihren Ziehungsrechten beim Fonds Gebrauch zu machen, um die eigenen Goldbestände zu schützen.[4] Ende des Jahres 1961 betrug die Goldtranche der Vereinigten Staaten nahezu 1,7 Mrd. US-$ und die erste Kredittranche, innerhalb derer noch relativ leicht gezogen werden kann, belief sich auf den beträchtlichen Betrag von etwas über 1 Mrd. US-$.[5] Dagegen waren zu diesem Zeitpunkt die Bestände des Fonds an Währungen der für Ziehungen in Betracht kommenden kontinentaleuropäischen Länder - nachdem sie bereits 1961 stark beansprucht worden sind - für eine weitere umfangreiche Ziehung unzureichend. Aus diesen Gründen lag die Frage nahe, ob der IWF gegebenenfalls mit den ihm im Zeitpunkt zur Verfügung stehenden Mitteln in der Lage sei, eine oder sogar beide Reservewährungen, nämlich US-Dollar und Pfund Sterling dann wirksam zu unterstützen, wenn sie in Zukunft durch private kurzfristige Kapitalbewegungen ersthaft bedroht würden. Zur Erschließung zusätzlicher Finanzierungsquellen für Fälle außerordentlicher Beanspruchung, wie sie regelmäßig bei größeren Spekulationswellen bzw. Kapitalbewegungen anderer Motivation gegeben sind, stand dem IWF zum damaligen Zeitpunkt im Rahmen seiner Statuten die Möglichkeit offen,

a) den zahlungsbilanzstarken Mitgliedern weitere selektive Quotenerhöhungen vorzuschlagen, um damit seine Bestände in diesen für Ziehungen vornehmlich verwendbaren Währungen bereits vor dem Eintritt weiterer Krisen aufzufüllen,
b) in Anwendung des Artikels VII, Abschnitt 2 (ii) seine Mittel erst im konkreten Einzelfall durch den Verkauf von Gold an die Mitglieder, deren Währungen er dann benötigen würde, aufzufüllen oder
c) in Anwendung des Artikels VII, Abschnitt 2 (i) seine Mittel erst im konkreten Einzelfall im Rahmen eines Kreditgeschäftes mit den Mitgliedern, deren Währungen er dann benötigen würde, aufzufüllen.

Die erste Möglichkeit schied deshalb aus, weil die potentiellen Gläubigerländer eine globale Aufstockung der Fondsmittel wie auch jede an-

---

[4] Siehe: Kennedys Botschaft zum amerikanischen Zahlungsbilanzproblem, Der Wortlaut der Botschaft, a.a.O., Bl. 3.

[5] Vgl. Deutsche Bundesbank, Monatsbericht Februar 1962, S. 15.

dere Art automatischer Bereitstellung zusätzlicher Finanzierungshilfen ablehnten, nachdem sich zu diesem Zeitpunkt bei den Währungspraktikern der entsprechenden Länder die Ansicht durchgesetzt hatte, daß der Bestand an internationaler Liquidität als ausreichend zu betrachten sei.[6] "Zusätzliche Mittel für internationale Währungshilfen sollten also nicht global, sondern sorgfältig ,gezielt' nur für solche Fälle verfügbar gemacht werden, in denen ein echter zusätzlicher Bedarf an internationaler Liquidität wahrscheinlich ist, insbesondere also bei temporären Störungen größeren Umfangs infolge kurzfristiger internationaler Kapitalbewegungen."[7]
Zwar sind die Mitgliedsländer verpflichtet, dem Fonds ihre Währung auf dessen Verlangen gegen Gold zu verkaufen, die Goldbestände des Fonds werden dann aber nicht zwangsläufig durch die Rückzahlungen auf Ziehungen wieder aufgestockt, denn das Schuldnerland hat letztlich die Wahl entweder in Gold oder in konvertierbarer Währung zurückzuzahlen. Damit die Goldbestände des Fonds im Krisenfall nicht durch dann erforderliche umfangreiche Verkäufe zusammenschrumpfen, wurde auch diese Möglichkeit als eine weniger zweckmäßige Lösung zur Erschließung zusätzlicher Finanzierungsquellen von der Fondsleitung selbst außer Betracht gelassen.[8]

Es setzte sich vielmehr die Überzeugung durch, daß zusätzliche Finanzierungsquellen auf der Grundlage des Artikels VII, Abschnitt 2 (i), erschlossen werden sollten. Die Beschaffung von Währungen im Wege eines Kreditgeschäftes auf ad hoc-Basis, setzt jedoch die Einwilligung des Mitglieds bzw. der betreffenden Mitglieder voraus, deren Währungen dann benötigt werden. Das wiederum bedeutet, daß die zusätzlichen Mittel für dringliche Ziehungswünsche anderer Mitglieder im konkreten Einzelfall nicht rasch genug oder sogar überhaupt nicht verfügbar gemacht werden können. Der Fondsleitung war es daher vor allem daran gelegen, von den weniger praktikablen ad hoc-Vereinbarungen wegzukommen und mit den in Betracht gezogenen Mitgliedern stand-by-Vereinbarungen, d.h. feste Kreditzusagen zu treffen. Dabei sollten

---

[6] Vgl. ebenda.

[7] Ebenda.

[8] Vgl. Jacobsson, P., Presentation of the Sixteenth Annual Report by the Chairman of the Executive Board and Managing Director of the International Monetary Fund, a.a.O., S. 23 ff.

die zusätzlichen Mittel, wenn überhaupt, dann nur nach den Grundsätzen der bisherigen Ausleihepolitik des Fonds, d.h. vor allem nur als kurzfristige Überbrückungshilfen und außerdem nur nach Konsultation der Gläubigerländer aufgenommen und eingesetzt werden können. Gleichzeitig sollten die Gläubigerländer die Gewißheit haben, daß sie im Fall einer Umkehr ihrer eigenen Zahlungsbilanzsituation ihren Kredit vom Fonds vorzeitig zurückfordern können. Dieser Plan, der auf der Grundlage des Artikels VII, Abschnitt 2 (i) aufbaut, wurde erstmals von dem damaligen Geschäftsführenden Direktor des IWF, Per Jacobsson, auf der Jahrestagung des IWF im Herbst 1961 in Wien vorgetragen und zur Diskussion gestellt.[9] Er erhielt bereits damals im Prinzip, freilich mit einzelnen Vorbehalten, die allgemeine Zustimmung und wurde in der Folge als Jacobsson-Plan benannt.[10] Die Einzelheiten dieses Plans wurden nach der Jahrestagung, unter dem Vorsitz des damaligen französischen Finanz- und Wirtschaftsministers, Wilfried Baumgartner, und der Mitwirkung des Geschäftsführenden Direktors des IWF, Per Jacobsson, von den Vertretern Belgiens, der Bundesrepublik Deutschland, Frankreichs, Großbritanniens, Italiens, Japans, Kanadas, der Niederlande, Schwedens und der Vereinigten Staaten ausgearbeitet. Diese Beratungen wurden in Paris geführt und fanden am 13. Dezember 1961 ihren Abschluß mit einer Vereinbarung, in welcher sich die Beteiligten bereit erklärten, dem Fonds unter bestimmten Voraussetzungen zusätzliche Mittel bis zu einem Gegenwert von insgesamt 6 Mrd. US-$ zur Verfügung zu stellen.[11] Die Vereinbarungen von Paris und die Bestimmungen des Artikels VII, Abschnitt 2 (i) bildeten dann die Grundlage für die Entscheidung des Exekutivrats des IWF über die Allgemeinen Kreditvereinbarungen (General Arrange-

---

[9] Vgl. ebenda, S. 27 ff.. Zur Diskussion siehe Dillon, D., Statement by the Governor of the Bank and Fund for the United States, in: IMF, Summary Proceedings (1961), S. 54 f.; Blessing, K., Statement by the Governor of the Fund for the Federal Republic of Germany, in: IMF, Summary Proceedings (1961), S. 67 ff.; Baumgartner, W., Statement by the Governor of the Bank for France, in: IMF, Summary Proceedings (1961), S. 62 ff.

[10] Die grundlegenden Gedanken dieses Plans wurden jedoch schon auf den Tagungen des IWF in den Jahren 1957 und 1958 von dem damaligen Gouverneur der Bank von Griechenland, Xenophon Zolotas, vorgetragen. Siehe Zolotas, X., Statement by the Governor of the Fund for Greece, in: IMF, Summary Proceedings (1957), S. 42 und Statement by the Governor of the Fund for Greece, in: IMF, Summary Proceedings (1958), S. 91.

[11] Zur offiziellen Verlautbarung im Anschluß an die Pariser Beratungen siehe N.N., Die Stärkung des Internationalen Währungsfonds, Paraphierung der "borrowing arrangements", in: NZZ, Nr. 344, 15. 12. 1961, Bl. 10.

ments to Borrow).[12] Die Entscheidung des Exekutivrats, die am 5. Januar 1962 getroffen wurde, ist die Voraussetzung dafür, daß der Fonds die ihm zugesicherten zusätzlichen Mittel im Ernstfall auch tatsächlich aufnehmen kann. Sie legt außerdem die besonderen Rechtsbeziehungen zwischen dem IWF einerseits und den zehn Teilnehmern an den AKV andererseits fest. Durch einen Schriftwechsel zwischen dem französischen Finanz- und Wirtschaftsminister und den zuständigen Ministern bzw. Notenbankpräsidenten der Teilnehmer sind die AKV ergänzt worden.[13] Dieser Schriftwechsel ist ein Bestandteil der AKV, und stellt die sogenannte Verfahrensordnung für die Aufnahme der zusätzlichen Mittel dar.

Den Kreditvereinbarungen wird in der Präambel ihre Zweckbestimmung vorangestellt:[14] "Um den Internationalen Währungsfonds in die Lage zu versetzen, seine Rolle in der internationalen Währungsordnung angesichts der nunmehr erreichten umfassenderen Konvertibilität, die auch eine größere Freizügigkeit für kurzfristige Kapitalbewegungen einschließt, wirkungsvoller zu erfüllen, haben die Hauptindustrieländer sich bereit erklärt, im Geiste weitgehender und bereitwilliger Zusammenarbeit den Fonds durch allgemeine Vereinbarungen zu stärken; sie sind danach bereit, ihm ihre Währungen bis zu bestimmten Höchstbeträgen ... als Kredit zur Verfügung zu stellen, falls zusätzliche Mittel erforderlich sind, um einer Beeinträchtigung der internationalen Währungsordnung entgegenzuwirken oder sie abzuwenden."

---

[12] Siehe Allgemeine Kreditvereinbarungen: 1. Entscheidung der Exekutivdirektoren des IWF vom 5. Januar 1962 über Allgemeine Kreditvereinbarungen unter Art. VII, Abschnitt 2 des Abkommens über den Internationalen Währungsfonds - Übersetzung - (im folgenden zitiert: AKV), in: Deutsche Bundesbank, Mitteilung Nr. 7002/62, 16. Januar 1962, Internationaler Währungsfonds (IWF).

[13] Siehe Allgemeine Kreditvereinbarungen: 2. Ergänzendes Schreiben des französischen Finanzministers vom 15. Dezember 1961; 3. Antwortschreiben der Deutschen Bundesbank vom 27. Dezember 1961 - Übersetzungen - , in: Deutsche Bundesbank, Mitteilung Nr. 7002/62, 16. Januar 1962, a.a.O.

[14] Präambel der AKV.

222 Die Grundzüge der Allgemeinen Kreditvereinbarungen

2221 Teilnehmer, Zusammensetzung und Laufzeit

Die Teilnahme an den AKV begründet die Verpflichtung, bei Eintritt der in der Entscheidung niedergelegten Voraussetzungen in Übereinstimmung mit der Verfahrensordnung für die Aktivierung der zusätzlichen Mittel, an den IWF einen Kredit in Landeswährung zu gewähren, und zwar bis zu dem Betrag, der für den Teilnehmer in seiner Währungseinheit als Höchstbetrag festgelegt wurde.[1] Der Beitritt zu den AKV wird durch die Hinterlegung einer Urkunde beim Fonds, in welcher die Übernahme der Verpflichtungen zu erklären ist, vollzogen.[2] Als Teilnehmer kann entweder ein IWF-Mitglied selbst oder mit dessen Zustimmung eine offizielle Institution des betreffenden Landes auftreten.[3] Als ursprüngliche Teilnehmer haben sich die Regierungen der Vereinigten Staaten, Großbritanniens, Frankreichs, Italiens, Japans, Kanadas, der Niederlande und Belgiens, sowie die Schwedische Reichsbank und die Deutsche Bundesbank verpflichtet. Im Fall der Bundesrepublik Deutschland wurden die Rechtsbeziehungen zwischen Regierung und Bundesbank im Hinblick auf die AKV in einem gesonderten Verwaltungsabkommen geregelt, welches der Regierung ein Mitspracherecht bei den im Rahmen der AKV zu treffenden Entscheidungen sichert.
Der von den zehn Teilnehmern zugesagte Kreditplafond im Gegenwert von insgesamt 6 Mrd. US-$ setzte sich ursprünglich folgendermaßen zusammen:[4]

---

[1] Vgl. § 2 AKV.

[2] Vgl. § 3 (c) AKV.

[3] Vgl. § 1 AKV.

[4] Vgl. Anhang der AKV.

AKV-Teilnehmer	Bezeichnung der Währung	Einheiten der Währung	Gegenwert in Mio. US-$
Vereinigte Staaten	US-$	2 000 000 000	2 000
Deutsche Bundesbank	DM	4 000 000 000	1 000
Großbritannien	£	357.142.857-2-10	1 000
Frankreich	FF	2 715 381 428,57	550
Italien	Lit	343 750 000 000	550
Japan	Yen	90 000 000 000	250
Kanada	can$	208 938 000	200
Niederlande	hfl	724 000 000	200
Belgien	bfr	7 500 000 000	150
Schwedische Reichsbank	skr	517 320 000	100
Insgesamt			6 000

Da Kanada als einziges Land der in Betracht gezogenen Industrieländer zum Zeitpunkt der Entscheidung des IWF vom 5. Januar 1962 noch mit einem frei schwankenden Wechselkurs operierte, mußte der kanadische Beitrag auf der Basis des gegebenen Marktkurses festgelegt werden. Nachdem jedoch eine neue Parität des kanadischen Dollars festgelegt worden war, bevor die kanadische Regierung die Kreditvereinbarungen übernommen hatte, veränderte sich auch der kanadische Kreditplafond - bei Übernahme des ursprünglich festgelegten Gegenwerts von 200 Mio. US-$ - auf 216 216 000 can$.[5] Inzwischen hat sich außerdem der gesamte Kreditplafond zunächst durch die Abwertung des Pfund Sterling um 142,90 Mio. US-$ und später durch die Abwertung des französischen Franc um 61,10 Mio. US-$ ermäßigt, also insgesamt um 204,00 Mio. US-$ auf einen Gegenwert von 5 796,00 Mio. US-$.[6] Die Einzelbeträge, welche die Teilnehmer an den Allgemeinen Kreditvereinbarungen übernommen haben, wurden unter besonderer Berücksichtigung ihrer Währungsreserven und IWF-Quoten auf dem

[5] Der Wechselkurs des kanadischen Dollars, der seit 1950 frei schwankte, wurde mit Wirkung vom 2. 5. 1962 auf 1,08108 can$/1 US-$ festgesetzt.

[6] Das Pfund Sterling wurde am 18. 11. 1967 um 14,29 v.H. abgewertet, der französische Franc am 10. 8. 1969 um 11,11 v.H.

Verhandlungswege festgesetzt.[7] Mit Zustimmung des Fonds und aller Teilnehmer kann der Betrag der Kreditvereinbarung eines Teilnehmers auch noch während der Laufzeit der AKV an veränderte Verhältnisse angepaßt werden.[8]

Die Kreditvereinbarungen dürfen stets nur zur Unterstützung eines oder mehrerer ihrer Teilnehmer aktiviert werden. Dabei hat die Aufteilung der gesamten Stützungsaktion nicht unbedingt pro rata der Kreditvereinbarungen auf die Teilnehmer zu erfolgen. Für die Aufteilung sind vielmehr die Empfehlungen des Geschäftsführenden Direktors des Fonds, ferner die gegenwärtige und voraussehbare Zahlungsbilanzlage und Reserveposition, sowie natürlich die Bestände des Fonds an den Währungen der Teilnehmer zu berücksichtigen.[9] Außerdem hat jeder Teilnehmer die Möglichkeit, unter Berufung auf seine Zahlungsbilanzlage und Reserveposition bzw. deren voraussehbare Entwicklung - allerdings nur aus diesen Gründen - von der Beteiligung an einer Stützungsaktion teilweise oder ganz freigestellt zu werden.[10] Auch wenn von dieser Möglichkeit abgesehen wird, steht jedoch niemals der gesamte Kreditplafond für eine Stützungsaktion zur Verfügung. Der maximale Betrag ergibt sich vielmehr als Summe der tatsächlich abrufbaren Beträge aus den Kreditvereinbarungen von jeweils höchstens neun AKV-Teilnehmern. Bei einer Stützungsaktion zugunsten Großbritanniens beispielsweise, das selbst noch mit einem Gegenwert von 857,1 Mio. US-$ an den AKV teilnimmt, könnten also höchstens Währungen im Gegenwert von rd. 4 939 Mio. US-$ aufgebracht werden. Wenn dazu gleichzeitig die Zahlungsbilanzlage und Reserveposition der USA einen Abruf ihrer Kreditvereinbarung nicht zulassen würden, dann stünden sogar nur noch Währungen im Gegenwert von rd. 2 939 Mio. US-$ zur Verfügung. Freilich besteht für solche Fälle die Möglichkeit, daß der Fonds den übrigen zahlungsbilanz- und reservestarken Teilnehmern vorschlägt, den Ausfall durch höhere Bereitstellungen im Rahmen ihrer Kreditplafonds auszugleichen.[11]

---

[7] Vgl. Deutsche Bundesbank, Monatsbericht Februar 1962, S. 17.

[8] Vgl. § 5 AKV.

[9] Vgl. § 7 (b) AKV.

[10] Vgl. § 7 (d) AKV.

[11] Vgl. ebenda.

Jedes andere IWF-Mitglied bzw. eine von ihm vorgeschlagene offizielle Institution seines Landes, kann auf Antrag an den AKV teilnehmen, wenn der Fonds damit einverstanden ist, kein anderer Teilnehmer widerspricht und der Antragsteller außerdem bereit ist, eine Kreditvereinbarung in eigener Währung bis zum Gegenwert von mindestens 100 Mio. US-$ einzugehen.[12] Ein Rücktritt von den AKV ist während ihrer Laufzeit nur mit Zustimmung des Fonds und sämtlicher anderer Teilnehmer möglich.[13] Nach Ablauf der ursprünglichen Vertragsdauer kann der Rücktritt - bei Wahrung einer sechsmonatigen Kündigungsfrist - ohne Zustimmung erfolgen, auch wenn die übrigen Teilnehmer das Vertragsverhältnis verlängern.[14] Bis heute ist jedoch noch kein weiteres IWF-Mitglied den AKV beigetreten und kein ursprünglicher Teilnehmer von ihnen zurückgetreten. Die AKV traten am 24. Oktober 1962 für eine Laufzeit von vier Jahren in Kraft, nachdem Ihnen acht Teilnehmer mit Gesamtverpflichtungen im Gegenwert von 5,65 Mrd. US-$ beigetreten waren.[15] Die Laufzeit wurde im Oktober 1965 mit Wirkung vom 24. Oktober 1966 um weitere vier Jahre durch gleichlautende Beschlüsse der zehn Teilnehmer und des Exekutivrats des IWF verlängert.[16]

2222 Verfahren der Kreditgewährung

Die Inanspruchnahme der durch die Kreditvereinbarungen bereitgestellten Mittel setzt voraus, daß ein IWF-Mitglied, das zugleich an

[12] Vgl. § 3 (b) AKV.

[13] Vgl. § 16 i.V.m. § 19 (a) AKV.

[14] Vgl. § 16 i.V.m. § 19 (b) AKV.

[15] Für das Inkrafttreten war nach § 4 AKV der Beitritt von mindestens sieben Teilnehmern mit einem Gesamtobligo im Gegenwert von mindestens 5,5 Mrd. US-$ erforderlich. Die Teilnehmer traten dem Abkommen in nachstehender Reihenfolge bei: Italien am 28. 3. 1962, Großbritannien am 8. 5. 1962, Japan am 25. 5. 1962, Frankreich und die Deutsche Bundesbank am 19. 6. 1962, die Schwedische Reichsbank am 1. 8. 1962, die Niederlande am 13. 8. 1962, die USA am 24. 10. 1962, Belgien am 24. 1. 1963 und Kanada am 29. 1. 1964.

[16] Siehe Deutsche Bundesbank, Geschäftsbericht für das Jahr 1962, S. 30. Wie bei Abschluß dieser Arbeit bekanntgeworden ist, haben die Minister und Notenbankgouverneure der Zehner-Gruppe bereits eine erneute Verlängerung für die Dauer von fünf Jahren vereinbart. Siehe Gruppe der Zehn, Press Communiqué of the Ministerial Meeting of the Group of Ten, 1st October, 1969 - Washington, D.C., Ziff. 5, a.a.O., S. 1.

den AKV teilnimmt, beim IWF einen Antrag auf eine Ziehung oder eine Bereitschaftskreditvereinbarung einreicht und die übrigen Teilnehmer davon unterrichtet. Kommt der Geschäftsführende Direktor des Fonds nach Beratung mit seinem Mitarbeiterstab und den Exekutivdirektoren zu der Ansicht, daß dem Ziehungsantrag oder dem Antrag auf eine Kreditzusage im Interesse der internationalen Währungsordnung stattgegeben werden soll und daß die ordentlichen Mittel des Fonds zu diesem Zweck aufgestockt werden müssen, dann schlägt er den übrigen Teilnehmern den Abruf jenes Betrags aus ihren Kreditvereinbarungen vor, den er zur Finanzierung zusätzlich benötigt.[1] Mit dieser Aufforderung an die Teilnehmer ist das Verfahren der Kreditgewährung in Gang gesetzt. Im Anschluß daran setzt ein Konsultationsverfahren ein, das von den Teilnehmern - auf der Grundlage der Verfahrensordnung - in einem ad hoc-Ausschuß außerhalb des IWF durchgeführt wird.[2] Gegenstand dieser Beratungen bilden grundsätzlich die Fragen,

a) ob der Kreditplafond in dem vom Geschäftsführenden Direktor des IWF vorgeschlagenen Fall eingesetzt werden soll,
b) ob der vom Geschäftsführenden Direktor des IWF vorgeschlagene oder ein geringerer Gesamtbetrag zur Verfügung gestellt werden soll und
c) welche Einzelbeträge in den verschiedenen Währungen der Teilnehmer zur Verfügung gestellt werden sollen.

Bei dem Konsultationsverfahren, zu dem der Geschäftsführende Direktor des IWF geladen wird, sind insbesondere die gegenwärtige und die absehbare Zahlungsbilanzlage und Reserveposition der potentiellen Kreditgeber zu berücksichtigen. Der Beschluß über die Aktivierung zusätzlicher Mittel, den Gesamtbetrag und seine Zusammensetzung, soll möglichst mit Zustimmung aller abstimmungsberechtigten Teilnehmer herbeigeführt werden. Dabei ist derjenige Teilnehmer, der den Antrag auf die zur Diskussion stehende Ziehung oder Bereitschaftskreditvereinbarung gestellt hat, nicht abstimmungsberechtigt. Außerdem kann sich ein Teilnehmer nur unter Berufung auf seine gegenwärtige oder

---

[1] Vgl. § 6 AKV.

[2] Vgl. im folgenden Allgemeine Kreditvereinbarungen: 2. Ergänzendes Schreiben des französischen Finanzministers vom 15. Dezember 1961; 3. Antwortschreiben der Deutschen Bundesbank vom 27. Dezember 1961 - Übersetzungen - , in: Deutsche Bundesbank, Mitteilung Nr. 7002/62, 16. Januar 1962, a.a.O.

voraussehbare Zahlungsbilanzlage oder Reserveposition der Stimme enthalten. Da jedoch einem einzelnen Teilnehmer kein Vetorecht zustehen soll, kann auch mit überwiegender Mehrheit - einer Mehrheit von zwei Dritteln der stimmberechtigten Teilnehmer und einer Mehrheit von drei Fünfteln der stimmberechtigten Teilnehmer, gewogen auf der Grundlage ihres Kreditobligo - der Einsatz zusätzlicher Mittel im Rahmen der AKV beschlossen werden. Ein positiver Beschluß gilt als Kreditangebot an den IWF. Dieses Angebot muß allerdings erst noch durch einen weiteren Beschluß des Exekutivrats des IWF angenommen werden, bevor der Vorschlag auf Abruf von zusätzlichen Mitteln im Rahmen der Kreditvereinbarungen wirksam wird.[3] Sobald die Exekutivdirektoren den Abruf genehmigt haben, geht die Behandlung des Ziehungsantrags oder des Antrags auf Vereinbarung eines Bereitschaftskredits wie beim üblichen IWF-Verfahren weiter. Der Fonds prüft, sofern erforderlich, das Sanierungsprogramm des Antragstellers, erörtert mit diesem die für erforderlich gehaltenen weiteren Maßnahmen zur währungspolitischen Sanierung des antragstellenden Landes und legt die Rückzahlungsmodalitäten soweit wie dies im Einzelfall möglich ist, fest.[4] Sofern die zusätzlich bereitgestellten Beträge aus den Kreditvereinbarungen nicht auf einmal, sondern im Fall einer Bereitschaftskreditvereinbarung in Teilbeträgen abgerufen werden, so werden die Währungen grundsätzlich pro rata der Beitrags-Skala abgerufen.[5] Zur Erleichterung und auch zum Zweck der zeitlichen Verkürzung der Konsultationsverfahren, haben sich die Teilnehmer bereit erklärt, insbesondere die Kontaktmöglichkeiten im Rahmen der internationalen Organisationen, deren Mitglieder sie sind, zu benutzen, um sich gegenseitig über die Entwicklungen ihrer Zahlungsbilanzen ständig zu informieren, die den Einsatz der Kreditvereinbarungen erforderlich machen könnten. Dies ist ein Hinweis vor allem auf die Kontaktmöglichkeiten innerhalb der OECD in Paris.[6] Zweifellos werden die Konsultationen jedoch auch im Rahmen der monatlichen Zusammenkünfte der Notenbankgouverneure bei der BIZ durchgeführt.

---

[3] Grundlage für den Beschluß ist Art. VII, Abschnitt 2 (i) Articles of Agreement (1944) i.V.m. § 7 (a) AKV.

[4] Vgl. § 10 AKV und siehe oben, S. 23 ff.

[5] Vgl. § 7 (c) AKV.

[6] Vgl. Deutsche Bundesbank, Monatsbericht Februar 1962, S. 17.

2223 Ausstattung der Kreditforderungen

Die Gegenwerte für die Rückzahlungsbeträge der Kredite, die der Fonds aufgrund der Kreditvereinbarungen in den Währungen der Teilnehmer aufnimmt, sind in Gold oder in US-Dollar im Gewicht und in der Feinheit vom 1. Juli 1944 festzulegen.[1] Sie werden zu denjenigen Wechselkursen errechnet, die gegeben sind, wenn der Fonds die Währungsbeträge erhält. Damit sind alle Kredite dieser Art goldwertgesichert. Das hat zur Folge, daß für die Kreditgeber das Abwertungsrisiko ausgeschlossen wird. Wenn daher die Währung des Teilnehmers, der die Ziehung vorgenommen hat, trotz der Stützungsaktion abgewertet wird, erleiden die Kreditgeber des Fonds keine Verluste. Freilich wird dieses Risiko auch nicht vom Fonds getragen. Nach den IWF-Statuten sind die Währungsbeträge, die vom Fonds im Rahmen einer Ziehung zur Verfügung gestellt werden, nämlich ebenfalls durch eine Goldklausel gesichert[2], so daß das Abwertungsrisiko auf den eigentlichen Schuldner der Stützungsaktion abgewälzt wird.
Die Ansprüche der Kreditgeber werden auf Wunsch in Schuldurkunden vom Fonds verbrieft.[3] Sie sind nur mit dessen Zustimmung, also nur bedingt übertragbar.[4] Für die aufgenommenen Kredite zahlt der Fonds den Kreditgebern eine einmalige Gebühr von 0,5 v.H. und Zinsen in Höhe von 1,5 v.H. pro anno in Gold - mit Ausnahme von Spitzenbeträgen, die in US-Dollar verrechnet werden.[5] Falls sich die Gebühren und Zinsen für die Aktivgeschäfte des Fonds im entsprechenden Zeitraum ändern, so ist der Zinssatz für die aufgenommenen Kredite in gleichem Ausmaß zu ändern.[6]
Die Laufzeit der aufgenommenen Kredite beträgt höchstens fünf Jahre, was den Laufzeiten im Aktivgeschäft des Fonds entspricht.[7] Sie kann jedoch im Einzelfall noch später durch die Bestimmungen über die vorzeitige Rückzahlung verkürzt werden. In jedem Fall ist jedoch die Lauf-

---

[1] Vgl. § 12 AKV.

[2] Nach Art. IV, Abschnitt 8 Articles of Agreement (1944).

[3] Vgl. § 8 AKV.

[4] Vgl. § 13 AKV.

[5] Vgl. § 9 AKV.

[6] Vgl. ebenda.

[7] Vgl. § 10 AKV und siehe oben, S. 27.

zeit der aufgenommenen Devisenbeträge an die der ausgeliehenen gekoppelt. Wenn sich die Zahlungsbilanz- und Reservenlage des Schuldnerlandes derart verbessert, daß die Gründe für die vorgenommene Ziehung entfallen, dann kann der Fonds darauf hinwirken, daß das Schuldnerland die Ziehung teilweise oder ganz durch den Rückkauf seiner Währung vom Fonds vorzeitig tilgt.[8] Dies führt nun aber dazu, daß der Fonds seinerseits einen gleich hohen Betrag an seine Kreditgeber zurückzuzahlen hat; es sei denn, der vorzeitige Rückkauf führt zur Aufstockung einer zusätzlich vereinbarten aber noch offenen Kreditlinie für das Schuldnerland.[9]
Die Rückzahlungen des Fonds sind nach Möglichkeit in den Währungen der Gläubigerländer zu leisten, können jedoch auch in Gold oder in anderen effektiv konvertierbaren Währungen vorgenommen werden.[10] Sofern sie in anderen konvertierbaren Währungen geleistet werden, ist die aktuelle und zu erwartende Zahlungsbilanz- und Reservenlage der entsprechenden Mitglieder zu berücksichtigen.[11] Schließlich kann der Fonds auch noch in der Währung des Schuldnerlandes an die Kreditgeber zurückzahlen. Aus diesem Grund hat sich der Fonds verpflichtet, seine Bestände in der Währung des Schuldnerlandes niemals unter den Betrag sinken zu lassen, der seiner Gesamtverschuldung gegenüber den Kreditgebern entspricht.[12] Folglich kann er den durch die Ziehung aufgefüllten Bestand in der Währung des Schuldnerlandes nicht etwa zu höheren Ausleihungen gegenüber dritten Ländern verwenden.
Neben der Möglichkeit der vorzeitigen Rückzahlung besteht die eines vorzeitigen Rückrufs gewährter Kredite durch die Kreditgeber.[13] Sofern ein Teilnehmer während der Laufzeit eines von ihm gewährten Kredits selbst in Zahlungsbilanzschwierigkeiten gerät, kann er vom Fonds den Kredit teilweise oder ganz zurückrufen. Wenn dem Rückruf eines Teilnehmers keine offensichtlichen Gründe entgegenstehen, hat der Fonds die Ausführungen zu akzeptieren und die vorzeitige Rückzahlung abzuwickeln. "Da der Gläubiger im Fall eigener Zahlungsbi-

---

[8] Vgl. § 11 (d) AKV.

[9] Vgl. § 11 (c) (iii) AKV.

[10] Vgl. § 11 (a) AKV.

[11] Vgl. § 11 (g) AKV.

[12] Vgl. § 11 (h) AKV.

[13] Vgl. § 11 (f) AKV.

lanzschwierigkeiten einen Bedarf an anderen Devisen hat, richtet sich sein Rückzahlungsanspruch hier nicht auf die eigene Währung, sondern auf andere konvertierbare Währungen oder Gold."[14] Reichen die Bestände des Fonds an geeigneten Währungen für diese Rückzahlung nicht aus, so kann er an die anderen Teilnehmer wegen der Bereitstellung der erforderlichen Beträge im Rahmen der von ihnen übernommenen Kreditplafonds herantreten. Sollten die anderen Teilnehmer die erforderlichen Währungsbeträge wider Erwarten nicht zur Verfügung stellen, dann kann der Fonds den vorzeitigen Rückruf auch in der Währung des Teilnehmers abwickeln. Für die Beurteilung der Liquidität der Währungsforderungen, die im Wege eines aufgrund der Kreditvereinbarungen getroffenen Kreditgeschäftes entstehen, ist ihre Reversibilität von besonderer Bedeutung.[15]

Die Merkmale der mit der Kreditgewährung gemäß den AKV gegenüber dem IWF entstehenden Forderungen lassen sich abschließend also folgendermaßen zusammenfassen: Sie sind durch eine Goldklausel gesichert, in Gold verzinslich, verbriefbar, nur bedingt übertragbar, in spätestens fünf Jahren rückzahlbar, jedoch vorzeitig reversibel.

223 Die Assoziierung der Schweiz als Nichtmitglied des Internationalen Währungsfonds mit den Allgemeinen Kreditvereinbarungen

Mit dem Abschluß der Allgemeinen Kreditvereinbarungen stellte sich für den IWF und die Teilnehmer die Frage, in welcher Weise auch die Schweiz zur Mitwirkung an diesen zum Zweck der Stärkung der internationalen Währungsordnung getroffenen Vereinbarungen herangezogen werden könnte. Eine Einbeziehung der Schweiz erschien insbesondere deshalb nützlich und notwendig, weil sie erfahrungsgemäß oft das Zielland umfangreicher privater kurzfristiger Kapitalbewegungen ist, die im Verlauf internationaler Währungskrisen regelmäßig auftreten.

Angesichts ihrer engen Verflechtung mit der Weltwirtschaft und ihrer Rolle als bedeutendes Zentrum des internationalen Kapitalverkehrs, ist auch die Schweiz ihrerseits seit jeher an der Stabilität der internatio-

[14] Deutsche Bundesbank, Monatsbericht Februar 1962, S. 19.

[15] Vgl. ebenda, S. 18 f.

nalen Währungsordnung in hohem Maße interessiert.[1] Daher hatte sie sich auch schon vor dem Abschluß der AKV verschiedentlich an der kompensatorischen Finanzierung privater kurzfristiger Kapitalbewegungen durch bilaterale Vereinbarungen mit den Ländern, deren Währungen stark bedroht wurden, beteiligt.[2] Zweifelsohne spielte dabei in gewissem Maße auch die Absicht mit, den andernfalls dem eigenen Land drohenden inflationären Gefahren entgegentreten zu können.[3] Die Mitwirkung der Schweiz war daher nicht eine Frage der Bereitschaft zur währungspolitischen Kooperation, sondern vielmehr eine solche der technischen Ausgestaltung des schweizerischen Beitrags. Bekanntlich ist die Schweiz nicht Mitglied des IWF. Da zur Teilnahme an den AKV nur Mitglieder des Fonds bzw. mit deren Zustimmung offizielle Institutionen der betreffenden Länder in Frage kommen, konnte sich die Schweiz nicht unmittelbar an den AKV beteiligen. Der Aufnahme eines Kredits in Schweizer Franken durch den Fonds stehen die IWF-Statuten entgegen, nach denen der Fonds nur Kredite in den Währungen seiner Mitglieder aufnehmen kann.[4] Als Ausweg hätte sich somit nur noch die nicht sehr praktikable Möglichkeit angeboten, daß der Fonds im Einzelfall zusätzlich benötigte Währungsbeträge mit Zustimmung der entsprechenden Mitglieder, deren Währungen er benötigt, von der Schweiz erwirbt.[5] Die schließlich gefundene Lösung trägt diesen Umständen Rechnung, indem sie von einer Kreditverpflichtung der Schweiz gegenüber dem IWF absieht. Stattdessen wurde mit einem Bundesbeschluß vom 4. Oktober 1963 die Grundlage für den Abschluß eines Rahmenabkommens mit dem IWF gelegt, in dem die Schweiz sich bereit erklärt, an Stützungsmaßnahmen, die vom Fonds unter Rückgriff auf die AKV durchgeführt werden, teilzunehmen.[6]

---

[1] Vgl. Botschaft des Bundesrates an die Bundesversammlung über die Mitwirkung der Schweiz an internationalen Währungsmassnahmen vom 1. März 1963 (im folgenden zitiert: Botschaft des Bundesrates an die Bundesversammlung), in: Bundesblatt der Schweizerischen Eidgenossenschaft, 115. Jg. (1963), Bd. I, S. 356.

[2] Siehe z.B. oben, S. 46 ff.

[3] Siehe auch N.N., Die Assoziation der Schweiz mit dem Währungsfonds, in: NZZ, Nr. 329, 1. 12. 1962, Bl. 10.

[4] Allgemeine Auslegung von Art. VII Articles of Agreement (1944).

[5] Nach Art. VII, Abschnitt 2 (i) Articles of Agreement (1944).

[6] Vgl. Bundesbeschluss über die Mitwirkung der Schweiz an internationalen Währungsmassnahmen vom 4. Oktober 1963, in: Bundesblatt der Schweizerischen Eidgenossenschaft, 115. Jg. (1963), Bd. II, S. 809 f.

Der für diesen Zweck genehmigte Kreditplafond beläuft sich auf 865 Mio. sfr und entspricht einem Gegenwert von 200 Mio. US-$. Das im Bundesbeschluß anvisierte Rahmenabkommen wurde nach weiteren Verhandlungen zwischen Vertretern des schweizerischen Bundesrats und des IWF abgeschlossen und trat mit Wirkung vom 11. Juni 1964 in Kraft.[7] Es legt insbesondere fest, daß eine schweizerische Mitwirkung im Fall der Aktivierung der zusätzlichen Mittel nur insoweit erfolgt, als vorher zwischen der Schweiz und den zehn Teilnehmern bzw. den von ihnen autorisierten Institutionen bilaterale Kreditabmachungen (implementing agreements) getroffen werden, in denen die Einzelheiten der technischen Ausgestaltung der schweizerischen Hilfe festzulegen sind. Solche Kreditabmachungen wurden von der Nationalbank, in Vertretung des Bundesrats, im November 1964 mit der Federal Reserve Bank und im Dezember 1964 mit der Bank von England abgeschlossen.[8] Darin verpflichtete sich die Nationalbank gegenüber den Vertragspartnern im Fall des Einsatzes der mit den Kreditvereinbarungen zusätzlich bereitgestellten Mittel ihrerseits Kredite bis zum Höchstbetrag von 865 Mio. sfr in Swap-Form oder in anderen auf den Zweck der Hilfsaktion abgestellten Formen bereitzustellen.[9] Dabei kommt der schweizerische Kreditplafond unter analogen Voraussetzungen und Bedingungen wie sie für die Teilnehmer hinsichtlich der Berücksichtigung der eigenen Zahlungsbilanz- und Reservenlage bei den Konsultationen mit dem Fonds und auch bezüglich der Laufzeit der Kredite gelten, zum Einsatz. Auch wird er grundsätzlich erst dann aktiviert, wenn die Teilnehmer in ihrem gesonderten Konsultationsverfahren den Einsatz der zusätzlichen Mittel befürworten. Bei den Konsultationen ist die Schweiz durch einen Beobachter der Schweizerischen Nationalbank vertreten.
Da die Laufzeit der Kredite bis zu fünf Jahren betragen kann und die Schweizerische Nationalbank einerseits aufgrund gesetzlicher Vorschriften nur kurzfristige Transaktionen mit einer Laufzeit bis zu drei Monaten finanzieren darf, ihr aber andererseits die Durchführung der Stützungsmaßnahmen übertragen werden sollte, hat sich die

---

[7] Vgl. IMF, Annual Report (1963/64), Appendix I, S. 138 ff.: Executive Board Decisions C. General Arrangements to Borrow: Association of Switzerland - Letter of Swiss Ambassador - Reply of the Managing Director.

[8] Vgl. Schweizerische Nationalbank, Siebenundfünfzigster Geschäftsbericht (1964), S. 10.

[9] Vgl. ebenda, S. 11.

Schweiz zu einer sogenannten Rücknahmegarantie verpflichtet.[10] Damit wurde die Schweizerische Nationalbank formell in die Lage versetzt, sich auch an Stützungsmaßnahmen zu beteiligen, deren ursprüngliche Dauer oder deren verlängerte Laufzeit dem Grundsatz der Kurzfristigkeit widersprechen, indem sie die von ihr damit erworbenen Kreditforderungen an die Schweiz abtritt. Da bei Währungskrisen das rasche Eingreifen zugunsten der bedrohten Währung von entscheidender Bedeutung ist, erstreckt sich die Rücknahmegarantie auch auf Vorausleistungen der Schweizerischen Nationalbank, sofern in der Folge eine Aktion unter Einschaltung der AKV durchgeführt wird und sofern die Nationalbank bei den Vorausleistungen im Einvernehmen mit dem Bundesrat gehandelt hat.[11] Diese Vorausleistungen werden außerdem auf die Gesamtverpflichtung der Schweiz angerechnet.[12] Freilich wird damit nicht ausgeschlossen, daß sich die Schweizerische Nationalbank außerhalb dieser Vereinbarungen auch weiterhin an kurzfristigen Stützungsaktionen beteiligt, was von besonderer Bedeutung für die auf der Grundlage der Basler Absprache erfolgenden Stützungsaktionen ist.

Mit dem Rahmenabkommen und den bilateralen Kreditabmachungen ist die Schweiz also nicht in Kreditverpflichtungen gegenüber dem IWF eingetreten. Vielmehr wird die Verpflichtung der Schweiz nur gegenüber denjenigen Ländern bzw. Notenbanken wirksam, mit denen sie die weiteren Kreditabmachungen getroffen hat. Die zusätzlichen Mittel werden den Vertragspartnern im konkreten Einzelfall direkt zur Verfügung gestellt. Mit dieser Regelung konnte vor allem auch das Prinzip der gegenseitigen Devisenhilfe gewahrt werden, d.h. gleichzeitig Vorsorge für den Fall getroffen werden, daß die Schweiz selbst einmal Devisenhilfe benötigen sollte.[13] Da die Schweiz nicht Mitglied des IWF ist, wäre eine solche Regelung bei Kreditverpflichtungen gegenüber diesem nicht möglich gewesen. Wenngleich dem Fonds im Hinblick auf den Einsatz der bereitgestellten Mittel ein Vorschlagsrecht eingeräumt worden ist, ist damit jedoch noch keine Assoziierung der Schweiz an

---

[10] Vgl. Botschaft des Bundesrates an die Bundesversammlung, a.a.O., S. 359.

[11] Vgl. Art. 3 Bundesbeschluss über die Mitwirkung der Schweiz an internationalen Währungsmassnahmen, a.a.O., S. 809 und die Begründung dazu in der Botschaft des Bundesrates an die Bundesversammlung, a.a.O., S. 360.

[12] Vgl. IMF, Annual Report (1963/64), Appendix I, S. 139.

[13] Vgl. Botschaft des Bundesrates an die Bundesversammlung, a.a.O., S. 356.

den IWF vollzogen worden. Es kann also entsprechend der Terminologie des Fonds lediglich von einer Assoziierung der Schweiz an die AKV gesprochen werden.

224 Kritische Würdigung der Allgemeinen Kreditvereinbarungen unter Berücksichtigung ihres Verhältnisses zur Basler Absprache

Mit den Allgemeinen Kreditvereinbarungen wurde der Ausbau der internationalen Währungsordnung fortgesetzt und die finanzielle Kapazität ihrer zentralen Institution, des Internationalen Währungsfonds, um mehr als ein Drittel des damaligen Volumens im Gegenwert von knapp 16 Mrd. US-$ für genau umrissene Sonderzwecke erhöht. Die Notwendigkeit dazu entsprang nicht etwa einem Mangel der auf die IWF-Statuten gestützten Währungsordnung, sondern der Tatsache, daß sich als Korrelat jener Freizügigkeit im internationalen Kapitalverkehr, wie sie in den IWF-Statuten nicht vorgesehen ist, die privaten kurzfristigen internationalen Kapitalbewegungen häuften und zu einem potentiellen Störungsfaktor dieser Ordnung wurden.[1]

Um den Fonds in die Lage zu versetzen, die von ihm im Jahr 1961 zugesicherte Hilfe bei temporären, durch Kapitalbewegungen veranlaßten oder verstärkten Zahlungsbilanzstörungen auch jenen Mitgliedsländern gewähren zu können, deren Währungen vornehmlich durch Kapitalbewegungen bedroht werden, nämlich den Reservewährungsländern, wäre eine generelle Quotenerhöhung unzweckmäßig gewesen. Sie hätte dem Fonds nur beträchtliche Bestände in nicht verwertbaren Währungen gebracht, ohne daß die Bestände in den besonders begehrten Währungen entsprechend erhöht worden wären. Die Durchführung einer selektiven Erhöhung der Quoten von denjenigen Mitgliedsländern, deren Währungen für Ziehungen der in Frage kommenden Schuldnerländer besonders geeignet sind, wäre jedoch am Widerstand der in Betracht zu ziehen-

---

[1] "The need for such resources arises not from any failure of this system, but, on the contrary, from its success - from the broader convertibility of currencies and the increased freedom of the exchange markets." Jacobsson, P., Address by the Managing Director of the International Monetary Fund before the Economic and Social Council of the United Nations, April 6, 1962, in: Deutsche Bundesbank/Auszüge aus Presseartikeln, Nr. 29/18. 4. 1962, S. 3.

den Gläubigerländer gescheitert. Um aber die Gewißheit zu haben, daß in Krisenfällen eine zusätzliche, besonders geeignete Kreditreserve bereitsteht, wurden auf stand-by-Basis formelle, multilaterale Kreditvereinbarungen getroffen, wobei die Laufzeit der im Einzelfall effektiv gewährten Kredite mittelfristigen Charakter hat. Allein schon die Existenz dieser Kreditzusagen versprach den Anreiz zu störenden Kapitalbewegungen zu vermindern und sich damit stabilisierend auf die internationalen Devisenmärkte auszuwirken.[2]

Die Zweckbestimmung der Kreditvereinbarungen läßt ihre Anwendung nur für gezielte Stützungsaktionen zu, d.h. nur um einer Beeinträchtigung der internationalen Währungsordnung entgegenzutreten oder sie zu überwinden. Diese Zweckbestimmung erklärt auch, weshalb die Verwendung der zusätzlichen Kreditreserve auf die zehn Teilnehmer an den AKV beschränkt ist: Eine Beeinträchtigung der internationalen Währungsordnung kann praktisch nur durch eine Währungskrise in einem oder mehreren der Hauptindustrieländer hervorgerufen werden.[3] Auf sie entfällt außerdem der Hauptteil des privaten kurzfristigen internationalen Kapitalverkehrs. Eine Ausdehnung des Anwendungsbereichs auf die anderen Mitglieder des IWF erschien auch deshalb nicht geboten, weil zur Berücksichtigung ihrer Ziehungswünsche die ordentlichen Mittel des Fonds ausreichen. Freilich ist für sie der Abschluß der Kreditvereinbarungen ebenso von Bedeutung wie für die unmittelbar Beteiligten, denn auch sie sind an der Aufrechterhaltung einer stabilen Währungsordnung interessiert.

Infolge der Beschränkung des Anwendungsbereichs und dem Verfahren der Kreditgewährung handelt es sich also "um eine Vereinbarung über gegenseitige Devisenhilfe"[4] unter den beteiligten Hauptindustrieländern, die über den IWF eingesetzt wird und bei der die regulären Ziehungsrechte beim Fonds den Umfang der Hilfe für den einzelnen Kreditnehmer mitbestimmen. Für die Kreditgeber ist von besonderer Bedeutung, daß die Reversibilität den effektiv entstandenen Forderungen einen hohen Liquiditätsgrad verleiht. Aufgrund dieser Ausstattung der

---

[2] Man ging dabei von den Erfahrungen aus, die mit den Bereitschaftskreditvereinbarungen gesammelt wurden.

[3] Vgl. Deutsche Bundesbank, Monatsbericht Februar 1962, S. 15.

[4] Ebenda, S. 16.

Kreditforderungen erwerben die Kreditgeber nämlich für den Fall der Verschlechterung ihrer eigenen Zahlungsbilanzlage ein Ziehungsrecht, das praktisch jenem aus der Super-Goldtranche entspricht.[5] Die Forderungen aus der Kreditgewährung gemäß den AKV werden in den IWF-Reservepositionen als Teil der Währungsreserven der Mitglieder ausgewiesen.

Da befürchtet worden ist, daß die Bereitstellung einer zusätzlichen Kreditreserve einerseits die monetäre Disziplin in den Defizitländern, d.h. den potentiellen Schuldnerländern lockern könnte und andererseits ihre zweckentsprechende Verwendung durch eine Aufweichung der Ausleihegrundsätze des Fonds vermindert werden könnte[6], wurde den Forderungen der Überschußländer entsprochen und die Verwendung der zusätzlichen Mittel an zwei weitere Bedingungen geknüpft: Danach ist eine Kreditaufnahme durch den Fonds nur dann möglich, wenn sich die kreditgebenden Teilnehmer an den AKV zuvor einstimmig oder mit überwiegender Mehrheit für eine tatsächliche Bereitstellung zusätzlicher Mittel ausgesprochen haben. Bereits mit ihrem Beschluß können währungs- und wirtschaftspolitische Auflagen für den kreditnehmenden Teilnehmer verbunden werden. Außerdem wurde expressis verbis zur Bedingung gemacht, daß der Fonds seinerseits die aufgenommenen Mittel nur dann ausleiht, wenn die Anträge auf Ziehungen und Bereitschaftskreditvereinbarungen auch nach den unter normalen Verhältnissen geltenden Ausleihegrundsätzen genehmigt werden können. Es handelt sich also weder bei der Kreditaufnahme seitens des Fonds noch bei der Weiterleitung der Mittel an das jeweilige Schuldnerland um eine automatische Kreditgewährung.[7] Damit wurde sichergestellt, daß es sich der Fonds nicht zu eigen macht, "die Reserven der Überschußländer in den internationalen Kreislauf zurückzuleiten, um den Defizitländern die Möglichkeit zu verschaffen, ihre Defizite fortlaufend zu finanzieren"[8]. Die Regelung des Verfahrens

---

[5] Siehe oben, S. 26.

[6] Vgl. auch N.N., Paris und die Reformen des Internationalen Währungsfonds, in: NZZ, Nr. 239, 31. 8. 1961, Bl. 6.

[7] Vgl. Deutsche Bundesbank, Monatsbericht Februar 1962, S. 16.

[8] Blessing, K., Aktuelle währungspolitische Fragen, Vortrag des Präsidenten der Deutschen Bundesbank am 10. November 1961 vor der Verwaltungs- und Wirtschafts-Akademie in Düsseldorf, in: Deutsche Bundesbank/Auszüge aus Presseartikeln, Nr. 90/6. 12. 1961, S. 6.

der Kreditgewährung stützt sich demnach auf die Erkenntnis, daß die privaten kurzfristigen internationalen Kapitalbewegungen, die als Symptom internationaler Währungskrisen regelmäßig auftreten, zwar die Gewährung von Devisenhilfen zur Aufrechterhaltung der internationalen Währungsordnung erforderlich machen können, daß diese Devisenhilfen allein aber letztlich nicht geeignet sind, die Wurzeln der Störungen zu ergreifen und zu beseitigen. Diese letztere Aufgabe muß vielmehr denjenigen Ländern auferlegt werden, deren Zahlungsbilanzschwierigkeiten vorwiegend dazu beitragen, die Währungskrisen zu veranlassen.

Im Gegensatz zum Verfahren der Gewährung von mittelfristigen Devisenhilfen gemäß den AKV ist es bei der Gewährung kurzfristiger Devisenhilfen aufgrund der Basler Absprache schon aus zeitlichen Gründen kaum durchführbar, "die tieferliegenden Zahlungsbilanzschwierigkeiten und die Möglichkeiten zu ihrer Überwindung ausreichend zu prüfen"[9]. Gerade ihre sofortige Verfügbarkeit, die im Einzelfall sehr wohl von entscheidender Bedeutung ist, macht die kurzfristigen Devisenhilfen nämlich zu einem besonders wertvollen Instrument zur Abwehr massiver kurzfristiger Kapitalbewegungen. Daher kann auf die kurzfristigen Devisenhilfen, die im Fall akuter Störungen auf den Devisenmärkten als erste Verteidigungslinie zur Erhaltung der monetären Ordnung ad hoc vereinbart werden müssen, nicht verzichtet werden. Es läßt sich also nicht sagen, daß die mit der Basler Absprache sichtbar begründete Gegenseitigkeitshilfe durch das formelle Abkommen über die Allgemeinen Kreditvereinbarungen abgelöst bzw. ersetzt worden wäre.[10] Vielmehr wurde die Gegenseitigkeitshilfe mit den Allgemeinen Kreditvereinbarungen durch ein multilaterales Abkommen auf eine weitere Form der Kooperation ausgedehnt.

Da an den Allgemeinen Kreditvereinbarungen zehn Länder unmittelbar oder vertreten durch ihre Notenbanken teilnehmen und sich dieser Teilnehmerkreis weitgehend mit dem der Basler Absprache deckt[11], ist für diese Länder die Bezeichnung "Gruppe der Zehn (Group of Ten)"

---

9 Deutsche Bundesbank, Geschäftsbericht für das Jahr 1961, S. 76.

10 Zu einer anderen Auffassung gelangt Lipfert, H., Einführung in die Währungspolitik, a.a.O., S. 234.

11 Auch die Vereinigten Staaten nehmen seit Mitte 1961 durch Vertreter des Federal Reserve Systems an den monatlichen Sitzungen der Notenbankgouverneure bei der BIZ teil.

bzw. "Zehner-Gruppe" gebräuchlich geworden. Dieser Begriffsbildung steht weder die schweizerische Assoziierung an die Allgemeinen Kreditvereinbarungen entgegen noch die Tatsache, daß sich der Teilnehmerkreis bei den in den Jahren 1963 bis 1969 durchgeführten Stützungsaktionen verschiedentlich erweitert bzw. verengt hat. Bei der Gewährung von Devisenhilfen zeigt sich die Kooperation der Zehner-Gruppe also in zwei Formen[12]:

1) Auf der Grundlage der informellen Basler Absprache in der Gewährung kurzfristiger Devisenhilfen, die auf ad hoc-Basis bilateral vereinbart und ohne Einschaltung des IWF als erste Verteidigungslinie gegen störende Kapitalbewegungen eingesetzt werden. Bei dieser Kooperationsform werden die Länder der Zehner-Gruppe durch ihre Notenbankgouverneure vertreten.
2) Auf der Grundlage des formellen Abkommens über die Allgemeinen Kreditvereinbarungen in der Gewährung mittelfristiger Devisenhilfen, die auf stand-by-Basis multilateral vereinbart wurden und die

---

[12] Nach dem Ubergang der amerikanischen Währungsbehörden zur Intervention auf den Devisenmärkten im Jahr 1961, hat die Federal Reserve Bank als Agent des US-Schatzamtes und des Federal Reserve Systems im Jahr 1962 damit begonnen, zum Schutz des US-Dollars mit anderen Notenbanken und mit der BIZ ein Netz von gegenseitigen Swap-Vereinbarungen (reciprocal currency arrangements) auf stand-by-Basis zu errichten. Die bilateralen Swap-Vereinbarungen bieten die Möglichkeit, bei Bedarf die Währung des Vertragspartners im Tausch gegen eigene Währung bis zur Höhe der Swap-Kreditlinie zu einem festen Kurs für die Dauer von zumeist drei Monaten zu beschaffen. Ende August 1962 hatte die Federal Reserve Bank mit sieben anderen Notenbanken und der BIZ Swap-Kreditlinien im Gegenwert von insgesamt 700 Mio. US-$ errichtet, die nach 1962 unter dem Druck zahlreicher Währungskrisen verschiedentlich drastisch erhöht wurden. Außerdem hat die Federal Reserve Bank mit sieben weiteren Notenbanken gegenseitige Swap-Kreditlinien aufgebaut. Anfang September 1969 belief sich das Volumen des Swap-Netzes der Federal Reserve Bank auf einen Gegenwert von 10 680 Mio. US-$. Siehe zu diesen Ausführungen Deutsche Bundesbank, Geschäftsbericht für das Jahr 1961, S. 76 f., sowie: Coombs, Ch.A., Treasury and Federal Reserve Foreign Exchange Operations, in: Federal Reserve Bulletin, Vol. 48, No. 9, September 1962, S. 1146 ff., sowie: Coombs, Ch.A., Treasury and Federal Reserve Foreign Exchange Operations, in: Federal Reserve Bulletin, Vol. 55, No. 9, September 1969, S. 698. Wenngleich das Swap-Netz auf Initiative der amerikanischen Währungsbehörden in erster Linie zum Schutz des US-Dollars aufgebaut wurde, so mußten doch auch die Vertragspartner der Federal Reserve Bank in zunehmendem Umfang auf die gegenseitigen Swap-Kreditlinien zurückgreifen. Soweit es sich dabei um Mitglieder der Zehner-Gruppe handelt, werden die entsprechenden Transaktionen in den Ausführungen des nachfolgenden Teils der vorliegenden Arbeit berücksichtigt.

unter Einschaltung des IWF als dritte[13] Verteidigungslinie gegen störende Kapitalbewegungen eingesetzt werden, wenn die regulären Mittel des IWF zu ihrer Abwehr nicht ausreichen. Bei dieser Kooperationsform werden die Länder der Zehner-Gruppe vornehmlich durch ihre zuständigen Minister vertreten.

Die Kooperation der Mitglieder der Zehner-Gruppe beschränkt sich jedoch nicht auf die Bereitstellung von Devisenhilfen. Sie zeigt sich darüber hinaus vielmehr in einer dritten Form, nämlich in gemeinsamen Bemühungen um eine Reform des internationalen Währungssystems.[14] Diese Form der Kooperation vollzieht sich sowohl auf der Ebene der Minister und Notenbankgouverneure als auch auf der ihrer Stellvertreter.

Die Grundlagen für die Kooperation der Zehner-Gruppe, die sich teilweise außerhalb des institutionellen Rahmens des IWF vollzieht, wurden mit der Basler Absprache und mit den Allgemeinen Kreditvereinbarungen gelegt. Dabei ist von besonderer Bedeutung, daß das Verfahren der Kreditgewährung gemäß den AKV der Zehner-Gruppe praktisch die alleinige Entscheidungsbefugnis über den Einsatz der zusätzlichen Kreditreserve sichert. Damit wurde jedoch zweifellos die vorher autonome Kreditgewährungspraxis des IWF eingeschränkt und im weiteren Sinne auch seine zentrale Stellung im gegenwärtigen Währungssystem. Diese Entwicklung bedeutet außerdem eine Verschiebung des währungspolitischen Schwergewichts von den angelsächsischen Ländern - den Initiatoren der gegenwärtigen Währungsordnung - auf die kontinentaleuropäischen Länder mit wirtschaftlicher Relevanz.[15]

---

[13] Als zweite Verteidigungslinie gelten demnach die regulären Mittel des Fonds.

[14] Die Bereitschaft zu dieser Art der Zusammenarbeit wurde bereits auf dem ersten Treffen der Zehner-Gruppe, das anläßlich der Tagung des IWF im Jahr 1962 in Washington stattgefunden hat, bekräftigt. Dabei kamen die Vertreter der Zehner-Gruppe überein, "that they are ready to contribute to continuing study of the means for further improving the international monetary system in the years ahead". Gruppe der Zehn, Verlautbarung über das erste Treffen der 10 Teilnehmerländer an den Allgemeinen Kreditvereinbarungen mit dem Internationalen Währungsfonds, Washington, 20. 9. 1962, in: Deutsche Bundesbank/Auszüge aus Presseartikeln, Nr. 71/26. 9. 1962, S. 1.

[15] Vgl. auch Emminger, O., Aktuelle Probleme der internationalen Währungspolitik, Vortrag vor der Frankfurter Gesellschaft für Handel, Industrie und Wissenschaft am 14. 2. 1962, in: Deutsche Bundesbank/Auszüge aus Presseartikeln, Nr. 16/28. 2. 1962, S. 8.

DRITTER TEIL

3 DIE KOOPERATION DER MITGLIEDER DER ZEHNER-GRUPPE IN DEN JAHREN 1963 - 1969

31 DIE KOOPERATION BEI DER BEREITSTELLUNG VON DEVISENHILFEN

311 Die Bereitstellung von Devisenhilfen für das Pfund Sterling 1963

Nach einer stark defizitären Grundzahlungsbilanz im Jahr 1961 konnte Großbritannien im Jahr darauf seine Grundbilanz mit einem Überschuß abschließen.[1] Diese teils auf einer Umkehr in der Bilanz des langfristigen Kapitalverkehrs, teils auf einer bemerkenswerten Ausweitung der britischen Exporte beruhende Verbesserung, führte gleichzeitig zu einer sichtbaren Befestigung des Pfund Sterling. Obwohl sich die günstige Entwicklung des britischen Außenhandels im ersten Quartal 1963 fortsetzte, bildete das Pfund Sterling dennoch im gleichen Quartal Gegenstand der Beunruhigung auf den Devisenmärkten. Den Anlaß gab in erster Linie der im Januar erfolgte Abbruch der Verhandlungen über den britischen Beitritt zur EWG. Dadurch schwächte sich das Vertrauen in die langfristige Entwicklung der britischen Wirtschaft und Währung ab. Die Folge davon war eine sich unmittelbar anschließende empfindliche Baissespekulation gegen das Pfund Sterling mit entsprechenden kurzfristigen Kapitalabflüssen aus Großbritannien.

In der Annahme, daß die Kapitalbewegungen von Großbritannien nach den Vereinigten Staaten fließen würden, intervenierten zunächst nur die Federal Reserve Bank durch Käufe von Pfund Sterling und die Bank von England durch Verkäufe von US-Dollar, um den Kurs des Pfund Sterling zu stützen.[2] Grundlage dieser Zusammenarbeit war ein gegenseitiges Devisenabkommen in Swap-Form, welches schon 1962 zwischen der Federal Reserve Bank und der Bank von England abgeschlossen wor-

---

[1] Siehe zur Entwicklung der britischen Zahlungsbilanz Deutsche Bundesbank, Geschäftsbericht für das Jahr 1962, S. 34.

[2] Siehe Coombs, Ch.A., Treasury and Federal Reserve Foreign Exchange Operations, in: Federal Reserve Bulletin, Vol. 49, No. 9, September 1963, S. 1219.

den war.[3] Entgegen der ursprünglichen Annahme über die Richtung der spekulativen Kapitalbewegungen, die mit der Baissespekulation gegen das Pfund Sterling ausgelöst wurden, stellte sich jedoch bald heraus, daß sie weniger nach den Vereinigten Staaten als vielmehr nach verschiedenen kontinentaleuropäischen Ländern flossen. Um das erst kurz zuvor befestigte Pfund Sterling verteidigen zu können, trat daher die Notwendigkeit zur Kooperation mit anderen Währungsbehörden in den Vordergrund. Infolgedessen nahm die Bank von England entsprechende Verhandlungen mit verschiedenen anderen Notenbanken aus dem Kreis der Länder der Zehner-Gruppe und der Schweizerischen Nationalbank auf. Das Ergebnis dieser Verhandlungen waren mehrere Devisenhilfen mit kurzfristiger Laufzeit im Gegenwert von insgesamt 250 Mio. US-$, die von verschiedenen Notenbanken in verschiedenen Währungen gewährt wurden.[4] An dieser Stützungsaktion beteiligten sich neben anderen Notenbanken die Deutsche Bundesbank und die Schweizerische Nationalbank.

Der kompensatorische Effekt der kurzfristigen Devisenhilfen bewirkte, daß die Reservenverluste der Bank von England während der Monate Februar und März auf 18 Mio. £ begrenzt werden konnten.[5] Mit der Bekanntgabe dieser Devisenhilfen zur Verteidigung des Pfund Sterling Anfang April trat unmittelbar eine Wende in der Beurteilung des Pfund Sterling ein. Die Träger der Spekulation stellten ihren Angriff auf das Pfund Sterling ein und lösten die spekulativen Engagements auf. In der Folgezeit besserte sich die Reservenlage Großbritanniens ziemlich rasch, so daß die beanspruchten Devisenhilfen bis Mitte Juli schon zurückgezahlt werden konnten.

Diese kurzlebige Krise wurde in erster Linie durch die Kooperation einer Reihe von Notenbanken aus dem Kreis der Länder der Zehner-Gruppe und der Schweiz überwunden. Der Erfolg der Kooperation trat jedoch nicht zuletzt deshalb derart kurzfristig ein, weil die grundlegende Zahlungsbilanzposition desjenigen Landes, gegen dessen Währung sich der hauptsächliche Druck der Spekulation richtete, gefestigt war.

---

[3] Siehe dazu oben, S. 75 Fußnote 12.

[4] Siehe Bank of England, Quarterly Bulletin, Vol. III, No. 2, June 1963, S. 83 und Deutsche Bundesbank, Geschäftsbericht für das Jahr 1962, S. 28 und Schweizerische Nationalbank, Sechsundfünfzigster Geschäftsbericht (1963), S. 4. Weitere Einzelheiten dieser Zusammenarbeit wurden von den Beteiligten nicht bekanntgegeben.

[5] Siehe ebenda zur Auswirkung der Devisenhilfen.

312 Die Bereitstellung von Devisenhilfen 1964

3121 Die Devisenhilfen für die italienische Lira

Starke inflationäre Tendenzen hatten bereits Mitte 1963 zu ernsten Zahlungsbilanzschwierigkeiten in Italien geführt.[1] Die daraufhin von den zuständigen Behörden ergriffenen Maßnahmen der Kredit- und Finanzpolitik wirkten sich nicht unmittelbar aus, so daß die Zahlungsbilanz Italiens 1963 mit einem hohen Defizit abschloß. Die defizitäre Entwicklung der italienischen Zahlungsbilanz setzte sich, trotz der Beibehaltung der kredit- und finanzpolitischen Maßnahmen und der Ergreifung weiterer wirtschaftspolitischer Maßnahmen, auch noch im ersten Quartal 1964 fort. Diese Zahlungsbilanzschwierigkeiten Italiens gaben, verbunden mit Schwierigkeiten innenpolitischer Natur, bereits um die Jahreswende 1963/1964 Anlaß zu fortdauernden wenn auch noch nicht umfangreichen privaten kurzfristigen Kapitalabflüssen, welche die Reservenlage der Bank von Italien zusätzlich zur außenhandelsbedingten Belastung verschlechterten. Weil von der währungs- und wirtschaftspolitischen Situation Italiens auch Auswirkungen auf andere Länder befürchtet worden waren, bildeten die Bemühungen der zuständigen Behörden zur Beseitigung der inflationären Tendenzen und der Herstellung des außenwirtschaftlichen Gleichgewichts Gegenstand von Gesprächen sowohl auf der monatlichen Routinesitzung der Notenbankgouverneure der Zehner-Gruppe zu Anfang März 1964 als auch zwischen einer Delegation unter Führung des italienischen Notenbankgouverneurs und der Leitung des IWF Mitte März 1964. Mit dem Bekanntwerden der Tatsache, daß zwischen Vertretern Italiens und der Leitung des IWF die währungs- und wirtschaftspolitische Lage Italiens erörtert wird, fanden bereits vorher kursierende Abwertungsgerüchte neue Nahrung und führten zu einer sich plötzlich erheblich steigernden Baissespekulation gegen die Lira, wobei umfangreiche spekulative Kapitalbewegungen insbesondere nach der Schweiz und nach der Bundesrepublik Deutschland flossen.

In dieser Situation war eine massive Stärkung der italienischen Reservenlage, die sich aufgrund des spekulativen Drucks gegen die Lira zu-

---

[1] Siehe zur wirtschafts- und währungspolitischen Entwicklung in Italien BIZ, Fünfunddreissigster Jahresbericht (1964/65), S. 63 ff. und ebenda, S. 98 ff. zur Zahlungsbilanzentwicklung Italiens. Siehe zur Zahlungsbilanzentwicklung ferner Banca d'Italia, Abridged Version of the Report for the Year 1964, S. 38 ff.

sehends verschlechterte, erforderlich.[2] Zu diesem Zweck wurden der Bank von Italien innerhalb von zwei Tagen verschiedene kurzfristige Devisenhilfen im Gegenwert von insgesamt rund 450 Mio. US-$ in Swap-Form aus dem Kreis der Mitglieder der Zehner-Gruppe zur Verfügung gestellt. An dieser Stützungsaktion beteiligten sich die Deutsche Bundesbank in Höhe von 150 Mio. US-$, die Bank von England in Höhe von 100 Mio. US-$, das US-Schatzamt in Höhe von 100 Mio. US-$ sowie weitere Notenbanken aus dem Kreis der Länder der Zehner-Gruppe, deren Identität und Beteiligung nicht bekanntgeworden ist. Daneben bestand außerdem noch eine Swap-Kreditlinie zwischen der Bank von Italien und der Federal Reserve Bank im Gegenwert von 250 Mio. US-$[3], die in Höhe von 150 Mio. US-$ noch nicht beansprucht worden war. Schließlich wurden Italien zu gleicher Zeit von der amerikanischen Export-Import Bank ein Bereitschaftskredit in Höhe von 200 Mio. US-$ für die Dauer eines Jahres und von der amerikanischen Commodity Credit Corporation ein Bereitschaftskredit in Höhe von 250 Mio. US-$ für die Dauer von drei Jahren eingeräumt.[4] Schon die Bekanntgabe der gesamten Devisenhilfen hatte genügt, um die kurz zuvor in der Erwartung einer Abwertung der Lira drohende Ausmaße annehmende Baissespekulation zu überwinden und eine Beruhigung der Devisenmärkte herbeizuführen. Um diesen Erfolg langfristig zu sichern, machte Italien ferner von seinen Ziehungsrechten aus der Super-Goldtranche Gebrauch und zog noch im März acht verschiedene Währungen im Gegenwert von 225 Mio. US-$ beim IWF, darunter 80 Mio. US-$ in DM.[5] Da der Fonds zu diesem Zeitpunkt über ausreichende Bestände an den für die italienische Ziehung benötigten Währungen verfügte, war für ihn eine Kreditaufnahme im Rahmen der AKV bei den Mitgliedern der Zehner-Gruppe nicht erforderlich. Aufgrund des Umstands, daß sich die Reservenverluste der Bank von Italien neben einem Reservenzugang bei der Deutschen Bundesbank auch in einem Reservenzugang bei der Schweizerischen Nationalbank niederschlugen, räumte etwas später auch die Schweizerische Nationalbank der Bank von Italien eine Swap-Kreditli-

[2] Siehe zu den folgenden Ausführungen über die Devisenhilfen für die Lira Coombs, Ch.A., Treasury and Federal Reserve Foreign Exchange Operations, in: Federal Reserve Bulletin, Vol. 50, No. 9, September 1964, S. 1126 ff. und Deutsche Bundesbank, Geschäftsbericht für das Jahr 1964, S. 25.

[3] Siehe oben, S. 75 Fußnote 12.

[4] Siehe auch Banca d'Italia, Abridged Version of the Report for the Year 1963, S. 56 ff.

[5] Siehe auch ebenda, S. 66.

nie im Gegenwert von 100 Mio. US-$ ein[6] und schloß sich damit den bereits in die Wege geleiteten Stützungsmaßnahmen an.

Die gesamten Stützungsmaßnahmen ermöglichten es den zuständigen Behörden Italiens, die schon seit längerem ergriffenen wirtschafts- und währungspolitischen Maßnahmen konsequent durchzuführen. Das Ergebnis war ohne Zweifel überraschend: Im zweiten Quartal setzte eine schlagartige Umkehr in der Zahlungsbilanz Italiens ein, und zwar sowohl in der Bilanz der laufenden Posten als auch in der Kapitalbilanz. Da damit die vordem prekäre Reservenlage Italiens durch umfangreiche Devisenzugänge kurzfristig abgelöst wurde, beanspruchte die Bank von Italien außer der Ziehung beim IWF, der Swap-Kreditlinie mit der Deutschen Bundesbank und der Swap-Kreditlinie mit der Schweizerischen Nationalbank keine der anderen Kreditzusagen. Vielmehr konnte sie die beanspruchten Devisenhilfen einschließlich der rückzahlungspflichtigen Ziehung aus der Goldtranche beim IWF schon bis zum Herbst 1964 begleichen. Die Umkehr in der italienischen Zahlungsbilanz setzte sich im dritten und vierten Quartal fort, und zwar derart stark, daß Italien seine Zahlungsbilanz gegenüber einem Defizit von 1 252 Mio. US-$ für 1963 mit einem Überschuß von 774 Mio. US-$ für 1964 abschließen konnte[7]. Damit hatte sich Italien innerhalb kürzester Zeit von einem Land mit einem extremen Defizit zu einem Land mit einem beachtlichen Überschuß entwickelt. Der Erfolg beim Abbau des Defizits der Zahlungsbilanz, der einherging mit der Wiedergewinnung eines besseren inneren Gleichgewichts in Italien, war jedoch nicht nur für Italien von Bedeutung, sondern darüber hinaus insbesondere für die übrigen Länder der EWG. Die Gefahr des Übergreifens der inflationären Tendenzen auf die übrigen Länder der Gemeinschaft war gebannt und eine dadurch drohende innere Krise abgewendet worden.[8]

3122 Die Devisenhilfen für das Pfund Sterling

Seit dem Budget vom April 1963 stand die Wirtschaftspolitik in Großbritannien im Zeichen einer neuen Konzeption, die anstatt der das vorausgegangene Jahrzehnt kennzeichnenden Stop-and-Go-Politik ein ste-

---

[6] Siehe Schweizerische Nationalbank, Siebenundfünfzigster Geschäftsbericht (1964), S. 10 und Banca d'Italia, Abridged Version of the Report for the Year 1964, S. 68.

[7] Siehe Banca d'Italia, Abridged Version of the Report for the Year 1964, S. 38.

[8] Vgl. Deutsche Bundesbank, Geschäftsbericht für das Jahr 1964, S. 26.

tiges Wachstum bei starker Position des Pfund Sterling anstrebte.[1] Zwar war man sich bewußt gewesen, daß diese Politik infolge der mangelnden Wettbewerbsfähigkeit und der starken Importabhängigkeit der britischen Volkswirtschaft zu einem außenwirtschaftlichen Ungleichgewicht führen kann, hoffte jedoch durch einen gezielten Ausbau der Wettbewerbsfähigkeit der britischen Wirtschaft das Gleichgewicht langfristig sichern zu können. Während die britische Grundzahlungsbilanz 1961 - 1963 annähernd im Gleichgewicht gewesen war, zeigte sich bereits im ersten Quartal 1964 eine deutliche Verschlechterung der Bilanz der laufenden Posten, und zwar aufgrund von stark zunehmenden Importen und nur wenig steigenden Exporten. Dazu traten umfangreiche langfristige Kapitalexporte, die die Grundbilanz zusätzlich belasteten. Die Verschlechterung der Grundbilanz setzte sich bis zum dritten Quartal, in welchem sie ihren Höhepunkt erreicht hatte, fort und hielt auch noch im vierten Quartal an. Das Ergebnis war ein Defizit von rd. 2 100 Mio. US-$ für 1964. Allerdings trat trotz des zunehmenden Defizits bis August noch kein nennenswerter Verlust an Reserven ein, da das Defizit u.a. durch kurzfristige Kapitalbewegungen nach Großbritannien verdeckt worden war. Mit dem Näherrücken der für Mitte Oktober angesetzten Parlamentswahlen ließen jedoch die kurzfristigen Kapitalbewegungen nach Großbritannien nach, wodurch das Defizit in voller Höhe erkennbar wurde. Die Folge davon war ein erheblicher Vertrauensverlust des Pfund Sterling, der durch die Ungewißheit über die Maßnahmen, die von der neuen Regierung zur Beseitigung des Ungleichgewichts ergriffen würden, zusätzlich verschärft wurde. Die Baissespekulation, die Anfang September gegen das Pfund Sterling einsetzte, führte zu spürbaren Reservenverlusten der Bank von England. Zur Überwindung des Angriffs auf das Pfund Sterling war die Zusammenarbeit mit anderen Notenbanken erforderlich geworden.[2] Zunächst machte die Bank von England von der zwischen ihr und der Federal Reserve Bank bestehenden Swap-Kreditlinie in Höhe von 500 Mio. US-$ Gebrauch. Sie ließ sich ferner von sechs Notenbanken aus dem Kreis

---

[1] Siehe zum Budget vom April 1963 Bank of England, Quarterly Bulletin, June 1963, a.a. O., S. 86 f.. Siehe ferner zur wirtschafts- und währungspolitischen Entwicklung in Großbritannien BIZ, Fünfunddreissigster Jahresbericht (1964/65), S. 10 ff. und ebenda, S. 93 ff. zur Zahlungsbilanzentwicklung.

[2] Siehe zu den Ausführungen über die Devisenhilfen Bank of England, Quarterly Bulletin, Vol. IV, No. 4, December 1964, S. 258 und Deutsche Bundesbank, Geschäftsbericht für das Jahr 1964, S. 29.

der Länder der Zehner-Gruppe, nämlich der Bank von Frankreich, der Bank von Italien, der Bank von Kanada, der Deutschen Bundesbank (150 Mio. US-$), der Nationalbank von Belgien und der Niederländischen Bank sowie der Schweizerischen Nationalbank kurzfristige Devisenhilfen im Gegenwert von insgesamt 500 Mio. US-$ einräumen. Die eingeräumten Devisenhilfen wurden von der Bank von England in den Monaten September, Oktober und November nahezu vollständig beansprucht. Wenngleich sie die Reserven der Bank von England in der kritischen Zeit bis nach den Parlamentswahlen, d.h. bis zu jenem Zeitpunkt, in welchem die neue Regierung Maßnahmen zur Beseitigung des außenwirtschaftlichen Ungleichgewichts ergreifen konnte, erheblich verstärkt haben, stellte sich damit aber noch keine dauerhafte Beruhigung der Devisenmärkte ein.

Da die im September der Bank von England aus dem Kreis der Länder der Zehner-Gruppe und der Schweiz eingeräumten und seitens der Bank von England im Verlauf der folgenden Monate auch beanspruchten Devisenhilfen kurzfristiger Natur waren, mußten sie durch eine längerfristige Hilfe abgelöst werden. Zur Begleichung der beanspruchten Devisenhilfen der Notenbanken machte Großbritannien am 2. Dezember 1964 von einem bereits 1963 mit dem IWF vereinbarten und im August 1964 um ein Jahr verlängerten Bereitschaftskredit Gebrauch und zog elf Währungen im Gegenwert von insgesamt 1 000 Mio. US-$.[3] Mit dieser Ziehung nahm Großbritannien seine damaligen Ziehungsrechte aus der Goldtranche und der ersten Kredittranche wahr. Der Fonds finanzierte die britische Ziehung folgendermaßen:[4] Den Gegenwert von 345 Mio. US-$ stellte er in acht Währungen aus den entsprechenden Mitgliedssubskriptionen, d.h. aus eigenen Beständen zur Verfügung. Dabei sah er von einer Verwendung seiner Bestände in Deutscher Mark, französischen Franc und holländischen Gulden ab, da sie zu jenem Zeitpunkt bereits sehr niedrig waren. Den Gegenwert von 250 Mio. US-$ beschaffte sich der Fonds bei zehn Mitgliedern durch Goldverkäufe. Zur Refinanzierung des verbleibenden Gegenwerts von 405 Mio. US-$ setzte der Fonds erstmalig das Abrufverfahren der AKV in Gang und beschaffte sich auf dem Kreditwege die zusätzlich benötigten Währungen bei acht Mitgliedern der Zehner-Gruppe. Der Kreditgewährung an den Fonds gingen Beratungen der Vertreter für die Länder

---

[3] Siehe Bank of England, Quarterly Bulletin, December 1964, a.a.O., S. 258 f.

[4] Siehe IMF, Press Release No. 502 - November 20, 1964.

der Zehner-Gruppe voraus, in denen Übereinstimmung erzielt worden war, einem Vorschlag des Geschäftsführenden Direktors des Fonds entsprechend für die Erfüllung der britischen Ziehungswünsche zusätzliche Mittel zur Verfügung zu stellen.[5] Bei der Kreditaufnahme im Rahmen der AKV wurden insbesondere die IWF-Reservepositionen der einzelnen Mitglieder der Zehner-Gruppe berücksichtigt. Eine Kreditaufnahme in US-Dollar erübrigte sich, weil der Bestand des Fonds in dieser Währung mehr als 75 v.H. der Quote der Vereinigten Staaten betrug. Die nachstehende Übersicht zeigt die von Großbritannien gezogenen Währungen und die Arten der Finanzierung seitens des IWF:[6]

in Mio. US-$

Gezogene Währungen	Aus IWF-Beständen	Goldverkäufe des IWF	Kreditaufnahme im Rahmen d.AKV	Insgesamt
Deutsche Mark	-	93	180	273
US-Dollar	200	-	-	200
Franz. Franc	-	63	100	163
Kanad. Dollar	45	9	15	69
Holländ. Gulden	-	26	40	66
Belg. Franc	10	17	30	57
Japan. Yen	20	14	20	54
Span. Peseten	30	10	-	40
Schillinge	20	8	-	28
Schwed. Kronen	5	7	15	27
Ital. Lire	15	3	5	23
Insgesamt	345	250	405	1 000

Neben dieser Ziehung gewährte die Schweiz, die zwar nicht Mitglied der Zehner-Gruppe ist, aber aufgrund eines Parallelabkommens mit dem IWF an die AKV assoziiert ist, auf Ersuchen des Geschäftsführenden Direktors des Fonds, Großbritannien einen Swap-Kredit im Gegenwert von 80 Mio. US-$ auf drei Monate, mit der Möglichkeit einer Verlängerung entsprechend der Dauer der Beanspruchung der Kredite, die dem Fonds im Rahmen der AKV von den Mitgliedern der

[5] Siehe Gruppe der Zehn, Verlautbarung der Zehnergruppe, Paris, 7. November 1964, in: Deutsche Bundesbank/Auszüge aus Presseartikeln, Nr. 74/11. 11. 1964, S. 12.

[6] Siehe IMF, Press Release No. 502 - November 20, 1964.

Zehner-Gruppe gewährt worden waren.[7] Die Schweizerische Kredithilfe trat also noch zu der Ziehung Großbritanniens beim IWF hinzu, so daß sich die gesamte Devisenhilfe auf einen Gegenwert von 1 080 Mio. US-$ belief. Die beim IWF gezogenen Währungen standen Großbritannien für die Dauer von drei Jahren zur Verfügung.

Noch ehe die britische Ziehung beim IWF vom Dezember zur Konsolidierung der Devisenhilfen der Notenbanken aus dem Kreis der Länder der Zehner-Gruppe und der Schweiz vollständig abgewickelt worden war, setzte der Druck gegen das Pfund Sterling erneut ein, und zwar veranlaßt durch eine Zahlungsbilanzbotschaft der neu ins Amt getretenen Labour-Regierung, die am 26. Oktober erfolgte und in der das mutmaßliche Defizit für 1964 auf 700 - 800 Mio. £ beziffert worden war.[8] Der Zahlungsbilanzbotschaft folgte am 11. November ein Zwischenbudget mit verschiedenen Maßnahmen zur Bekämpfung der Zahlungsbilanzschwierigkeiten, u.a. ein befristeter Importzollzuschlag von 15 v.H. auf alle Fertigwarenimporte zusammen mit einer Ermäßigung der indirekten Steuern auf Exporte.[9] Mit diesen handels- und zahlungsbilanzpolitischen Schutzmaßnahmen allein konnte jedoch keine Beruhigung der Devisenmärkte erreicht werden. Vielmehr führte die Tatsache, daß das Zwischenbudget vom November energische kredit- und finanzpolitische Maßnahmen zur langfristigen Beseitigung der britischen Zahlungsbilanzschwierigkeiten vermissen ließ, zu einem verstärkten Vertrauensverlust, der sich innerhalb weniger Tage in einem hektischen Angriff auf die Parität des Pfund Sterling zeigte. Die neu entfachte Baissespekulation, die in ihrem Ausmaß alle vorangegangenen Störungen übertraf, erreichte in der zweiten Hälfte des November einen kritischen Höhepunkt und fügte der Bank von England schwerste Reservenverluste zu. Auch die am 23. November verfügte Erhöhung des Diskontsatzes von 5 auf 7 v.H. blieb zunächst ohne nennenswerte Wirkung hinsichtlich der Beurteilung des Pfund Sterling.[10] In dieser Situation bedurfte es daher weiterer Devisenhilfen von außen, damit die Parität des Pfund Sterling von den britischen Währungsbehörden verteidigt werden konnte. Zu diesem Zweck wurden der Bank von Eng-

---

[7] Siehe Schweizerische Nationalbank, Siebenundfünfzigster Geschäftsbericht (1964), S. 11.

[8] Siehe Bank of England, Quarterly Bulletin, December 1964, a.a.O., S. 257.

[9] Siehe ebenda, S. 255 f.

[10] Siehe ebenda, S. 256.

land am 25. November von den anderen Notenbanken der Länder der Zehner-Gruppe, der Schweiz und Österreich sowie der BIZ und der amerikanischen Export-Import Bank Devisenhilfen in der bei keiner anderen Stützungsaktion erreichten Größenordnung von 2 630 Mio. US-$ in verschiedenen Währungen und in verschiedenen Formen eingeräumt.[11] Die Devisenhilfen der Notenbanken waren durchweg kurzfristiger Natur. Die gesamte Hilfe verteilte sich wie folgt auf die beteiligten Institutionen:[12]

Beteiligte Institutionen	Beteiligung in Mio. US-$
Federal Reserve Bank	750
Deutsche Bundesbank	500
Bank von Frankreich	200
Bank von Italien	200
Bank von Kanada	150
Schwedische Reichsbank	100
Nationalbank von Belgien	75
Niederländische Bank	75
Bank von Japan	50
Zehner-Gruppe insgesamt	2 100
Schweizerische Nationalbank	80
Österreichische Nationalbank	50
BIZ	150
Export-Import Bank	250
Insgesamt	2 630

Der massive Gegenschlag gegen die Baissespekulation, der auf dem Höhepunkt der Krise innerhalb weniger Stunden von den Notenbanken der Länder der Zehner-Gruppe und den anderen Beteiligten vereinbart worden war, verfehlte seine Wirkung auf das Marktgeschehen nicht.

[11] Siehe N.N., Der Großeinsatz zugunsten des Pfundes, in: NZZ, Nr. 332, 2. 12. 1964, Bl. 10.

[12] Siehe ebenda.

Die zuvor in greifbare Nähe gerückte Paritätsänderung des Pfund Sterling konnte vermieden werden. Der Druck gegen das Pfund Sterling ließ unmittelbar nach dem Bekanntwerden dieser Stützungsaktion nach, zeigte sich jedoch verschiedentlich mit verminderter Stärke noch in den ersten Monaten des folgenden Jahres. Aus diesem Grunde wurden die im November eingeräumten Devisenhilfen im Februar 1965 für die Dauer von drei Monaten prolongiert[13], soweit nicht von vorneherein eine mittelfristige Laufzeit vereinbart worden war, wie im Fall des Kredits von der amerikanischen Export-Import Bank. Die Großbritannien insgesamt zur Verfügung stehenden Devisenhilfen wurden in den Monaten Dezember 1964 bis April 1965 wie folgt beansprucht:[14]

	Dezember	Januar	Februar	März	April
			in Mio. US-$		
Federal Reserve Bank	200	200	105	320	280
Übrige kurzfr. Hilfe	325	600	600	620	817
Kurzfr. Hilfe insgesamt	525	800	705	940	1 097
IWF	1 000	1 000	1 000	1 000	1 000
Schweiz	80	80	80	80	80
Kurz- und mittelfr. Hilfe insgesamt	1 605	1 880	1 785	2 020	2 177

Im Anschluß hieran ist festzuhalten, daß die Ursache der Krise, die im Herbst 1964 einsetzte und trotz der massiven Stützungsaktion im November 1964 erst im April 1965 als behoben betrachtet werden konnte, in dem beträchtlichen Ungleichgewicht der britischen Grundbilanz gelegen hatte. Die tiefgreifende Störung des äußeren Gleichgewichts und die zunächst nur wenig überzeugenden Gegenmaßnahmen der neu ins Amt getretenen Regierung mußten eine Paritätsänderung zur län-

[13] Siehe Bank of England, Verlautbarung der Bank von England über die Verlängerung der Notenbank-Kreditlinien, London, 10. Februar 1965, in: Deutsche Bundesbank/Auszüge aus Presseartikeln, Nr. 12/17. 2. 1965, S. 1.

[14] Siehe Bank of England, Quarterly Bulletin, Vol. V, No. 2, June 1965, S. 109.

gerfristigen Beseitigung des Ungleichgewichts wenn auch nicht als unvermeidlich, so doch als möglich erscheinen lassen. Vor diesem Hintergrund läßt sich das Verhalten der Marktteilnehmer, d.h. insbesondere der Träger der professionellen und kommerziellen Spekulation, aber auch derjenigen, die in einer mit beträchtlichen Unsicherheitsfaktoren behafteten wirtschafts- und währungspolitischen Situation diejenigen Dispositionen getroffen hatten, die ihnen als vorteilhaft erschienen, erklären. Die dadurch in Gang gesetzten spekulativ bedingten und in gewissem Umfang eben auch risikoinduzierten Kapitalbewegungen, die vornehmlich nach den Vereinigten Staaten und nach einigen kontinentaleuropäischen Ländern flossen, hatten allerdings das vordem bereits vorhandene Ungleichgewicht zusätzlich verschärft. Demgegenüber lag es nicht nur im Interesse Großbritanniens die Parität des Pfund Sterling, der zweiten Reservewährung des internationalen Währungssystems, zu verteidigen und auf eine Beruhigung der internationalen Devisenmärkte hinzuwirken. Freilich konnten auch die Devisenhilfen das Vertrauen in die Parität des Pfund Sterling nicht langfristig sichern. Entscheidend dafür war nämlich allein die Beseitigung der Ursachen des Ungleichgewichts. Dieser Notwendigkeit, die verschiedentlich auch von den Kreditgebern betont wurde[15], waren sich auch die britischen Behörden mehr und mehr bewußt geworden. Daher haben sie auch neben den bereits gegen Ende 1964 getroffenen Maßnahmen, mit dem Budget vom 6. April 1965 weitere Maßnahmen bekanntgegeben, die eine Verlagerung der wirtschaftspolitischen Schwerpunkte erkennen ließen und auf eine gezielte Stärkung der britischen Wettbewerbsfähigkeit ausgerichtet waren.[16] Zur Dämpfung der Inlandsnachfrage wurden verschiedene kredit- und finanzpolitische Maßnahmen ergriffen. Dazu traten währungspolitische Maßnahmen, die eine dauerhafte Senkung des langfristigen Netto-Kapitalexports bewirken sollten. Schließlich wurde die Entschlossenheit bekräftigt, die Parität des Pfund Sterling aufrechtzuerhalten. Mit der Bekanntgabe dieses Budgets setzte sich der bereits im ersten Quartal 1965 spürbare Abbau des Zahlungsbilanzdefizits fort, womit sich auch die Position des Pfund Sterling wieder etwas befestigte.[17]

---

[15] Siehe z.B. Deutsche Bundesbank, Geschäftsbericht für das Jahr 1964, S. 31.

[16] Siehe zu diesen Maßnahmen Bank of England, Quarterly Bulletin, June 1965, a.a.O., S. 104 f.

[17] Siehe ebenda, S. 105 ff.

313 Die Bereitstellung von Devisenhilfen für das Pfund Sterling 1965

Ungeachtet der Fortschritte bei der Beseitigung des Ungleichgewichts der Zahlungsbilanz wurden den britischen Währungsbehörden im Mai und im September 1965 neue Devisenhilfen zur Verfügung gestellt, an denen sich die Mitglieder der Zehner-Gruppe wiederum maßgeblich beteiligten. Die im Mai bereitgestellten Devisenhilfen waren erforderlich, weil die im November 1964 der Bank von England von seiten der Notenbanken der Zehner-Gruppe und weiteren Beteiligten eingeräumten und im Februar 1965 einmalig verlängerten kurzfristigen Devisenhilfen konsolidiert werden mußten. Die Zusage zu weiteren Devisenhilfen im September entsprang der Notwendigkeit, eine erneute Vertrauenskrise gegenüber der Währung Großbritanniens zu überbrücken. Entsprechend der verschiedenen Anlässe, sind auch die Formen dieser Devisenhilfen unterschiedlich.

Zur Konsolidierung der kurzfristigen Devisenhilfen, die Ende April bis zu einem Gegenwert von 1 097 Mio. US-$ seitens der Bank von England tatsächlich beansprucht worden waren, machte Großbritannien am 25. Mai von seinen im IWF noch bestehenden Ziehungsrechten Gebrauch und zog elf Währungen im Gegenwert von 1 400 Mio. US-$ für die Dauer von fünf Jahren.[1] Mit dieser Ziehung, welche die Ansprüche der zweiten, dritten und vierten Kredittranche bis auf einen geringen Rest umfaßte, waren die Ziehungsrechte Großbritanniens, das erst im Dezember 1964 seine Ansprüche aus der Goldtranche und der ersten Kredittranche für die Dauer von drei Jahren wahrgenommen hatte, praktisch erschöpft. Die von Großbritannien insgesamt gezogenen Währungen beliefen sich auf einen Gegenwert von 2 400 Mio. US-$, womit sich der Pfund Sterling-Bestand des Fonds auf knapp 198 v.H. der britischen IWF-Quote erhöhte.[2] Voraussetzung für die Genehmi-

[1] Siehe Bank of England, Quarterly Bulletin, June 1965, a.a.O., S. 109. Bei dieser Ziehung handelte es sich insofern um eine Ausnahmeregelung, als innerhalb eines Zeitraums von zwölf Monaten normalerweise nur Ziehungen in Höhe von einem Viertel der Quote vorgenommen werden können, soweit es sich nicht um Ziehungen aufgrund eines bereits bestehenden Bereitschaftskredits handelt.

[2] Ziehungen, aufgrund derer der Bestand des Fonds in der Währung des Mitglieds auf über 200 v.H. ansteigen würde, sind nur in Ausnahmefällen gestattet. Bald nach der britischen Ziehung vom Mai 1965 erfolgte eine Quotenerhöhung, die Großbritannien weitere Ziehungsmöglichkeiten im Gegenwert von 500 Mio. US-$ eröffnete. Siehe auch oben, S. 22.

gung von Ziehungen, welche die erste Kredittranche überschreiten, ist nach den Ausleihegrundsätzen des Fonds die Vorlage eines Stabilisierungsprogramms, das die Beseitigung des Ungleichgewichts der Zahlungsbilanz in absehbarer Zeit erwarten läßt. Daher wurde von britischer Seite sowohl die Fondsleitung als auch die Zehner-Gruppe, welche die britische Ziehung mitfinanzierte, über die bereits ergriffenen währungs- und wirtschaftspolitischen Maßnahmen detailliert unterrichtet und dabei gleichzeitig von britischer Seite versichert, daß man notfalls weitere Maßnahmen zur Wiederherstellung des außenwirtschaftlichen Gleichgewichts ergreifen werde, um dieses Ziel bis Ende 1966 zu erreichen.[3] Die Zehner-Gruppe ging noch über die einmalige Begutachtung des vorgelegten Sanierungsprogramms hinaus, indem sie die Arbeitsgruppe Nr. 3 für Währungs- und Zahlungsbilanzpolitik des Wirtschaftspolitischen Ausschusses der OECD beauftragte, die britische Zahlungsbilanzsituation in regelmäßigen Zeitabständen zu überprüfen und festzustellen, ob die zur Beseitigung des Ungleichgewichts ergriffenen Maßnahmen auch die erwartete Wirkung haben.[4] Der Fonds finanzierte die britische Ziehung vom Mai 1965 entsprechend dem Finanzierungsschema, das er schon bei der Ziehung im Dezember 1964 angewandt hatte:[5] Den Gegenwert von 475 Mio. US-$ stellte er in elf Währungen aus eigenen Beständen zur Verfügung. Den Gegenwert von 400 Mio. US-$ beschaffte sich der Fonds bei zehn Mitgliedern durch Goldverkäufe. Die Refinanzierung des für die britische Ziehung zusätzlich erforderlichen Gegenwerts von 525 Mio. US-$ erfolgte wiederum durch eine Inanspruchnahme der Mitglieder der Zehner-Gruppe gemäß den AKV. Die Kreditaufnahme erfolgte bei acht Mitgliedern der Zehner-Gruppe unter Berücksichtigung ihrer Reservepositionen im IWF. Eine Kreditaufnahme in US-Dollar unterblieb, da sich der Bestand des Fonds in dieser Währung auf über 75 v.H. der Quote der Vereinigten Staaten belief. Entsprechendes gilt für die Goldverkäufe. Die nachstehende Übersicht zeigt die von Großbritannien gezogenen Währungen und die vom Fonds angewandten Finanzierungsarten:

---

[3] Vgl. N.N., Die Hilfe des Währungsfonds an Großbritannien, in: NZZ, Nr. 125, 8. 5. 1965, Bl. 10.

[4] Vgl. ebenda.

[5] Siehe im folgenden N.N., Die neue Hilfe des Währungsfonds an Großbritannien, in: NZZ, Nr. 132, 15. 5. 1965, Bl. 10.

in Mio. US-$

Gezogene Währungen	Aus IWF-Beständen	Goldverkäufe des IWF	Kreditaufnahme im Rahmen d. AKV	Insgesamt
Deutsche Mark	12,5	132,5	167,5	312,5
Franz. Franc	10,0	92,5	140,0	242,5
US-Dollar	200,0	-	-	200,0
Ital. Lire	85,0	32,5	65,0	182,5
Kanad. Dollar	45,0	27,5	35,0	107,5
Holländ. Gulden	17,5	32,5	37,5	87,5
Belg. Franc	17,5	27,5	37,5	82,5
Japan. Yen	30,0	22,5	25,0	77,5
Span. Peseten	25,0	15,0	-	40,0
Schwed. Kronen	7,5	12,5	17,5	37,5
Dänische Kronen	25,0	5,0	-	30,0
Insgesamt	475,0	400,0	525,0	1 400,0

Parallel zu der Kreditaufnahme im Rahmen der AKV gewährte auch die Schweiz, auf Ersuchen des Geschäftsführenden Direktors des Fonds, Großbritannien einen neuen Swap-Kredit im Gegenwert von 40 Mio. US-$, dessen Laufzeit an die Dauer der AKV-Kredite gekoppelt wurde, also höchstens fünf Jahre betrug.[6] Die gesamte mittelfristige Hilfe, die Großbritannien im Mai 1965 gewährt wurde, belief sich daher auf einen Gegenwert von 1 440 Mio. US-$. Der nicht zur Abdeckung der ausstehenden kurzfristigen Devisenhilfen benötigte Betrag im Gegenwert von 343 Mio. US-$ wurde zur Stärkung der britischen Währungsreserven verwendet.

Obwohl sich die Position des Pfund Sterling bis zum April spürbar befestigt hatte und eigentlich erwartet worden war, daß sich die Umkehr in der Beurteilung des Pfund Sterling insbesonders infolge des Budgets vom April fortsetzen würde, geriet das Pfund Sterling schon im Juni erneut unter Druck, der bis in den September in unterschiedlicher Stärke anhielt[7]. Daher wurden am 27. Juni weitere kredit- und finanzpolitische Maßnahmen stark restriktiver Natur ergriffen.[8] Doch auch

[6] Siehe Schweizerische Nationalbank, Achtundfünfzigster Geschäftsbericht (1965), S. 6.

[7] Siehe Bank of England, Quarterly Bulletin, Vol. V, No. 4, December 1965, S. 303 f.

[8] Siehe zu diesen Maßnahmen Bank of England, Quarterly Bulletin, Vol. V, No. 3, September 1965, S. 216 ff.

diese Gegenmaßnahmen konnten das akute Mißtrauen in die Parität des Pfund Sterling nicht beseitigen. Während das Pfund Sterling auf den Devisenmärkten einem erneuten Vertrauensverlust ausgesetzt war, brachten die ausländischen Währungsbehörden den von offizieller britischer Seite gezeigten Bemühungen um eine Rückkehr zu stabilen außenwirtschaftlichen Verhältnissen, insbesondere auch wegen der bereits vollzogenen Umkehr in der Zahlungsbilanzentwicklung, offensichtlich mehr Vertrauen entgegen. Nur so läßt sich erklären, daß der Bank von England am 10. September von acht Notenbanken der Zehner-Gruppe und weiteren Beteiligten neue kurzfristige Devisenhilfen in verschiedenen Formen und "in erheblichen Größenordnungen"[9] eingeräumt wurden.[10] An dieser ad hoc zustandegekommenen Stützungsaktion, deren Umfang auch zu einem späteren Zeitpunkt von keiner Seite bekanntgegeben worden ist, beteiligten sich die Bank von Italien, die Bank von Japan, die Bank von Kanada, die Deutsche Bundesbank, die Federal Reserve Bank, die Nationalbank von Belgien, die Niederländische Bank und die Schwedische Reichsbank sowie die Österreichische Nationalbank, die Schweizerische Nationalbank und die BIZ. Die Bank von Frankreich, die sich an allen vorausgegangenen Stützungsaktionen zugunsten des Pfund Sterling beteiligt hatte, nahm an dieser Aktion nicht mehr teil. Die Bekanntgabe der Absprachen über neue Devisenhilfen für die Verteidigung der Parität des Pfund Sterling führte zu einer unmittelbaren Wende in der Beurteilung des Pfund Sterling und zog auch eine Umkehr der kurzfristigen Kapitalbewegungen, die vordem von Großbritannien abgeflossen waren, nach sich. Die Umkehr in der Beurteilung des Pfund Sterling vollzog sich derart kurzfristig, daß die eingeräumten Devisenhilfen von seiten der Bank von England nur in nicht nennenswertem Umfang beansprucht werden mußten. Praktisch genügte also allein ihr Vorhandensein, um das Mißtrauen in die Parität des Pfund Sterling zu beseitigen. Dessen ungeachtet standen die Devisenhilfen vom September der Bank von England bis März 1966 zur Verfügung und wurden dann einmalig für die Dauer von drei Monaten verlängert.

Die geradezu bemerkenswerte Wende in der Beurteilung des Pfund Sterling setzte sich bis in das Jahr 1966 hinein fort und wurde von

---

[9] Deutsche Bundesbank, Geschäftsbericht für das Jahr 1965, S. 30.

[10] Siehe im folgenden ebenda und Schweizerische Nationalbank, Achtundfünfzigster Geschäftsbericht (1965), S. 5.

einer weiteren Verbesserung der Grundbilanz begleitet.[11] Das Defizit der britischen Grundbilanz, das 1964 noch rd. 2 100 Mio. US-$ erreicht hatte, belief sich für 1965 auf rd. 975 Mio. US-$. Damit war freilich ein beachtlicher Fortschritt erzielt worden, wenngleich eine langfristige Umkehr in der britischen Zahlungsbilanzentwicklung noch nicht als gesichert betrachtet werden konnte.

314 Die Bereitstellung von Devisenhilfen für das Pfund Sterling 1966

Die Bemühungen von offizieller britischer Seite um einen Abbau des Defizits der Zahlungsbilanz und um eine Rückkehr zu stabilen außenwirtschaftlichen Verhältnissen wurden auch 1966 durch die Einräumung von Devisenhilfen seitens ausländischer Währungsbehörden unterstützt. An den Devisenhilfen, die der Bank von England im Juni und im September 1966 zugesagt wurden, waren die Notenbanken der Länder der Zehner-Gruppe wiederum maßgeblich beteiligt. Wenngleich sowohl die Devisenhilfen vom Juni als auch die vom September die Stärkung des Pfund Sterling bezweckten, handelt es sich bei ihnen doch um Maßnahmen grundverschiedener Natur.

Es besteht kein Zweifel, daß die primäre Ursache für die wiederkehrenden Krisen des Pfund Sterling während der vorausgegangenen Jahre in den anhaltenden Zahlungsbilanzschwierigkeiten Großbritanniens lag. Doch zeigte sich, daß zu den wiederholten Schwächeanfällen des Pfund Sterling auch seine historisch begründeten Funktionen als Transaktions- und Reservewährung beitrugen.[1] Diese Funktionen übt das Pfund Sterling für die Länder des überseeischen Sterlinggebiets (Overseas Sterling Area) aus. Daher werden einerseits von privater Seite aus den Sterlingländern Guthaben in Pfund Sterling zu Transaktionszwekken, andererseits von offizieller Seite aus den Sterlingländern Gut-

[11] Zur Zahlungsbilanzentwicklung siehe BIZ, Sechsunddreissigster Jahresbericht (1965/66), S. 104 ff.

[1] Die sich aus der Stellung des Pfund Sterling als Transaktions- und Reservewährung ergebenden Probleme können nur soweit angesprochen werden, wie es zum Verständnis der aufgrund dieser Probleme eingeräumten Devisenhilfen erforderlich ist. Eine ausführliche Darstellung der Rolle des Pfund Sterling gibt Maaß, G., Die Rolle des Pfund Sterlings in der Weltwirtschaft seit dem Zweiten Weltkrieg, Kieler Studien 90, Tübingen 1968.

haben in Pfund Sterling zu Reservezwecken unterhalten. Während von den offiziellen Pfund Sterling-Guthaben auch im Fall von Vertrauensverlusten des Pfund Sterling nur Bestände geringen Umfangs aufgelöst wurden, führten diese Vertrauensverluste regelmäßig zu spürbaren Abzügen privater Pfund Sterling-Guthaben aus den Sterlingländern, wodurch die Krisen zusätzlich verschärft wurden. Zwar hatte sich der Umfang der von privater Seite aufgelösten Pfund Sterling-Guthaben im Verlauf der vorausgegangenen Krisen immer noch in Grenzen gehalten, doch mußte mit der Möglichkeit massiver Abzüge gerechnet werden, sofern es zu weiteren Vertrauensstörungen gegenüber der Währung Großbritanniens kommen sollte. Da die britischen Währungsreserven, gemessen an den Verpflichtungen gegenüber den Sterlingländern, relativ gering sind, hätte eine massive Auflösung privater Pfund Sterling-Guthaben, begleitet von einer teilweisen Auflösung offizieller Pfund Sterling-Guthaben, die Stellung des Pfund Sterling in Frage gestellt und damit gleichzeitig die gesamte internationale Währungsordnung ernsthaft bedroht. Im Bewußtsein dieser Gefahr haben sich denn auch verschiedene Notenbanken aus dem Kreis der Länder der Zehner-Gruppe mit Wirkung vom 13. Juni in einer Ersten Gruppen-Vereinbarung (First Group Arrangement) bereit erklärt, der Bank von England kurzfristige Devisenhilfen in Swap-Form für den Fall vorübergehender Schwankungen der privaten und offiziellen Pfund Sterling-Guthaben (Sterling-Balances) aus den Ländern des Sterlinggebiets zur Verfügung zu stellen.[2] An dieser Vereinbarung beteiligten sich von den Notenbanken der Länder der Zehner-Gruppe die Bank von Italien, die Bank von Japan, die Bank von Kanada, die Deutsche Bundesbank (145 Mio. US-$), die Nationalbank von Belgien, die Niederländische Bank und die Schwedische Reichsbank. Außerdem waren die Österreichische Nationalbank, die Schweizerische Nationalbank und die BIZ an der Ersten Gruppen-Vereinbarung beteiligt. Die Federal Reserve Bank und die Bank von Frankreich[3] haben sich dieser Vereinbarung durch bilaterale Swap-Vereinbarungen mit der Bank von England angeschlossen.[4] Die unter

[2] Siehe zu den Devisenhilfen vom Juni 1966 Bank of England, Quarterly Bulletin, Vol. VI, No. 3, September 1966, S. 209 und Deutsche Bundesbank, Geschäftsbericht für das Jahr 1966, S. 32 und Sveriges Riksbank, Yearbook Vol. LIX (1966), S. 52.

[3] Siehe auch Banque de France, Compte Rendu Des Opérations, Exercice 1966, S. 25.

[4] Aufgrund der Tatsache, daß an der gesamten Stützungsaktion somit alle Mitglieder der Zehner-Gruppe beteiligt waren und diese Aktion ungeachtet ihres speziellen Charakters letztlich die Aufrechterhaltung der internationalen Währungsordnung ebenso bezweckte wie

den Vereinbarungen vom Juni zugunsten der Bank von England insgesamt eröffneten Swap-Kreditlinien beliefen sich auf den Gegenwert von 1 000 Mio. US-$. Was speziell die Devisenhilfen der an der Gruppen-Vereinbarung direkt beteiligten Notenbanken betrifft, so wurde vereinbart, daß im Fall einer Inanspruchnahme der eingeräumten Devisenhilfen die erforderlichen Transaktionen über die BIZ, die selbst mit einer eigenen Kreditlinie an dieser Vereinbarung beteiligt war, geleitet werden sollten. Die Erste Gruppen-Vereinbarung, die auf neun Monate befristet war, wurde im März 1967 zunächst um ein Jahr verlängert. Entsprechendes gilt für die Swap-Kreditlinien, die von seiten der Federal Reserve Bank und der Bank von Frankreich zugunsten der Bank von England eröffnet wurden. Wohlgemerkt wurden die Vereinbarungen vom Juni 1966 nicht zur Abwehr einer akuten Krise des Pfund Sterling getroffen. Vielmehr hatten diese Devisenhilfen den Charakter von Bereitschaftskrediten, die von der Bank von England nur für genau umrissene Zwecke beansprucht werden durften. Darunter fiel, was nochmal ausdrücklich festgehalten werden soll, nur der Ausgleich von vorübergehenden Schwankungen der Pfund Sterling-Guthaben aus den Ländern des überseeischen Sterlinggebiets und nicht etwa die Überbrückung von Defiziten der britischen Grundzahlungsbilanz. Dabei wurde eine Inanspruchnahme der Devisenhilfen nur dann gestattet, wenn die Pfund Sterling-Guthaben aus den Sterlingländern unter ein festgehaltenes Ausgangsniveau gesunken waren. Die Bank von England nahm diese Devisenhilfen bis zur Krise im Herbst 1967 stets nur teilweise und meist nur sehr kurzfristig in Anspruch.[5]

Die zahlreichen wirtschafts- und währungspolitischen Maßnahmen, die von seiten der britischen Regierung gegen Ende 1964 und im Verlauf von 1965 ergriffen worden waren, hatten zwar eine tendenzielle Umkehr in der außenwirtschaftlichen Entwicklung herbeigeführt, konnten diese Umkehr aber nicht nachhaltig sichern.[6] Vielmehr setzte sich die relativ günstige Entwicklung des britischen Außenhandels, die erneut

---

die Stützungsaktionen, die aufgrund der mit der Basler Absprache von 1961 begründeten Zusammenarbeit bzw. aufgrund der AKV durchgeführt wurden, erscheint eine Einbeziehung dieser Aktion erforderlich.

[5] Siehe Deutsche Bundesbank, Geschäftsbericht für das Jahr 1967, S. 38.

[6] Siehe zur wirtschafts- und währungspolitischen Entwicklung Großbritanniens BIZ, Siebenunddreissigster Jahresbericht (1966/67), S. 13 ff. und ebenda, S. 100 ff. zur Zahlungsbilanzentwicklung Großbritanniens.

im vierten Quartal 1965 begonnen hatte, im ersten Quartal 1966 nicht weiter fort. Unter diesen Umständen wurden mit dem Budget vom 3. Mai weitere Maßnahmen zur Dämpfung der noch immer starken Inlandsnachfrage und zur Verbesserung der internationalen Wettbewerbsfähigkeit der britischen Wirtschaft angekündigt.[7] Die wichtigste dieser Maßnahmen war eine neuartige, selektive Beschäftigungssteuer (selective employment tax), die aber erst ab September erhoben werden sollte. Ungeachtet der angekündigten Beschäftigungssteuer und der weiteren bereits im Mai in Kraft getretenen Maßnahmen konnte auch im zweiten Quartal keine deutliche Verbesserung des britischen Außenhandels erreicht werden, und zwar insbesondere wegen eines im Mai und Juni über sieben Wochen andauernden Streiks der britischen Seeleute. Die Folge dieser Entwicklungen im ersten Halbjahr 1966 war ein erheblicher Vertrauensverlust des Pfund Sterling, der zu einer spürbaren Verlagerung der Zahlungsmodalitäten im britischen Außenhandel führte, was die Reservenlage Großbritanniens zusätzlich belastete. Hinzu traten im ersten Halbjahr kurzfristige zinsinduzierte Kapitalbewegungen nach den Vereinigten Staaten, wodurch die britische Reservenlage weiter verschärft wurde. Zur Bekämpfung der aufkommenden Krise wurden mit einem Zwischenbudget vom 20. Juli weitere Maßnahmen ergriffen, mit denen die bis zu jenem Zeitpunkt durchgreifendste Restriktionspolitik eingeleitet und der Beseitigung des Ungleichgewichts der Zahlungsbilanz sowie der Herstellung eines dauerhaften Vertrauens in das Pfund Sterling die absolute Priorität eingeräumt wurde.[8] Neben verschiedenen kredit- und finanzpolitischen Maßnahmen umfaßte das Zwischenbudget vom Juli einen allgemeinen Lohn- und Preisstopp für die Dauer von sechs Monaten. Damit wurde erstmalig eine Einkommenspolitik auf gesetzlicher Grundlage eingeführt.[9] Obwohl die Maßnahmen vom Juli die Entschlossenheit der Regierung demonstrierten, entsprechend vorausgegangener Erklärungen bis zum Jahresende zu stabilen außenwirtschaftlichen Verhältnissen zurückzukehren, konnte der erneute Druck gegen das Pfund Sterling nicht auf-

---

[7] Siehe zu diesen Maßnahmen Bank of England, Quarterly Bulletin, Vol. VI, No. 2, June 1966, S. 106 f.

[8] Siehe zu diesen Maßnahmen Bank of England, Quarterly Bulletin, September 1966, a.a.O., S. 213 f.

[9] Nachdem frühere Versuche, eine Einkommenspolitik auf freiwilliger Grundlage durchzuführen, an der Bereitschaft der Sozialpartner praktisch gescheitert waren.

gefangen werden. Vielmehr fügte insbesondere der Vertrauensverlust des Pfund Sterling, der schon im Mai einsetzte, dann im Juli einen ersten und Anfang September einen zweiten Höhepunkt erreichte, der Bank von England massive Reservenverluste zu. Da diese Reservenverluste aber in überwiegendem Maße auf anderen Ursachen als den Schwankungen der Pfund Sterling-Guthaben aus den Sterlingländern beruhten, konnten sie nicht durch die Inanspruchnahme der erst im Juni für den Ausgleich derartiger Schwankungen eingeräumten Devisenhilfen kompensiert werden. Daher wurden der Bank von England mit Wirkung vom 13. September neue kurzfristige Devisenhilfen in Swap-Form von seiten anderer Notenbanken zur Verfügung gestellt.[10] Den Hauptteil dieser Hilfen übernahm die Federal Reserve Bank, die ihre auf Dauer mit der Bank von England vereinbarte Swap-Kreditlinie um 600 Mio. US-$ auf einen Gegenwert von 1 350 Mio. US-$ aufstockte.[11] Weitere Einzelheiten dieser Stützungsaktion, insbesondere die Höhe der Devisenhilfen und die im einzelnen an ihr beteiligten Notenbanken sind nicht bekanntgeworden. Fest steht allein, daß die Notenbanken der Länder der Zehner-Gruppe an dieser Hilfe maßgeblich beteiligt waren. Unmittelbar nach Bekanntgabe der neuen Hilfe für das Pfund Sterling trat eine Beruhigung der Devisenmärkte ein.

Im Anschluß an diese Stützungsaktion zeigte sich noch im September ein deutlicher Reservenrückfluß, der in unterschiedlicher Stärke während des vierten Quartals 1966 und während des ersten Quartals 1967 anhielt. Aufgrund dieser Entwicklung konnten die britischen Währungsbehörden schon im vierten Quartal 1966 die Rückzahlung der vordem beanspruchten kurzfristigen Devisenhilfen aufnehmen und zu Anfang April 1967 die vollständige Rückzahlung mitteilen, wobei sich der Gesamtbetrag auf einen Gegenwert von rd. 1 300 Mio. US-$ belief.[12] Ferner wurde im Mai 1967 ein Gegenwert von 405 Mio. US-$ der im

---

[10] Siehe zu den Devisenhilfen vom September 1966 Deutsche Bundesbank, Geschäftsbericht für das Jahr 1966, S. 32 und Bank of England, Quarterly Bulletin, Vol. VI, No. 4, December 1966, S. 319.

[11] Diese Erhöhung erfolgte im Rahmen einer allgemeinen Erhöhung der zwischen der Federal Reserve Bank und elf anderen Notenbanken sowie der BIZ bestehenden bilateralen Swap-Kreditlinien im Gegenwert von insgesamt 2 800 Mio. US-$ auf 4 500 Mio. US-$. Siehe oben, S. 75 Fußnote 12.

[12] Siehe zu den Rückzahlungen, die zwischen Oktober 1966 und Mai 1967 geleistet wurden, Bank of England, Quarterly Bulletin, Vol. 7, No. 2, June 1967, S. 109 und S. 111.

Dezember 1964 beanspruchten mittelfristigen Devisenhilfen des IWF im Gegenwert von insgesamt 1 000 Mio. US-$ vorzeitig getilgt. Diesen Betrag nahm der Fonds zur Finanzierung der britischen Ziehung vom Dezember 1964 bei acht Mitgliedern der Zehner-Gruppe auf. Entsprechend den Kreditbedingungen der AKV löste daher auch der Fonds seine Verpflichtungen aus der Kreditaufnahme vom Dezember 1964 bei den Mitgliedern der Zehner-Gruppe ab.[13] Die britischen Währungsbehörden zahlten gleichzeitig die schweizerische Devisenhilfe vom Dezember 1964 im Gegenwert von 80 Mio. US-$ vorzeitig zurück.
Noch im vierten Quartal 1966 zeigte sich überdies eine derartige Verbesserung der britischen Grundbilanz, daß mit Wirkung vom 1. Dezember 1966 der im Oktober 1964 verfügte Zollzuschlag, welcher schon im April 1965 von 15 auf 10 v.H. herabgesetzt worden war, gänzlich aufgehoben werden konnte, und zwar ohne daß ein nennenswerter Rückschlag in der Zahlungsbilanzentwicklung eintrat. Für 1966 wies die britische Grundbilanz ein Defizit von rd. 530 Mio. US-$ aus, gegenüber einem Defizit von rd. 975 Mio. US-$ für 1965.

315 Die Bereitstellung von Devisenhilfen für das Pfund Sterling 1967

Aufgrund der stark restriktiven Maßnahmen, die 1966 zur Herstellung stabiler außenwirtschaftlicher Verhältnisse in Großbritannien ergriffen wurden, zeigte sich bis zum ersten Quartal 1967 eine deutliche Verbesserung der britischen Zahlungsbilanz.[1] Damit kehrte gleichzeitig das Vertrauen in das Pfund Sterling zurück. In Erwartung einer weiterhin günstigen Entwicklung der britischen Zahlungsbilanz wurde von offizieller britischer Seite wie auch von seiten der OECD für 1967 sogar ein Zahlungsbilanzüberschuß vorhergesagt. Die sich anschließende tatsächliche Entwicklung verlief jedoch in umgekehrter Richtung. Verschiedene wirtschaftliche und politische Ereignisse innerhalb

---

13 Siehe IMF, Annual Report (1967/68), S. 104.

---

1 Siehe zur wirtschafts- und währungspolitischen Entwicklung Großbritanniens BIZ, Achtunddreissigster Jahresbericht (1967/68), S. 3 ff. sowie Bank of England, Quarterly Bulletin, Vol. 7, No. 4, December 1967, S. 335 ff. und Quarterly Bulletin, Vol. 8, No. 1, March 1968, S. 3 ff.. Siehe ferner zur Entwicklung auf den Devisenmärkten auch Coombs, Ch.A., Treasury and Federal Reserve Foreign Exchange Operations, in: Federal Reserve Bulletin, Vol. 54, No. 3, March 1968, S. 267 ff.

und außerhalb Großbritanniens führten in den folgenden Quartalen des Jahres 1967 zu einer zunehmenden Verschlechterung der britischen Zahlungsbilanz und zu dem Verlust jeglichen Vertrauens in die Parität des Pfund Sterling. Am 18. November, auf dem Höhepunkt der Krise, wurde das Pfund Sterling abgewertet. Vor und nach der Abwertung nahmen die britischen Währungsbehörden verschiedene Devisenhilfen in Anspruch, an deren Bereitstellung die Zehner-Gruppe wiederum maßgeblich beteiligt war.

Die Krise des Pfund Sterling im Jahr 1967, in deren Verlauf private kurzfristige Kapitalbewegungen verschiedener Motivation auftraten, wurde insbesondere durch folgende außerordentliche wirtschaftliche und politische Ereignisse ausgelöst:

a) Durch ein Zinsgefälle von den Vereinigten Staaten nach Großbritannien, das sich schon im Mai zeigte und bis Oktober nicht beseitigt wurde.
b) Durch den Nahostkrieg im Juni, der das Vertrauen in das Pfund Sterling sowohl innerhalb als auch außerhalb des Sterlinggebiets erschütterte.
c) Durch die im Nahostkrieg bewirkte Blockierung des Suez-Kanals, die den britischen Außenhandel belastete und einen weiteren Vertrauensverlust des Pfund Sterling zur Folge hatte.
d) Durch einen Streik britischer Hafenarbeiter in Liverpool und London während der Zeit von September bis November, der den britischen Außenhandel zusätzlich belastete und damit den Vertrauensverlust verstärkte.
e) Durch eine Pressekampagne gegen die Wirtschafts- und Währungspolitik der Labour-Regierung und für eine Abwertung des Pfund Sterling, die in den Monaten September bis November geführt wurde und den Vertrauensverlust des Pfund Sterling empfindlich verschärfte.

Die aus diesen Ereignissen resultierenden zinsinduzierten, risikoinduzierten und spekulativen Kapitalabflüsse aus Großbritannien fügten der Bank von England in den Monaten bis November massive Reservenverluste zu, deren Umfang weit über die außenhandelsbedingte Belastung hinausging.[2] Noch bevor die Krise ihren Höhepunkt erreicht hatte,

---

[2] Siehe zur Entwicklung der britischen Währungsreserven BIZ, Achtunddreissigster Jahresbericht (1967/68), S. 136 ff.

nahm die Bank von England daher weitere Devisenhilfen in Anspruch. Ende Oktober wurde ihr von einem Konsortium aus drei schweizerischen Geschäftsbanken für die Dauer von zwölf Monaten eine Devisenhilfe im Gegenwert von 103 Mio. US-$ gewährt.[3] Damit konnte ein Teil derjenigen Reservenverluste, welche die Bank von England mit dem Ausbruch des Nahostkriegs durch kurzfristige Kapitalbewegungen nach der Schweiz erlitten hatte, ausgeglichen werden. Außerdem nahm die Bank von England die Swap-Kreditlinie mit der Federal Reserve Bank wie folgt in Anspruch:[4] Im Juni in Höhe von 225 Mio. US-$, in den Monaten Juli, August und September in Höhe von 425 Mio. US-$ sowie von Oktober bis Mitte November in Höhe von 700 Mio. US-$. Auf dem Höhepunkt der Krise war die Swap-Kreditlinie mit der Federal Reserve Bank, deren Gesamthöhe sich zu diesem Zeitpunkt auf einen Gegenwert von 1 350 Mio. US-$ belief, von seiten der Bank von England also voll beansprucht worden. Schließlich wurden der Bank von England mit Wirkung vom 14. November für die Dauer von 18 Monaten[5] Devisenhilfen im Gegenwert von 250 Mio. US-$ in verschiedenen Währungen über die BIZ zur Verfügung gestellt.[6] An dieser Hilfe beteiligten sich aus dem Kreis der Notenbanken der Länder der Zehner-Gruppe die Bank von Frankreich, die Bank von Italien, die Bank von Japan, die Bank von Kanada, die Deutsche Bundesbank (55 Mio. US-$), die Nationalbank von Belgien, die Niederländische Bank und die Schwedische Reichsbank; ferner die Schweizerische Nationalbank und das US-Schatzamt. Diese Devisenhilfen wurden der Bank von England zur Begleichung des noch ausstehenden, inzwischen fällig gewordenen Teils der mittelfristigen Devisenhilfen des IWF vom Dezember 1964 gewährt.[7] Der Zweck die-

---

[3] Siehe Bank of England, Quarterly Bulletin, March 1968, a.a.O., S. 8.

[4] Siehe Coombs, Ch.A., Treasury and Federal Reserve Foreign Exchange Operations, March 1968, a.a.O., S. 272 f.

[5] Mit der Einschränkung, daß diese Devisenhilfen in zwölf monatlichen Raten gleicher Höhe ab dem siebten Monat nach der Bereitstellung zurückgezahlt werden müssen.

[6] Siehe Bank of England, Quarterly Bulletin, March 1968, a.a.O., S. 4 und S. 8 und Banque de France, Compte Rendu Des Opérations, Exercice 1967, S. 22 und Bank of Canada, Annual Report for the Year 1967, S. 67 und De Nederlandsche Bank N.V., Report for the Year 1967, S. 137 und Deutsche Bundesbank, Geschäftsbericht für das Jahr 1967, S. 37 und insbesondere Schweizerische Nationalbank, Sechzigster Geschäftsbericht (1967), S. 11.

[7] Die britischen Verpflichtungen gegenüber dem IWF aus der Ziehung vom Dezember 1964 verringerten sich durch beträchtliche Pfund Sterling-Ziehungen anderer Mitglieder des IWF und durch die Rückzahlung vom Mai 1967 (siehe oben, S. 97 f.) auf diesen Restbetrag. Siehe auch IMF, Annual Report (1967/68), S. 102.

ser Aktion war es, im Zeitpunkt der Krise eine weitere Belastung der britischen Reservenlage durch die Rückzahlung früher beanspruchter Devisenhilfen zu vermeiden und gleichzeitig neue Ziehungsmöglichkeiten für Großbritannien im Fonds zu eröffnen.

Da keine Anzeichen für eine baldige Umkehr der britischen Zahlungsbilanzentwicklung gegeben waren, konnte der stetig wachsende Vertrauensverlust des Pfund Sterling auch mit der Bekanntgabe der neuen Devisenhilfen nicht aufgehalten werden. Die kurzfristigen Kapitalabflüsse setzten sich vielmehr in immer stärkerem Ausmaß fort. Mit der Erhöhung des Diskontsatzes von 5,5 auf 6 v.H. am 19. Oktober und von 6 auf 6,5 v.H. am 9. November konnte zwar den zinsinduzierten Kapitalabflüssen entgegengetreten werden, jedoch nicht denjenigen Kapitalbewegungen, die durch andere Faktoren ausgelöst wurden. Daher stand die Regierung vor der Alternative, entweder den Kampf um die Aufrechterhaltung der Parität des Pfund Sterling mit weiteren wirtschafts- und währungspolitischen Restriktionsmaßnahmen und unter Inanspruchnahme weiterer Devisenhilfen, die bereits im Gespräch waren, fortzusetzen oder eine grundlegende Sanierung der britischen Zahlungsbilanz mit einer Abwertung einzuleiten. In Anbetracht der erheblichen Auslandsverschuldung und des Umstands, daß neue restriktive Maßnahmen unter den gegebenen Zahlungsbilanzverhältnissen den Druck gegen das Pfund Sterling nur zusätzlich verschärft hätten, mit der Folge einer weiteren Aufzehrung der britischen Währungsreserven bzw. einer noch höheren Auslandsverschuldung, fiel die Entscheidung zugunsten einer Abwertung.[8] Mit Wirkung vom 18. November (Samstag) wurde der Wechselkurs von 2,80 US-$/1 £ auf 2,40 US-$/1 £ und die Goldparität des Pfund Sterling von 2,48828 g/1 £ auf 2,13281 g/1 £ festgesetzt, was einem Abwertungssatz von 14,29 v.H. entsprach.[9] Der Abwertung des Pfund Sterling gingen Konsultationen der britischen Regierung mit der Leitung des Fonds voraus, in denen der britische Abwertungsvorschlag genehmigt wurde.[10]

Mit der Abwertung des Pfund Sterling hatten sich die spekulativen Erwartungen erfüllt, so daß entsprechende Abwertungsgewinne realisiert

---

[8] Vgl.: Erklärung von Premierminister Wilson zur Pfundabwertung, in: Deutsche Bundesbank/Auszüge aus Presseartikeln, Nr. 95/21. 11. 1967, S. 2 f.

[9] Die vorausgegangene Parität bestand seit dem 18. 9. 1949. Siehe zur neuen Parität IMF, Press Release No. 634 - November 18, 1967.

werden konnten. Gleichzeitig haben diejenigen Wirtschaftssubjekte, die ihre Guthaben in Pfund Sterling aufgrund des seit längerem erkannten Risikos einer Abwertung noch rechtzeitig aufgelöst hatten, entsprechende Abwertungsverluste vermieden. Was speziell die Träger der Spekulation betrifft, so hatten sie schon in den Jahren vor der Abwertung das Pfund Sterling verschiedentlich massiv unter Druck gesetzt, ließen sich jedoch durch die ebenso massive Hilfe, welche die britischen Währungsbehörden insbesondere von den Notenbanken der Länder der Zehner-Gruppe erhielten, meist unverzüglich zum Rückzug zwingen. Dagegen vermittelten die Träger der Spekulation auf dem Höhepunkt der Krise des Pfund Sterling im Jahr 1967 den Eindruck, als wollten sie eine Abwertung des Pfund Sterling geradezu erzwingen. Ihre Erwartungen bauten zweifelsohne darauf auf, daß eine Abwertung angesichts der jahrelang nicht zu verbergenden und nicht zu beseitigenden Zahlungsbilanzschwäche Großbritanniens zur Einleitung einer grundlegenden Zahlungsbilanzsanierung unvermeidbar war. Entsprechende Überlegungen wurden ja auch auf offizieller britischer Seite angestellt. Dennoch liegt auf der Hand, daß die Entscheidung zur Abwertung durch die hartnäckige Baissespekulation gegen das Pfund Sterling beschleunigt wurde.

Die Tatsache, daß die Abwertung trotz zahlreicher vorausgegangener Dementis nun doch erfolgte, ließ unmittelbar nach ihr Beunruhigung und Mißtrauen in die Stabilität des gesamten Wechselkursgefüges aufkommen.[11] Es schien, ähnlich wie im März 1961 nach der Aufwertung der Deutschen Mark[12], der Zeitpunkt einer tiefgreifenden Bereinigung der Wechselkurse zwischen den Währungen der wichtigsten Industrieländer bevorzustehen. In dieser Situation setzte eine heftige Baissespekulation gegen den US-Dollar ein, da dieser aufgrund der chronischen Zahlungsbilanzschwäche der Vereinigten Staaten als besonders abwertungsverdächtig erschien. Der Angriff auf den US-Dollar löste umfangreiche kurzfristige Kapitalbewegungen nach den wichtigsten kontinentaleuropäischen Ländern aus. Gleichzeitig mit dem Baisseangriff auf den US-Dollar setzte aufgrund der rasch um sich greifenden Unsi-

---

[10] Siehe ebenda.

[11] Zu dieser Unruhe trug auch die Erfahrung vom Jahre 1949 bei, in welchem nach der Abwertung des Pfund Sterling um rd. 30,5 v.H. nahezu die Hälfte der damaligen IWF-Mitglieder abwerteten, insbesondere alle wichtigen Industrieländer, mit Ausnahme der Vereinigten Staaten.

[12] Siehe oben, S. 45 f.

cherheit auf den Devisenmärkten eine Flucht aus den Währungen in das Gold ein. Die tiefgreifende Erschütterung der Devisenmärkte ließ zeitweilig die Tendenz erkennen, "daß der normale Devisenhandel oder die Zinsarbitrage von den Markterwartungen in bezug auf mögliche grundlegende Änderungen im internationalen Währungssystem völlig überspielt wurden"[13]. Trotz dieser gefahrvollen Entwicklung konnten im Kreis der wichtigsten Industrieländer, d. h. der Länder der Zehner-Gruppe, weitere Wechselkursänderungen vermieden werden. Um insbesondere eine Kette von Abwertungen, wie sie für den Fall einer Abwertung des Pfund Sterling grundsätzlich für möglich erachtet werden mußte, zu verhindern, kam es nämlich unmittelbar vor der Abwertung des Pfund Sterling zu entsprechenden Konsultationen zwischen den Ländern der Zehner-Gruppe und speziell zwischen den Ländern der EWG[14]. Bei diesen Konsultationen, die zum ersten Mal in der Geschichte der internationalen währungspolitischen Zusammenarbeit durchgeführt wurden, spielte die Gemeinschaft der Sechs eine maßgebliche Rolle.[15] Jedoch werteten im Anschluß an die Abwertung des Pfund Sterling bis Ende November 25 andere Länder ihre Währungen ab.[16] Dabei handelte es sich vor allem um Abwertungen der Währungen kleinerer Länder aus dem Sterlinggebiet, die mit Großbritannien wirtschaftlich und finanziell besonders eng verbunden sind. Sie werteten ihre Währungen im allgemeinen in gleichem Umfang wie Großbritannien ab. Außerhalb des Sterlinggebiets hatte die Abwertung in Großbritannien u. a. in Dänemark (7,9 v. H.) und in Spanien (rd. 14,3 v. H.) weitere Abwertungen nach sich gezogen.

Aufgrund der in den Tagen nach der Abwertung des Pfund Sterling sich gewaltig steigernden Unruhe auf den Devisen- und Goldmärkten fand am 26. November, eine Woche nach der Abwertung des Pfund Sterling,

[13] BIZ, Achtunddreissigster Jahresbericht (1967/68), S. 150.

[14] Vgl. Deutsche Bundesbank, Geschäftsbericht für das Jahr 1967, S. 37.

[15] Aufgrund der Ereignisse nach der Aufwertung der Deutschen Mark im März 1961 haben die Länder der EWG im April 1964 vereinbart, im Fall von Wechselkursänderungen allseitige Konsultationen innerhalb der Gemeinschaft durchzuführen. Mit dieser Vereinbarung wurde der erste Schritt in Richtung auf eine Koordinierung der Wechselkurspolitik getan, wie sie in Art. 107 EWGV vorgesehen ist.

[16] Siehe zu den 25 Abwertungen, die der Abwertung des Pfund Sterling folgten, BIZ, Achtunddreissigster Jahresbericht (1967/68), S. 157, "Währungsabwertungen im November 1967".

überraschend eine Konferenz der Notenbankgouverneure von Belgien, der Bundesrepublik Deutschland, Großbritannien, Italien, den Niederlanden, der Schweiz und den Vereinigten Staaten in Frankfurt statt. Die in Frankfurt zusammengetretenen Notenbankgouverneure vertraten die sieben, zu jenem Zeitpunkt noch aktiv im sogenannten Londoner Goldpool zusammenarbeitenden Notenbanken.[17] Im Anschluß an die Beratungen gaben sie bekannt, daß sie beschlossen hätten, "bestimmte Maßnahmen zu ergreifen, um durch koordiniertes Handeln geordnete Verhältnisse auf den Devisenmärkten aufrechtzuerhalten und die gegenwärtigen Wechselkursrelationen auf Basis des festen Goldpreises von $ 35 per Unze zu gewährleisten"[18]. Noch in der auf die Frankfurter Konferenz folgenden Woche kam es zu umfangreichen Interventionen dieser Notenbanken und zwar sowohl auf den Devisenmärkten als auch auf den Goldmärkten.[19] Der Erfolg dieser Maßnahmen blieb nicht aus. Das Mißtrauen in das bestehende Wechselkursgefüge, insbesondere in die Parität des US-Dollars, ließ unmittelbar nach. Auch zeigte sich sehr bald eine Beruhigung auf den Goldmärkten, welche allerdings nur vorübergehend anhielt. Zur Stärkung der neuen Parität des Pfund Sterling und zur Herstellung des Vertrauens in die internationale Währungsordnung wurden außerdem der Bank von England noch Ende November kurzfristige Devisenhilfen im Gegenwert von rd. 1 500 Mio. US-$ auf Swap-Basis in verschiedenen Währungen von zwölf Notenbanken und der

---

[17] Die Bank von Frankreich, das achte Mitglied des Goldpools, nahm an der Zusammenarbeit seit Juni 1967 nicht mehr teil. Bei den Mitgliedern des Goldpools, deren Kooperation auf dem Londoner Goldmarkt nach einer informellen Absprache im Jahre 1961 begonnen hatte und inzwischen eingestellt wurde, handelte es sich um eine Gruppe von Notenbanken, die mit Ausnahme der Schweizerischen Nationalbank auch zur Zehner-Gruppe gehören. Die Kooperation im Rahmen des Goldpools zeigte sich aber grundsätzlich nur auf dem Goldmarkt und unterschied sich schon allein dadurch von der Kooperation im Rahmen der Zehner-Gruppe. Sie zielte darauf ab, im Wege koordinierter Interventionskäufe und -verkäufe den Londoner Goldpreis zu stabilisieren, konkurrierende Interventionen der wichtigsten Notenbanken zu vermeiden, um dadurch letztlich einen möglichst hohen Anteil des Goldangebots in die offiziellen Reserven zu lenken. Vgl. zu diesen Ausführungen Deutsche Bundesbank, Geschäftsbericht für das Jahr 1967, S. 44.

[18] Gemeinsames Pressekommuniqué von sieben Notenbanken, Frankfurt am Main, den 26. November 1967, in: Deutsche Bundesbank/Auszüge aus Presseartikeln, Nr. 97/29. 11. 1967, S. 1.

[19] Siehe dazu insbesondere Coombs, Ch.A., Treasury and Federal Reserve Foreign Exchange Operations, March 1968, a.a.O., S. 268 ff.

BIZ eingeräumt.[20] Daran beteiligten sich neben der BIZ aus dem Kreis der Notenbanken der Länder der Zehner-Gruppe die Bank von Italien, die Bank von Japan, die Bank von Kanada, die Deutsche Bundesbank (250 Mio. US-$), die Federal Reserve Bank, die Nationalbank von Belgien, die Niederländische Bank und die Schwedische Reichsbank. Außerdem beteiligten sich die Österreichische Nationalbank und die Schweizerische Nationalbank, die Bank von Norwegen und die Nationalbank von Dänemark. Die Beteiligung der Federal Reserve Bank bestand in der Erhöhung der Swap-Kreditlinie mit der Bank von England um 150 Mio. US-$ auf einen Gegenwert von 1 500 Mio. US-$.[21]

Darüber hinaus hatte Großbritannien beim IWF einen neuen Stützungskredit beantragt. Dem britischen Kreditgesuch gab die Fondsleitung nach Überprüfung der zur Sanierung der Zahlungsbilanz zusätzlich beabsichtigten Maßnahmen statt und räumte Großbritannien einen Bereitschaftskredit im Gegenwert von 1 400 Mio. US-$ mit Wirkung vom 29. November ein.[22] Entsprechend den Ausleihegrundsätzen des Fonds stand der Bereitschaftskredit Großbritannien für die Dauer von zwölf Monaten zur Verfügung. Nachdem die Fondsleitung für den Fall der tatsächlichen Inanspruchnahme dieses Bereitschaftskredits ihrerseits beabsichtigte, einen Teil des Gesamtbetrages durch eine Kreditaufnahme im Rahmen der AKV zu refinanzieren, gingen der Genehmigung des Bereitschaftskredits entsprechende Konsultationen im Kreis der Länder der Zehner-Gruppe voraus. Da von seiten der übrigen Mitglieder der Zehner-Gruppe allgemein die Auffassung vertreten wurde, daß die Abwertung nur ein erster Schritt zu einer dauerhaften Sanierung der briti-

---

[20] Siehe Bank of England, Quarterly Bulletin, March 1968, a.a.O., S. 8 und De Nederlandsche Bank N.V., Report for the Year 1967, S. 137 und Deutsche Bundesbank, Geschäftsbericht für das Jahr 1967, S. 37 f. und Österreichische Nationalbank, Bericht über das Geschäftsjahr 1967 mit Rechnungsabschluß 1967, S. 9 und Schweizerische Nationalbank, 61. Geschäftsbericht (1968), S. 19 und Sveriges Riksbank, Yearbook Vol. LX (1967), S. 55 und N.N., Kredit für Großbritannien, in: SZ, Nr. 282, 25./26. 11. 1967, S. 21.

[21] Diese Erhöhung erfolgte gleichzeitig mit weiteren Erhöhungen der zwischen der Federal Reserve Bank und anderen Notenbanken sowie der BIZ schon bestehenden bilateralen Swap-Kreditlinien und einer Ausdehnung des Swap-Netzes auf noch nicht beteiligte Notenbanken. Damit wurde das gesamte Volumen des Swap-Netzes am 2 580 Mio. US-$ auf einen Gegenwert von 7 080 Mio. US-$ erhöht. Siehe auch oben, S. 75 Fußnote 12.

[22] Siehe zu den Ausführungen über den Bereitschaftskredit N.N., Der Stand-by-Kredit des IMF an Großbritannien, in: NZZ, Nr. 330, 1. 12. 1967, Bl. 13 und IMF, Press Release No. 651 - November 29, 1967.

schen Zahlungsbilanz darstelle, wurde die Kreditgewährung an eine Reihe von wirtschafts- und währungspolitischen Auflagen gebunden. Zur Übernahme dieser Auflagen mußte sich die britische Regierung gegenüber der Fondsleitung schriftlich verpflichten. Gleichzeitig wurden zwischen der Fondsleitung und der britischen Regierung regelmäßige Konsultationen über den Stand der britischen Wirtschaft vereinbart. Außerdem erhielt die Arbeitsgruppe Nr. 3 für Währungs- und Zahlungsbilanzpolitik des Wirtschaftspolitischen Ausschusses der OECD von seiten der Zehner-Gruppe den Auftrag, die britische Wirtschafts- und Währungslage in regelmäßigen Zeitabständen zu überprüfen. Den Bereitschaftskredit nahm Großbritannien im Jahre 1967 nicht mehr in Anspruch.

Neben den Devisenhilfen, die den britischen Währungsbehörden erst nach der Abwertung des Pfund Sterling zugesagt wurden, standen ihnen noch die bereits im Juni 1966 vereinbarten und im März 1967 erstmals verlängerten Devisenhilfen im Gegenwert von insgesamt 1 000 Mio. US-$ zur Verfügung. Während sie bis zur Abwertung des Pfund Sterling nur in unbedeutendem Umfang beansprucht werden mußten, nahmen die britischen Währungsbehörden die Devisenhilfen vom Juni 1966 infolge der nach der Abwertung einsetzenden umfangreichen Auflösungen von Pfund Sterling-Guthaben aus den Sterlingländern praktisch voll in Anspruch.[23]

Zwar wurde die Krise, die schließlich zur Abwertung des Pfund Sterling führte, durch außerordentliche wirtschaftliche und politische Ereignisse veranlaßt und durch die damit induzierten privaten kurzfristigen Kapitalbewegungen erheblich verschärft, doch lag ihre Ursache allein in dem fundamentalen Ungleichgewicht der britischen Zahlungsbilanz. Daher war die anhaltende Schwäche des Pfund Sterling nur das Symptom einer grundlegenden Schwäche der britischen Volkswirtschaft, die über die vorausgegangenen zehn Jahre hinaus zurückreichte. Die Maßnahmen, welche in diesem Zeitraum zur Beseitigung des Ungleichgewichts ergriffen worden waren, waren teils zu schwach dosiert und teils nicht energisch genug durchgeführt worden. Insbesondere hatte man der Herstellung eines nachhaltigen außenwirtschaftlichen Gleichgewichts zu spät die absolute Priorität vor anderen Zielsetzungen eingeräumt. Der Zeitraum zwischen der Ergreifung der stark restriktiven

[23] Deutsche Bundesbank, Geschäftsbericht für das Jahr 1967, S. 38.

Maßnahmen vom Juli 1966 und dem Beginn der neuen Schwierigkeiten im zweiten Quartal 1967 reichte nicht aus, um die britische Außenhandelsfähigkeit derart zu festigen, daß sie auch außerordentliche Ereignisse, wie sie dann eintraten, zu überstehen vermocht hätte. Statt die außenwirtschaftliche Zielsetzung rechtzeitig in den Vordergrund zu stellen, hatte man versucht, die Schwierigkeiten mit Devisenhilfen und den eigenen Währungsreserven, die in zunehmendem Maße aufgezehrt wurden, zu überbrücken. Damit jedoch konnte die Abwertung nur aufgeschoben, aber keinesfalls verhindert werden. Die Abwertung vom 18. November 1967, die unter dem Druck der Ereignisse auf den Devisenmärkten erfolgte, eröffnete trotz des relativ geringen Abwertungssatzes die Chance zu einer grundlegenden Sanierung der britischen Zahlungsbilanz, und zwar insbesondere deshalb, weil der britischen Abwertung kein weiteres Industrieland folgte. Freilich lag auf der Hand, und dies wurde nicht nur bei der Zusage zu neuen Devisenhilfen hervorgehoben, sondern auch von offizieller britischer Seite sehr wohl erkannt[24], daß die Abwertung allein die britischen Zahlungsbilanzprobleme nicht lösen konnte. Man war sich bewußt, daß gleichzeitig mit der Abwertung ein exportinduzierter Aufschwung (export-led expansion) der britischen Volkswirtschaft einsetzen mußte. Dazu waren weitere Maßnahmen erforderlich, welche geeignet waren, einerseits die Inlandsnachfrage und damit die Importe zu dämpfen, andererseits die Exporte zu erhöhen. Tatsächlich hatte die britische Regierung bereits mit der Abwertung weitere kreditpolitische Maßnahmen ergriffen und verschiedene finanzpolitische Maßnahmen angekündigt.[25] Zu den kreditpolitischen Maßnahmen gehörte insbesondere die Erhöhung des Diskontsatzes von 6,5 auf 8 v.H.. Die Tatsache, daß neben diesen nur wenig überzeugenden Sofortmaßnahmen ein umfassendes Programm zur Sanierung der britischen Zahlungsbilanz erst für 1968 angekündigt worden war, trug dazu bei, daß bis Ende 1967 noch kein nachhaltiges Vertrauen in die neue Parität des Pfund Sterling hergestellt werden konnte. Freilich zeigte sich einerseits aus markttechnischen Gründen, andererseits infolge des nun sehr hohen britischen Zinsniveaus eine teilweise Umkehr der kurzfristigen Kapitalbewegungen. Die Grundbilanz Großbritanniens schloß für 1967 mit einem Defizit von rd. 1 350 Mio. US-$ ab.

---

[24] Siehe: Erklärung von Premierminister Wilson zur Pfundabwertung, a.a.O., S. 2 f.

[25] Siehe: Ergänzende Maßnahmen zur Pfundabwertung, Das Kommuniqué der britischen Regierung, in: FAZ, Nr. 270, 20. 11. 1967, S. 20.

316 Die Bereitstellung von Devisenhilfen 1968

3161 Die Devisenhilfen für den kanadischen Dollar

Die kanadische Grundbilanz, die 1966 noch ein Defizit von 110 Mio. US-Dollar ausgewiesen hatte, schloß für 1967 mit einem Rekordüberschuß von 890 Mio. US-$ ab.[1] Zu dieser Entwicklung trug einerseits eine beträchtliche Verringerung des Passivsaldos der Bilanz der laufenden Posten bei, andererseits eine starke Erhöhung des Aktivsaldos der Bilanz des langfristigen Kapitalverkehrs. Wenngleich sich damit eine beachtliche Umkehr in der kanadischen Zahlungsbilanzentwicklung vollzogen hatte und sich diese Umkehr 1968 verstärkt fortsetzte, mußten der Bank von Kanada zur Überwindung einer Vertrauenskrise des kanadischen Dollars, die insbesondere aber nicht ausschließlich durch die zu Anfang 1968 angekündigten Zahlungsbilanzmaßnahmen der Vereinigten Staaten verursacht wurde[2], im ersten Quartal 1968 verschiedene kurz- und mittelfristige Devisenhilfen gewährt bzw. zugesagt werden. Daran beteiligten sich auch Notenbanken aus dem Kreis der Länder der Zehner-Gruppe.

Das rasch um sich greifende, das gesamte Wechselkursgefüge und dabei insbesondere den US-Dollar erfassende Mißtrauen, welches mit der Abwertung des Pfund Sterling ausgelöst worden war, konnte durch die koordinierten Interventionen einer Reihe von Notenbanken und durch die kategorischen Erklärungen der amerikanischen Regierung, daß die Goldparität des US-Dollars um jeden Preis aufrechterhalten werde, zwar vorübergehend abgeschwächt, aber keineswegs nachhaltig beseitigt werden.[3] Vielmehr setzte noch im Dezember 1967 ein erneuter Angriff auf den US-Dollar ein, nachdem entgegen vorausgegangener Schätzungen bekanntgeworden war, daß sich das amerikanische Zahlungsbi-

---

[1] Siehe zur Zahlungsbilanzentwicklung Kanadas BIZ, Achtunddreissigster Jahresbericht (1967/68), S. 116 f.

[2] Daher wird es als erforderlich erachtet, auf die amerikanische Zahlungsbilanz und die Krise des US-Dollars sowie der daraus folgenden Maßnahmen der amerikanischen Regierung einzugehen, jedoch nur insoweit, wie damit die Ausgangslage der Devisenhilfen für den kanadischen Dollar gekennzeichnet werden kann.

[3] Siehe zur wirtschafts- und währungspolitischen Entwicklung der Vereinigten Staaten und zur amerikanischen Zahlungsbilanz BIZ, Achtunddreissigster Jahresbericht (1967/68), S. 22 ff.

lanzdefizit für 1967 gegenüber dem Vorjahr beträchtlich erhöhen würde. Tatsächlich stieg das amerikanische Zahlungsbilanzdefizit, vor allem aufgrund verschiedener Sonderbelastungen im vierten Quartal 1967, um mehr als das Doppelte gegenüber dem Vorjahr auf 3 600 Mio. US-$ (Liquiditätsbasis) für 1967 an. In Anbetracht dieser drastischen Verschlechterung der Zahlungsbilanz und der dadurch erneut entfachten Krise des US-Dollars, die gleichzeitig die Goldmärkte erfaßte, kündigte der damalige Präsident der Vereinigten Staaten am 1. Januar 1968 ein umfassendes Programm zur Sanierung der amerikanischen Zahlungsbilanz an.[4] Neben Steuererhöhungen, Kürzungen der Staatsausgaben und exportfördernden Maßnahmen, enthielt dieses Programm verschiedene Maßnahmen, die auf eine einschneidende Beschränkung der amerikanischen Kapitalexporte abzielten. Die Maßnahmen zur Beschränkung der Kapitalexporte wurden nach Regionen abgestuft. Damit sollten u.a. unerwünschte Rückwirkungen auf den Kapitalverkehr mit Kanada ausgeschaltet werden. Dessen ungeachtet ließ schon allein die Ankündigung dieser Maßnahmen Unsicherheit über die daraus resultierenden Rückwirkungen auf die kanadische Wirtschaft und Zahlungsbilanz aufkommen, da die Vereinigten Staaten seit jeher den Hauptteil der kurz- und mittelfristigen kanadischen Kapitalimporte trugen.[5] Vor dem Hintergrund der allgemeinen Unruhe auf den Devisen- und Goldmärkten führte diese Unsicherheit unmittelbar zu einem ernsthaften Vertrauensverlust des kanadischen Dollars.[6] Die damit ausgelösten kurzfristigen Kapitalabflüsse fügten der Bank von Kanada allein im Januar Reservenverluste im Gegenwert von nahezu 350 Mio. US-$ zu. Zur Eindämmung der kurzfristigen Kapitalabflüsse aus Kanada, gab das US-Schatzamt nach Verhandlungen mit den kanadischen Behörden bereits am 21. Januar bekannt, daß mit den amerikanischen Zahlungsbilanzmaßnahmen keine außergewöhnliche Belastung des Kapitalverkehrs mit Kanada beabsichtigt werde. Ferner wurden die Banken aufgefordert, keine Kreditgeschäfte durchzuführen, soweit daraus außerordentliche Kapitalabflüsse ins Ausland resultieren könnten. Schließlich wurde mit Wirkung vom

---

[4] Siehe: Presseverlautbarung Präsident Johnson's über das Programm zur Verbesserung der amerikanischen Zahlungsbilanz, Washington, 1. Januar 1968, in: Deutsche Bundesbank/ Auszüge aus Presseartikeln, Nr. 1/4. 1. 1968, S. 1 ff.

[5] Vgl. Bank of Canada, Annual Report for the Year 1968, S. 35.

[6] Siehe im folgenden ebenda, S. 35 ff. und Coombs, Ch.A., Treasury and Federal Reserve Foreign Exchange Operations, March 1968, a.a.O., S. 284 f.

22. Januar der Diskontsatz von 6 auf 7 v.H. erhöht. Zum Ausgleich der Reservenverluste nahm die Bank von Kanada noch im Januar die zwischen ihr und der Federal Reserve Bank bestehende gegenseitige Swap-Kreditlinie im Gegenwert von 750 Mio. US-$ in Höhe von 250 Mio. US-$ in Anspruch. Da sich der Druck auf den kanadischen Dollar auch im Februar fortsetzte, machten die kanadischen Währungsbehörden Ende Februar von den Ziehungsrechten im IWF Gebrauch und zogen neun Währungen im Gegenwert von insgesamt 391 Mio. US-$, darunter 60 Mio. US-$ in DM.[7] Von dieser Ziehung entfiel der Gegenwert von 206 Mio. US-$ auf eine kanadische Super-Goldtranche im Fonds und der Gegenwert von 185 Mio. US-$ auf die Goldtranche Kanadas. Während sich aufgrund der Ziehung im Rahmen der Super-Goldtranche keine Rückzahlungsverpflichtung ergab, mußte die Ziehung im Rahmen der Goldtranche nach den Ausleihegrundsätzen des Fonds spätestens in fünf Jahren getilgt sein. Gleichzeitig mit der kanadischen Ziehung löste der Fonds auf Antrag Kanadas, in Übereinstimmung mit den Bestimmungen der AKV, eine kanadische AKV-Forderung im Gegenwert von 35 Mio. US-$ vorzeitig ab.[8] Diese Forderung gegen den Fonds hatten die kanadischen Währungsbehörden im Mai 1965 durch eine entsprechende Kreditgewährung an den Fonds im Rahmen einer Stützungsaktion der Zehner-Gruppe zugunsten des Pfund Sterling erworben. Wenngleich mit der Ziehung im Fonds und der Begleichung der kanadischen AKV-Forderung durch den Fonds die Devisenreserven der Bank von Kanada beträchtlich aufgestockt werden konnten, so ließ sich damit das Mißtrauen in den kanadischen Dollar nicht beseitigen. Ausschlaggebend dafür war jedoch weniger die gleichzeitige Krise des US-Dollars und die damit verbundene Goldkrise, als vielmehr die noch immer nicht vollständig ausgeräumten Befürchtungen, daß sich die amerikanischen Zahlungsbilanzmaßnahmen ungünstig auf die kanadische Wirtschaft und Zahlungsbilanz auswirken könnten. In dieser Situation wurden die Banken Anfang März aufgefordert, keine Swap-Geschäfte mehr einzugehen oder zu verlängern, durch welche die Geschäftspartner Einlagen in fremder Währung erhielten. Außerdem wurde am 7. März bekanntgegeben, daß die Vereinigten Staaten Kanada die völlige Freistellung von den am 1. Januar angekündigten Zahlungsbilanzmaßnahmen, soweit sie den Kapitalverkehr betrafen, gewährten.[9]

[7] Siehe auch IMF, Annual Report (1967/68), S. 98 und Tabelle 34, S. 104

[8] Siehe auch ebenda, S. 107.

[9] Siehe zu den Einzelheiten dieser Vereinbarungen Bank of Canada, Annual Report for the Year 1968, S. 64 ff.

Die Bemühungen der kanadischen Behörden zur Wiederherstellung des Vertrauens in den kanadischen Dollar wurden schließlich am gleichen Tag durch die Bereitstellung verschiedener grundsätzlich kurzfristiger Devisenhilfen im Gegenwert von insgesamt 900 Mio. US-$ unterstützt.[10] Daran beteiligten sich die Bank von Italien und die Deutsche Bundesbank, die BIZ und die amerikanische Export-Import Bank wie folgt:

Beteiligte Institutionen	Beteiligung in Mio. US-$
Bank von Italien	150
Deutsche Bundesbank	150
BIZ	100
Export-Import Bank	500
Insgesamt	900

Während die Kreditlinien der Notenbanken und der BIZ unmittelbar zugunsten der Bank von Kanada eröffnet wurden, stellte die Export-Import Bank ihre Kreditlinie der kanadischen Regierung zur Verfügung.

Im Anschluß an die Bekanntgabe der Freistellung Kanadas von den amerikanischen Zahlungsbilanzmaßnahmen und der gleichzeitigen Vereinbarungen über die Devisenhilfen ließ der Druck auf den kanadischen Dollar sehr rasch nach. Während sich die kanadischen Währungsreserven, die Ende Dezember 1967 den Gegenwert von rund 2 500 Mio. US-$ erreichten, im ersten Quartal 1968 bis zur Überwindung der Vertrauenskrise netto um einen Gegenwert von über 700 Mio. US-$ verringerten, konnte die Bank von Kanada in den folgenden Quartalen des Jahres 1968 derart umfangreiche Reservenzugänge verzeichnen, daß sie die Devisenhilfen vom März nicht in Anspruch zu nehmen brauchte.[11] In Anbetracht dieser Entwicklung verzichteten die kanadischen Behörden auf die Fortführung der im März eingeräumten Kreditlinien im Gegenwert von insgesamt 900 Mio. US-$. Außerdem wurden bis Ende September sowohl die Verpflichtungen in Höhe von 250 Mio. US-$ aus der

[10] Siehe im folgenden ebenda, S. 36 ff. und Banca d'Italia, Abridged Version of the Report for the Year 1967, S. 70 und Deutsche Bundesbank, Geschäftsbericht für das Jahr 1968, S. 43.

[11] Siehe zur Reservenlage auch Bank of Canada, Annual Report for the Year 1968, S. 59.

Inanspruchnahme der Swap-Kreditlinie mit der Federal Reserve Bank als auch die Verpflichtungen in Höhe von 185 Mio. US-$ gegenüber dem IWF vollständig beglichen.

3162 Die Devisenhilfen für das Pfund Sterling

Die Bemühungen um die Sanierung der britischen Zahlungsbilanz, die mit der Abwertung des Pfund Sterling in eine neue Phase eintraten, brachten 1968 noch nicht den erwarteten Erfolg. Das mit der Abwertung anvisierte Ziel eines Ausgleichs der Grundbilanz bis zur Jahresmitte und einer Aktivierung der Grundbilanz im zweiten Halbjahr 1968 konnte nicht erreicht werden. In Anbetracht der sehr hohen kurz- und mittelfristigen Auslandsverschuldung Großbritanniens waren aber gerade entsprechende Überschüsse der Grundbilanz eine conditio sine qua non für die Rückkehr eines nachhaltigen Vertrauens in die britische Währung. Die prekäre Reservenlage, das latente Mißtrauen in die Bestrebungen der britischen Volkswirtschaft, die wirtschafts- und währungspolitischen Probleme des Landes aus eigener Kraft zu lösen und die Tatsache, daß die wirtschafts- und währungspolitische Entwicklung in anderen Industrieländern, nämentlich in den Vereinigten Staaten, in Frankreich und auch in der Bundesrepublik Deutschland, beispiellose Krisen entfachten, waren die Gründe dafür, daß zugunsten der britischen Währungsbehörden auch 1968 verschiedene Devisenhilfen organisiert werden mußten. An den Devisenhilfen, die den britischen Währungsbehörden im März, im Juni und im September 1968 zur Verfügung gestellt wurden, war die Zehner-Gruppe maßgeblich beteiligt.

Zwar ließ der Druck gegen den US-Dollar mit der am 1. Januar 1968 erfolgten Ankündigung eines neuen Programms zur Sanierung der amerikanischen Zahlungsbilanz etwas nach, doch bestanden noch erhebliche Zweifel, ob die Vereinigten Staaten auch im Fall einer sich fortsetzenden Vertrauenskrise tatsächlich in der Lage sein würden, die Einlösbarkeit des US-Dollars in Gold zum festen Preis von 35 US-$ die Unze zu gewährleisten.[1] Gleichzeitig mit der Krise des US-Dollars, die unmittelbar bis ins Jahr 1967 zurückreichte, setzte eine

[1] Siehe zum amerikanischen Zahlungsbilanzprogramm und zur Krise des US-Dollars auch oben, S. 108 f.. Da sich die Krise des US-Dollars und die damit verbundene Goldkrise auch auf die Position des Pfund Sterling auswirkten, ist es erforderlich, den weiteren Verlauf dieser Krisen in diesem Zusammenhang zu kennzeichnen. Demgegenüber kann eine gesonderte Behandlung der US-Dollar-Krise nicht erfolgen, weil in ihrem Verlauf keine Stüt-

Flucht in das Gold ein, mit der sich in Erwartung einer Goldpreiserhöhung in zunehmendem Maße eine eigenständige Goldspekulation verband, die den Mitgliedern des Goldpools, vor allem den Vereinigten Staaten, erhebliche Goldverluste zufügte.[2] Aufgrund dieser Krisen, welche die Devisen- und Goldmärkte vom Herbst 1967 bis Mitte März 1968 in mehreren Wellen erschütterten, geriet auch das Pfund Sterling erneut unter empfindlichen Druck.[3] Dazu trug ferner bei, daß die dringend erforderlichen Maßnahmen zur Einschränkung der Inlandsnachfrage, zur Verringerung der Importe und zur Erhöhung der Exporte nur sehr zögernd ergriffen wurden, weshalb sich die britische Zahlungsbilanzlage im ersten Quartal 1968 nicht wesentlich gegenüber dem Vorjahr verbesserte. Daher mußten die britischen Währungsbehörden verschiedentlich auf die in Swap-Form kurzfristig zur Verfügung stehenden Devisenhilfen zurückgreifen.[4] Außerdem wurden die seit Juni 1966 bestehenden Devisenhilfen zur Überbrückung kurzfristiger Schwankungen der Sterling-Guthaben aus den Sterlingländer um ein weiteres Jahr verlängert.[5]

Noch am 10. März bekräftigten die sieben aktiven Mitglieder des Goldpools, im Verlauf einer Routinesitzung der Notenbankgouverneure der Länder der Zehner-Gruppe und der Schweiz bei der BIZ, ihre Entschlossenheit zur Fortsetzung der Interventionen auf dem Londoner Goldmarkt.[6] Doch in den Tagen darauf wurden, unter dem Zwang der sich hektisch steigernden Unruhe auf den Devisen- und Goldmärkten,

---

zungsaktion zugunsten des US-Dollars von seiten der Zehner-Gruppe organisiert wurde. Siehe zu den folgenden Ausführungen über die Goldkrise Deutsche Bundesbank, Geschäftsbericht für das Jahr 1967, S. 42 ff.

[2] Nach Deutsche Bundesbank, Geschäftsbericht für das Jahr 1967, S. 42 wurde in der Zeit vom 20. 11. 1967 bis zum 15. 3. 1968 Gold im Wert von über 3 000 Mio. US-$ aus den Beständen der Mitglieder des Goldpools abgegeben.

[3] Siehe zur wirtschafts- und währungspolitischen Entwicklung in Großbritannien BIZ, Neununddreissigster Jahresbericht (1968/69), S. 21 ff. und Bank of England, Quarterly Bulletin, Vol. 8, No. 2, June 1968, S. 108 ff. und Quarterly Bulletin, Vol. 8, No. 3, September 1968, S. 231 ff.

[4] Siehe Bank of England, Quarterly Bulletin, June 1968, a.a.O., S. 111.

[5] Siehe Bank of England, Quarterly Bulletin, March 1968, a.a.O., S. 8.

[6] Siehe BIZ, Achtunddreissigster Jahresbericht (1967/68), S. 41.

folgende Entscheidungen getroffen: Am 14. März hoben die Vereinigten Staaten die Golddeckungsvorschriften für den Banknotenumlauf auf.[7] Am 15. März (Freitag) wurde der Londoner Goldmarkt geschlossen und ein Bankfeiertag verfügt.[8] Am 16. und 17. Märt traten die Notenbankgouverneure der sieben aktiven Mitglieder des Goldpools in Washington zusammen und beschlossen, die preisstabilisierenden Interventionen auf dem Goldmarkt einzustellen.[9] Damit wurde der Goldmarkt in einen offiziellen Markt, den sogenannten Währungsgoldmarkt und einen privaten Markt, den sogenannten Warengoldmarkt (two-tier gold system) gespalten, womit wieder derjenige Zustand hergestellt wurde, der vor dem Beginn der Kooperation der Mitglieder des Goldpools bestanden hatte.[10] Gleichzeitig beschlossen die Notenbankgouverneure noch enger als bisher zusammenzuarbeiten, "um die bestehenden Währungsparitäten ebenso wie geordnete Verhältnisse auf den Devisenmärkten ... aufrechtzuerhalten"[11]. Da das Pfund Sterling infolge der Störungen auf den Devisen- und Goldmärkten erneut unter Druck geraten war[12], wurden den britischen Währungsbehörden neue kurzfristige Devisenhilfen im Gegenwert von insgesamt 1 100 Mio. US-$ in verschiedenen Währungen eingeräumt.[13] Daran beteiligten sich die Bank von Italien, die

---

7 Siehe N.N., Aufhebung der Golddeckung des Dollars, in: NZZ, Nr. 74, 16. 3. 1968, S. 13. Durch diese Maßnahme wurde jedoch die Einlösbarkeit des US-Dollars zum festen Preis von 35 US-$ die Unze im Verkehr zwischen dem US-Schatzamt und anderen Währungsbehörden nicht berührt.

8 Siehe Bank of England, Quarterly Bulletin, June 1968, a.a.O., S. 108.

9 Siehe: Washingtoner Beschlüsse der Notenbankgouverneure, offizielles Kommuniqué, Washington, den 17. März 1968, in: Deutsche Bundesbank/Auszüge aus Presseartikeln, Nr. 22/20. 3. 1968, S. 1.

10 Die begriffliche Unterscheidung zwischen Währungsgold und Warengold geht zurück auf L.A. Hahn. Von ihm wurde auch die mit den Beschlüssen von Washington erfolgte Trennung des Goldmarkts schon seit längerem gefordert. Siehe daher zur Bedeutung der Einstellung der Interventionen des Goldpools die dreiteilige Artikelfolge: Hahn, L.A., Geld ohne Gold, I, II, III, in: NZZ, Nr. 212, 4. 8. 1968, S. 33 f.; Nr. 214, 6. 8. 1968, S. 10; Nr. 215, 7. 8. 1968, S. 9. Siehe ferner Banca d'Italia, Abridged Version of the Report for the Year 1967, S. 136 ff. und Deutsche Bundesbank, Geschäftsbericht für das Jahr 1967, S. 44 f.

11 Washingtoner Beschlüsse der Notenbankgouverneure, offizielles Kommuniqué, Washington, den 17. März 1968, a.a.O., S. 1.

12 Wenngleich realistischerweise eine weitere Abwertung des Pfund Sterling zu diesem Zeitpunkt nicht in Betracht gezogen werden konnte.

13 Siehe zu diesen Devisenhilfen Bank of England, Quarterly Bulletin, June 1968, a.a.O., S. 112 sowie Deutsche Bundesbank, Geschäftsbericht für das Jahr 1968, S. 43 und Schwei-

Deutsche Bundesbank, die Federal Reserve Bank, die Nationalbank von Belgien, die Niederländische Bank und die Schweizerische Nationalbank. Die Beteiligung der Federal Reserve Bank bestand in der Erhöhung der zwischen ihr und der Bank von England bestehenden gegenseitigen Swap-Kreditlinie um 500 Mio. US-$ auf einen Gegenwert von 2 000 Mio. US-$.[14] Die gesamten Devisenhilfen, die den britischen Währungsbehörden zur Überwindung etwaiger kurzfristiger Schwierigkeiten seit der Abwertung im November 1967 zur Verfügung gestellt wurden, beliefen sich daher einschließlich des Bereitschaftskredits von seiten des IWF auf einen Gegenwert von rd. 4 000 Mio. US-$.

Im Anschluß an die Konferenz von Washington trat eine deutliche Beruhigung auf den Devisen- und Goldmärkten ein. Dazu trug jedoch gleichfalls die seit langem erwartete und am 19. März erfolgte Vorlage des neuen britischen Budgets bei, das, wie erwartet worden war, sehr drastisch ausfiel.[15] Die darin angekündigten finanzpolitischen Maßnahmen betrafen vor allem die indirekten Steuern und brachten u.a. eine massive Heraufsetzung der selektiven Beschäftigungssteuer. Ferner wurden weitere Schritte zur Fortführung der Preis- und Einkommenspolitik angekündigt. Aufgrund der Tatsache, daß diese Maßnahmen erst mehrere Monate nach der Abwertung vom November 1967 ergriffen wurden, zeigte sich auch im zweiten Quartal 1968 noch immer eine starke Importnachfrage bei nur mäßig steigenden Exporten. Infolge der wachsenden Opposition der Gewerkschaften gegen die Lohngesetzgebung der Labour-Regierung, der entmutigenden Entwicklung des Außenhandels und der plötzlich ausbrechenden sozialen und politischen Krise in Frankreich, geriet das Pfund Sterling bereits im Mai und Juni verschiedentlich erneut unter Druck, weshalb die Bank von England auch in diesen Monaten über die außenhandelsbedingte Belastung Großbritanniens hinausgehende Reservenverluste hinnehmen mußte. Zum Ausgleich beanspruchte die Bank von England die bereitgestellten kurzfri-

zerische Nationalbank, 61. Geschäftsbericht (1968), S. 9. Die Gesamthöhe der Devisenhilfen vom März 1968 wird von der Schweizerischen Nationalbank, entgegen obigen Ausführungen, mit einem Gegenwert von 1 200 Mio. US-$ beziffert.

[14] Siehe Coombs, Ch.A., Treasury and Federal Reserve Foreign Exchange Operations, in: Federal Reserve Bulletin, Vol. 54, No. 9, September 1968, S. 726. Diese Erhöhung erfolgte gleichzeitig mit weiteren Erhöhungen der zwischen der Federal Reserve Bank und anderen Notenbanken sowie der BIZ bestehenden gegenseitigen Swap-Kreditlinien um insgesamt 2 275 Mio. US-$ auf einen Gegenwert von 9 355 Mio. US-$. Siehe auch oben, S. 75 Fußnote 12.

[15] Siehe zu den Maßnahmen des Budgets vom 19. März 1968 Bank of England, Quarterly Bulletin, June 1968, a.a.O., S. 105 f.

stigen Devisenhilfen in erheblichem Umfang.[16] Bis Mitte Juni nahm sie allein die Swap-Kreditlinie mit der Federal Reserve Bank in Höhe von 1 200 Mio. US-$ in Anspruch, wovon 100 Mio. US-$ auf die Monate Mai und Juni entfielen.[17] Der Druck auf das Pfund Sterling ließ unmittelbar nach, als die britischen Währungsbehörden bekanntgaben, daß sie von dem seit November 1967 bestehenden Bereitschaftskredit des IWF Gebrauch gemacht haben. Zur Konsolidierung eines Teils der Verpflichtungen aus der Inanspruchnahme der kurzfristigen Devisenhilfen zogen sie am 19. Juni 16 Währungen im Gegenwert von insgesamt 1 400 Mio. US-$ beim IWF.[18] Der Fonds finanzierte die britische Ziehung vom Juni 1968 nach dem gleichen Finanzierungsschema, das er schon bei den Ziehungen Großbritanniens vom Dezember 1964 und vom Mai 1965 angewandt hatte:[19] Den Gegenwert von 559 Mio. US-$ stellte er in 13 Währungen aus eigenen Beständen bereit. Den Gegenwert von 365 Mio. US-$ beschaffte sich der Fonds bei zwölf Mitgliedern durch Goldverkäufe. Den verbleibenden Gegenwert von 476 Mio. US-$ refinanzierte der Fonds durch eine Kreditaufnahme im Rahmen der AKV bei fünf Mitgliedern der Zehner-Gruppe, und zwar bei Belgien, der Bundesrepublik Deutschland, Italien, den Niederlanden und Schweden. Eine Kreditaufnahme in den Währungen Frankreichs und Japans unterblieb, da die prekäre Zahlungsbilanz- und Reservenlage dieser Mitglieder der Zehner-Gruppe keine Kreditgewährung im Rahmen der AKV zuließ. Außerdem unterblieb eine Kreditaufnahme bei Kanada und den Vereinigten Staaten, da die Bestände des Fonds in den Währungen dieser Länder zur Erfüllung der britischen Ziehungswünsche ausreichten. Aus dem gleichen Grund wurde auch von Goldverkäufen an Kanada und an die Vereinigten Staaten abgesehen. Die nachstehende Übersicht zeigt die von Großbritannien gezogenen Währungen und die Arten der Finanzierung seitens des IWF:

---

[16] Siehe Bank of England, Quarterly Bulletin, September 1968, a.a.O., S. 235.

[17] Siehe Coombs, Ch.A., Treasury and Federal Reserve Foreign Exchange Operations, September 1968, a.a.O., S. 727.

[18] Siehe Bank of England, Quarterly Bulletin, September 1968, a.a.O., S. 235.

[19] Siehe zu den Einzelheiten dieser britischen Ziehung IMF, Press Release No. 694 - June 17, 1968.

in Mio. US-$

Gezogene Währungen	Aus IWF-Beständen	Goldverkäufe des IWF	Kreditaufnahme im Rahmen d. AKV	Insgesamt
Deutsche Mark	-	121	226	347
US-Dollar	250	-	-	250
Ital. Lire	-	96	125	221
Belg. Franc	15	37	55	107
Kanad. Dollar	86	-	-	86
Holländ. Gulden	-	43	40	83
Austral. Dollar	40	16	-	56
Schwed. Kronen	10	14	30	54
Japan. Yen	40	9	-	49
Schillinge	20	13	-	33
Mexikan. Pesos	21	6	-	27
Argentin. Pesos	25	-	-	25
Norweg. Kronen	15	4	-	19
Rand	19	-	-	19
Dänische Kronen	10	4	-	14
Bolívar	8	2	-	10
Insgesamt	559	365	476	1 400

Die gezogenen Währungen im Gegenwert von insgesamt 1 400 Mio. US-$ standen den britischen Währungsbehörden für die Dauer von drei Jahren, beginnend mit dem Zeitpunkt der Ziehung, zur Verfügung. Sie wurden zur Rückzahlung eines Teils der Verpflichtungen aus der Beanspruchung verschiedener kurzfristiger Devisenhilfen verwendet.[20] Dabei entfiel der Hauptteil der Rückzahlung auf die in Höhe von 1 200 Mio. US-$ beanspruchte Swap-Kreditlinie mit der Federal Reserve Bank.[21] Trotz dieser Rückzahlungen waren die britischen Währungsbehörden Ende Juni noch immer in erheblichem Umfang gegenüber anderen Währungsbehörden kurzfristig verschuldet.[22] Außerdem änderte sich die Höhe der britischen Auslandsverschuldung durch die Transaktion vom Juni nicht. Es handelte sich also - wie in früheren Fällen - nur um eine Umschuldung, welche die Frist zur effektiven Abtragung des entsprechenden Teils der Auslandsverschuldung bei gleichzeitigem Gläubigerwechsel verlängerte. Immerhin hatte die Transaktion vom Juni

[20] Siehe Bank of England, Quarterly Bulletin, September 1968, a.a.O., S. 235

[21] Siehe Coombs, Ch.A., Treasury and Federal Reserve Foreign Exchange Operations, September 1968, a.a.O., S. 728.

[22] Siehe Bank of England, Quarterly Bulletin, September 1968, a.a.O., S. 235.

den Effekt, daß sich der Gesamtbetrag der in der Regel auf Swap-Basis unmittelbar verfügbaren kurzfristigen Devisenhilfen entsprechend erhöhte, soweit sie nicht nur zur einmaligen Beanspruchung gewährt bzw. inzwischen verlängert wurden.

Die Abwertung des Pfund Sterling fügte sowohl den privaten als auch den offiziellen Besitzern von Guthaben in Pfund Sterling aus denjenigen Ländern des Sterlinggebiets, die der britischen Abwertung nicht nachfolgten, erhebliche Währungsverluste zu. Dieser Umstand und die im Gefolge der Abwertung fieberhaft zunehmende Unruhe auf den Devisenmärkten, lösten umfangreiche Konversionen von privaten und, im Gegensatz zu früheren Krisen, insbesondere auch offiziellen Pfund Sterling-Guthaben der Sterlingländer in andere Währungen aus. Mit diesen Konversionen wurde das Ziel verfolgt, künftige Währungsverluste zu vermeiden. Der Prozeß der Auflösung der Pfund Sterling-Guthaben aus den Sterlingländern setzte sich in wechselndem Umfang bis weit ins Jahr 1968 hinein fort. Er führte dazu, daß sich allein im zweiten Quartal die zu Reservezwecken gehaltenen Pfund Sterling-Guthaben der Währungsbehörden aus den Sterlingländern um rd. 280 Mio. £ reduzierten.[23] Infolge dieser Entwicklung mußten die britischen Währungsbehörden die im Juni 1966 zum Ausgleich von Fluktuationen der privaten und offiziellen Pfund Sterling-Guthaben der Sterlingländer gewährten und zuletzt im Februar 1968 verlängerten Devisenhilfen im Gegenwert von insgesamt 1 000 Mio. US-$ anhaltend fast vollständig beanspruchen.[24] Da diese Devisenhilfen nur zum Ausgleich von vorübergehenden Schwankungen der Pfund Sterling-Guthaben gewährt worden waren, stand eine dauerhafte Beanspruchung in vollem Umfang nicht im Einklang mit den damaligen Vereinbarungen. Demgegenüber waren die Bestrebungen der Währungsbehörden aus den Sterlingländern nicht nur auf eine vorübergehende Verringerung, sondern auf einen teilweisen Abbau des risikobehafteten Pfundanteils in ihren Reserven gerichtet. Diese Umstrukturierung hätten die britischen Währungsbehörden in Anbetracht des ohnehin vorhandenen Mißverhältnisses zwischen Verpflichtungen und eigenen Reserven kaum bewältigen können.[25] Daher mußte im Interesse der internationalen Währungsordnung, die durch weitere massive Belastungen der britischen Reservenlage erneut bedroht worden wäre, eine Lösung gefunden werden, die erstens einen

---

[23] Siehe BIZ, Neununddreissigster Jahresbericht (1968/69), S. 127.

[24] Siehe oben, S. 106 und Deutsche Bundesbank, Geschäftsbericht für das Jahr 1968, S. 44.

[25] Vgl. N.N., Die Sterlingzone nach dem Basler Beistandskredit, Veröffentlichung eines Weißbuches durch das britische Schatzamt, in: NZZ, Nr. 284, 16. 10. 1968, S. 13.

möglichst hohen Anteil der Guthaben der Sterlingländer zu stabilisieren vermochte und zweitens den Abzug desjenigen Teils der Guthaben der Sterlingländer, der nicht stabilisiert werden konnte, in geordnete Bahnen lenkte.[26] Zu diesem Zweck wurden zunächst die unter den Devisenhilfen vom Juni 1966 ausstehenden Verpflichtungen konsolidiert und dabei vereinbart, daß Großbritannien diese Verpflichtungen ab September 1969 in vierteljährlichen Raten innerhalb der nachfolgenden zwei Jahre ablösen solle.[27] Gleichzeitig wurden der Bank von England mit Wirkung vom 23. September von zwölf Notenbanken sowie der BIZ in einer Zweiten Gruppen-Vereinbarung (Second Group Arrangement) neue Devisenhilfen im Gegenwert von 2 000 Mio. US-$ zum Ausgleich von Schwankungen und insbesondere auch eines anhaltenden Abzugs privater und vor allem offizieller Pfund Sterling-Guthaben aus den Sterlingländern zur Verfügung gestellt.[28] An dieser Vereinbarung beteiligten sich aus dem Kreis der Notenbanken der Länder der Zehner-Gruppe die Bank von Italien, die Bank von Japan, die Bank von Kanada, die Deutsche Bundesbank (400 Mio. US-$), die Federal Reserve Bank, die Nationalbank von Belgien, die Niederländische Bank und die Schwedische Reichsbank.[29] Ferner waren an dieser Vereinbarung die Öster-

[26] Vgl. ebenda.

[27] Siehe Bank of England, Quarterly Bulletin, Vol. 8, No. 4, December 1968, S. 356.

[28] Siehe zur Zweiten Gruppen-Vereinbarung und dem Abkommen mit den Sterlingländern BIZ, Kommuniqué der Bank für Internationalen Zahlungsausgleich vom 9. September 1968 über die Baseler Notenbankaktion zugunsten des Pfundes, Basel, 9. September 1968, in: Deutsche Bundesbank/Auszüge aus Presseartikeln, Nr. 61/11. 9. 1968, S. 1. Siehe ferner Deutsche Bundesbank, Geschäftsbericht für das Jahr 1968, S. 34 f. und BIZ, Neununddreissigster Jahresbericht (1968/69), S. 127 f.

[29] Von französischer Seite wurde unmittelbar nach Abschluß der Verhandlungen für die Zweite Gruppen-Vereinbarung mitgeteilt, daß eine spätere Teilnahme nicht ausgeschlossen sei. Siehe EWG, Kommuniqué über die Konferenz der EWG-Wirtschafts- und Finanzminister in Rotterdam am 9. und 10. September 1968, Rotterdam, den 10. September 1968, in: Deutsche Bundesbank/Auszüge aus Presseartikeln, Nr. 62/13. 9. 1968, S. 1. Mit der Zweiten Gruppen-Vereinbarung wurden Devisenhilfen bereitgestellt, die von den kurzfristigen ad hoc-Hilfen der Zehner-Gruppe und von den mittelfristigen Hilfen der Zehner-Gruppe gemäß den AKV unterschieden werden müssen. Da sich aber an der Zweiten Gruppen-Vereinbarung mit Ausnahme der Bank von Frankreich alle Notenbanken beteiligt haben und dieser Vereinbarung eine besondere Bedeutung für die Aufrechterhaltung der internationalen Währungsordnung zukommt, ist ihre Einbeziehung in den Rahmen dieser Ausführungen erforderlich. Demgegenüber ist die bei Lipfert, H., Einführung in die Währungspolitik, a.a.O., S. 252, Fußnote 48 angedeutete Einordnung der Zweiten Gruppen-Vereinbarung irreführend. Sie übersieht nicht nur die funktionsmäßigen Unterschiede zwischen den ad hoc-Hilfen sowie den im Rahmen der AKV gewährten Hilfen einerseits und den mit der Zweiten Gruppen-

reichische Nationalbank und die Schweizerische Nationalbank, die Bank von Norwegen und die Nationalbank von Dänemark sowie die BIZ beteiligt. Die neuen Devisenhilfen zugunsten des Pfund Sterling wurden dem Prinzip nach bereits im Juli beschlossen.[30] Die endgültige Zusage wurde jedoch davon abhängig gemacht, daß Großbritannien durch Vereinbarungen mit den Sterlingländern Vorkehrungen treffen würde, die verhindern würden, daß die neuen Devisenhilfen infolge massiver Konversionen offizieller Pfund Sterling-Guthaben der Sterlingländer zu stark beansprucht werden müßten. Dieser Bedingung kam Großbritannien in den bis September folgenden Monaten nach und schloß mit den 38 Sterlingländern sogenannte Stillhalteabkommen, die mit Wirkung vom 25. September 1968, in der Regel für die Dauer von drei Jahren, in Kraft traten. Die bilateralen Abkommen mit den Sterlingländern sind in den wichtigsten Punkten gleich ausgestaltet und sichern einerseits den einzelnen Sterlingländern für jenen Teil der offiziellen Guthaben in Pfund Sterling, der 10 v.H. ihrer Währungsreserven übersteigt, eine Paritätsgarantie auf US-Dollar-Basis, während sie andererseits diese Länder dazu verpflichten, einen bestimmten Mindestanteil ihrer Währungsreserven weiterhin in Pfund Sterling zu halten. Wohlgemerkt betreffen die Abkommen mit den Sterlingländern nur die offiziellen Pfund Sterling-Guthaben. Dagegen können die britischen Währungsbehörden die neuen Devisenhilfen auch zum Ausgleich eines Abzugs privater Pfund Sterling-Guthaben aus den Sterlingländern verwenden. Was speziell die Inanspruchnahme betrifft, so wurde vereinbart, daß die neuen Devisenhilfen in den folgenden drei Jahren immer dann beansprucht werden können, wenn die Pfund Sterling-Guthaben der Sterlingländer unter einen festgelegten Ausgangsstand gesunken sind. Der Nettobetrag, der am Ende der folgenden drei Jahre aussteht, ist dann zwischen dem sechsten und dem zehnten Jahr seit dem Inkrafttreten der Vereinbarung zurückzuzahlen. Die BIZ fungiert als Agent für sämtliche Transaktionen, die aufgrund der Zweiten Gruppen-Vereinbarung durchgeführt werden. Sie hat die zur Erfüllung der britischen Kreditanträge erforderlichen Devisen ihrerseits primär durch kurz- und mittelfristige Kreditaufnahmen auf den nationalen und internationalen Märkten zu beschaffen und/oder aus den bei ihr unterhaltenen Deviseneinlagen der Sterlingländer bereitzustellen. Erst wenn sich diese Finanzierungsquellen als unzureichend erweisen sollten, kann die BIZ auf die Kreditlinien der beteiligten Notenbanken zurückgreifen. Wie die Er-

Vereinbarung bereitgestellten Devisenhilfen andererseits, sondern auch die Tatsache, daß bereits 1966 eine Erste Gruppen-Vereinbarung abgeschlossen wurde.

30 Siehe Bank of England, Quarterly Bulletin, September 1968, a.a.O., S. 236.

ste Gruppen-Vereinbarung darf auch die Zweite Gruppen-Vereinbarung nicht zur Finanzierung von Defiziten der britischen Grundbilanz verwendet werden. Da die Devisenhilfen in Form eines Bereitschaftskredits verfügbar gemacht wurden und sämtliche Transaktionen über die BIZ gelenkt werden, ist ihre zweckentsprechende Verwendung sichergestellt. Neben der Tatsache, daß mit der Zweiten Gruppen-Vereinbarung neue Finanzierungswege beschritten werden, unterscheidet sie sich von der Ersten Gruppen-Vereinbarung insbesondere dadurch, daß sie weniger die privaten als vielmehr die offiziellen Pfund Sterling-Guthaben der Sterlingländer berücksichtigt und daß mit ihr nicht nur vorübergehende Schwankungen der Pfund Sterling-Guthaben, sondern vor allem auch ein nachhaltiger Rückgang ausgeglichen werden kann. Nach dem Stand von Ende Juni 1968 würden die bereitgestellten Devisenhilfen im Gegenwert von 2 000 Mio. US-$ ausreichen, um kanpp 60 v.H. der offiziellen und über 40 v.H. der gesamten Pfund Sterling-Guthaben aus den Sterlingländern im Fall eines entsprechenden Abzugs auszugleichen.[31] Zusammen mit den Stillhalteabkommen zwischen Großbritannien und den einzelnen Sterlingländern, auf deren Abschluß die im Prinzip im Juli schon zugesagten Devisenhilfen aus dem Kreis der Notenbanken der Länder der Zehner-Gruppe und der weiteren Beteiligten offensichtlich beschleunigend gewirkt haben, ist die Gefahr eines überstürzten Abzugs des überwiegenden Teils der sensitiven Pfund Sterling-Guthaben aus den Sterlingländern zunächst für die Dauer der Vereinbarungen beseitigt und gleichzeitig der offenbar unvermeidliche Abzug eines Teils dieser Guthaben in geordnete Bahnen gelenkt worden. Mithin wurde ein bedeutender Beitrag zur Aufrechterhaltung der internationalen Währungsordnung geleistet, denn eine andernfalls höchstwahrscheinlich massiv ausgefallene Bedrohung der ohnehin schwachen Reservenlage Großbritanniens hätte auch die internationale Währungsordnung einer schweren Belastungsprobe ausgesetzt. Auf längere Sicht wird jedoch allein die Entwicklung der britischen Wirtschaft darüber entscheiden, auf welchem Niveau der mit der Abwertung vom November 1967 deutlich in Gang gesetzte Prozeß zur Auflösung der Reservewährungsrolle des Pfund Sterling zum Stillstand kommt.

Zwar mußten die britischen Währungsbehörden noch im September in geringem Umfang auf die neuen Devisenhilfen zurückgreifen, weil die

[31] Vgl. N.N., Die Sterlingzone nach dem Basler Beistandskredit, Veröffentlichung eines Weißbuches durch das britische Schatzamt, a.a.O., S. 13.

offiziellen Pfund Sterling-Guthaben der Sterlingländer unter das vereinbarte Ausgangsniveau gesunken waren, doch wirkten sich die neuen Vereinbarungen im weiteren Verlauf des Jahres in einer zunehmenden Befestigung der offiziellen Pfund Sterling-Guthaben der Sterlingländer aus, die auch während den im November erneut auftretenden Unruhen auf den Devisenmärkten anhielt.[32] Zu dieser Befestigung, die sich allerdings nur vorübergehend auch auf die von privater Seite innerhalb und außerhalb des Sterlinggebiets gehaltenen Guthaben in Pfund Sterling auswirkte, trug ferner bei, daß die seit der Abwertung ergriffenen Maßnahmen inzwischen zu einer beachtlichen Ausweitung der britischen Exporte geführt hatten, die im dritten Quartal besonders hoch war. Die nach wie vor sehr starke Importnachfrage verhinderte jedoch eine rasche und nachhaltige Verbesserung der britischen Zahlungsbilanzlage. Als deutlich sichtbar wurde, daß sich das anvisierte Ziel einer Aktivierung der Grundbilanz für das zweite Halbjahr nicht erreichen ließ, wurden mit Wirkung vom 2. November zur Dämpfung der Inlandsnachfrage die Bedingungen für Teilzahlungskäufe kräftig verschärft. Doch geriet auch das Pfund Sterling im Verlauf der hektischen Unruhe, welche die Devisenmärkte im November erfaßte, erneut unter scharfen Druck. Daher mußte die Bank von England in erheblichem Umfang auf die Swap-Kreditlinie mit der Federal Reserve Bank zurückgreifen. Nachdem die Verpflichtungen aus der Beanspruchung dieser Kreditlinie erst im Juni vollständig abgedeckt werden konnten, wurde die Swap-Kreditlinie schon im dritten Quartal wieder in Höhe von 400 Mio. US-$ und dann bis Ende November mit weiteren 750 Mio. US-$ beansprucht, so daß sich die unter dieser Kreditlinie Ende November ausstehenden Verpflichtungen auf insgesamt 1 150 Mio. US-$ beliefen.[33] Nach massiven Interventionen der Bank von England zur Stützung des Pfund Sterling und der Schließung der Devisenbörsen auf dem Höhepunkt der Krise des französischen Franc und der Deutschen Mark, welche die Devisenmärkte in den ersten drei Wochen des November erschütterte, kündigte die britische Regierung am 22. Novem-

---

[32] Siehe hier und im folgenden auch Bank of England, Quarterly Bulletin, December 1968, a.a.O., S. 352 ff. und Quarterly Bulletin, Vol. 9, No. 1, March 1969, S. 4 ff.

[33] Siehe Coombs, Ch.A., Treasury and Federal Reserve Foreign Exchange Operations, in: Federal Reserve Bulletin, Vol. 55, No. 3, March 1969, S. 220.

ber[34] verschiedene neue kredit- und finanzpolitische Maßnahmen an.[35] Darüber hinaus wurde mit Wirkung vom 27. November für die Dauer von zwölf Monaten ein neuartiges Import-Depositen-System (import deposit scheme) eingeführt, das die Importeure bestimmter Halb- und Fertigwaren verpflichtete, im Zeitpunkt der Importe 50 v.H. des Importwerts bei den Zollbehörden für 180 Tage zinslos zu hinterlegen.[36] Die Maßnahmen vom November konnten freilich die britische Zahlungsbilanz bis zum Jahresende nicht mehr wesentlich verbessern. Die britische Grundbilanz schloß für 1968 mit einem Defizit in Höhe von rd. 1 100 Mio. US-$. Dieses Defizit lag daher nur wenig unter dem des Vorjahres.

In diesem Zusammenhang ist schließlich festzuhalten, daß die britischen Währungsbehörden im zweiten Halbjahr 1968 folgende Rückzahlungen vorgenommen haben:[37]

1) Die ersten zwei Tilgungsraten im Gegenwert von insgesamt 185 Mio. US-$ auf die im Mai 1965 erfolgte Ziehung beim IWF im Gegenwert von 1 400 Mio. US-$, zu deren Refinanzierung der IWF bei der Zehner-Gruppe gemäß den AKV den Gegenwert von 525 Mio. US-$ aufgenommen hatte.[38]

---

[34] Im Anschluß an die Konferenz der Zehner-Gruppe vom 20. bis 22. November 1968 in Bonn.

[35] Siehe zu diesen Maßnahmen Bank of England, Quarterly Bulletin, December 1968, a.a.O., S. 342 f.

[36] Siehe ebenda, S. 342 f. und S. 359.

[37] Siehe im folgenden Bank of England, Quarterly Bulletin, December 1968, a.a.O. S. 356 und Quarterly Bulletin, March 1969, a.a.O., S. 8. Siehe ferner Deutsche Bundesbank, Geschäftsbericht für das Jahr 1968, S. 43 und Schweizerische Nationalbank, 61. Geschäftsbericht (1968), S. 19.

[38] Im Mai 1968 vereinbarten die britischen Währungsbehörden mit dem Fonds einen Plan zur Tilgung der Ziehung vom Mai 1965. Danach sollte diese Ziehung, vorbehaltlich von Pfund Sterling-Ziehungen anderer IWF-Mitglieder, ab August 1968 in acht vierteljährlichen Raten wie folgt zurückgezahlt werden: Zwei Raten im Gegenwert von jeweils 100 Mio. US-$ im Jahr 1968, vier Raten im Gegenwert von jeweils 200 Mio. US-$ im Jahr 1969 und zwei Raten im Gegenwert von jeweils 200 Mio. US-$ im Jahr 1970. Nachdem bis August 1968 bereits ein anderes IWF-Mitglied 15 Mio. US-$ in £ gezogen hatte, ermäßigte sich die erste Rate auf den Gegenwert von 85 Mio. US-$. Die Verbindlichkeiten des Fonds aus der im Mai 1965 im Rahmen der AKV erfolgten Kreditaufnahme verringerten sich im

2) Die ersten zwei Tilgungsraten im Gegenwert von insgesamt 15 Mio. US-$ auf die im Mai 1965, parallel zu der Kreditgewährung der Zehner-Gruppe, bereitgestellte Devisenhilfe der Schweizerischen Nationalbank im Gegenwert von 40 Mio. US-$.
3) Die Rückzahlung der Verpflichtungen aus der teilweisen Beanspruchung der im Juni 1966 durch die Bank von Frankreich eingeräumten und 1967 sowie 1968 verlängerten Kreditlinie im Gegenwert von 90 Mio. US-$[39].
4) Die Rückzahlung der von drei schweizerischen Geschäftsbanken im Oktober 1967 gewährten Devisenhilfe im Gegenwert von 103 Mio. US-$.
5) Sechs Tilgungsraten im Gegenwert von insgesamt 130 Mio. US-$ auf die am 14. November 1967 über die BIZ bereitgestellten Devisenhilfen im Gegenwert von insgesamt 250 Mio. US-$.[40]
6) Die Rückzahlung der Verpflichtungen aus der teilweisen Beanspruchung der im März 1968 bereitgestellten Kreditlinien im Gegenwert von insgesamt 1 100 Mio. US-$. Mit Ausnahme der Kreditlinie der Federal Reserve Bank sind die Kreditlinien vom März 1968 damit erloschen.
7) Die Rückzahlung eines Teils der Verpflichtungen aus der in wechselndem Umfang vorgenommenen Beanspruchung der Ende November 1967 eingeräumten Kreditlinien im Gegenwert von insgesamt 1 500 Mio. US-$. Die gesamten Kreditlinien verringerten sich später auf 1 300 Mio. US-$ und wurden auf dieser Höhe zur weiteren Beanspruchung verlängert.

Ungeachtet dieser und der bereits im ersten Halbjahr geleisteten Rückzahlungen hat sich die britische Auslandsverschuldung aufgrund der Beanspruchung neuer oder in Form von Bereitschaftskrediten gewährten kurz- und mittelfristigen Devisenhilfen auch 1968 weiter erhöht.

Februar 1968 durch die an Kanada geleistete Rückzahlung auf einen Gegenwert von 490 Mio. US-$ (siehe oben, S. 110). Entsprechend den Bestimmungen der AKV mußten die von Großbritannien im zweiten Halbjahr 1968 geleisteten Rückzahlungen im Gegenwert von 185 Mio. US-$ an die einzelnen Mitglieder der Zehner-Gruppe im Verhältnis ihrer Beteiligung an dieser Aktion weitergeleitet werden.

39 Zum Umfang dieser Kreditlinie siehe Banque de France, Compte Rendu Des Opérations, Exercice 1967, S. 20.

40 Die erste Tilgungsrate leisteten die britischen Währungsbehörden schon im Juni.

3163 Die Devisenhilfen für den französischen Franc

Während der Erschütterung der Devisen- und Goldmärkte in der Zeit von November 1967 bis März 1968 geriet auch der französische Franc verschiedentlich unter Druck. Da diese Störungen nicht einer akuten Schwäche der französischen Außenwirtschaft entsprangen, sondern dem durch die Abwertung des Pfund Sterling ausgelösten allgemeinen Mißtrauen in das bestehende Wechselkursgefüge, wirkten sie sich nur vorübergehend auf die Position des Franc aus. Der Franc zählte vielmehr seit Anfang der Sechziger Jahre zu den wenigen starken Währungen der wichtigsten Industrieländer. Die französischen Währungsreserven erreichten einschließlich der Reserveposition im IWF Anfang 1968 mit einem Gegenwert von rd. 7 000 Mio. US-$ eine beachtliche Höhe.[1] Nach einer mehrjährigen Periode hoher Überschüsse war die Zahlungsbilanz Frankreichs für 1967 ausgeglichen. Der französische Außenhandel zeigte noch im ersten Quartal 1968 eine bemerkenswerte Expansion. Völlig unerwartet stürzte Frankreich jedoch im Mai in eine ~~schwe~~ schwere Krise, die zum Zusammenbruch des Vertrauens in den französischen Franc führte. Die daraus folgende Belastung der französischen Reservenlage hielt in unterschiedlichem Umfang bis zum November an.[2] Sie wurde durch den krassen Gegensatz der wirtschafts- und währungspolitischen Entwicklung in Frankreich einerseits und in der Bundesrepublik Deutschland andererseits wesentlich verschärft. Zur Verstärkung der Reserven wurden den französischen Währungsbehörden verschiedene kurz- und mittelfristige Devisenhilfen gewährt, an deren Bereitstellung sich die Zehner-Gruppe maßgeblich beteiligte.

Am 17. Mai 1968 brachen in Paris soziale und politische Unruhen aus, die sich innerhalb weniger Tage auf ganz Frankreich ausdehnten. In der Art eines Generalstreiks wurden große Teile der französischen Wirtschaft lahmgelegt. Die Streikbewegung erfaßte nicht nur den industriellen Sektor, sondern auch den überwiegenden Teil der französischen Kreditinstitute und sogar die Bank von Frankreich. Da die Pariser Devisenbörse damit funktionsunfähig geworden war, mußte sie am

[1] Siehe BIZ, Neununddreissigster Jahresbericht (1968/69), S. 17.

[2] Siehe ebenda, S. 13 ff. zur wirtschafts- und währungspolitischen Entwicklung in Frankreich. Siehe ferner speziell zur Entwicklung auf den Devisenmärkten Coombs, Ch.A., Treasury and Federal Reserve Foreign Exchange Operations, September 1968, a.a.O., S. 728 ff.

20. Mai auf unbestimmte Zeit geschlossen werden. Mit den Mai-Unruhen entstand ein erhebliches währungsbezogenes Risikogefälle zwischen In- und Ausland. Das Vertrauen in die vorher noch als besonders gefestigt geltende Währung Frankreichs brach innerhalb weniger Tage völlig zusammen. Der Verlust des Vertrauens in den Franc hatte trotz der Transferschwierigkeiten anhaltende kurzfristige Kapitalabflüsse zur Folge. Da die Streikbewegung auch die Bank von Frankreich erfaßte und die Pariser Devisenbörse geschlossen werden mußte, wurde der Franc auf den anderen europäischen Devisenmärkten durch die BIZ und in New York durch die Federal Reserve Bank gestützt.[3] Allein im Mai verlor die Bank von Frankreich Reserven im Gegenwert von rd. 307 Mio. US-$.[4] Zur Abwehr der fortdauernden Kapitalabflüsse wurden mit Wirkung vom 31. Mai verschiedene Devisenkontrollmaßnahmen erlassen.[5] Obwohl bei der Einführung dieser Maßnahmen betont wurde, daß es sich um außerordentliche Maßnahmen vorübergehender Natur handele, so wurde doch gerade durch den Erlaß dieser Maßnahmen das bereits vorhandene Mißtrauen in den Franc zusätzlich entfacht. Zur Überwindung der sozialen und politischen Unruhen, die eine tiefgreifende wirtschaftliche Krise heraufbeschworen, wurden den Gewerkschaften Ende Mai weitreichende Lohnerhöhungen, Arbeitszeitverkürzungen und Sozialleistungen zugesichert. Die Vermutung über den Umfang des bereits entstandenen Produktionsverlustes und die Befürchtungen, daß die internationale Wettbewerbsfähigkeit der französischen Wirtschaft durch die umfangreichen Zugeständnisse an die Gewerkschaften erheblich geschwächt werden könnte, nährten die Zweifel, ob die Parität des Franc gehalten werden kann. Diese Zweifel konnten auch nicht durch verschiedene offizielle Erklärungen, daß die Aufrechterhaltung der Franc-Parität außer Frage stehe, beseitigt werden. Da die Devisenkontrollmaßnahmen zunächst noch locker gehandhabt wurden, konnten sich die kurzfristigen Kapitalabflüsse fortsetzen, als die Banken ihren Geschäftsbetrieb Anfang Juni wieder aufnahmen und die Pariser Devisenbörse am 7. Juni wieder öffnete. Der Druck gegen den Franc, der zunächst vor allem von den risikoinduzierten Ka-

[3] Siehe BIZ, Neununddreissigster Jahresbericht (1968/69), S. 146.

[4] Siehe Coombs, Ch.A., Treasury and Federal Reserve Foreign Exchange Operations, September 1968, a.a.O., S. 729.

[5] Siehe dazu N.N., Wieder Devisenkontrollen in Frankreich, Vereinigte Wirtschaftsdienste, Finanzen, Frankfurt am Main, Nr. 126 vom 31. 5. 1968, in: Deutsche Bundesbank/Auszüge aus Presseartikeln, Nr. 39/8. 6. 1968, S. 6.

pitalbewegungen ausgegangen war, wurde nun, in Erwartung einer Abwertung, durch spekulative Kapitalbewegungen kommerzieller und professioneller Natur verschlimmert. Infolge der fortdauernden Reserveverluste nahm die Bank von Frankreich im Juni zum ersten Mal die zwischen ihr und der Federal Reserve Bank bestehende gegenseitige Swap-Kreditlinie in Anspruch, und zwar in voller Höhe von 100 Mio. US-$.[6] Obwohl noch immer beachtliche Gold- und Devisenreserven vorhanden waren, griffen die französischen Währungsbehörden außerdem auf die IWF-Reserveposition Frankreichs zurück und zogen am 4. Juni 14 Währungen im Gegenwert von insgesamt 745 Mio. US-$.[7] Zwei Drittel dieser Ziehung betrafen die Ziehungsrechte aus der in den vorausgegangenen Jahren aufgebauten Super-Goldtranche, ein Drittel die Ziehungsrechte aus der Goldtranche. In Anbetracht der bereits erwarteten britischen Ziehung vom 19. Juni [8] finanzierte der Fonds die französische Ziehung zur Vermeidung einer Aufzehrung seiner eigenen Bestände in den häufig verwendeten Währungen einiger weniger Mitgliedsländer nach dem bewährten Finanzierungsschema: Den Gegenwert von 298 Mio. US-$ stellte er in zehn Währungen aus eigenen Beständen bereit. Den Gegenwert von 182 Mio. US-$ beschaffte sich der Fonds bei elf Mitgliedern durch Goldverkäufe. Zur Refinanzierung des verbleibenden Gegenwerts von 265 Mio. US-$ nahm der Fonds bei fünf Mitgliedern der Zehner-Gruppe gemäß den AKV Kredite auf, und zwar bei Belgien, der Bundesrepublik Deutschland, Italien, den Niederlanden und Schweden. Eine Kreditaufnahme in den Währungen der anderen Mitglieder der Zehner-Gruppe unterblieb. Was Großbritannien und Japan betraf, so ließ ihre Zahlungsbilanz- und Reservenlage keine Kreditaufnahme zu. Eine Kreditaufnahme bei Kanada und den Vereinigten Staaten war nicht erforderlich, da der

---

6 Siehe Coombs, Ch.A., Treasury and Federal Reserve Foreign Exchange Operations, September 1968, a.a.O., S. 729. Die Swap-Kreditlinie zwischen der Bank von Frankreich und der Federal Reserve Bank wurde 1962 vereinbart. Während aber die von der Federal Reserve Bank mit anderen Notenbanken und der BIZ ebenfalls 1962 vereinbarten Swap-Kreditlinien in den Jahren bis 1968 verschiedentlich erhöht wurden, wurde die Swap-Kreditlinie mit der Bank von Frankreich, nach einer einmaligen Erhöhung um 50 Mio. US-$ auf einen Gegenwert von 100 Mio. US-$ im Jahr 1963, bis zum Juli 1968 nicht mehr erhöht. Siehe auch oben, S. 75 Fußnote 12.

7 Siehe zu den Einzelheiten der französischen Ziehung N.N., Tirage de la France sur le Fonds Monétaire International, in: Banque, No. 264, Juin 1968, S. 453.

8 Siehe zur britischen Ziehung vom 19. Juni 1968 oben, S. 116 f.

Fonds über ausreichende Bestände in den Währungen dieser Länder verfügte. Die folgende Übersicht zeigt die von Frankreich gezogenen Währungen und die vom Fonds angewandten Arten der Finanzierung:

in Mio. US-$

Gezogene Währungen	Aus IWF-Beständen	Goldverkäufe des IWF	Kreditaufnahme im Rahmen d. AKV	Insgesamt
Deutsche Mark	-	64,0	140,0	204,0
US-Dollar	150,0	-	-	150,0
Ital. Lire	-	48,0	60,0	108,0
Holländ. Gulden	-	22,0	35,0	57,0
Belg. Franc	20,0	19,0	15,0	54,0
Kanad. Dollar	35,0	-	-	35,0
Austral. Dollar	20,0	8,5	-	28,5
Rand	23,0	-	-	23,0
Schwed. Kronen	-	7,0	15,0	22,0
Irische Pfund	15,0	1,5	-	16,5
Japan. Yen	10,0	5,0	-	15,0
Mexikan. Pesos	10,0	3,5	-	13,5
Dänische Kronen	10,0	2,0	-	12,0
Norweg. Kronen	5,0	1,5	-	6,5
Insgesamt	298,0	182,0	265,0	745,0

Da zwei Drittel der Ziehung auf eine französische Super-Goldtranche im Fonds entfielen, entstand für Frankreich für zwei Drittel der Ziehung keine Rückzahlungsverpflichtung. Demgegenüber mußte die Ziehung aus der Goldtranche entsprechend den Ausleihegrundsätzen des Fonds spätestens in fünf Jahren getilgt sein. Zusätzlich zu dieser Ziehung im IWF wurde zwischen Frankreich und vier anderen Mitgliedern der Zehner-Gruppe sowie dem IWF eine weitere Transaktion zur Stärkung der französischen Devisenreserven durchgeführt. Die IWF-Reserveposition Frankreichs enthielt nämlich außer den am 4. Juni beanspruchten Ziehungsrechten noch eine AKV-Forderung im Gegenwert von 140 Mio. US-$. Diese Forderung an den Fonds hatte Frankreich im Mai 1965 durch eine Kreditgewährung zur Refinanzierung der damaligen britischen Ziehung erworben. Da sich Frankreich nun selbst in Schwierigkeiten befand, riefen die französischen Währungsbehörden diese Forderung im Einklang mit den Bestimmungen der AKV vorzeitig zurück. Der Fonds war aber offensichtlich nicht in der Lage, den französischen AKV-Kredit in den von Frankreich nun benötigten Währungen zurückzuzahlen. Daher übernahmen mit Wirkung vom 17. Juni vier andere Mitglieder der Zehner-Gruppe, deren Zahlungsbilanz- und Reservenlage besonders gefestigt war und deren Währungen Frankreich vordringlich benötigte, die französische Forderung an den Fonds und stellten den von ihnen jeweils übernommenen Gegenwert in Landeswährung zur Verfügung.[9] An dieser Transaktion beteiligten sich die nachstehenden Mitglieder im Rahmen der AKV wie folgt:

Mitglied der Zehner-Gruppe	Übernommener Anteil in Mio. US-$
Deutsche Bundesbank[10]	80
Italien	40
Belgien	10
Niederlande	10
Insgesamt	140

Mit dieser Transaktion hatte der Fonds seine Verpflichtungen an Frankreich aus der früheren Kreditaufnahme im Rahmen der AKV getilgt. Dagegen erhöhten sich seine Verpflichtungen in gleichem Umfang gegenüber den vier anderen Mitgliedern der Zehner-Gruppe.[11] Die anhaltenden kurzfristigen Kapitalabflüsse fügten der Bank von

[9] Siehe zu den Einzelheiten der Übertragung IMF, Press Release No. 693 - June 17, 1968.

[10] Als unmittelbarer Teilnehmer an den AKV.

[11] Einschließlich der Kreditaufnahme zur Refinanzierung eines Teils der britischen Ziehung vom 19. Juni 1968 beliefen sich die vom Fonds bei den Mitgliedern der Zehner-Gruppe im Rahmen der AKV zu diesem Zeitpunkt aufgenommenen Kredite auf einen Gegenwert von 1 231,0 Mio. US-$. Davon stellten in Landeswährung zur Verfügung: Deutsche Bundesbank 613,5 Mio. US-$, Italien 290,0 Mio. US-$, Niederlande 122,5 Mio. US-$, Belgien 117,5 Mio. US-$, Schwedische Reichsbank 62,5 Mio. US-$ und Japan 25,0 Mio. US-$. Der noch nicht beanspruchte Teil des Kreditplafonds der AKV belief sich demnach auf einen Gegenwert von 4 626,1 Mio. US-$. Siehe zu diesen Angaben auch IMF, Press Release No. 695 - June 19, 1968. Die von Kanada anläßlich der britischen Ziehung vom Mai 1965 erworbene AKV-Forderung im Gegenwert von 35 Mio. US-$ wurde bereits im Februar vom Fonds vorzeitig zurückgezahlt. Siehe oben, S. 110.

Frankreich im Juni weitere Reservenverluste im Gegenwert von 203 Mio. US-$ zu.[12] Zusammen mit der Beanspruchung der Swap-Kreditlinie der Federal Reserve Bank, der Ziehung beim IWF und der aus der Übertragung der AKV-Forderung erhaltenen Devisen wendeten die französischen Währungsbehörden daher in den Monaten Mai und Juni Devisen im Gegenwert von insgesamt rd. 1 500 Mio. US-$ zur Stützung des Franc auf.

Für die französische Volkswirtschaft waren die Inflationsgefahren, die von den umfangreichen Zugeständnissen gegenüber den Gewerkschaften ausgingen, weit schwerwiegender als der unmittelbar durch die Mai-Unruhen verursachte Produktionsverlust[13]. Zur Überwindung dieser Gefahren entschloß sich die französische Regierung zu einer Politik der Expansion und damit zu einer Flucht nach vorn.[14] Dementsprechend wurden verschiedene, stark expansiv wirkende kredit- und finanzpolitische Maßnahmen erlassen, gleichzeitig aber wurde zur Abwehr der aus diesen Maßnahmen möglicherweise zusätzlich resultierenden inflationären Rückwirkungen die Preispolitik verschärft.[15] Infolge der Ungewißheit über die Entwicklung der internationalen Wettbewerbsfähigkeit Frankreichs wurden ferner zum Schutz des Außenhandels mit Wirkung vom 1. Juli zeitlich befristete Importkontingente und Exportsubventionen erlassen. Außerdem verfügte die Regierung zur Eindämmung der fortdauernden kurzfristigen Kapitalabflüsse mit Wirkung vom 10. Juli eine Straffung der Devisenkontrollmaßnahmen. In Anbetracht der Auswirkungen der Mai-Unruhen auf die Wirtschaft und Währung Frankreichs hatte schließlich der Rat der EWG am 20. Juli

---

[12] Siehe Coombs, Ch.A., Treasury and Federal Reserve Foreign Exchange Operations, September 1968. a.a.O., S. 729.

[13] Der Produktionsverlust belief sich auf rd.3 v.H. des Bruttosozialprodukts des Jahres 1968. Siehe BIZ, Neununddreissigster Jahresbericht (1968/69), S. 15. Damit war der durch die Streiks verursachte Produktionsverlust wesentlich geringer, als zunächst befürchtet worden war.

[14] Siehe: Regierungserklärung von Premierminister Couve de Murville vom 17. 7. 1968, Le Monde, Paris, No. 7313 - 19 juillet 1968, in: Deutsche Bundesbank/Auszüge aus Presseartikeln, Nr. 50/ 24. 7. 1968, S. 3 f.

[15] Siehe zu diesen und den im folgenden angeführten Maßnahmen BIZ, Neununddreissigster Jahresbericht (1968/69), S. 16.

für Frankreich den sogenannten gegenseitigen Beistand beschlossen.[16] Dieser Beschluß, der gewissermaßen eine Abstimmung verschiedener wirtschafts- und währungspolitischer Maßnahmen beinhaltete, bildete gleichzeitig die Voraussetzung für die Billigung der von französischer Seite schon ergriffenen handels- und zahlungsbilanzpolitischen Schutzmaßnahmen. Sie wurden am 23. Juli durch einen Beschluß der EWG-Kommission gebilligt.[17] Noch bevor die Gemeinschaft der Sechs für Frankreich den gegenseitigen Beistand beschlossen und die französischen handels- und zahlungsbilanzpolitischen Schutzmaßnahmen gebilligt hatte, wurden der Bank von Frankreich zur Stützung des noch immer unter Druck stehenden Franc von seiten verschiedener Notenbanken aus dem Kreis der Länder der Zehner-Gruppe und von der BIZ Devisenhilfen in verschiedenen Formen im Gegenwert von insgesamt 1 300 Mio. US-$ zur kurzfristigen Beanspruchung zur Verfügung gestellt.[18] An dieser Stützungsaktion beteiligten sich die Federal Reserve Bank mit einer Erhöhung der zwischen ihr und der Bank von Frankreich bestehenden gegenseitigen Swap-Kreditlinie um 600 Mio. US-$ auf einen Gegenwert von 700 Mio. US-$, die Deutsche Bundesbank mit einer Kreditlinie im Gegenwert von 300 Mio. US-$ sowie die Bank von Italien, die Nationalbank von Belgien und die Niederländische Bank mit Kreditlinien im Gegenwert von insgesamt 300 Mio. US-$ und die BIZ mit einer Kreditlinie im Gegenwert von 100 Mio. US-$. Diese Vereinbarungen gab die Bank von Frankreich am 10. Juli, drei Tage nach der monatlichen Routinesitzung der Notenbankpräsidenten der Zehner-Gruppe und der Schweiz bei der BIZ[19], bekannt. In der Folgezeit ließ zwar der Druck gegen den Franc etwas nach, doch konnte eine Befesti-

---

16 Siehe: Wortlaut der vom Europäischen Ministerrat gebilligten Richtlinie über den gegenseitigen Beistand, Vereinigte Wirtschaftsdienste, Finanzen, Frankfurt a.M., vom 22. 7. 1968, in: Deutsche Bundesbank/Auszüge aus Presseartikeln, Nr. 51/31. 7. 1968, S. 6.

17 Siehe: Entscheidung der Kommission der Europäischen Gemeinschaften, Brüssel, am 23. Juli 1968, mit der die Französische Republik ermächtigt wird, gemäß Artikel 108 Absatz 3 des Vertrages bestimmte Schutzmaßnahmen zu treffen, in: Deutsche Bundesbank/Auszüge aus Presseartikeln, Nr. 51/31. 7. 1968, S. 7 f.

18 Siehe zu diesen Devisenhilfen und ihren Auswirkungen Coombs, Ch.A., Treasury and Federal Reserve Foreign Exchange Operations, September 1968, a.a.O., S. 730 f. und Deutsche Bundesbank, Geschäftsbericht für das Jahr 1968, S. 43.

19 Auf der gleichen Sitzung erhielten außerdem die britischen Währungsbehörden die prinzipielle Zusage zu den im September 1968 mit der Zweiten Gruppen-Vereinbarung bereitgestellten Devisenhilfen. Siehe S. 119 f.

gung der Position des Franc nicht erreicht werden. Vielmehr mußte die Bank von Frankreich auch im weiteren Verlauf der Monate Juli und August anhaltende Reservenverluste hinnehmen. Daher machte sie in wechselndem Umfang von den anfangs Juli eingeräumten kurzfristigen Devisenhilfen Gebrauch. Ungeachtet der zwar verringerten, aber immer noch anhaltenden kurzfristigen Kapitalabflüsse entschlossen sich die zuständigen Behörden, die Ende Mai eingeführten und Anfang Juli verschärften Devisenkontrollmaßnahmen mit Wirkung vom 4. September wieder aufzuheben.[20] Es liegt nahe, daß diesem Entschluß die Überzeugung zugrunde lag, daß das sowohl im Inland als auch im Ausland gegenüber der Währung Frankreichs gehegte Mißtrauen so lange nicht beseitigt werden könne, wie diese dirigistischen Eingriffe in die Freizügigkeit des Zahlungs- und Kapitalverkehrs aufrechterhalten würden.

Ein wichtiger Faktor, welcher nicht nur der Beseitigung des fortdauernden Mißtrauens in den Franc zusätzlich entgegenstand, sondern dieses Mißtrauen im Verlauf der zweiten Jahreshälfte erneut verschärfte, war der krasse Gegensatz zwischen der durch die Mai-Unruhen erheblich belasteten wirtschaftlichen Entwicklung Frankreichs einerseits und der wirtschaftlichen Entwicklung der Bundesrepublik Deutschland andererseits.[21] Infolge der hohen Außenhandelsüberschüsse für 1967 war die Bundesrepublik Deutschland schon seit der Erschütterung der internationalen Devisen- und Goldmärkte im November 1967 verschiedentlich das bevorzugte Zielland umfangreicher kurzfristiger Kapitalbewegungen.[22] Diese Kapitalbewegungen wurden zwar durch die allgemeine Unsicherheit über die Stabilität des Internationalen Wechselkursgefüges ausgelöst, doch war die Tatsache, daß im Fall der Deutschen Mark, im Gegensatz zu den für unsicher gehaltenen Währungen zahlreicher anderer Länder, eine Aufwertung wegen den hohen Außenhandelsüberschüssen als nicht ausgeschlossen betrachtet werden konnte, entscheidend für ihre Richtung. Im Gegensatz zu den Markterwartungen versuchten die zuständigen Behörden der Bundesrepublik Deutschland durch eine Politik der monetären Lockerung die

[20] Siehe N.N., Aufhebung der Devisenkontrolle in Frankreich, in: NZZ, Nr. 245, 6. 9. 1968, S. 17.

[21] Vgl. Emminger, O., Bilanz der Währungskrisen, Ausführungen vor dem Wirtschaftsforum Hessen in Frankfurt am Main am 21. Februar 1969, in: Deutsche Bundesbank/Auszüge aus Presseartikeln, Nr. 15/26. 2. 1969, S. 3. Daher ist im Zusammenhang mit den Ausführungen über die Devisenhilfen für den französischen Franc eine kurze Betrachtung der Entwicklung der deutschen Wirtschaft und Währung erforderlich.

[22] Siehe zur wirtschafts- und währungspolitischen Entwicklung in der Bundesrepublik Deutschland BIZ, Neununddreissigster Jahresbericht (1968/69), S. 3 ff.

langfristigen Kapitalexporte zum Ausgleich der Überschüsse im Außenhandel zu stimulieren. Die Wirkung dieser Politik blieb nicht aus. Die langfristigen Kapitalexporte erreichten im dritten Quartal 1968 eine Rekordhöhe von 3,9 Mrd. DM, so daß die Überschüsse in der Bilanz der laufenden Posten in Höhe von 1,9 Mrd. DM nicht nur kompensiert werden konnten, sondern die deutsche Grundbilanz in diesem Quartal sogar ein Defizit von 2,0 Mrd. DM auswies.[23] Für die Markterwartungen war jedoch der Umfang der langfristigen Kapitalexporte nicht so sehr entscheidend wie die hartnäckigen deutschen Außenhandelsüberschüsse. Hinzu kam, daß aufgrund der außergewöhnlichen Preisstabilität in der Bundesrepublik Deutschland, die sich drastisch von der des Auslands abhob, eine weitere Verbesserung der internationalen Wettbewerbsfähigkeit der deutschen Wirtschaft erwartet worden war. Damit verdichteten sich gleichzeitig die schon seit längerer Zeit gehegten Erwartungen einer Aufwertung der Deutschen Mark. Die auf diesen Erwartungen aufbauende Haussespekulation löste Anfang September eine derart gewaltige Welle kurzfristiger Kapitalbewegungen nach der Bundesrepublik Deutschland aus, daß die Deutsche Bundesbank innerhalb von zehn Tagen im Rahmen ihrer Interventionen auf dem Devisenmarkt rd. 1,400 Mio. US-$ übernehmen mußte.[24] Gleichzeitig mit dieser massiven Haussespekulation gegen die Deutsche Mark kam der noch immer labile Franc erneut unter scharfen Druck. Dazu trug insbesondere bei, daß sich inzwischen aufgrund der umfangreichen Lohnerhöhungen einerseits eine Verschlechterung der internationalen Wettbewerbsfähigkeit und damit der Exporte, andererseits eine Erhöhung der Inlandsnachfrage und damit der Importe abzeichnete. Begünstigt durch die zu Anfang September aufgehobenen Devisenkontrollmaßnahmen, nahmen die kurzfristigen Kapitalabflüsse aus Frankreich wieder erheblich zu. Während die Deutsche Bundesbank durch Swap-Transaktionen mit den Geschäftsbanken den überwiegenden Teil der kurzfristigen Kapitalzuflüsse ins Ausland zurückschleusen konnte[25], mußte die Bank von Frankreich zur Stützung des Franc auf ihre Gold- und Devisenreserven und die kurzfristigen Devisenhilfen zurückgreifen, die ihr Anfang Juli aus dem Kreis der Notenbanken der Länder der Zehner-Gruppe zur Verfügung gestellt worden waren. Dabei nahm die Bank von Frankreich

---

[23] Siehe Deutsche Bundesbank, Monatsbericht Oktober 1968, S. 39 ff.

[24] Siehe BIZ, Neununddreissigster Jahresbericht (1968/69), S. 11. Siehe im folgenden auch Coombs, Ch.A., Treasury and Federal Reserve Foreign Exchange Operations, March 1969, a.a.O., S. 214 ff. und S. 218 f.

[25] Siehe Deutsche Bundesbank, Monatsbericht Oktober 1968, S. 48.

bis Ende September allein die Swap-Kreditlinie mit der Federal Reserve Bank, die sie schon Ende Juni in Höhe von 100 Mio. US-$ beansprucht hatte, in Höhe von weiteren 350 Mio. US-$ in Anspruch.[26] Gleichzeitig verkaufte sie Gold im Gegenwert von 240 Mio. US-$ an das US-Schatzamt.[27] Nach der Abwehr der Anfang September einsetzenden Welle kurzfristiger Kapitalbewegungen ließen gegen Ende September sowohl die kurzfristigen Kapitalzuflüsse nach der Bundesrepublik Deutschland als auch die kurzfristigen Kapitalabflüsse aus Frankreich nach. Diese Beruhigung der Devisenmärkte, die im wesentlichen auch noch im Oktober anhielt, war jedoch sehr vordergründig und keineswegs gesichert. Infolge der anhaltend hohen Außenhandelsüberschüsse der Bundesrepublik Deutschland festigten sich gegen Ende Oktober die Erwartungen, daß eine Aufwertung der Deutschen Mark in greifbare Nähe gerückt sei. Auch die wiederholten Dementis gegenüber den insbesondere im Ausland, aber auch im Inland kursierenden Gerüchten einer DM-Aufwertung konnten nicht verhindern, daß Anfang November eine zweite Welle kurzfristiger Kapitalbewegungen nach der Bundesrepublik Deutschland rollte, die bis zu ihrem Höhepunkt am 19. November stetig anschwoll und jene vom September weit übertraf. Am 15. November (Freitag), ein Tag vor der monatlichen Sitzung der Notenbankgouverneure der Zehner-Gruppe und der Schweiz bei der BIZ, flossen der Deutschen Bundesbank über 800 Mio. US-$ zu.[28] Die fieberhafte Haussespekulation gegen die Deutsche Mark, die in einem kumulativen Prozeß "Gelder aus aller Welt nach Deutschland in Bewegung gesetzt hatte"[29], löste gleichzeitig gewaltige spekulative und risikoinduzierte Kapitalbewegungen aus Frankreich nach der Bundesrepublik Deutschland aus, nachdem sich sehr schnell die Überzeugung durchgesetzt hatte, daß es nicht zu einer einseitigen Paritätsanpassung kommen würde. Während die Deutsche Bundesbank zunächst wiederum versuchte, in Swap-Transaktionen mit den Kreditinstituten die kurzfristigen Kapitalzuflüsse ins Ausland zurückzuschleusen, nahm die Bank von Frankreich zur Stützung des hart bedrohten Franc die schon im Juli eingeräumten kurzfristigen Devisenhilfen der Notenbanken aus dem Kreis der Länder der Zehner-Gruppe und der BIZ in Anspruch, wobei sich allein die Inanspruchnahme der Swap-Kreditlinie mit der Federal

[26] Siehe Coombs, Ch.A., Treasury and Federal Reserve Foreign Exchange Operations, March 1969, a.a.O., S. 218.

[27] Siehe ebenda.

[28] Siehe Deutsche Bundesbank, Geschäftsbericht für das Jahr 1968, S. 40.

[29] Siehe ebenda, S. 39.

Reserve Bank um über 150 Mio. US-$ auf 611 Mio. US-$ erhöhte.[30] Außerdem sahen sich die französischen Behörden gezwungen, die mit der neuen Politik der Expansion seit Juli geförderte, nun aber übermäßig zunehmende Kreditexpansion, durch starke restriktive Maßnahmen, zur Verteidigung des Franc zu drosseln. Mit Wirkung vom 13. November wurden u.a. der Diskontsatz von 5 auf 6 v.H. erhöht und die Pflichtreserven der Banken angehoben.[31] Doch diese Maßnahmen hatten zunächst nicht die beabsichtigte Wirkung, sondern verschärften nur das Mißtrauen in die Wirtschaft und Währung Frankreichs, indem sie als Zeichen dafür ausgelegt wurden, daß die Politik der Expansion, die zur Überwindung der Auswirkungen der Mai-Unruhen eingeschlagen worden war, außer Kontrolle geraten sei. Als schließlich die am 16. und 17. November abgehaltene monatliche Sitzung der Notenbankgouverneure der Zehner-Gruppe und der Schweiz bei der BIZ ohne eine offizielle Verlautbarung zur Beruhigung der Devisenmärkte abgeschlossen wurde, schien der Zeitpunkt einer Aufwertung der Deutschen Mark, einer Abwertung des französischen Franc und möglicherweise weiterer Wechselkursänderungen unmittelbar bevorzustehen. In dieser Situation setzte sich der panikartige und spekulative Rückzug aus dem abwertungsbedrohten Franc und die hektische Haussespekulation gegen die aufwertungsverdächtige Deutsche Mark verstärkt fort. Während sich die Währungsreserven der Deutschen Bundesbank in den ersten drei Wochen des November als Folge der Devisenflut um rd. 2 300 Mio. US-$ erhöhten[32], mußte die Bank von Frankreich allein in der zweiten und dritten Woche des November Reservenverluste in Höhe von insgesamt rd. 630 Mio. US-$ hinnehmen[33]. Entgegen den Erwartungen, auf denen die weltweite Haussespekulation gegen die Deutsche Mark aufbaute, in deren Verlauf freilich nicht nur der Franc, sondern auch das

---

[30] Siehe Coombs, Ch.A., Treasury and Federal Reserve Foreign Exchange Operations, March 1969, a.a.O., S. 218.

[31] Siehe N.N., Frankreich erhöhte den Diskontsatz, Vereinigte Wirtschaftsdienste, Finanzen, vom 12. 11. 1968, in: Deutsche Bundesbank/Auszüge aus Presseartikeln, Nr. 79/ 19. 11. 1968, S. 12.

[32] Siehe Deutsche Bundesbank, Geschäftsbericht für das Jahr 1968, S. 85 f.. Verglichen damit nehmen sich die im Anschluß an die DM-Aufwertung im März 1961 in Gang gesetzten kurzfristigen Kapitalbewegungen im Gegenwert von etwa 500 Mio. US-$ bescheiden aus. Siehe oben, S. 45.

[33] Siehe N.N., Währung und Börse in Frankreich, Die Devisenverluste in der kritischen Woche, in: NZZ, Nr. 329, 30. 11. 1968, S. 15. Nach Schätzungen der BIZ haben sich die französischen Währungsreserven im zweiten Halbjahr 1968 netto um 1 645 Mio. US-$ verringert. Siehe BIZ, Neununddreissigster Jahresbericht (1968/69), S. 137 f.

Pfund Sterling erneut unter Druck geriet, gab die deutsche Bundesregierung auf dem Höhepunkt der chaotischen Zustände auf den Devisenmärkten am 19. November bekannt, daß sie (im Einvernehmen mit der Deutschen Bundesbank) beschlossen hatte, die Deutsche Mark nicht aufzuwerten[34]. Gleichzeitig kündigte die Bundesregierung zur Absicherung der binnenwirtschaftlichen Preisstabilität "steuerliche Sofortmaßnahmen auf dem Gebiet der Ein- und Ausfuhr"[35] an. Aufgrund dieser Maßnahmen, die als Ersatz für eine Aufwertung der Deutschen Mark noch im November 1968, befristet bis März 1970, in Kraft traten, wurden die Exporte belastet und die Importe (ausgenommen die in die EWG-Marktordnungen einbezogenen Agrarprodukte) entlastet, und zwar jeweils um 4 v. H.[36]. Außerdem wurde in den auf die Ankündigung der steuerlichen Sofortmaßnahmen folgenden Tagen zur Abwehr spekulativer kurzfristiger Kapitalzuflüsse von der Deutschen Bundesbank eine hundertprozentige Zuwachsreserve (Stichtag 15. November) auf alle Auslandsverbindlichkeiten deutscher Kreditinstitute verfügt und von der Bundesregierung eine Genehmigungspflicht für Auslandseinlagen und Auslandskredite verordnet.[37] Mit Wirkung vom 20. November (Mittwoch) wurden die Devisenbörsen in den wichtigsten europäischen Ländern bis zum 22. November geschlossen. Gleichzeitig traten die Minister und Notenbankgouverneure der Zehner-Gruppe, auf Vorschlag verschiedener Mitglieder der Gruppe, zu Beratungen über die internationale Währungssituation in Bonn zusammen. An der Konferenz der Zehner-Gruppe nahmen ferner Vertreter des IWF, der OECD, der BIZ,

[34] Siehe: Keine Aufwertung der Deutschen Mark, Absicherung der Preisstabilität durch steuerliche Sofortmaßnahmen auf dem Gebiet der Ein- und Ausfuhr, Wirksamer Beitrag der Bundesregierung zur Verbesserung der internationalen Zahlungsbilanzen, Bulletin des Presse- und Informationsamtes der Bundesregierung, Bonn, Nr. 148 vom 22. November 1968, in: Deutsche Bundesbank/Auszüge aus Presseartikeln, Nr. 80/26. 11. 1968, S. 1.

[35] Ebenda.

[36] Siehe: Gesetz über Maßnahmen zur außenwirtschaftlichen Absicherung gemäß § 4 des Gesetzes zur Förderung der Stabilität und des Wachstums der Wirtschaft (AbsichG) - Vom 29. November 1968, in: BGBl., Jg. 1968, Tl. I, S. 1255 - 1262. Siehe zur Begründung: Die Reden von Bundeskanzler Kiesinger, Bundesminister für Wirtschaft Professor Schiller und Bundesminister der Finanzen Strauß vor dem Deutschen Bundestag am 26. November 1968, Bulletin des Presse- und Informationsamtes der Bundesregierung, Bonn, Nr. 151 vom 28. November 1968, in: Deutsche Bundesbank/Auszüge aus Presseartikeln, Nr. 83/4. 12. 1968, S. 3 ff.

[37] Die Anordnungen von Bundesbank und Bundesregierung sind abgedruckt in Deutsche Bundesbank, Monatsbericht November/Dezember 1968, S. 4 ff.

der EWG-Kommission und der Schweizerischen Nationalbank als Beobachter teil. Zum Abschluß der dreitätigen Beratungen wurde in einer offiziellen Verlautbarung im wesentlichen folgendes bekanntgegeben:[38]

1) Die Beteiligten waren sich daran einig, daß für die Aufrechterhaltung der internationalen Währungsstabilität alle Länder gemeinsam verantwortlich sind. Die Vertreter der Defizitländer als auch die der Überschußländer bekräftigten ihre Absicht, eine koordinierte Wirtschafts- und Währungspolitik zur Aufrechterhaltung stabiler internationaler Währungsverhältnisse zu führen.
2) Nach der Erörterung der von deutscher Seite bereits ergriffenen bzw. vorbereiteten Maßnahmen stimmten die Vertreter der Zehner-Gruppe überein, "daß diese deutschen Maßnahmen einen bedeutenden Beitrag zur Stabilität des Währungssystems und zum Anpassungsprozeß darstellen"[39]. In Anbetracht dieser Maßnahmen billigten sie die Entscheidung der Bundesregierung, die Deutsche Mark nicht aufzuwerten.
3) Der französische Wirtschafts- und Finanzminister erläuterte die Lage der Währung seines Landes und die zur Wiederherstellung des binnen- und außenwirtschaftlichen Gleichgewichts schon getroffenen Maßnahmen sowie "die noch zu lösenden Probleme"[40].
   Es wurde beschlossen, neue Devisenhilfen im Gegenwert von 2 000 Mio. US-$ für Frankreich bereitzustellen.
   Die Bereitstellung dieser Devisenhilfen "unterstreicht die Entschlossenheit der Währungsbehörden, der Spekulation entgegenzutreten und die Auswirkung destabilisierender kurzfristiger Kapitalbewegungen auf die Währungsreserven zu kompensieren"[41].

An den neuen Devisenhilfen, die der Bank von Frankreich auf der Konferenz der Zehner-Gruppe zur Verfügung gestellt wurden, beteiligten sich die Mitglieder der Zehner-Gruppe, die Schweizerische Nationalbank und die BIZ wie folgt:[42]

---

[38] Vgl. im folgenden Gruppe der Zehn, Communiqué of the Ministers and Governors of the Group of Ten, Meeting in Bonn, 20th - 22nd November 1968, Bulletin des Presse- und Informationsamtes der Bundesregierung, Bonn, Nr. 149 vom 26. November 1968, in: Deutsche Bundesbank/Auszüge aus Presseartikeln, Nr. 81/26. 11. 1968, S. 1.

[39] Ebenda, Ziff. 5.

[40] Ebenda, Ziff. 6.

[41] Ebenda, Ziff. 8.

[42] Siehe N.N., Pressekonferenz Schillers, in: NZZ, Nr. 323, 24. 11. 1968, S. 7 und Coombs, Ch.A., Treasury and Federal Reserve Foreign Exchange Operations, March 1969, a.a.O., S. 218.

Beteiligte Institutionen	Beteiligung in Mio. US-$
Deutsche Bundesbank	600
Federal Reserve Bank	300
US-Schatzamt	200
Bank von Italien	200
Bank von England	100
Bank von Kanada	100
Nationalbank von Belgien	100
Niederländische Bank	100
Schwedische Reichsbank	100
Bank von Japan	50
Zehner-Gruppe insgesamt	1 850
Schweizerische Nationalbank	100
BIZ	50
Insgesamt	2 000

Die Beteiligung der Federal Reserve Bank bestand in der Erhöhung der zwischen ihr und der Bank von Frankreich bestehenden gegenseitigen Swap-Kreditlinie auf einen Gegenwert von 1 000 Mio. US-$[43]. Die neuen Devisenhilfen, die der Bank von Frankreich auf der Konferenz der Zehner-Gruppe in Bonn eingeräumt wurden, traten zu den Devisenhilfen im Gegenwert von 1 300 Mio. US-$, welche der Bank von Frankreich bereits im Juli von fünf Notenbanken aus dem Kreis der Länder der Zehner-Gruppe sowie der BIZ bereitgestellt worden waren, hinzu. Neben diesen kurzfristigen Devisenhilfen standen Frankreich noch beträchtliche Ziehungsrechte im IWF offen, nämlich außer der bereits beanspruchten Goldtranche, sämtliche vier Kredittranchen, also Ziehungsrechte im Gegenwert von 985 Mio. US-$.

Wie aus der offiziellen Verlautbarung zum Abschluß der Bonner Konferenz der Zehner-Gruppe zu entnehmen ist, galt das Schwergewicht der Beratungen einerseits den von seiten der Bundesrepublik Deutschland

---

43 Damit erhöhte sich das gesamte Volumen des Swap-Netzes zwischen der Federal Reserve Bank und anderen Notenbanken sowie der BIZ auf einen Gegenwert von 10 505 Mio. US-$. Siehe auch oben, S. 75 Fußnote 12.

schon ergriffenen bzw. vorbereiteten Maßnahmen, andererseits den von seiten Frankreichs zur Wiederherstellung des inneren und äußeren Gleichgewichts und zur Überwindung des völligen Vertrauensverlustes des Franc noch zu lösenden Problemen. Es liegt auf der Hand, daß nach der endgültigen Entscheidung der Bundesregierung, die Parität der Deutschen Mark aufrechtzuerhalten, dafür aber andere Maßnahmen zum Abbau der Außenhandelsüberschüsse und zur Abwehr der weltweiten Spekulation auf eine DM-Aufwertung zu ergreifen, die großzügigen Devisenhilfen der Bank von Frankreich in der Absicht zugesagt wurden, die Bemühungen der französischen Behörden zur Herstellung eines anhaltenden inneren wie äußeren Gleichgewichts und des Vertrauens in die französische Währung zu unterstützen. Doch steht fest, und dies ist auch der offiziellen Verlautbarung der Zehner-Gruppe nicht anders zu entnehmen, daß die Bereitstellung der neuen Devisenhilfen expressis verbis nicht an die Bedingung einer Abwertung des französischen Franc gebunden wurde.[44] Allerdings erfolgten die namentlich von deutscher und von britischer[45] Seite zum Abbau der Ungleichgewichte der Zahlungsbilanzen und zur Überwindung der eindeutig durch die sozialen und politischen Unruhen in Frankreich ausgelösten Krise unternommenen Schritte "unter der - offenbar mehr oder weniger stillschweigenden - Voraussetzung einer Ergänzung durch eine Abwertung des Franc"[46]. Dementsprechend schien nach dem Abschluß der Bonner Konferenz eine Wechselkursänderung des Franc "mit einer an Sicherheit grenzenden Wahrscheinlichkeit"[47] bevorzustehen, so daß nicht mehr die Frage des Ob, sondern nur noch die Frage des Wie, d.h. des Umfangs der Abwertung, offen zu sein schien. Zur Überraschung

---

[44] Vgl. auch N.N., Die Absage de Gaulles an eine Abwertung des Franc, Politische und wirtschaftliche Beweggründe der französischen Haltung, in: NZZ, Nr. 324, 25. 11. 1968, S. 13 sowie Eick, J., de Gaulle sagt nein, in: FAZ, Nr. 274, 25. 11. 1968, S. 1.

[45] Siehe oben, S. 122 f.

[46] N.N., Refus de Gaulles, Überraschender Verzicht auf eine Abwertung des Franc, in: NZZ, Nr. 324, 25. 11. 1968, S. 1. Zur französischen Verhandlungsstrategie auf der Bonner Konferenz Eick, J., de Gaulle sagt nein, a.a.O., S. 1: "Nach langem Hin und Her und unter mehrfacher Rückfrage in Paris hatten schließlich die Franzosen eine Abwertung des Franc angeboten, und zwar in einem so drastischen Ausmaß, daß Amerikaner und Engländer für einen niedrigeren Satz plädierten."

[47] N.N., Refus de Gaulles, Überraschender Verzicht auf eine Abwertung des Franc, a.a.O., S. 1.

der Konferenzteilnehmer[48] und entgegen den Erwartungen des Marktes[49] entschied sich die damalige französische Regierung auf dem Höhepunkt der tiefgreifenden Vertrauenskrise gegenüber der Währung Frankreichs, die Parität des Franc aufrechtzuerhalten[50]. Diese Entscheidung ließ der damalige französische Staatspräsident noch am 23. November, einen Tag nach dem Abschluß der Bonner Konferenz, bekanntmachen. Anstatt den Franc abzuwerten, versuchte die französische Regierung durch eine Reihe von Maßnahmen das Mißtrauen in den Franc zu beseitigen und das binnen- und außenwirtschaftliche Gleichgewicht wieder herzustellen.[51] Zu diesen Maßnahmen gehörte die erneute Einführung von Devisenkontrollmaßnahmen, und zwar in verschärfter Form. Ferner gehörte zu diesen Maßnahmen eine Steuerreform, durch welche die Lohnsummensteuer abgeschafft und die Mehrwertsteuer erhöht wurde; damit sollte ein doppelter Effekt erzielt werden, nämlich einerseits über eine Verteuerung der Importe und eine Verbilligung der Exporte eine Stärkung der französischen Außenhandelsposition, andererseits eine Verringerung des für 1969 zunächst veranschlagten Budgetdefizits in Höhe von rd. 11,5 Mrd. FF. Zur Herabsetzung des Budgetdefizits wurden ferner die veranschlagten Haushaltsausgaben drastisch gekürzt. Aufgrund dieser Maßnahmen verringerte sich das veranschlagte Budgetdefizit um rd. 5 Mrd. FF auf rd. 6,5 Mrd. FF. Ergänzend zu diesen Maßnahmen, die bereits am 24. November angekündigt worden waren, wurden Anfang Dezember weitere preispolitische Maßnahmen erlassen.

---

48 Siehe z.B. BIZ, Neununddreissigster Jahresbericht (1968/69), S. 19 und Blessing, K., ‚Dirigismus wirkt leider ansteckend', Spiegel-Interview mit Bundesbankpräsident Karl Blessing, in: Der Spiegel, Nr. 49, 2. 12. 1968, S. 106. Siehe außerdem die Äußerungen des niederländischen Finanzministers nach N.N., Belgien und Holland erleichtert, in: FAZ, Nr. 275, 26. 11. 1968, S. 4.

49 Diese Erwartungen wurden nicht zuletzt durch zumindest mißverständliche Äußerungen von offizieller deutscher Seite bestärkt. Siehe N.N., Stellungnahme Strauss', in: NZZ, Nr. 323, 24. 11. 1968, S. 34.

50 Siehe zur Begründung dieser Entscheidung: de Gaulles Ansprache zur Währungskrise, Vollendung des Aufstiegs ‚ohne zur Abwertung Zuflucht zu nehmen'/Der General über die Ursachen des Rückschlags/Der Wortlaut, in: FAZ, Nr. 275, 26. 11. 1968, S. 4.

51 Siehe zu diesen Maßnahmen BIZ, Neununddreissigster Jahresbericht (1968/69), S. 20 und S. 150 f. sowie: N.N., Frankreichs neue Sanierungsmaßnahmen, Rede Couve de Murvilles in der Nationalversammlung, in: NZZ, Nr. 327, 28. 11. 1968, S. 13.

Als die Devisenbörsen am 25. November (Montag) wieder öffneten, hörten die kurzfristigen Kapitalabflüsse aus Frankreich unmittelbar auf.[52] Zunächst aus markttechnischen Gründen, dann jedoch aufgrund der strengen Handhabung der Devisenkontrollmaßnahmen, setzten in der Folgezeit erhebliche Kapitalrückflüsse ein, die bis ins Jahr 1969 anhielten und die Reservenlage der Bank von Frankreich wieder verstärkten.[53] Damit konnte noch 1968 ein Teil der ausstehenden Verpflichtungen aus der Beanspruchung der kurzfristigen Devisenhilfen der Notenbanken beglichen werden. Von den noch 1968 vorgenommenen Rückzahlungen entfielen 181 Mio. US-$ auf die Verpflichtungen aus der Inanspruchnahme der mit der Federal Reserve Bank vereinbarten gegenseitigen Swap-Kreditlinie, so daß der Ende 1968 ausstehende Betrag auf 430 Mio. US-$ reduziert wurde. Aufgrund der günstigen Entwicklung der französischen Reservenlage mußten die erst im November eingeräumten kurzfristigen Devisenhilfen der Mitglieder der Zehner-Gruppe, die Schweizerischen Nationalbank und der BIZ nicht mehr beansprucht werden. Immerhin hat die Zusage zu dieser großzügigen Hilfsaktion, neben dem psychologischen Moment, das von der kategorischen Erklärung der damaligen französischen Regierung über die Aufrechterhaltung der Franc-Parität auf die Devisenmärkte ausging und neben den strengen Devisenkontrollmaßnahmen mit dazu verholfen, daß die akute Krise überwunden werden konnte. Wenngleich in der Entwicklung der französischen Reservenlage noch 1968 eine Umkehr zu verzeichnen war, so mußte man sich doch bereits bei der Ergreifung der dirigistischen Devisenkontrollmaßnahmen, welche die Freizügigkeit des Zahlungs- und Kapitalverkehrs erneut einschränkten, bewußt sein, daß damit das Mißtrauen in die Währung Frankreichs nicht nachhaltig beseitigt werden konnte.

Was speziell die dreitägige Konferenz der Minister und Notenbankgouverneure der Länder der Zehner-Gruppe betrifft, so sei in diesem Zusammenhang lediglich vermerkt, daß nach dem Beschluß der damaligen französischen Regierung, an der bestehenden Franc-Parität festzuhalten, als einzig konkretes Ergebnis der Bonner Konferenz die Zu-

---

[52] Siehe im folgenden Coombs, Ch.A., Treasury and Federal Reserve Foreign Exchange Operations, March 1969, a.a.O., S. 218 f.

[53] Gleichzeitig setzten erhebliche Kapitalabflüsse aus der Bundesrepublik Deutschland ein, die die Währungsreserven bis Ende Februar 1969 um nahezu 2 800 Mio. US-$ verringerten, so daß sie unter ihren Stand von Anfang September 1968 sanken. Siehe Deutsche Bundesbank, Geschäftsbericht für das Jahr 1968, S. 85 f.

sage zu großzügigen Devisenhilfen für die Bank von Frankreich verblieb. Zur Bereitstellung neuer Devisenhilfen wäre jedoch die Einberufung der Minister der Länder der Zehner-Gruppe nicht erforderlich gewesen, da derartige Stützungsaktionen, im Fall akuter Störungen auf den Devisenmärkten, mit gleicher Effizienz auf der Ebene der Notenbankgouverneure innerhalb von Stunden vereinbart werden können.

317 Die Bereitstellung von Devisenhilfen 1969

3171 Die Devisenhilfen für das Pfund Sterling

Seit mehreren Jahren war die britische Wirtschafts- und Währungspolitik darauf ausgerichtet, das außenwirtschaftliche Ungleichgewicht zu beseitigen und ein nachhaltiges Vertrauen in das Pfund Sterling herzustellen. Obwohl zur Erreichung dieses Ziels vor und nach der Abwertung des Pfund Sterling die verschiedensten Maßnahmen ergriffen wurden, blieb die britische Grundbilanz bis ins Jahr 1969 stark defizitär. Die Tatsache, daß ein deutlicher Erfolg der Sanierungsbemühungen derart lange ausblieb, war um so schwerwiegender, als sich die britische Auslandsverschuldung im Verlauf der vergangenen Jahre beträchtlich erhöht hat. Da unter diesen Bedingungen kein nachhaltiges Vertrauen in das Pfund Sterling hergestellt werden konnte, mußten die britischen Währungsbehörden im Jahr 1969 verschiedentlich auf die zur kurzfristigen Beanspruchung zur Verfügung stehenden Kreditlinien zurückgreifen.[1] Außerdem waren die 1969 fällig gewordenen Tilgungszahlungen so umfangreich, daß den Währungsbehörden Großbritanniens neue Devisenhilfen gewährt werden mußten, um das Risiko einer tiefgreifenden Erschütterung des Pfund Sterling zu vermeiden. An den neuen Devisenhilfen beteiligte sich auch die Zehner-Gruppe.

Zwar zeigte sich im ersten Quartal eine verringerte Zunahme der Inlandsnachfrage, doch stand dieser keine spürbare Verbesserung der britischen Grundbilanz gegenüber.[2] Zur weiteren Dämpfung der In-

---

[1] Die folgenden Ausführungen beschränken sich auf die ersten drei Quartale 1969.

[2] Siehe zur wirtschafts- und währungspolitischen Entwicklung in Großbritannien Bank of England, Quarterly Bulletin, Vol. 9, No. 2, June 1969, S. 129 ff. und Quarterly Bulletin, Vol. 9, No. 3, September 1969, S. 275 ff.. Siehe zur Entwicklung auf den Devisenmärkten Coombs, Ch.A., Treasury and Federal Reserve Foreign Exchange Operations, September 1969, a.a.O., S. 697 ff. und S. 704 ff.

landsnachfrage, aber auch in Anpassung an das internationale Zinsniveau, wurde der Diskontsatz am 27. Februar von 7 auf 8 v.H. erhöht.[3] Ferner kündigte die britische Regierung mit dem Budget vom 15. April verschiedene finanzpolitische Maßnahmen an, die einerseits die Inlandsnachfrage weiter beschränken, andererseits eine Verbesserung der Grundbilanz bewirken sollten.[4] Zu diesen Maßnahmen gehörten u.a. eine Erhöhung des Satzes der Körperschaftsteuer von 42,5 auf 45 v.H. und eine drastische Heraufsetzung der meisten Sätze der selektiven Beschäftigungssteuer. Wenngleich die Grundbilanz auch im ersten Quartal defizitär blieb, hielt die nach dem Abschluß der Zweiten Gruppen-Vereinbarung und der Parallelabkommen mit den Sterlingländern einsetzende Zunahme der offiziellen Pfund Sterling-Guthaben der Sterlingländer an. Von September 1968 bis Ende März 1969 erhöhten sich die offiziellen Sterling-Balances um etwa 250 Mio. £.[5] Die damit verbundene Befestigung des Pfund Sterling, die sich insbesondere im ersten Quartal 1969 zeigte, war jedoch nur vorübergehender Natur. Im Zusammenhang mit der Ende April erneut entfachten Krise des französischen Franc und der fast gleichzeitig einsetzenden Spekulation auf eine DM-Aufwertung geriet auch das Pfund Sterling unter scharfen Druck. Zum Ausgleich der Reservenverluste mußte die Bank von England auf die nach der Abwertung des Pfund Sterling im November 1967 eingeräumten und später zur kurzfristigen Beanspruchung mehrmals verlängerten Kreditlinien der Notenbanken der Zehner-Gruppe und der weiteren Beteiligten zurückgreifen. Nachdem sie die Verpflichtungen aus der Beanspruchung der Swap-Kreditlinie mit der Federal Reserve Bank bis Anfang April zunächst auf 950 Mio. US-$ reduzieren konnte, mußte sie allein diese Kreditlinie wieder in Höhe von 465 Mio. US-$ beanspruchen, so daß der ausstehende Betrag über den Stand zu Anfang des Jahres auf 1 415 Mio. US-$ anstieg.[6] Die neu entfachte Krise stand im Mittelpunkt der Beratungen der Notenbankgouverneure der Zehner-Gruppe und der Schweiz anläßlich der monatlichen Routinesitzung bei der BIZ. Im Anschluß an die Beratungen gaben die Notenbank-

---

3 Siehe Bank of England, Quarterly Bulletin, March 1969, a.a.O., S. 4.

4 Siehe zu den Maßnahmen des Budgets vom April 1969 Bank of England, Quarterly Bulletin, June 1969, a.a.O., S. 133 f.

5 Siehe ebenda, S. 142.

6 Siehe Coombs, Ch.A., Treasury and Federal Reserve Foreign Exchange Operations, September 1969, a.a.O., S. 704 f.

gouverneure am 11. Mai (Sonntag) bekannt, daß sie beschlossen hätten, sofortige Maßnahmen zu einem "Recycling", d.h. zur Rückschleusung eines Teils der spekulativen Kapitalabflüsse in die hauptsächlichsten Ursprungsländer einzuleiten.[7] Aufgrund dieser Absprache traf die Deutsche Bundesbank, als diejenige Notenbank, die in den vorausgegangenen Wochen beträchtliche Reservenzuflüsse zu verzeichnen hatte, mit der Bank von England, zum Ausgleich eines Teils der britischen Reservenverluste ein Recycling-Arrangement, dessen Einzelheiten freilich nicht bekanntgegeben wurden.[8] Gleichzeitig mit der Ankündigung von Maßnahmen zur Rückschleusung der spekulativen Kapitalabflüsse, teilten die Notenbankgouverneure mit, daß sie gegebenenfalls weitere Maßnahmen zur Beruhigung der Devisenmärkte ergreifen würden.[9] Zusammen mit der bereits am 9. Mai angekündigten Entscheidung der deutschen Bundesregierung, an der DM-Parität festzuhalten[10], verfehlte die Absichtserklärung der Notenbankgouverneure der Zehner-Gruppe und der Schweiz ihre Wirkung auf die Devisenmärkte nicht. Schon am nächsten Tag trat eine spürbare Beruhigung der Devisenmärkte ein, die sich in der Folgezeit fortsetzte, womit sich auch das Pfund Sterling wieder etwas befestigte.

Weit mehr als durch die Störungen auf den Devisenmärkten wurden die britischen Währungsreserven durch umfangreiche Tilgungszahlungen auf früher beanspruchte kurz- und mittelfristige Devisenhilfen belastet. Im ersten Halbjahr leisteten die britischen Währungsbehörden folgende Rückzahlungen:[11]

---

[7] Siehe Gruppe der Zehn, Presseverlautbarung der Notenbankgouverneure in Basel vom 11. Mai 1969, Ziff. 2, in: Deutsche Bundesbank/Auszüge aus Presseartikeln, Nr. 35/13. 5. 1969, S. 1.

[8] Siehe Bank of England, Quarterly Bulletin, September 1969, a.a.O., S. 280 und Deutsche Bundesbank, Monatsbericht Juni 1969, S. 39.

[9] Siehe Gruppe der Zehn, Presseverlautbarung der Notenbankgouverneure in Basel vom 11. Mai 1969, Ziff. 3, a.a.O., S. 1.

[10] Siehe: Die Deutsche Mark wird nicht aufgewertet, Erklärung des stellvertretenden Regierungssprechers Ahlers auf der Pressekonferenz in Bonn am 9. Mai 1969, in: Deutsche Bundesbank/Auszüge aus Presseartikeln, Nr. 35/13. 5. 1969, S. 1.

[11] Siehe zu den Rückzahlungen, die im ersten Halbjahr geleistet wurden, Bank of England, Quarterly Bulletin, June 1969, a.a.O., S. 143 und Quarterly Bulletin, September 1969, a.a.O., S. 279 f.

1) Die dritte und vierte Tilgungsrate im Gegenwert von insgesamt 396 Mio. US-$[12] auf die IWF-Ziehung im Gegenwert von 1 400 Mio. US-$ vom Mai 1965, an deren Refinanzierung sich die Zehner-Gruppe im Rahmen der AKV mit einem Gegenwert von 525 Mio. US-$ beteiligt hatte[13].
2) Die restlichen zwei Tilgungsraten im Gegenwert von insgesamt 25 Mio. US-$ auf die gleichzeitig mit der Kreditgewährung der Zehner-Gruppe im Mai 1965 gewährte Devisenhilfe der Schweizerischen Nationalbank im Gegenwert von 40 Mio. US-$.[14]
3) Die restlichen fünf Tilgungsraten im Gegenwert von insgesamt 105 Mio. US-$ auf die am 14. November 1967 über die BIZ bereitgestellten Devisenhilfen im Gegenwert von insgesamt 250 Mio. US-$.
4) Die Rückzahlung des überwiegenden Teils der Verpflichtungen aus der teilweisen Beanspruchung der im September 1968 mit der Zweiten Gruppen-Vereinbarung bereitgestellten Devisenhilfen im Gegenwert von 2 000 Mio. US-$.
5) Rückzahlungen in Höhe von insgesamt 390 Mio. US-$ auf die Verpflichtungen in Höhe von 1 415 Mio. US-$ aus der Beanspruchung der mit der Federal Reserve Bank bestehenden gegenseitigen Swap-Kreditlinie im Gegenwert von 2 000 Mio. US-$.[15]

Diese Rückzahlungen kamen jedoch in den britischen Währungsreserven nicht zum Ausdruck. Vielmehr erhöhten sich die Währungsreserven von einem Stand von 1 009 Mio. £ Ende Dezember 1968 um 9 Mio. £ auf einen Stand von 1 018 Mio. £ Ende Juni 1969.[16] Dieses überra-

---

[12] Die dritte Tilgungsrate hatte sich durch Pfund Sterling-Ziehungen anderer IWF-Mitglieder auf den Gegenwert von 196 Mio. US-$ verringert.

[13] Gleichzeitig mit diesen Rückzahlungen hat der Fonds die restlichen Verpflichtungen aus der Kreditaufnahme im Rahmen der AKV vom Mai 1965 bei den entsprechenden Mitgliedern der Zehner-Gruppe vollständig abgelöst. Siehe IMF, Press Release No. 723 - February 24, 1969 und Press Release No. 739 - May 23, 1969.

[14] Die Devisenhilfe der Schweizerischen Nationalbank war an die Laufzeit der AKV-Kredite gebunden und mußte daher gleichzeitig abgelöst werden.

[15] Siehe Coombs, Ch.A., Treasury and Federal Reserve Foreign Exchange Operations, September 1969, a.a.O., S. 705. Bis Ende August hat die Bank von England weitere 50 Mio. US-$ zurückgezahlt. Siehe ebenda, S. 706.

[16] Siehe Bank of England, Quarterly Bulletin, September 1969, a.a.O., Statistical annex, Table 20, S. 336.

schende Ergebnis war insbesondere auf zwei Faktoren zurückzuführen: Erstens auf die Zunahme der offiziellen Sterling-Balances auf ein Rekordniveau und zweitens auf eine neue Devisenhilfe von seiten des IWF, die den britischen Währungsbehörden im Juni gewährt wurde.

In Anbetracht der defizitären Zahlungsbilanz und der nur geringen Aussicht auf Zahlungsbilanzüberschüsse, mit denen der überwiegende Teil der 1969 zu leistenden Tilgungszahlungen hätte abgedeckt werden können, nahmen die britischen Währungsbehörden schon im ersten Quartal Verhandlungen über eine partielle Konsolidierung der ausstehenden IWF-Ziehungen mit der Leitung des Fonds auf. Da eine Prolongation der Laufzeiten der mittelfristigen Devisenhilfen des Fonds mit den IWF-Statuten nicht vereinbar ist, konnte eine Konsolidierung nur durch die Gewährung neuer Devisenhilfen erfolgen, und zwar nur soweit, wie durch neue britische Ziehungen die Pfund Sterling-Bestände des Fonds nicht auf mehr als 200 v.H. der IWF-Quote Großbritanniens ansteigen würden. Da Großbritannien zu diesem Zeitpunkt neben den restlichen Verpflichtungen im Gegenwert von 800 Mio. US-$ aus der Ziehung vom Mai 1965 noch Verpflichtungen im Gegenwert von 1 400 Mio. US-$ aufgrund der Ziehung vom Juni 1968 gegenüber dem Fonds hatte, waren weitere Ziehungsmöglichkeiten begrenzt. Das Ergebnis der Verhandlungen war daher ein neuer Bereitschaftskredit im Gegenwert von 1 000 Mio. US-$, der den britischen Währungsbehörden am 20. Juni für die Dauer von zwölf Monaten zugesagt wurde, und zwar zur stufenweisen Beanspruchung im Rahmen der durch die IWF-Quote festgelegten Grenzen.[17] Allerdings mußte sich die britische Regierung in ihrem offiziellen Kreditantrag vom 22. Mai, der entgegen sonstiger Gewohnheit später veröffentlicht wurde, dazu verpflichten, dem Ziel der Erreichung eines ansehnlichen und anhaltenden Zahlungsbilanzüberschusses (a substantial and continuing balance of payments surplus) weiterhin die absolute Priorität in der Wirtschafts- und Währungspolitik einzuräumen, zu diesem Zweck die bereits getroffenen Restriktionsmaßnahmen aufrechtzuerhalten und gegebenenfalls neue Maßnahmen zu ergreifen.[18] Dabei teilte die britische Regierung mit, daß es ihre Absicht sei, bis zum Ende des laufenden Finanzjahrs, d.h. bis

---

[17] Siehe IMF, Press Release No. 742 - June 20, 1969.

[18] Vgl.: Excerpts from the Full Text of the Chancellor's Letter of Intent to the Managing Director of the IMF, The Times, London - June 24, 1969, in: Deutsche Bundesbank/Auszüge aus Presseartikeln, Nr. 47/27. 6. 1969, S. 10.

Ende März 1970, einen Zahlungsbilanzüberschuß von mindestens 720 Mio. US-$ zu erzielen.[19] Außerdem versicherte die britische Regierung in ihrem Kreditantrag, daß sie bereit sei, von Zeit zu Zeit den Stand der Wirtschaft und Währung Großbritanniens mit dem Fonds zu erörtern, insbesondere dann, wenn sie nach der ersten Ziehung im Rahmen des neuen Bereitschaftskredits, die noch im Juni abgewickelt werden sollte, weitere Ziehungen für erforderlich erachte.[20] Da der Fonds einen Teil der aufgrund des Bereitschaftskredits erwarteten britischen Ziehungen durch eine Kreditaufnahme gemäß den AKV bei der Zehner-Gruppe zu refinanzieren beabsichtigte, wurde vor der Zusage des neuen Kredits die Zustimmung der Zehner-Gruppe zum Kreditantrag eingeholt.[21] Noch im Juni wurde die erste Ziehung im Gegenwert von 500 Mio. US-$ durchgeführt, die der Fonds nach dem bekannten Schema finanzierte:[22] Den Gegenwert von 250 Mio. US-$ stellte er in neun Währungen aus eigenen Beständen bereit. Den Gegenwert von 50 Mio. US-$ beschaffte sich der Fonds durch Goldverkäufe an neun Mitglieder. Den verbleibenden Gegenwert von 200 Mio. US-$ refinanzierte der Fonds durch eine Kreditaufnahme bei fünf Mitgliedern der Zehner-Gruppe gemäß den AKV. Die nachstehende Übersicht zeigt die von Großbritannien gezogenen Währungen und die vom Fonds angewandten Finanzierungsarten:

in Mio. US-$

Gezogene Währungen	Aus IWF-Beständen	Goldverkäufe des IWF	Kreditaufnahme im Rahmen d. AKV	Insgesamt
Deutsche Mark	15,0	19,5	90,0	124,5
US-Dollar	105,0	4,5	-	109,5
Japan. Yen	40,0	3,5	40,0	83,5
Kanad. Dollar	40,0	2,5	40,0	82,5
Ital. Lire	5,0	10,5	20,0	35,5
Holländ. Gulden	5,0	5,0	10,0	20,0
Austral. Dollar	15,0	2,0	-	17,0
Argentin. Pesos	15,0	1,0	-	16,0
Mexikan. Pesos	10,0	1,5	-	11,5
Insgesamt	250,0	50,0	200,0	500,0

[19] Vgl. ebenda.

[20] Vgl. ebenda, S. 9 f.

Eine Kreditaufnahme in den Währungen Belgiens, Frankreichs und Schwedens unterblieb, da die Zahlungsbilanz- und Reservenlage dieser Mitglieder keine Kreditgewährung im Rahmen der AKV erlaubte. Entsprechend den Ausleihegrundsätzen des Fonds standen die gezogenen Währungen im Gegenwert von 500 Mio. US-$ den britischen Währungsbehörden für die Dauer von drei Jahren, beginnend mit dem Zeitpunkt der Ziehung, zur Verfügung. Mit der Ziehung vom Juni erhöhten sich die ausstehenden Ziehungen Großbritanniens auf einen Gegenwert von 2 700 Mio. US-$.

Nachdem die noch im Mai erreichte Befestigung des Pfund Sterling im wesentlichen bis Anfang August angehalten hatte, geriet das Pfund Sterling aufgrund der durch die Abwertung des französischen Franc vom 10. August ausgelösten Beunruhigung der Devisenmärkte wiederum unter Druck, womit der Bank von England weitere Reservenverluste zugefügt wurden. Allerdings konnte der Druck auf das Pfund Sterling sehr rasch überwunden werden. Dies war insbesondere darauf zurückzuführen, daß sich im zweiten Quartal eine beachtliche Tendenzumkehr in der britischen Zahlungsbilanzentwicklung vollzogen hatte, die auch im dritten Quartal weiterhin anhielt.[23] Während die britische Grundbilanz für das erste Quartal noch ein saisonbereinigtes Defizit von rd. 125 Mio. US-$ ausgewiesen hatte, ergab sich für das zweite Quartal ein saisonbereinigter Überschuß von rd. 205 Mio. US-$. Zu dieser Entwicklung, die sich im dritten Quartal fortsetzte, trug vor allem eine bemerkenswerte Ausweitung der britischen Exporte, bei einer gleichzeitig nachlassenden Zunahme der Importe, bei. Diese starke Verbesserung der britischen Außenhandelsentwicklung war die Grundlage dafür. daß die Leitung des Fonds bereits im September eine weitere Ziehung im Rahmen des neuen Bereitschaftskredits genehmigte. Nachdem die britischen Währungsbehörden zunächst Anfang September die fünfte

---

[21] Siehe Gruppe der Zehn, Communiqué on General Arrangements to Borrow, Paris - June 6, 1969, in: IMF, International Financial News Survey, Vol. XXI, No. 23, June 13, 1969, S. 181.

[22] Siehe zu den Einzelheiten dieser britischen Ziehung IMF, Press Release No. 743 - June 27, 1969.

[23] Siehe zur Entwicklung der Zahlungsbilanz Bank of England, Quarterly Bulletin, September 1969, a.a.O., S. 277 f. und N.N., Großbritannien auf dem Weg zur wirtschaftlichen Erstarkung, Verbesserte Zahlungsbilanzaussichten, in: NZZ, Nr. 260, 21. 9. 1969, S. 36.

Tilgungsrate im Gegenwert von 200 Mio. US-$ auf die Ziehung vom Mai 1965 geleistet hatten, nahmen sie Ende September eine zweite Ziehung im Gegenwert von 175 Mio. US-$ vor.[24] Durch diese Transaktionen reduzierten sich die ausstehenden Ziehungen freilich nur geringfügig, nämlich um 25 Mio. US-$ auf einen Gegenwert von 2 675 Mio. US-$. Während somit von der Ziehung vom Mai 1965 ein Restbetrag von 600 Mio. US-$ verblieb, der in drei Raten bis zum Mai 1970 getilgt werden sollte, beliefen sich die im Rahmen des Bereitschaftskredits vom Juni 1969 noch offenen Ziehungsmöglichkeiten Ende September auf einen Gegenwert von 325 Mio. US-$.

Die nachfolgende Übersicht gibt Aufschluß über die Veränderung der britischen Nettoverpflichtungen gegenüber Notenbanken innerhalb und außerhalb des Sterlinggebiets sowie gegenüber internationalen Organisationen in den Jahren 1963 bis 1969:[25]

	Nettoverpflichtungen in Mio. £ Ende		Veränderung in Mio. £	
	Dezember 1962	Juni 1969		
Notenbanken des Sterlinggebiets	1 748	1 896	+	148
Notenbanken außerhalb des Sterlinggebiets	433	1 754[26]	+	1 321
Internationaler Währungsfonds	517	1 972[27]	+	1 455
Andere internationale Organisationen	606	129	-	477
Insgesamt	3 304	5 751	+	2 447

[24] Siehe N.N., Die Konsolidierung der britischen Auslandsverschuldung, Neue Ziehung beim IMF, in: NZZ, Nr. 267, 29. 9. 1969, S. 13.

[25] Siehe Bank of England, Quarterly Bulletin, December 1964, a.a.O., Statistical annex, Table 26, S. 330 f. und Quarterly Bulletin, September 1969, a.a.O., Statistical annex, Table 19, S. 332.

[26] Mit Ausnahme der Verpflichtungen aufgrund der kurzfristigen Beanspruchung der Kreditlinien der Notenbanken und der BIZ, die von der Bank von England nicht mitgeteilt werden.

[27] Darin sind ausstehende Ziehungen im Gegenwert von 1 125 Mio. £ enthalten.

Entgegen der beachtlichen Erhöhung der Nettoverpflichtungen gegenüber Notenbanken und internationalen Organisationen haben sich die Währungsreserven kaum erhöht. Sie erreichten Ende Dezember 1962 einen Gegenwert von 1 002 Mio. £ und Ende Juni 1969 einen Gegenwert von 1 018 Mio. £.[28] Freilich hat der Stand der britischen Währungsreserven in der Zwischenzeit erheblich geschwankt. Aufgrund des krassen Mißverhältnisses zwischen Verpflichtungen und Reserven war der lang erwartete, nun aber erfolgte Durchbruch zu einer Verbesserung der britischen Zahlungsbilanzlage dringend erforderlich. In der Verbesserung der britischen Zahlungsbilanzverhältnisse, verbunden mit einer Abtragung der drückenden Last der Auslandsverschuldung, liegt denn auch der Schlüssel zur Herstellung eines nachhaltigen Vertrauens in das Pfund Sterling. Zur Erzielung jener Außenhandelsüberschüsse, die zur Abtragung der Auslandsverschuldung erforderlich sind, wird das Schwergewicht der Wirtschafts- und Währungspolitik allerdings weiterhin auf einer Beschränkung der Inlandsnachfrage und einem Abbau der Importabhängigkeit einerseits, einer gezielten Stärkung der internationalen Wettbewerbsfähigkeit der britischen Wirtschaft andererseits liegen müssen.

3172 Die Devisenhilfen für den französischen Franc

Die Maßnahmen zur Wiederherstellung des innen- und außenwirtschaftlichen Gleichgewichts, die im zweiten Halbjahr 1968 von der damaligen französischen Regierung getroffen worden waren, führten nur auf Teilgebieten zum Erfolg. Dieser Umstand war mit dafür ausschlaggebend, daß das Mißtrauen in die Währung Frankreichs nicht beseitigt werden konnte, sondern bis ins Jahr 1969 anhielt. Es wurde zeitweilig insbesondere durch innenpolitische Unsicherheiten in Frankreich und wiederum durch die wirtschafts- und währungspolitische Entwicklung der Bundesrepublik Deutschland erneut verschärft. Daher mußte die Bank von Frankreich schon im ersten Halbjahr verschiedentlich auf die zur kurzfristigen Beanspruchung bereitstehenden Kreditlinien zurückgreifen. Nach dem Wechsel in der politischen und wirtschaftlichen Führung Frankreichs wurde am 10. August 1969 mit der Abwertung des französischen Franc die Grundlage für eine tiefgreifende Sanierung der Zah-

[28] Siehe Bank of England, Quarterly Bulletin, December 1964, a.a.O., Statistical annex, Table 24, S. 328 und Quarterly Bulletin, September 1969, a.a.O., Table 20, S. 336.

lungsbilanz und Währung Frankreichs gelegt. Die Maßnahme vom 10. August und die im Anschluß daran getroffenen Maßnahmen wurden durch neue Devisenhilfen abgesichert, an denen sich die Zehner-Gruppe beteiligte.[1]

Zwar bewirkten die im zweiten Halbjahr 1968 ergriffenen Maßnahmen eine deutliche Erhöhung der Exporte, doch stand dieser Erhöhung ein starker Importsog gegenüber, der aus der wachsenden Inlandsnachfrage resultierte und durch die Ende 1968 verfügte Aufhebung der Importkontingente vom Juli 1968 zweifellos begünstigt wurde.[2] Damit setzte sich die defizitäre Entwicklung der französischen Grundbilanz, die für 1968 mit einem Defizit in Höhe von rd. 1 750 Mio. US-$ abgeschlossen hatte[3], fort. Ungeachtet der sich fortsetzenden Schwäche im Außenhandel, hielten die bereits im November 1968 einsetzenden kurzfristigen Kapitalrückflüsse in unterschiedlicher Höhe auch noch in den ersten zwei Monaten des Jahres an, und zwar vor allem aufgrund der strengen Handhabung der Devisenkontrollmaßnahmen. Die Bank von Frankreich verwendete einen Teil des damit verbundenen Reservenzugangs zur Begleichung kurzfristiger Devisenhilfen. Von diesen Rückzahlungen entfiel ein Gegenwert von 124 Mio. US-$ auf die Verpflichtungen aus der Beanspruchung der Swap-Kreditlinie mit der Federal Reserve Bank, so daß die unter dieser Kreditlinie offenen Verpflichtungen auf 306 Mio. US-$ reduziert werden konnten.[4] Die Umkehr der kurzfristigen Kapitalbewegungen hielt jedoch nicht lange an. Schon im März verstärkte sich das Mißtrauen in den Franc, nachdem die französischen Gewerkschaften für den 11. März den ersten Generalstreik seit den Mai-Unruhen angekündigt hatten. Der damit ausgelöste Druck auf den Franc zwang die Bank von Frankreich erneut zu umfangreichen Interventionen. Zum Ausgleich der Devisenverluste, die zur außenhandelsbedingten Belastung hinzutraten, nahm die Bank von Frankreich

---

[1] Die folgenden Ausführungen beschränken sich auf die ersten drei Quartale 1969.

[2] Siehe zu den Ausführungen über die Zahlungsbilanzentwicklung Frankreichs N.N., Frankreichs Wirtschaft ein Jahr nach der Maikrise, in: NZZ, Nr. 142, 25. 5. 1969, S. 33 f.. Siehe zur Entwicklung auf den Devisenmärkten Coombs, Ch.A., Treasury and Federal Reserve Foreign Exchange Operations, September 1969, a.a.O., S. 697 ff.

[3] Siehe BIZ, Neununddreissigster Jahresbericht (1968/69), S. 18.

[4] Siehe Coombs, Ch.A., Treasury and Federal Reserve Foreign Exchange Operations, September 1969, a.a.O., S. 706 und oben, S. 141.

die Swap-Kreditlinie mit der Federal Reserve Bank in Höhe von 155 Mio. US-$ in Anspruch und verkaufte Gold im Wert von 50 Mio. US-$ an das US-Schatzamt.[5] Der Anfang März einsetzende Druck auf den Franc ließ nach dem eintägigen Generalstreik rasch nach. Doch zeigten sich bereits Mitte April weitere kurzfristige Kapitalabflüsse verschiedener Formen, da sich mit dem Näherrücken des Referendums vom 27. April im In- und Ausland Unsicherheit über die politische Führung Frankreichs nach dem Referendum und damit freilich auch über die wirtschaftliche Entwicklung des Landes ausbreitete. Aufgrund des Rücktritts von Staatspräsident de Gaulle am 28. April und einer fast gleichzeitig entfachten Spekulation auf eine DM-Aufwertung setzten sich die kurzfristigen Kapitalabflüsse in massivem Umfang fort[6].

Die Grundlage für die Aufwertungserwartungen hinsichtlich der Deutschen Mark war im wesentlichen gleich wie im zweiten Halbjahr 1968.[7] Die als Ersatz für eine Aufwertung der Deutschen Mark von der damaligen Bundesregierung im November 1968 ergriffenen Maßnahmen, haben "entgegen den ursprünglichen offiziellen Annahmen ... die Wettbewerbsposition der deutschen Industrie, wenn überhaupt, so nur wenig geschmälert"[8]. Unter Ausschaltung von Sonderbewegungen, die, vor allem verursacht durch Ausnahmeregelungen (Altkontrakte) bei den steuerlichen Sofortmaßnahmen vom November 1968, den deutschen Außenhandel vorübergehend stark verzerrten, setzten sich die hohen Überschüsse der Bilanz der laufenden Posten in den Monaten bis April fort. Gleichzeitig erreichten jedoch die langfristigen Kapitalexporte einen neuen Höchststand, so daß die Überschüsse der Bilanz der laufenden Posten nicht nur kompensiert werden konnten, sondern die deutsche Grundbilanz in den Monaten Januar bis April jeweils beträchtliche Defizite aufwies. Für die Beurteilung der Deutschen Mark war aber die defizitäre Entwicklung der Grundbilanz offenbar weniger entscheidend,

---

[5] Siehe Coombs, Ch.A., Treasury and Federal Reserve Foreign Exchange Operations, September 1969, a.a.O., S. 707.

[6] Weil sich die DM-Spekulation wiederum auf den Franc auswirkte, ist es erforderlich, sie in die folgenden Ausführungen soweit einzubeziehen, wie damit die Situation des Franc treffender gekennzeichnet werden kann.

[7] Siehe zur Entwicklung der deutschen Zahlungsbilanz Deutsche Bundesbank, Monatsbericht Juni 1969, S. 39 ff.

[8] Ebenda, S. 31.

als die Tatsache, daß die steuerlichen Sofortmaßnahmen vom November 1968 - die als Ersatz für eine Aufwertung der Deutschen Mark getroffen worden waren - die Außenhandelsüberschüsse nicht deutlich zu mindern vermocht hatten. Was die anhaltenden Außenhandelsüberschüsse betrifft, die regelmäßig die Grundlage für Aufwertungserwartungen bilden, glich die Situation im Frühjahr 1969 somit derjenigen im zweiten Halbjahr 1968. Vor dem Hintergrund der zunehmenden Außenhandelsschwäche Frankreichs und der starken Außenhandelsposition der Bundesrepublik Deutschland schien nun, nach dem Rücktritt des Staatspräsidenten de Gaulle, an dessen Widerstand eine Franc-Abwertung im November 1968 gescheitert war, die Möglichkeit einer mehrseitigen Paritätsanpassung, zumindest jedoch einer Franc-Abwertung und einer gleichzeitigen DM-Aufwertung in Reichweite gerückt zu sein. Diese Erwartungen verdichteten sich, als Zweifel über die Haltung der Bundesregierung in der international diskutierten Frage der DM-Aufwertung aufkamen, da bekanntgeworden war, daß diese Frage auch auf offizieller deutscher Seite erneut den Gegenstand fortgesetzter Diskussionen bildete[9]. Aufgrund der plötzlich entfachten Haussespekulation gegen die Deutsche Mark, die in ihrer Hektik und in ihrem Umfang den Spekulationswellen vom September und November 1968 keineswegs nachstand, sondern diese vielmehr noch übertraf, wurde die Bundesrepublik mit Devisen geradezu überschwemmt. In der Zeit vom 28. April bis zum 9. Mai erhöhten sich die Währungsreserven der Deutschen Bundesbank um rd. 4 000 Mio. US-$; davon entfiel etwa ein Drittel auf einen einzigen Tag, den 9. Mai (Freitag).[10] Gleichzeitig mußten die meisten europäischen Notenbanken, unter ihnen, neben der Bank von England[11], insbesondere die Bank von Frankreich, beträchtliche Reservenverluste hinnehmen. Während die Deutsche Bundesbank noch vor dem Höhepunkt der neuen Krise zeitweilig versuchte, einen Teil der zugeflossenen Devisen durch Swap-Transaktionen mit den Geschäftsbanken ins Ausland zurückzuschleusen[12], mußte die Bank von Frankreich zum Ausgleich

[9] Siehe z.B. N.N., Bonner Aufwertungs-Rätsel, in: SZ, Nr. 106, 3./4. 5. 1969, S. 4 und Bernhardt, K., Aufwertungsdiskussion wird brisant, Bundesbank in einer Schlüsselposition - Übereinstimmung zwischen Blessing und Schiller, in: Handelsblatt, Nr. 87, 7. 5. 1969, S. 3.

[10] Siehe Deutsche Bundesbank, Monatsbericht Juni 1969, S. 37.

[11] Siehe oben, S. 143.

[12] Die Bundesbank stellte die Swap-Geschäfte am 7. Mai ein, nachdem sie die Erfahrung gemacht hatte, daß die von ihr gebotenen Kurssicherungsmöglichkeiten, die günstiger als

der Reservenverluste, die trotz der noch immer geltenden Devisenkontrollmaßnahmen entstanden waren, in erheblichem Umfang auf die bereitstehenden Kreditlinien zurückgreifen. Am 9. Mai, auf dem Höhepunkt der Krise, in deren Verlauf die Devisenmärkte zum dritten Mal innerhalb von neun Monaten von einer Welle kurzfristiger Kapitalbewegungen buchstäblich überrollt wurden, entschied sich die deutsche Bundesregierung erneut, an der Parität der Deutschen Mark festzuhalten[13]. Zwar konnte mit dieser Entscheidung der Spekulation auf eine DM-Aufwertung nicht nachhaltig die Grundlage entzogen werden, doch trug sie wesentlich dazu bei, daß die unmittelbare Haussespekulation gegen die Deutsche Mark, in deren Sog andere Währungen stark in Mitleidenschaft gezogen wurden, gebrochen werden konnte. Nachdem darüber hinaus die Notenbankgouverneure der Zehner-Gruppe und der Schweiz im Anschluß an ihre Routinesitzung bei der BIZ am 11. Mai ankündigten, daß sie sofortige Maßnahmen zur Rückschleusung der spekulativen Kapitalbewegungen beschlossen hätten[14], trat bereits am nächsten Tag eine deutliche Beruhigung der Devisenmärkte ein, die in der Folgezeit durch eine zunehmende Auflösung vordem aufgebauter Pluspositionen in DM gekennzeichnet war. Damit ließ gleichzeitig der Druck auf den Franc nach. Immerhin hatten die Kapitalbewegungen, die in Erwartung einer Abwertung des Franc und einer DM-Aufwertung im zweiten Quartal in Gang gesetzt worden waren, zur Folge, daß die Bank von Frankreich zum Ausgleich ihrer Devisenverluste in beträchtlichem Umfang auf die Kreditlinien, die ihr im November 1968 von den Mitgliedern der Zehner-Gruppe und den weiteren Beteiligten eingeräumt worden waren, zurückgreifen mußte; dabei beanspruchte sie allein die Kreditlinie des US-Schatzamtes in voller Höhe von 200 Mio. US-$.[15] Außerdem verkaufte die Bank von Frankreich Gold im Wert von 275 Mio. US-$ an das US-Schatzamt.[16] Ein Teil der durch diese Transaktionen erhalte-

diejenigen des Marktes waren, in zunehmendem Maße zu sogenannten Karusellgeschäften zweckentfremdet worden waren. Vgl. Deutsche Bundesbank, Monatsbericht Juni 1969, S. 42. Ebenda wird die Technik der Karusellgeschäfte erklärt.

13 Siehe: Die Deutsche Mark wird nicht aufgewertet, Erklärung des stellvertretenden Regierungssprechers Ahlers auf der Pressekonferenz in Bonn am 9. Mai 1969, a.a.O., S. 1.

14 Siehe zu den Einzelheiten oben, S. 144. Es ist nicht bekanntgeworden, ob die Deutsche Bundesbank, neben dem ebenda genannten Recycling-Arrangement mit der Bank von England, ein entsprechendes Arrangement mit der Bank von Frankreich getroffen hat.

15 Siehe Coombs, Ch.A., Treasury and Federal Reserve Foreign Exchange Operations, September 1969, a.a.O., S. 707 f.

16 Siehe ebenda, S. 708.

nen Devisen wurde noch im zweiten Quartal dazu verwendet, die aus der Beanspruchung der Swap-Kreditlinie mit der Federal Reserve Bank noch offenen Verpflichtungen in Höhe von 461 Mio. US-$ abzudekken.[17] Die Situation des Franc blieb zwar ab Mitte Mai immer noch labil, doch war sie in zunehmendem Maße durch eine abwartende Haltung der Marktteilnehmer gekennzeichnet. Damit setzte sich offensichtlich die Überzeugung durch, daß eine Abwertung des Franc - die immer noch im Rahmen einer mehrseitigen Paritätsanpassung für möglich erachtet wurde - bis nach dem Abschluß der Wahlen für das Amt des Staatspräsidenten und der Regierungsneubildung in Frankreich sowie der Wahl zum Deutschen Bundestag nicht zu erwarten sei. Diese Erwartungen wurden dadurch bestärkt, daß die zuständigen Behörden schon Anfang Mai weitere kreditpolitische Maßnahmen erlassen hatten.[18] Zu diesen Maßnahmen gehörten u.a. eine Verschärfung der Teilzahlungsbedingungen, wodurch die Inlandsnachfrage gedämpft werden sollte, und eine Erhöhung der Kreditkosten für kurzfristige Exportkredite, nachdem sich gezeigt hatte, daß die Ausdehnung des Volumens der kurzfristigen Exportkredite in keinem angemessenen Verhältnis zur Zunahme des Exportvolumens stand. In Anpassung an das internationale Zinsniveau wurde außerdem der Diskontsatz am 13. Juni von 6 auf 7 v.H. erhöht[19]; damit sollte nicht zuletzt der Anreiz zu zinsinduzierten Kapitalabflüssen vermindert werden.

Die erste tiefgreifende Maßnahme, welche die noch im Juni ins Amt getretene Regierung zum Abbau des außenwirtschaftlichen Ungleichgewichts und zur nachhaltigen Sanierung der Währung Frankreichs ankündigte, traf die Devisenmärkte in einem Zeitpunkt, in dem sie nicht erwartet wurde: Am 8. August (Freitag) gab die Regierung die Abwertung des Franc bekannt. Mit Zustimmung des IWF wurde der Wechselkurs des Franc mit Wirkung vom 10. August von 4,93 FF/1 US-$ auf 5,55 FF/1 US-$ festgelegt und die Goldparität von 0,180000 g/1 FF auf 0,160000 g/1 FF herabgesetzt[20]; dies entsprach einem Abwertungs-

[17] Siehe ebenda.

[18] Siehe zu diesen Maßnahmen N.N., Neue kreditpolitische Maßnahmen in Frankreich, in: NZZ, Nr. 127, 10. 5. 1969, S. 13.

[19] Siehe Coombs, Ch.A., Treasury and Federal Reserve Foreign Exchange Operations, September 1969, a.a.O., S. 707.

[20] Die alte Parität bestand seit dem 1. 1. 1960. Siehe zur neuen Parität IMF, Press Release No. 755 - August 10, 1969.

satz von 11,11 v.H.. Für die Abwertung waren insbesondere folgende Gründe ausschlaggebend:[21]

1) Die Feststellung, daß der Franc schon seit längerer Zeit mit einem beträchtlichen Abschlag gehandelt wurde, der im Devisenterminhandel zwischen 11 - 12 v.H. betrug.
2) Die Tatsache, daß sich die Reservenverluste im ersten Halbjahr pro Monat auf durchschnittlich 300 Mio. US-$ beliefen und die französischen Währungsreserven bis zum Jahresende praktisch vollständig aufgezehrt worden wären, wenn sich diese Entwicklung fortgesetzt hätte.
3) Die Gefahr, daß eine Abwertung in Anbetracht der zunehmend prekären Reservenlage unter dem Druck einer neuen Krise erforderlich geworden wäre.

Im Bewußtsein, daß die Abwertung nur ein erster Schritt in Richtung auf ein außenwirtschaftliches Gleichgewicht sein konnte und daß es zur Herstellung eines dauerhaften Vertrauens in die Währung Frankreichs, auf der Grundlage der neuen Parität, weiterer Maßnahmen bedurfte[22], wurde gleichzeitig mit der Abwertung die Fortführung der restriktiven Kreditpolitik und der Devisenkontrollmaßnahmen angekündigt, ein neuer allgemeiner Preisstopp, befristet bis zum 15. September, erlassen und weitere Maßnahmen im Rahmen eines umfassenden Gesamtprogramms in Aussicht gestellt.[23] Was speziell die Devisenkontrollmaßnahmen betraf, so wurde mitgeteilt, daß ihre Beibehaltung bis zur Überwindung der Spannungen im internationalen Währungssystem beabsichtigt sei[24].

---

[21] Vgl. im folgenden: Giscard d'Estaing, V., La valeur d'une monnaie se constate elle ne se décide pas, Le Monde, Paris - 10/11 août 1969, in: Deutsche Bundesbank/Auszüge aus Presseartikeln, Nr. 59/13. 8. 1969, S. 2 f.

[22] Ebenda, S. 3: "Ce n'est pas de la dévaluation que nous attendons le retour à l'équilibre, c'est de l'action par un certain nombre de moyens, le budget et le crédit notamment. La dévaluation devait constater la valeur du franc et non pas agir par elle-meme comme un élément de rétablissement de l'équilibre."

[23] Siehe zu den Sofortmaßnahmen N.N., La dévaluation du franc, Les premières mesures d'accompagnement, in: Banque, No. 277, Septembre 1969, S. 631 f.

[24] Vgl. Giscard d'Estaing, V., La valeur d'une monnaie se constate elle ne se décide pas, a.a.O., S. 3.

Wenngleich im Anschluß an die Abwertung des Franc einzelne andere europäische Währungen vorübergehend unter Druck gerieten, so blieben doch anhaltende Störungen größeren Umfangs aus. Aufgrund des verhältnismäßig geringen Abwertungssatzes und auch des Zeitpunkts der Abwertung in Frankreich konnten weitere Wechselkursänderungen im Kreis der wichtigsten Industrieländer vermieden werden.[25] Dagegen werteten die Länder der Franc-Zone ihre Währungen in gleichem Umfang wie Frankreich ab.[26]

Ungeachtet der Tatsache, daß nach der Abwertung des Franc größere Störungen auf den Devisenmärkten ausblieben, wurden der Bank von Frankreich Ende August vorsorglich neue Devisenhilfen im Gegenwert von insgesamt 600 Mio. US-$ zur kurzfristigen Beanspruchung eingeräumt.[27] Daran beteiligten sich die Bank von Italien, die Deutsche Bundesbank, die Nationalbank von Belgien und die Niederländische Bank mit einem Gegenwert von insgesamt 400 Mio. US-$ sowie die BIZ mit einem Gegenwert von 200 Mio. US-$.[28] Daneben bestand außerdem die zu diesem Zeitpunkt nicht beanspruchte Swap-Kreditlinie mit der Federal Reserve Bank im Gegenwert von 1 000 Mio. US-$. Schließlich wurde Frankreich am 19. September von seiten des IWF ein Bereitschaftskredit im Gegenwert von 985 Mio. US-$ für die Dauer von zwölf Monaten zugesagt.[29] Der Bereitschaftskreditvereinbarung gingen Konsultationen innerhalb der Zehner-Gruppe voraus, in denen sich fünf

---

[25] Zu Konsultationen innerhalb der Zehner-Gruppe und speziell unter den EWG-Partnern, wie sie bei der Abwertung des Pfund Sterling stattgefunden hatten, kam es jedoch vor der Abwertung des Franc nicht. Eine Begründung dafür gibt N.N., Keine Konsultationen Frankreichs mit den EWG-Partnern, in: NZZ, Nr. 219, 11. 8. 1969, S. 6.

[26] Siehe N.N., Les quartorze pays africains et malgache membres de la zone franc dévaluent à leur tour pour maintenir la parité de leurs monnaies avec le franc, Le Monde, Paris - 12 aout 1969, in: Deutsche Bundesbank/Auszüge aus Presseartikeln, Nr. 59/13. 8. 1969, S. 3.

[27] Siehe dazu N.N., Frankreichs Devisenposition vor dem neuen IMF-Kredit, in: NZZ, Nr. 240, 1. 9. 1969, S. 13.

[28] Demnach ist anzunehmen, daß die Devisenhilfen vom Juli und November 1968, abgesehen von der Swap-Kreditlinie mit der Federal Reserve Bank, bis dahin weitgehend beansprucht wurden.

[29] Siehe N.N., Einzelheiten des IWF-Bereitschaftskredits für Frankreich, Vereinigte Wirtschaftsdienste, Finanzen, Frankfurt, vom 20. 9. 1969, in: Deutsche Bundesbank/Auszüge aus Presseartikeln, Nr. 70/24. 9. 1969, S. 11.

Mitglieder für den Fall französischer Ziehungen zu Kreditgewährungen gemäß den AKV bereiterklärten.[30] Danach plante die Fondsleitung die Finanzierung der französischen Ziehungen im Rahmen dieses Bereitschaftskredits wie folgt:[31]

in Mio. US-$

Bereitgestellte Währungen	Aus IWF-Beständen	Goldverkäufe des IWF	Kreditaufnahme im Rahmen d. AKV	Insgesamt
US-Dollar	269	33	-	302
Deutsche Mark	-	66	185	251
Ital. Lire	10	33	60	103
Japan. Yen	-	16	65	81
Kanad. Dollar	10	12	50	72
Rand	45	2	-	47
Austral. Dollar	30	7	-	37
Holländ. Gulden	-	14	15	29
Schilling	10	7	-	17
Mexikan. Pesos	10	4	-	14
Norweg. Kronen	10	3	-	13
Irische Pfund	10	2	-	12
Bolívar	6	1	-	7
Insgesamt	410	200	375	985

Da die Währungsbehörden Frankreichs schon im Juni 1968 die französischen Ziehungsrechte aus der Goldtranche beansprucht hatten[32], betraf der nun vereinbarte Bereitschaftskredit im Gegenwert von 985 Mio. US-$ die Ziehungsrechte aus der ersten bis vierten Kredittranche. Die Voraussetzung für Bereitschaftskreditvereinbarungen und für die Genehmigung von Ziehungen welche die Kredittranchen betreffen, ist nach den Ausleihegrundsätzen des Fonds regelmäßig die Vorlage eines realistischen Sanierungsprogramms. Tatsächlich hatte die französische Regierung, wie bereits mit der Abwertung in Aussicht ge-

[30] Siehe N.N., Der IMF-Kredit für Frankreich, Mitwirkung des Zehnerklubs an der Mittelaufbringung, in: NZZ, Nr. 256, 17. 9. 1969, S. 13.

[31] Siehe zur nachfolgenden Übersicht N.N., Einzelheiten des IWF-Bereitschaftskredits für Frankreich, a.a.O., S. 11.

[32] Siehe oben, S. 127 f.

stellt, Anfang September ein umfassendes Programm vorgelegt und dabei ihre Absicht bekundet, bis zum 1. Januar 1970 den Staatshaushalt auszugleichen, bis zum 1. April 1970 das binnenwirtschaftliche Gleichgewicht herzustellen und bis zum 1. Juli 1970 das außenwirtschaftliche Gleichgewicht zu erreichen.[33] Zur Durchsetzung dieses Dreistufenprogramms kündigte die Regierung gleichzeitig verschiedene Maßnahmen an, und zwar namentlich haushaltspolitische Maßnahmen sowie Maßnahmen der Kredit-, Preis- und Einkommenspolitik.[34] Am 27. September erfolgte die erste Ziehung im Gegenwert von 500 Mio. US-$ im Rahmen des Bereitschaftskredits, die der Fonds wie folgt finanzierte:[35]

1) Den Gegenwert von 208 Mio. US-$ stellte der Fonds in zehn Währungen aus eigenen Beständen zur Verfügung.
2) Den Gegenwert von 101,5 Mio. US-$ besorgte sich der Fonds durch Goldverkäufe an dreizehn Mitglieder.
3) Den Gegenwert von 190,5 Mio. US-$ refinanzierte der Fonds durch Kreditaufnahmen gemäß den AKV bei fünf Mitgliedern der Zehner-Gruppe.[36]

Der Abruf der zusätzlich bereitgestellten Mittel erfolgte entsprechend den Bestimmungen der AKV pro rata der für diesen Bereitschaftskredit vereinbarten Beitrags-Skala. Somit stellten die an dieser Aktion beteiligten Mitglieder der Zehner-Gruppe folgende Gegenwerte in Landeswährung zur Verfügung:[37]

---

[33] Siehe N.N., Das französische Sanierungsprogramm, Ausgleich des Staatshaushalts als Grundlage, in: NZZ, Nr. 244, 5. 9. 1969, S. 13.

[34] Siehe ebenda.

[35] Siehe IMF, Press Release No. 761 - September 27, 1969.

[36] Damit beliefen sich die vom Fonds bis Ende September gemäß den AKV aufgenommenen Kredite auf einen Gegenwert von insgesamt 1 061,5 Mio. US-$. In diesem Betrag ist die im August, und zwar noch vor der Abwertung in Frankreich, erfolgte Rückzahlung der belgischen AKV-Forderung im Gegenwert von 70 Mio. US-$ berücksichtigt. Siehe zur Rückzahlung an Belgien IMF, Press Release No. 750 - August 1, 1969.

[37] Siehe IMF, Press Release No. 761 - September 27, 1969.

Mitglied der Zehner-Gruppe	Kreditgewährung in Mio. US-$
Deutsche Bundesbank[38]	94,0
Japan	33,0
Italien	30,5
Kanada	25,5
Niederlande	7,5
Insgesamt	190,5

Die gezogenen Währungen standen Frankreich für die Dauer von drei Jahren, beginnend mit dem Zeitpunkt der Ziehung, zur Verfügung. Von dem Bereitschaftskredit verblieb ein Gegenwert von 485 Mio. US-$. Nachdem Frankreich bereits im Juni 1968 seine Ziehungsrechte aus der Goldtranche beansprucht hatte, erhöhten sich die ausstehenden Ziehungen mit der Ziehung vom September 1969 auf einen Gegenwert von 746 Mio. US-$.

32 DIE KOOPERATION BEI DER REFORM DES INTERNATIONALEN WÄHRUNGSSYSTEMS

321 Die Untersuchung des internationalen Währungssystems und des Bedarfs an internationaler Liquidität 1963/1964

3211 Gegenstand und Träger der Untersuchung

Die wiederkehrenden Störungen der internationalen Währungsordnung und die mehrfache Bedrohung des Status der Reservewährungen hatten zur Folge, daß sich die Kritik an der auf den Statuten des IWF aufbauenden Währungsordnung mehrte und mit zahlreichen Vorschlägen zu ihrer Reform verbunden wurde, denen allerdings sehr konträre Beurteilungen des Zustandes und der Zukunftsaussichten dieser Ordnung zugrunde lagen.[1] Diese Umstände haben dazu beigetragen, daß auch die

[38] Als unmittelbarer Teilnehmer der AKV.

[1] Zur Kritik und zu den Reformvorschlägen siehe Stobbe, A., Neuere Vorschläge zur Reform des internationalen Währungssystems, in: Weltwirtschaftliches Archiv, Bd. 87 (1961 II), S. 238 ff. sowie: Machlup, F., Die Pläne zur Reform des internationalen Geldwesens, a.a.O., S. 8 ff. sowie: Grubel, H.G., (Hrsg.), World Monetary Reform, Plans and Issues, Stanford 1963.

Minister und Notenbankgouverneure der Zehner-Gruppe eine breite Untersuchung des Währungssystems einleiteten. Im Verlauf der 1963 in Washington abgehaltenen Jahrestagung des IWF traten sie zu gesonderten Besprechungen zusammen und überprüften die internationale Währungslage sowie die Eignung des Währungssystems zur Durchsetzung der durch die IWF-Statuten vorgegebenen wirtschaftspolitischen Konzeption[2], die als oberste Ziele Vollbeschäftigung und wirtschaftliches Wachstum bei gleichzeitiger Preisstabilität postuliert.[3]

Entgegen der verschiedentlich vertretenen Ansicht, wonach die Weltwirtschaft unter einem Mangel an internationaler Liquidität leide, stellten die Minister und Notenbankgouverneure in einer offiziellen Erklärung übereinstimmend fest, "daß die gegenwärtigen nationalen Währungsreserven, ergänzt durch die Mittel des IWF und ein Netz von zweiseitigen Kreditbeziehungen, unter den gegenwärtigen Umständen voll ausreichend erscheinen, um mit etwaigen Bedrohungen der Stabilität des internationalen Währungssystems fertig zu werden"[4]. Die Vertreter der Zehner-Gruppe konstatierten ferner, daß die grundsätzlich stabilen Wechselkurse und der feste Goldpreis ihren Wert als wesentliche Bestandteile der internationalen Währungsordnung erwiesen hätten und daher auch zukünftig an ihnen festgehalten wird.[5] Allerdings erschien es auch der Zehner-Gruppe angebracht, "eine gründliche Untersuchung der Aussichten für das Funktonieren des internationalen Währungssystems und seiner mutmaßlichen zukünftigen Liquiditätsbedürfnisse durchzuführen"[6], wobei insbesondere Umfang und Art langfristig zusätzlich benötigter Reserven und Kreditfazilitäten geprüft werden sollten[7]. Mit der Durchführung dieser Untersuchung beauftragten die Minister und Notenbankgouverneure ihre Stellvertreter. Auf-

---

[2] Siehe Art. I Articles of Agreement (1944).

[3] Vgl. Gruppe der Zehn, Verlautbarung der Gruppe der Zehn bei der Jahrestagung des Internationalen Währungsfonds in Washington, 2. Oktober 1963, Ziff. 1, in: Deutsche Bundesbank/Auszüge aus Presseartikeln, Nr. 74/3. 10. 1963, S. 1.

[4] Ebenda, Ziff. 3.

[5] Vgl. ebenda, Ziff. 4.

[6] Ebenda.

[7] Vgl. ebenda.

grund der vorausgegangenen Erklärung über Goldpreis und Wechselkursgefüge waren die Aspekte eines Abweichens von diesen Grundelementen der Währungsordnung nicht zur Diskussion gestellt worden.[8]

Im Anschluß an die Jahrestagung des IWF begann die Stellvertretergruppe unter dem Vorsitz von Robert V. Roosa vom Schatzamt der Vereinigten Staaten in Kontakt mit dem Fonds, der OECD und der BIZ, sowie in Anwesenheit eines Vertreters der Schweizerischen Nationalbank mit der Durchführung dieses Auftrages. Als Mitglieder der Stellvertretergruppe fungierten je ein Ministerialbeamter und je ein Vertreter der Notenbanken aus dem Kreis der Zehner-Gruppe. Die Tatsache, daß die Initiative zu dieser Untersuchung im Kreis der Zehner-Gruppe ergriffen wurde, bedeutet jedoch nicht, daß die anderen IWF-Mitglieder und die Fondsleitung selbst an der Klärung dieser Fragen weniger Interesse gezeigt hätten. Vielmehr läßt sich die Initiative der Zehner-Gruppe mit der besonderen Verantwortung, die sie für das Funktionieren des internationalen Währungssystems trägt, und der Möglichkeit intensiverer Konsultationen im engeren Kreis begründen. Außerdem hat auch der IWF im folgenden Jahr seine Studien der Liquiditätsprobleme fortgesetzt.[9]

3212 Grundzüge der Untersuchung

Die Stellvertreter berichteten den Ministern und Notenbankgouverneuren anläßlich einer zu diesem Zweck Mitte Juni 1964 in Paris abgehal-

---

[8] Dagegen sehen einige Kritiker gerade die festen Wechselkurse als die Wurzel allen Übels an, weshalb sie denn auch den Übergang zu einem System frei beweglicher Wechselkurse empfehlen, freilich mit Nuancen: Siehe z.B. Lutz, F.A., The Case for Flexible Exchange Rates, a.a.O., S. 179 ff.. Weitere Vertreter dieser Richtung nennt Machlup, F., Die Pläne zur Reform des internationalen Geldwesens, a.a.O., S. 55 f.. Außerdem wird von einigen Kritikern eine Erhöhung des Goldpreises unter Beibehaltung der Funktionen des Goldes empfohlen: So z.B. von Harrod, R.F., A Plan for Increasing Liquidity: A Critique, in: Grubel, H.G., (Hrsg.), World Monetary Reform, Plans and Issues, a.a.O., S. 111 ff.

[9] Daneben begann außerdem eine Gruppe von 32 Nationalökonomen mit einer nicht amtlichen Untersuchung dieser Probleme, (in der Folgezeit auch als Bellagio-Gruppe benannt, da sie zweimal in Bellagio und einmal in Princeton tagte).

tenen Konferenz über die Ergebnisse ihrer Untersuchung und legten im August 1964 einen Abschlußbericht vor. Dieser Stellvertreter-Bericht enthält sozusagen eine Bestandsaufnahme der grundsätzlichen Aspekte des internationalen Währungssystems, verbunden mit einzelnen Empfehlungen zur weiteren Entwicklung der währungspolitischen Zusammenarbeit, wobei überwiegend gemeinsame Auffassungen erzielt werden konnten, aber auch unterschiedliche Auffassungen berücksichtigt wurden.[1]

Der erste Hauptpunkt des Berichts befaßt sich mit dem sogenannten Anpassungsprozeß (adjustment process) und der dazu erforderlichen Anpassungspolitik, d.h. der Zahlungsbilanzpolitik zur Vermeidung bzw. Korrektur von Ungleichgewichten im internationalen Zahlungsverkehr.[2] Dabei wird davon ausgegangen, daß das reibungslose Funktionieren des internationalen Währungssystems gewissermaßen den Rahmen für die Realisierung der gemeinsamen wirtschaftspolitischen Zielsetzung bildet. Dies wiederum bedeute, daß umfangreiche und langanhaltende, also strukturelle Ungleichgewichte vermieden werden müssen. Infolgedessen hätten die Mitgliedsländer bei der Verfolgung ihrer binnenwirtschaftlichen Zielsetzungen stets auch das Erfordernis des außenwirtschaftlichen Gleichgewichts zu berücksichtigen. Auch müßten sie den Tendenzen zu einem außenwirtschaftlichen Ungleichgewicht durch eine zahlungsbilanzbewußte Politik zunächst selbst entgegentreten und dabei die Verpflichtungen aus der Mitgliedschaft beim IWF und aus anderen wirtschaftlich relevanten internationalen Verträgen beachten. Während eine Anpassung bei temporären Störungen des außenwirtschaftlichen Gleichgewichts, die im gegebenen System nicht zu vermeiden sind, durch den Einsatz von eigenen Währungsreserven und die Inanspruchnahme internationaler Kreditfazilitäten beschleunigt werden kann, vollzieht sich der Prozeß der Anpassung nach dem Eintritt langfristiger strukturbedingter Störungen nicht unmittelbar nachdem die Gegenmaßnahmen ergriffen worden sind, sofern nicht von der Möglichkeit einer Wechselkursänderung Gebrauch gemacht wird. Da aber die Anpassungsmaßnahmen seitens der Defizit- oder Überschußländer sich

---

[1] Siehe Gruppe der Zehn, Verlautbarung der Minister und Notenbankgouverneure der Gruppe der Zehn und Anhang hierzu, ausgearbeitet von den Stellvertretern - August 1964 - (Aus dem englischen Original-Text übersetzt in der Deutschen Bundesbank), (im folgenden zitiert: Verlautbarung der Minister und Notenbankgouverneure, August 1964).

[2] Vgl. im folgenden ebenda, Anhang, Ziff. 5 - 10, S. 5 ff.

überdies auch auf andere Länder auswirken, hat sich nach dem Bericht der Stellvertreter bis zu diesem Zeitpunkt bereits eine breite Zusammenarbeit entwickelt, die darauf gerichtet ist, bei der Ergreifung von Anpassungsmaßnahmen seitens einzelner Länder auch die Interessen der anderen Länder zu berücksichtigen. Damit ist jedoch noch nicht die in einem System grundsätzlich fester Wechselkurse unerläßliche aktive Kooperation durch koordinierte Anpassungsmaßnahmen im Wege einer Wirtschafts- und Währungspolitik, deren Einzelmaßnahmen zur Förderung des Ausgleichsprozesses aufeinander abgestimmt sind, erreicht worden.[3] Als Begründung dazu führt der Bericht an, zu diesem Zeitpunkt seien die optimale Kombination der wirtschafts- und währungspolitischen Instrumente der einzelnen Länder und die Möglichkeiten eines geeigneten Zusammenwirkens der Wirtschafts- und Währungsbehörden verschiedener Länder zur Vermeidung und Beseitigung von Ungleichgewichten im internationalen Zahlungsverkehr noch nicht ausreichend erforscht worden. Daher hielten die Stellvertreter im Interesse der Funktionsfähigkeit des internationalen Währungssystems zunächst eine Prüfung für nötig, "wie die Mitgliedsländer einzeln und gemeinsam und unter gleichzeitiger Verfolgung ihrer wichtigsten binnenwirtschaftlichen Ziele in Zukunft ein besseres Zahlungsbilanzgleichgewicht wahren und Ungleichgewichte schneller und wirksamer bekämpfen könnten"[4]. Für die Notwendigkeit einer derartigen Untersuchung spricht nach Auffassung der Stellvertreter außerdem der enge Zusammenhang zwischen dem Bedarf an Währungsreserven und internationalen Kreditfazilitäten und dem Anpassungsprozeß. Diesbezüglich wird darauf hingewiesen, daß einzelne Länder bei ungenügender Liquiditätsversorgung zu Maßnahmen greifen könnten, die den nationalen und internationalen Zielsetzungen entgegenlaufen, während ein Zuviel an Liquidität den Anpassungsprozeß verzögern könne, was sich ebenfalls nachteilig auf die nationale und internationale Wirtschaftslage auswirken würde.

---

3 Dazu Emminger, O., Grundprobleme der internationalen Währungsordnung, a.a.O., S. 5: "Es liegt auf der Hand, daß auf längere Sicht die Koordinierung der Wirtschafts- und Währungspolitik die wichtigste, aber gleichzeitig auch die schwierigste Seite der Kooperation unter den Währungsbehörden darstellt."

4 Gruppe der Zehn, Verlautbarung der Minister und Notenbankgouverneure, August 1964, a.a.O., Anhang, Ziff. 9, S. 7.

Der zweite Hauptpunkt des Berichts betrifft die Funktionsweise des internationalen Währungssystems.[5] Es werden zuerst Organisation, Ziele und Mittel des IWF als zentraler Institution der währungspolitischen Zusammenarbeit dargelegt[6] und dann die Liquiditätsausstattung der Mitgliedsländer nach Art und globaler Angemessenheit (adequacy) untersucht. In diesem Zusammenhang wiederholen die Stellvertreter die Auffassung der Minister und Notenbankgouverneure, daß das Gold nach wie vor als Grundelement des Systems und als allgemeiner Maßstab für das Währungsgefüge gelte. Anschließend wird die erweiterte Bedeutung der Devisen, namentlich der Reservewährungen als Bestandteil der Währungsreserven hervorgehoben und der zunehmende Umfang der Reservewährungsbestände auf ihre praktische Bedeutung für die Devisenmarkt-Interventionen zurückgeführt[7]. Außerdem wird darauf hingewiesen, daß sich die Währungsbehörden keineswegs einheitlich im Hinblick auf die Zusammensetzung ihrer Primärreserven nach Gold und Devisen verhielten.[8] Schließlich führen die Stellvertreter an, daß den Währungsbehörden neben den Mitteln des IWF zahlreiche bila-

---

[5] Vgl. im folgenden ebenda, Anhang, Ziff. 11 - 22, S. 8 ff.

[6] Auf eine Wiederholung dieser bereits an anderer Stelle ausgeführten Aspekte wird verzichtet. Siehe daher oben, S. 6 ff.

[7] Demgegenüber ist festzuhalten, daß schon in den vorausgegangenen Jahren in einigen westeuropäischen Ländern der Trend in anderer Richtung, nämlich hin zu einem höheren Goldanteil der Reserven verlaufen war. Diese Entwicklung spiegelte zumindest teilweise das zunehmende Mißtrauen in den US-Dollar wider, das durch die hartnäckigen Zahlungsdefizite der Vereinigten Staaten verursacht worden war. Siehe hierzu C.J. Devine Institute of Finance, New York University, International Liquidity, Bulletin, No. 27, November 1963, S. 20 ff.. Durch die Kehrtwende in der französischen Reservepolitik und den dabei offiziell angekündigten Angriff auf den US-Dollar wurde diese Entwicklung drastisch verstärkt. Siehe: Le système du ‚Gold Exchange Standard' ne correspond plus aux nécessités d'à présent (Aus dem Text der Erklärungen des Staatspräsidenten de Gaulle v. 4. 2. 1965) Le Monde, Paris, No. 6241, 6 février 1965, in: Deutsche Bundesbank/Auszüge aus Presseartikeln, Nr. 10/10. 2. 1965, S. 1 ff. Zur Erklärung von de Gaulle die Äußerung von Blessing, K., Comments on the International Monetary Situation, Ausführungen des Präsidenten der Deutschen Bundesbank vor dem Council on Foreign Relations, New York, am 4. Oktober 1965 (Deutsche Fassung), in: Deutsche Bundesbank/Auszüge aus Presseartikeln, Nr. 75/13. 10. 1965, S. 1: "Man sollte sich nicht darüber täuschen: die Äußerungen des General de Gaulle brachten nur in etwas schrillem Ton das zum Ausdruck, was viele andere damals in Europa dachten."

[8] Siehe zur damaligen Zusammensetzung der Länderbestände an Gold, Währungen und IWF-Positionen, BIZ, Fünfunddreissigster Jahresbericht (1964/65), S. 118.

terale und multilaterale Kreditfazilitäten gewissermaßen als unbedingtes und bedingtes Liquiditätsreservoir zur Verfügung stünden, dessen Kapazität bis zu diesem Zeitpunkt bei weitem noch nicht ausgelastet worden sei. Daher teilten die Stellvertreter die Auffassung der Minister und Notenbankgouverneure über die Angemessenheit der vorhandenen Gesamtliquidität.

Wohlgemerkt, die Untersuchung der Stellvertreter befaßt sich hauptsächlich mit der Frage des Gesamtbedarfs an Liquidität. Die unterschiedlichen Aspekte des Liquiditätsbedarfs in Industrieländern auf der einen und Entwicklungsländern auf der anderen Seite sowie die sehr naheliegende Frage nach der angemessenen Verteilung der Gesamtliquidität auf diese gegensätzlichen Ländergruppen werden im Bericht der Stellvertreter nicht einmal angesprochen.[9]

Im dritten Hauptpunkt des Berichts werden insbesondere Probleme der langfristigen Liquiditätsversorgung des Währungssystems behandelt.[10] Dabei erörtern die Stellvertreter zunächst die Frage nach den geeigneten Kriterien für die Beurteilung der Angemessenheit der internationalen Liquiditätsausstattung und stellen einführend fest, daß es "keine befriedigende quantitative Formel für die Messung des Liquiditätsbedarfs gibt"[11], sondern lediglich gewisse Grundsätze für die Be-

---

[9] Zum Problem der angemessenen Verteilung: "Unfortunately, international liquidity is not well distributed, some countries having more than adequate ... while others are seriously deficient." C.J. Devine Institute of Finance, International Liquidity, a.a.O., S. 10.

[10] Vgl. im folgenden Gruppe der Zehn, Verlautbarung der Minister und Notenbankgouverneure, August 1964, a.a.O., Anhang, Ziff. 23 - 29, S. 14 ff.

[11] Ebenda, Anhang, Ziff. 24, S. 14. Dagegen wird vielfach der RI-Koeffizient, der das Verhältnis zwischen Reserven und Importvolumen bestimmt, als Maß verwendet; die Berücksichtigung von Kapitalbewegungen ist möglich und würde seine Aussagekraft an sich erhöhen. Vgl. z.B. Triffin, R., Gold and the Dollar Crisis. The Future of Convertibility, New Haven 1960, S. 35 ff.. Da jedoch die Weltwährungsreserven nichts mit der unmittelbaren Finanzierung des Welthandels zu tun haben, sondern von den Währungsbehörden zum Spitzenausgleich verwendet werden, um Ungleichgewichte im Zahlungsverkehr zu überbrücken, ist die Aussagefähigkeit dieses Koeffizienten starker Kritik ausgesetzt, und zwar nicht nur von Währungspraktikern, sondern auch in der Theorie. Nach BIZ, Fünfunddreissigster Jahresbericht (1964/65), S. 33 "ist die funktionelle Beziehung des Transaktionsvolumens zum Reservenvolumen nicht nachweisbar". Siehe auch Machlup, F., Die Pläne zur Reform des internationalen Geldwesens, a.a.O., S. 11 f. und die umfassende Darstellung dieser Problematik bei Fensch, U., a.a.O., S. 26 ff.

urteilung der quantitativen Angemessenheit aufgestellt werden können. Als grundlegende Beurteilungskriterien führen die Stellvertreter folgende an: "Der Gesamtbedarf an Liquidität steht vermutlich irgendwie im Zusammenhang mit Faktoren wie dem Wachstum des Welthandels und der Kapitalbewegungen sowie dem Umfang und der Dauer der Ungleichgewichte im internationalen Zahlungsverkehr, je nach der Wirksamkeit der angewandten Zahlungsbilanzpolitik."[12] Was speziell die Zahlungsbilanzschwankungen betrifft, so halten es die Stellvertreter für wahrscheinlich, daß ein umfassenderes Zahlungsvolumen für laufende und Kapitaltransaktionen, das als Folge des Wachstums des Welthandels und der Zunahme des Kapitalverkehrs entsteht, größere Schwankungen induzieren könne. Diese möglichen Veränderungen seien demnach bei der Beurteilung des Liquiditätsbedarfs zu berücksichtigen.

Da die Frage der künftigen Liquiditätsversorgung in diesem Stadium der Bestandsaufnahme und Voruntersuchung nicht endgültig geklärt werden konnte, einigten sich die Stellvertreter auf folgende Schwerpunkte, welche die Richtung weiterer Diskussionen bestimmen sollten: Das Gold werde auch in Zukunft seine Funktionen als Bestandteil der Reserven ausüben. Ungeachtet dieser Rolle und der Tatsache der verstärkten Zusammenarbeit der Währungsbehörden, neu gewonnenes Gold in die offiziellen Reserven zu lenken[13], erschiene es jedoch sehr fraglich, ob das neu erzeugte Gold, welches tatsächlich in die offiziellen Reserven gelenkt werden kann, jeden zukünftigen Bedarf decken würde. Auch die Schaffung zusätzlicher Währungsreserven bei den anderen Ländern durch fortgesetzte Zahlungsbilanzdefizite der Vereinigten Staaten als dem bedeutendsten Reservewährungsland werde in Zukunft nicht in dem Maße wie in den vorausgegangenen Jahren zur Liquiditätsversorgung des Währungssystems beitragen können.[14] Eine wei-

[12] Gruppe der Zehn, Verlautbarung der Minister und Notenbankgouverneure, August 1964, a.a.O., Anhang, Ziff. 24, S. 14.

[13] Das Angebot an Gold im westlichen Währungssystem hängt von den Goldfunden, der Technik der Goldgewinnung und den Goldverkäufen des Ostblocks ab. Der offiziellen Nachfrage nach Gold zu monetären Zwecken steht die private Nachfrage nach Gold zu gewerblichen Zwecken, zum Zweck der Ersparnisbildung und Sicherung gegen Währungsverluste und von Zeit zu Zeit zu Spekulationszwecken im eigentlichen Sinne gegenüber.

[14] Im Gegensatz zu früher wird es nun häufig als Mangel empfunden, daß die Währungsreserven nicht allein nach dem objektiven Liquiditätsbedarf, sondern vor allem entsprechend der Defizite der Reservewährungsländer geschaffen werden. Siehe z.B. Giscard d'Estaing,

tere Ausdehnung der kurzfristigen Auslandsverschuldung der Vereinigten Staaten würde zudem ihre Goldreserve belasten und damit das internationale Vertrauen in den Status ihrer Währung untergraben mit den hinreichend bekannten Auswirkungen auf die gesamte Währungsordnung.[15] Schließlich führen die Stellvertreter an, daß weder im gegebenen Zeitpunkt noch in der unmittelbaren Zukunft eine andere Währung die Funktionen einer Reservewährung zusätzlich zum US-Dollar und zum Pfund Sterling, übernehmen könne, um so zum künftigen Liquiditätsbedarf beizutragen.[16] Eine derartige Entwicklung des Systems der Reservewährungen, wie der gegenwärtige Gold-Devisen-Standard auch vielfach bezeichnet wird, wäre nach Meinung der Stellvertreter auch gar nicht dazu geeignet, zur Stabilität der Währungsordnung beizutragen, sondern würde viel eher neue Probleme aufwerfen. Da aber mithin eine gewisse Grenze in der Vermehrung der Gesamtliquidität durch Gold und Reservewährungsguthaben erreicht worden ist, könne nach übereinstimmender Auffassung der Stellvertreter sehr wohl mit der weiteren Entwicklung "das Bedürfnis nach einer zusätzlichen Art internationaler Reserve-Guthaben auftreten"[17]; derartige Reserve-Guthaben würden jedoch die bisherigen Mittel zur Überbrückung von Ungleichgewichten nicht in Frage stellen.

Das Fazit der bisher dargelegten Ausführungen des Berichts der Stellvertreter, daß die herkömmlichen Reservequellen in Zukunft zumindest spärlicher fließen würden als zuvor, verbunden mit der Folgerung eines möglicherweise auftretenden Bedürfnisses nach zusätzlichen Re-

V., Statement by the Governor of the Bank for France, in: IMF, Summary Proceedings (1964), S. 205. Auch einige der Stellvertreter äußerten sich in dieser Richtung. Vgl. Gruppe der Zehn, Verlautbarung der Minister und Notenbankgouverneure, August 1964, a.a.O., Anhang, Ziff. 26, S. 17.

15 Hiermit wird ein bekannter Mangel des Systems angesprochen: "The dilemma confronting the key currency system arises from the fact that when a key currency has a persistent deficit in its external accounts, the international liquidity of the surplus countries is increased but confidence in the key currencies is undermined." C.J. Devine Institute of Finance, The Key Currencies, a.a.O., S. 10.

16 Eine Ausdehnung der Zahl der Reservewährungen zur Lösung des Problems der internationalen Liquidität wurde z.B. angeregt von Lutz, F.A., Das Problem der internationalen Liquidität und das System der mehrfachen Reservewährungen, in: Hunold, A., (Hrsg.), Inflation und Weltwährungsordnung, Erlenbach-Zürich und Stuttgart, 1963, S. 84 ff.

17 Gruppe der Zehn, Verlautbarung der Minister und Notenbankgouverneure, August 1964, a.a.O., Anhang, Ziff. 25, S. 15.

serven anderer Art, verdient als wichtigstes Ergebnis der Untersuchung der Stellvertreter hervorgehoben zu werden. Gleichwohl ist expressis verbis festzuhalten, daß dieses Ergebnis nicht mit konkreten Vorschlägen zur Schaffung zusätzlicher Reserven verbunden wurde, weil im Kreis der Stellvertreter über den besten Weg künftiger Reserveschaffung verschiedene Ansichten geäußert worden sind.

Angesichts der Tatsache unterschiedlicher Auffassungen, die bereits dort auftraten, wo es darum ging, eine Rangfolge für die weitere Diskussion der längerfristigen Aspekte der Entwicklung des Währungssystems festzulegen, konnten sich die Stellvertreter freilich nur auf Empfehlungen, verbunden mit technischen Vorkehrungen von unmittelbar praktischem Interesse einigen. Damit befaßt sich der vierte und abschließende Hauptpunkt des Stellvertreterberichts, der im wesentlichen nachstehende Einzelpunkte enthält:[18]

Die führenden Länder sollen die im Rahmen des sogenannten Londoner Goldpool begonnene Kooperation ihrer Notenbanken auf dem internationalen Goldmarkt intensivieren um damit sicherzustellen, daß ein möglichst hoher Anteil des Goldangebots in die offiziellen Reserven gelenkt werden könne.[19] Ferner sollen die offiziellen Goldbestände stets zum Zweck des internationalen Zahlungsausgleichs zur Verfügung stehen und mithin müsse beachtet werden, daß diese Funktion der Goldreserven nicht etwa durch gesetzliche oder traditionelle Regelungen hinsichtlich der Relation zwischen Goldbestand und Geldumlauf in den einzelnen Ländern behindert wird.
Der bisher schon durchgeführte Meinungsaustausch, insbesondere anläßlich der monatlichen Zusammenkünfte der Notenbankgouverneure der Zehner-Gruppe und der Schweiz bei der BIZ und innerhalb der

[18] Vgl. im folgenden ebenda, Anhang, Ziff. 30 - 55, S. 19 ff.

[19] Nach anfangs relativ erfolgreichen Interventionen des Goldpools gelang es allerdings in den Jahren nach 1965 nicht mehr, durch diese Kooperationsform die offiziellen Goldbestände weiter aufzufüllen. Vielmehr hat der Goldbestand der Währungsbehörden nach 1965 aufgrund der Einstellung der Goldverkäufe des Ostblocks und aufgrund verschiedener Währungs- bzw. Goldkrisen, verbunden mit hektischen Spekulationskäufen zum ersten Mal absolut abgenommen. Unter dem Druck der Krisen, die dem Pool der Notenbanken im März 1968 letztmalig erhebliche Verluste zufügten, mußten die Interventionen eingestellt werden. Die Zweiteilung des Goldmarkts wurde auf der Washingtoner Konferenz der Notenbankgouverneure der sieben bis zu jenem Zeitpunkt noch aktiven Mitglieder des Goldpools am 16. und 17. März 1968 beschlossen. Siehe dazu oben, S. 113 f.

OECD, solle durch verfeinerte Methoden der Konsultation zum Zweck der Koordinierung der Wirtschafts- und Währungspolitik für die gemeinsamen Anpassungsmaßnahmen ausgebaut werden. Damit sei außerdem die Grundlage für eine sogenannte multilaterale Überwachung der verschiedenen Formen der Zahlungsbilanzhilfe zu legen. Ziel dieser multilateralen Überwachung sei es, "ein Übermaß oder einen Mangel an Mitteln zur Finanzierung von bestehenden oder voraussehbaren Zahlungsbilanzüberschüssen und -defiziten zu vermeiden und gemeinsam diejenigen Maßnahmen zu erörtern, die für jedes Land unter Berücksichtigung der gesamtwirtschaftlichen Aussichten angemessen sind"[20].

In der Annahme, langfristig betrachtet könne ein Bedürfnis nach zusätzlichen Reserven sowohl dem Umfang als auch der Art nach entstehen, haben die Stellvertreter es für erforderlich gehalten, ihrerseits eine Studiengruppe einzusetzen, die prüfen sollte, "wie und unter welchen Bedingungen es auf längere Sicht vorteilhaft sein könnte, das jetzige System durch eine neue Art von Reserve-Guthaben zu e r g ä n z e n"[21].

Nach Überprüfung der allgemeinen Liquiditätsausstattung des IWF, der Höhe der Quoten einer Reihe von IWF-Mitgliedern im Verhältnis zu ihrer wirtschaftlichen Relevanz, der tatsächlichen Beanspruchung der Mittel des Fonds und des Grundsatzes der Goldeinzahlung in Höhe von 25 v.H. auf die Subskriptionen, empfahlen die Stellvertreter, bei der bevorstehenden Überprüfung der Mitgliedsquoten eine generelle Erhöhung, verbunden mit einer Reihe selektiver Aufstockungen zu unterstützen.

Die Bestandsaufnahme der gegebenen monetären Kooperation auf bilateraler und multilateraler Ebene und die Voruntersuchung der langfristigen Liquiditätsversorgung des internationalen Währungssystems seitens der Stellvertreter wurde von den Ministern und Notenbankgouverneuren mit einer abschließenden Verlautbarung, verbunden mit einzelnen Vereinbarungen, versehen.

---

20 Gruppe der Zehn, Verlautbarung der Minister und Notenbankgouverneure, August 1964, a.a.O., Anhang, Ziff. 37, S. 21.

21 Ebenda, Anhang, Ziff. 28, S. 18 (v. Verf. gesperrt).

3213 Ergebnisse der Untersuchung

Auf der Grundlage des Stellvertreter-Berichts bekräftigten die Minister und Notenbankgouverneure ihre Überzeugung, "daß ein System, das wie das jetzt vorhandene auf festen Wechselkursen und dem festgelegten Goldpreis beruht, seinen Wert als Fundament erwiesen hat, auf dem man für die Zukunft bauen kann"[1] und daß die gegenwärtige und voraussehbare Liquiditätsversorgung des internationalen Währungssystems "völlig ausreichend ist"[1]. Ferner vereinbarten sie in enger Anlehnung an den Stellvertreter-Bericht[2],

a) die verschiedenen Mittel zur Überbrückung temporärer Zahlungsbilanzdefizite und -überschüsse einer multilateralen Überwachung zu unterstellen;
b) eine Untersuchung des Prozesses zum Ausgleich der Zahlungsbilanzen und der geeignetsten Maßnahmen und Instrumente nationaler und internationaler Wirtschafts- und Währungspolitik zur Vermeidung bzw. Beseitigung von Ungleichgewichten durchführen zu lassen;[3]
c) eine mäßige allgemeine und weitere dringliche selektive Erhöhungen der IWF-Quoten zur Stärkung der Leistungsfähigkeit des IWF zu unterstützen.
d) Schließlich billigten sie den Einsatz der Studiengruppe zur Prüfung verschiedener Vorschläge zur Schaffung von Reserven, die von den Stellvertretern mit dem Abschluß ihrer Untersuchungen beauftragt worden war.

Bei der Beurteilung dieser Einzelergebnisse, von denen die ersten zwei den Bedarf und die letzten zwei den Bestand an internationaler Liquidität betreffen, darf nicht unbeachtet bleiben, daß praktisch nur die Vereinbarungen über die multilaterale Überwachung und die generelle Zusage zu einer Quotenerhöhung unmittelbare Auswirkungen nach sich zogen, wohingegen die Klärung langfristig bedeutsamer Teilaspek-

[1] Gruppe der Zehn, Verlautbarung der Minister und Notenbankgouverneure, August 1964, a.a.O., S. 1.

[2] Vgl. ebenda, S. 2 f.. Diese Vereinbarungen werden von der BIZ, die zu der Untersuchung der Stellvertreter beigezogen wurde, als "ein Kompromiß hart am Rande der Ergebnislosigkeit" bezeichnet. BIZ, Fünfunddreissigster Jahresbericht (1964/65), S. 27.

[3] Nach N.N., Das Echo auf die Währungsvorschläge, in: NZZ, Nr. 221, 12. 8. 1964, Bl. 11 wurde diese Vereinbarung erst nach längerem Drängen von deutscher Seite erzielt.

te der monetären Kooperation wie auch die Frage der langfristigen Liquiditätsversorgung des internationalen Währungssystems mit der Delegation entsprechender Untersuchungsaufträge auf weitere Untersuchungsträger verschoben wurde[4].

Was die multilaterale Überwachung betrifft, so bedeutet sie nichts anderes als gegenseitige Information und Konsultation bei der Finanzierung von Zahlungsbilanzdefiziten und -überschüssen und ist daher ein wichtiges Gegenstück zu den in den vorausgegangenen Jahren getroffenen informellen und formellen Vereinbarungen über die Gewährung kurz- und mittelfristiger Devisenhilfen im Bedarfsfall. Zweifellos wurde damit ein Fortschritt in der monetären Kooperation erzielt, und zwar insofern, als sich diese nun nicht mehr allein auf die Bereitstellung von Devisenhilfen beschränkt. Ihre Einrichtung beruht denn auch auf der Erkenntnis, daß einerseits grundsätzlich feste Wechselkurse, verbunden mit einer weitreichenden Freizügigkeit des Zahlungs- und Kapitalverkehrs, und die Tatsache vornehmlich binnenwirtschaftlich orientierter Wirtschafts- und Währungspolitik, ungeachtet der im gegebenen System notwendigen Orientierung nach den Belangen der Zahlungsbilanz, von Zeit zu Zeit Störungen verursachen, zu deren Abwehr eine größere finanzielle Elastizität des Systems erforderlich ist,[5] während andererseits die aufgrund der Vereinbarungen über die Gewährung von Devisenhilfen nunmehr erreichte größere Elastizität die monetäre Disziplin der einzelnen Länder nicht belasten darf, da letztere ihrerseits eine wesentliche Voraussetzung für das reibungslose Funktionieren des internationalen Währungssystems ist.[6]
Um die einzelnen Länder der Zehner-Gruppe bei der Überwindung möglicher Konflikte zu unterstützen, die bei der Entscheidung zwischen der

[4] Wenngleich der oben, S. 160 genannte Zeitraum dieser Untersuchung nur die Jahre 1963/1964 umfaßt, erscheint es doch aus sachlichen Gründen berechtigt, einzelne Teilaspekte des Untersuchungsergebnisses, deren Durchführung bzw. endgültige Klärung später erfolgte, bereits in den folgenden Ausführungen zu berücksichtigen.

[5] Dagegen ist es nach Emminger, O., Grundprobleme der internationalen Währungsordnung, a.a.O., S. 4 eine Grundentscheidung der internationalen Wirtschafts- und Währungspolitik der letzten 20 Jahre, daß stabilen Wechselkursen und konvertiblen Währungen die Priorität vor der nationalen Autonomie in der Wirtschafts- und Währungspolitik eingeräumt wurde.

[6] Vgl. ebenda, S. 7. Die Ausführungen von Emminger decken sich freilich mit der schon seit jeher bekannten offiziellen Haltung der Deutschen Bundesbank. Siehe z.B. Deutsche Bundesbank, Geschäftsbericht für das Jahr 1962, S. 32.

Inanspruchnahme von Devisenhilfen und der Notwendigkeit einer disziplinierten, zahlungsbilanzorientierten Wirtschafts- und Währungspolitik entstehen können, wurde die Angemessenheit der Finanzierungsvorgänge bei Defiziten und Überschüssen der gemeinsamen Beurteilung aller Länder der Zehner-Gruppe unterstellt. Die Art und Weise, wie einzelne Länder ihre Defizite und Überschüsse finanzieren, ist insofern auch ein geeignetes Objekt gemeinsamer Erörterungen, als sie Rückwirkungen auf die anderen Länder haben kann und somit das ganze System berührt.
Die einzelnen Funktionen dieser multilateralen Überwachung wurden im Anschluß an die Untersuchung der Zehner-Gruppe von der BIZ, den Notenbankgouverneuren und der OECD übernommen.[7] Zur Ausführung der Überwachung werden von der BIZ die Daten der monatlichen Devisenbilanzen der Länder der Zehner-Gruppe einschließlich der Schweiz erfaßt und aufbereitet, danach an die OECD weitergereicht und von dieser als Grundlage der Information und als Gegenstand der Konsultation an die Länder der Zehner-Gruppe einschließlich der Schweiz verteilt. Dieser grundlegende Informationsaustausch wird ergänzt, indem sich die Notenbankgouverneure im Verlauf ihrer monatlichen Zusammenkünfte bei der BIZ allseitig über zeitlich verlängerte, dem Umfang nach erweiterte, vorbereitete oder bereits getroffene neue Kredithilfen unterrichten. Damit soll vor allem sichergestellt werden, daß durch zweiseitige Kreditabmachungen nicht die Notwendigkeit zu aktiven Anpassungsmaßnahmen verdeckt werden kann.[8] Soweit es sich um die Kontrolle gemeinsamer Stützungsaktionen aufgrund der Basler Absprache oder der Allgemeinen Kreditvereinbarungen handelt, wird der Meinungsaustausch in der Zehner-Gruppe in erster Linie im Rahmen der BIZ, d.h. im Kreis der Notenbankgouverneure durchgeführt. Wenngleich diese Form der Kooperation die Schranken der nationalen Souveränität, d.h. hier speziell der Autonomie in der Währungs- und Wirtschaftspolitik nicht zu überschreiten vermag, so erscheint sie doch dazu geeignet, die Träger dieser Politik in den einzelnen Ländern[9] anzuhalten, bei der Ergreifung währungs- und wirtschaftspoliti-

[7] Vgl. zu den folgenden technischen Details Deutsche Bundesbank, Geschäftsbericht für das Jahr 1964, S. 39 und BIZ, Sechsunddreissigster Jahresbericht (1965/66), S. 189.

[8] Vgl. BIZ, Sechsunddreissigster Jahresbericht (1965/66), S. 24.

[9] Siehe zur Verteilung der währungspolitischen Verantwortung in der BRD bei Lipfert, H., Einführung in die Währungspolitik, a.a.O., S. 113 ff. und S. 131 ff. hinsichtlich anderer führender Länder.

scher Maßnahmen zur Realisierung binnenwirtschaftlicher Ziele mehr als zuvor auch die Interessen der anderen Länder im Auge zu behalten, von deren Kreditbereitschaft die Überbrückung ernsthafter Störungen regelmäßig abhängig ist.

Während die Vereinbarung über die multilaterale Überwachung unmittelbar nur die Länder der Zehner-Gruppe betrifft, war ihre Zusage zu einer Quotenerhöhung für alle Mitgliedsländer der umfassenden Institution des IWF von Belang. Eine Quotenerhöhung zu diesem Zeitpunkt sollte nicht einem akuten Bedürfnis nach einer Ausweitung der internationalen Liquidität Rechnung tragen, da ja im gegebenen Zeitpunkt über deren globale Angemessenheit Einigkeit erzielt worden war, sondern vielmehr eine Präventivmaßnahme für den nach der bevorstehenden Quotenüberprüfung beginnenden Zeitraum von 1966 bis 1970 darstellen. Freilich war sich auch die Zehner-Gruppe noch nicht über den anzuwendenden Satz der Erhöhung einig. Während vornehmlich von angelsächsischer Seite und auch im IWF eine Aufstockung der Quoten in Höhe von 50 v.H. vorgeschlagen und gewissermaßen erhofft worden war, plädierten die kontinentaleuropäischen Länder überwiegend für Erhöhungen zwischen 10 - 25 v.H..[10] Die Diskussion darüber wurde auf der Jahrestagung des IWF in Tokio im Herbst 1964 fortgesetzt und die Erhöhung im Grundsatz beschlossen. Im Anschluß daran nahmen die Exekutivdirektoren die Vorbereitung der technischen Fragen der Erhöhung wie auch die endgültige Klärung des Ausmaßes der Erhöhung in die Hand. Das Ergebnis war schließlich ein Kompromiß, der aus einer generellen Aufstockung in Höhe von 25 v.H., verbunden mit einer Reihe selektiver Erhöhungen, bestand. Die technische Abwicklung dieser Quotenerhöhung erfolgte im wesentlichen in den Jahren 1965/1966.[11]

Mit der Untersuchung über den Ausgleich der Zahlungsbilanzen und der geeignetsten Maßnahmen und Instrumente zur Förderung des Anpassungsprozesses wurde die Arbeitsgruppe Nr. 3 für Währungs- und Zahlungsbilanzpolitik des Wirtschaftspolitischen Ausschusses der OECD beauftragt. Die Arbeitsgruppe, die aus je einem Vertreter der Länder der Zehner-Gruppe besteht, hatte seit ihrer Einsetzung im Jahre 1961 bis zum Zeitpunkt dieses Auftrags bereits einschlägige Erfahrungen

---

[10] Vgl. Altmann, O.L., Fund Quotas Will Be Increased to $ 21 Billion, a.a.O., S. 207 f.

[11] Siehe auch oben, S. 22.

durch regelmäßige Beratungen über die internationale Zahlungsbilanzsituation und auch der Möglichkeiten zur Koordinierung der zahlungsbilanzrelevanten wirtschafts- und währungspolitischen Maßnahmen der von ihr vertretenen Länder gesammelt. Aufgrund der Erkenntnisse der vorausgegangenen Jahre erschien es daher naheliegend, ihr den Auftrag zur Erarbeitung grundlegender Regeln und Leitlinien zur Vermeidung bzw. Beseitigung von Ungleichgewichten zu erteilen. Sie legte ihren Bericht darüber den Ministern und Notenbankgouverneuren der Zehner-Gruppe im August 1966 vor.[12]
Danach ist die Arbeitsgruppe der Ansicht, daß die Schwierigkeiten des Ausgleichsprozesses hauptsächlich durch die unzulängliche Vorausschätzung der Zahlungsbilanzentwicklung, die teilweise unzureichende Ausstattung[13] und vielfach unentschlossene Anwendung des wirtschafts- und währungspolitischen Instrumentariums in den einzelnen Ländern und schließlich durch mögliche Konflikte aufgrund der Vielfalt der wirtschaftlichen, sozialen und politischen Zielsetzungen bedingt seien.[14]
Da sich Preisstabilität, hohe Beschäftigung und wirtschaftliches Wachstum kaum gleichzeitig realisieren lassen, treten Kompatibilitätskonflikte bereits bei der Verfolgung dieser Zielsetzungen ein und werden zudem verschärft durch das Erfordernis des außenwirtschaftlichen Gleichgewichts, das seinerseits teilweise binnenwirtschaftliche Zielsetzungen in Frage stellt.[15]

---

[12] Der Bericht wurde auch in deutscher Sprache ausgefertigt. Siehe OECD, Der Prozess zum Ausgleich der Zahlungsbilanzen, Ein Bericht der Arbeitsgruppe Nr. 3 des Wirtschaftspolitischen Ausschusses der Organisation für wirtschaftliche Zusammenarbeit und Entwicklung, August 1966. Die folgenden Ausführungen beschränken sich auf die Kennzeichnung der hauptsächlichsten Ergebnisse der Untersuchung der Arbeitsgruppe Nr. 3.

[13] Bekanntlich wurde inzwischen das konjunkturpolitische Instrumentarium in der BRD durch das sogenannte Stabilitätsgesetz vom Jahre 1967 verfeinert und ausgebaut. Siehe Gesetz zur Förderung der Stabilität und des Wachstums der Wirtschaft - Vom 8. Juni 1967, BGBl., Jg. 1967, Tl. I, S. 582 - 589.

[14] Vgl. OECD, Der Prozess zum Ausgleich der Zahlungsbilanzen, a.a.O., Ziff. 72, S. 42.

[15] Daher muß von seiten der Träger der Politik entschieden werden, welchem oder welchen Zielen der Vorrang eingeräumt und welches oder welche zeitweilig vernachlässigt werden sollen. Zu diesem Entscheidungsproblem die bemerkenswerte Feststellung von Schweitzer, P.-P., Entwicklungen im Weltwährungssystem, Vortrag des Geschäftsführenden Direktors des Internationalen Währungsfonds vor dem Bundesverband der Deutschen Industrie in Kronberg im Taunus am 25. April 1966, in: Deutsche Bundesbank/Auszüge aus Presseartikeln, Nr. 27/27. 4. 1966, S. 4: "Unter allen Ländern - ob sie nun groß oder klein sind, ob sie Defizite oder Überschüsse haben - finde ich bis jetzt noch keine allgemeine Bereitschaft,

Wohl hat die Arbeitsgruppe Nr. 3 entsprechend ihrem Auftrag versucht, gewisse Vorsichtsmaßregeln (rules of prudence), d.h. einige Grundsätze zur Verbesserung des Ausgleichsprozesses bei den wichtigsten Fällen von Zahlungsbilanzstörungen aufzustellen und dabei zahlungsbilanzrelevante Maßnahmen vor allem der allgemeinen Wirtschaftspolitik und der Finanz- und Kreditpolitik berücksichtigt.[16] Sie vertritt jedoch die Auffassung, "dass verallgemeinernde Feststellungen über die Massnahmen zur Förderung des Zahlungsbilanzausgleichs nur begrenzt möglich sind, und von den Ländern nur bis zu einem gewissen Grade erwartet werden kann, dass sie gemeinsame Verpflichtungen über die Einzelheiten ihrer Politik eingehen"[17].
Es ist also mit anderen Worten nicht gelungen, einen allgemeingültigen und allgemein verbindlichen Kodex zahlungsbilanzpolitischer Verhaltensregeln zu erstellen, weil einerseits jede Störung des Gleichgewichts der Art und der Dosierung nach unterschiedliche Maßnahmen erfordert und weil andererseits derartige Verhaltensregeln sehr bald die nationale Autonomie in der Wirtschafts- und Währungspolitik fühlbar berühren würden. Jedoch kommt die Arbeitsgruppe zu dem Ergebnis, die Vermeidung und Beseitigung von Störungen des Gleichgewichts könne "durch regelmässige Konsultationen zwischen den Regierungen und durch eine straffer koordinierte Politik der einzelnen Staaten ganz erheblich gefördert werden"[18]. Dieses Ergebnis bedeutet allerdings nur eine Bekräftigung einer schon seit längerem zu vernehmenden Forderung, die von der Arbeitsgruppe direkt an die Adresse der Regierungen gerichtet wurde. Das praktische Ergebnis der Untersuchung besteht in der Einrichtung eines sogenannten Frühwarnsystems (early warning system) statistischer Indikatoren, das die frühzeitige Erkennung von Ungleichgewichtstendenzen ermöglichen und die notwendige Zeitspanne zur Besprechung der zweckmäßigen Gegenmaßnahmen gewähren soll.[19] Verfeinerte Beobachtung und präzisere Vorausschät-

---

bei der Formulierung der nationalen Wirtschaftspolitik dem äußeren Gleichgewicht Priorität zu verleihen. Aus diesem Grunde habe ich auch Zweifel, ob die Annahme eines internationalen Anpassungskodex tatsächlich noch weit über allgemeine Grundsätze und Leitlinien hinausgehen kann, und sei es auch nur innerhalb einer begrenzten Ländergruppe."

16 Siehe OECD, Der Prozess zum Ausgleich der Zahlungsbilanzen, a.a.O., S. 25 ff.

17 Ebenda, Ziff. 27, S. 17.

18 Ebenda, Ziff. 65, S. 39.

19 Vgl. ebenda, S. 22 ff. und Ziff. 70, S. 41.

zung der Zahlungsbilanzentwicklung könnte nach Meinung der Arbeitsgruppe die Regierungen veranlassen, die Maßnahmen zur Vermeidung bzw. Korrektur von Ungleichgewichten früher als bisher einzusetzen und straffer als bisher durchzuführen.[20]

Der Abschluß der Untersuchung der Zehner-Gruppe fiel zeitlich in etwa zusammen mit der Veröffentlichung der vom IWF seinerseits angestellten Studien über die gegebenen und zukünftigen Aspekte der internationalen Liquiditätsversorgung, wobei natürlich nicht nur die Probleme der führenden Länder im Fonds, sondern auch die der anderen, namentlich der Entwicklungsländer, angesprochen worden sind.[21] Auch die Studie des IWF kommt zu dem Ergebnis, daß im gegebenen Zeitpunkt die internationale Liquidität rein global als ausreichend zu betrachten sei. Dagegen müsse ihre Verteilung noch verbessert werden. Was die langfristige Liquiditätsversorgung betrifft, so wird auch in dieser Studie eine weitere Schaffung von Reserven für unumgänglich gehalten. Die diesbezüglichen Vorschläge konzentrieren sich allerdings sehr einseitig auf eine Erweiterung der Kreditkomponente der internationalen Liquidität[22], d.h. nach Auffassung der Fondsleitung, auf einen Ausbau der Reservepositionen im Fonds und teilweise auch ihrer eigenen Kompetenzen; andere Vorschläge wurden nicht unterbreitet. Da aber gerade der beste Weg zur Deckung zusätzlicher Liquiditätsbedürfnisse auch auf der Tokioter Jahrestagung der eigentliche Streitpunkt der Diskussion gewesen ist, konnte die Fondsleitung nicht mehr als die grundsätzliche Zustimmung zu einer Quotenerhöhung erwarten.

---

20 Vgl. ebenda.

21 Siehe dazu IMF, Annual Report (1963/64), S. 25 ff. und S. 34 ff.. Auch die Untersuchung der Bellagio-Gruppe wurde im Sommer 1964 abgeschlossen, brachte jedoch aufgrund unterschiedlichster Ansichten über den Weg einer Reform des Währungssystems, ebenfalls keine konkreten Vorschläge. Siehe zu dieser Studie Machlup, F., International Monetary Arrangements: The Problem of Choice, Report on the Deliberations of an International Study Group of 32 Economists, International Finance Section, Department of Economics, Princeton University, Princeton 1964. Zur Kritik Janocha, P. und Rohwedder, J., Bemerkungen zur jüngsten Diskussion über die internationale Währungsordnung, in: Weltwirtschaftliches Archiv, Bd. 94 (1965 I), S. 139 ff.

22 Zu einer entsprechenden Schlußfolgerung gelangen auch Janocha, P. und Rohwedder, J., a.a.O., S. 138 und S. 149.

322 Die Untersuchung zur Ergänzung des Bestands an internationaler Liquidität 1964/1965

3221 Gegenstand und Träger der Untersuchung

In der Annahme, daß einerseits die Ausweitung des Welthandels und andererseits das allmähliche Versiegen der traditionellen Reservequellen auf längere Sicht das Bedürfnis nach einer Ergänzung des Bestands an internationaler Liquidität induzieren werde, beauftragten die Stellvertreter der Zehner-Gruppe mit Billigung der Minister und Notenbankgouverneure 1964 eine Gruppe von Sachverständigen damit zu prüfen, wie ein zusätzlicher Bedarf an Reserven durch neue Arten von Reserveguthaben oder durch bestehende Reservearten, die jedoch mit anderen Methoden zu schaffen wären, gedeckt werden könne. Dieser Auftrag verlangte von den Sachverständigen jedoch nicht, sämtliche in der öffentlichen Diskussion vorgebrachten Vorschläge zu untersuchen. Sie sollten ihre Untersuchung vielmehr auf diejenigen Vorschläge konzentrieren, die eine Entwicklung der internationalen Währungsordnung auf evolutionärem Wege, also unter Beibehaltung der grundsätzlich festen Wechselkurse, der Freizügigkeit im Zahlungs- und Kapitalverkehr und des festen Goldpreises ermöglichen.
Die Richtung der Untersuchung der Sachverständigen war außerdem durch die vorausgehende Untersuchung der Stellvertreter im wesentlichen festgelegt:[1] Einführung einer neuen Art von Währungsreserven mit oder ohne Einschaltung des IWF, quantitative und/oder qualitative Erweiterung der Ziehungsrechte im IWF und mögliche Kombinationen dieser Formen der Reservenschaffung. Die Untersuchung der Sachverständigen sollte sich ferner darauf beschränken, die in diesen Rahmen einzubeziehenden Vorschläge systematisch zu beschreiben und das Für und Wider jedes einzelnen Vorschlags aufzuzeigen. Auf keinen Fall sollten ihre Ausführungen subjektive Präferenzen und Empfehlungen enthalten oder indirekt bzw. direkt eine Auswahl zwischen den verschiedenen Vorschlägen treffen.[2] Schließlich sollte die Untersu-

---

[1] Vgl. Gruppe der Zehn, Verlautbarung der Minister und Notenbankgouverneure, August 1964, a.a.O., Anhang, Ziff. 39, S. 21 f.

[2] Diesbezüglich wurde verschiedentlich betont, daß die Ansichten einzelner, einer Reihe oder aller Sachverständigen nicht notwendigerweise die offiziellen Ansichten ihrer Regierungen darstellen würden. Vgl. z.B., Ossola, R., On the Creation of New Reserve Assets: the Report of the Study Group of Ten, in: Banca Nazionale del Lavoro, Quarterly Review,

chung der Sachverständigen die Regierungen der Länder der Zehner-Gruppe nicht an einen der Vorschläge binden und die Entscheidung über den Zeitpunkt der Schaffung zusätzlicher Reserven in keiner Weise präjudizieren.
Die Studiengruppe wurde von den Stellvertretern aus Sachverständigen der zuständigen Ministerien und der Notenbanken der Länder der Zehner-Gruppe gebildet. An der Untersuchung nahmen ferner Vertreter der BIZ, der OECD und der Leitung des IWF teil. Die Leitung der Untersuchung wurde an den italienischen Stellvertreter der Zehner-Gruppe, Rinaldo Ossola, von der Bank von Italien, übertragen. Er legte den im folgenden zu besprechenden Bericht nach etwa einjähriger Untersuchungsarbeit den Stellvertretern der Zehner-Gruppe, als Grundlage für die weiteren Diskussionen auf ihrer Ebene wie auch auf der Ebene der Minister und Notenbankgouverneure, Ende Mai 1965 vor.[3] Die Stellvertreter berieten über diesen Bericht anläßlich einer Konferenz im Juli 1965 in Paris.

3222 Grundzüge der Untersuchung

Einführend werden von der Studiengruppe die Fragen nach Global- und Individualbedarf an Reserven sowie einzelne Symptome einer generellen Reservenknappheit angesprochen, jedoch nicht hinreichend geklärt.[1] Weitere Ausführungen betreffen die unterschiedlichen Arten und Funktionen der gegebenen Reserven.[2] Die Schwerpunkte der Un-

---

Vol. XVIII, No. 74, September 1965, S. 272. Demgegenüber ist zu bedenken, daß die Sachverständigen von den Stellvertretern ausgesucht wurden, daß sie unter Leitung eines Stellvertreters arbeiteten und daß den Experten in Ministerien und Notenbanken ein gewisser Einfluß auf die Meinungsbildung ihrer offiziellen Vertreter nicht abgesprochen werden kann.

[3] Der Bericht wurde erst am 10. August 1965 zur Veröffentlichung freigegeben. Siehe Gruppe der Zehn, Bericht der Sachverständigengruppe zum Studium der Schaffung von Währungsreserven, Bericht an die Stellvertreter der Gruppe der Zehn, 31. Mai 1965 - (Aus dem englischen Original-Text übersetzt in der Deutschen Bundesbank), (im folgenden zitiert: Bericht der Sachverständigengruppe).

---

[1] Siehe Gruppe der Zehn, Bericht der Sachverständigengruppe, a.a.O., S. 5 ff.. Da diese Ausführungen den eigentlichen Untersuchungsgegenstand nicht betreffen, werden sie im folgenden nicht berücksichtigt. Sie werden sehr drastisch kritisiert von Hahn, L.A., Bemerkungen zum Ossola-Bericht, in: Aussenwirtschaft, Zeitschrift für internationale Wirtschaftsbeziehungen, 20. Jg., 1965, S. 23 (199) ff.

[2] Siehe Gruppe der Zehn, Bericht der Sachverständigengruppe, a.a.O., S. 11 ff.

tersuchung gelten aber dem eigentlichen Untersuchungsgegenstand, der Beschreibung und Analyse einer Reihe von Vorschlägen zur bewußten und grundsätzlich zahlungsbilanzunabhängigen Schaffung und Verteilung von Währungsreserven, d.h. der Ergänzung des Bestands an internationaler Liquidität. Den nach diesen Vorschlägen zu kreierenden Reserven ist grundsätzlich gemeinsam, daß sie nur von Währungsbehörden gehalten werden können, nicht zum Zweck direkter Intervention auf den Devisenmärkten verwendbar sind und ansonsten ihren Besitzern bedingungslos zur Verfügung stehen.[3] Die Studiengruppe teilt die Vorschläge in drei Kategorien ein:[4] Vorschläge zur Schaffung von Währungsreserven durch eine Gruppe von Ländern, Vorschläge zur Schaffung von Währungsreserven durch den IWF und Vorschläge zum Aufbau eines Systems, das den Umtausch von Devisenguthaben in andere Reserveformen ermöglicht.

Zur ersten Kategorie gehört der Vorschlag zur Einrichtung eines Systems kollektiver Reserveeinheiten (Collective Reserve Units - CRU)[5] in Form unverzinslicher, in einem bestimmten Verhältnis zu den Goldreserven zu haltenden Guthaben. Sie sind aufgrund gemeinsamer Übereinkunft einer Gruppe von Ländern, wie etwa der Zehner-Gruppe, ohne Einschaltung des IWF zu schaffen, zu verteilen und zu verwenden. Im Hinblick auf die Schaffung der CRU können verschiedene Verfahren angewendet werden. Ein erstes besteht in einem Austausch gleich hoher Goldbestände zwischen den teilnehmenden Ländern und einer Zentrale, etwa der BIZ. Die aus den bei der Zentrale angelegten Golddepots erwachsenden Guthaben würden die CRU kreieren, während die von der Zentrale bei den Teilnehmern deponierten Goldbestände zu den Gold-

3 Vgl. ebenda, Ziff. 26, S. 17 f.

4 Vgl. ebenda, Ziff. 25, S. 17.

5 Vgl. im folgenden ebenda, Ziff. 28 - 43, S. 18 ff.. Mit den Ausführungen über dieses System gibt der Bericht der Sachverständigen eine umfassende Darstellung eines ursprünglich französischen Vorschlags, der bis zum Erscheinen dieses Berichts nur in seinen Umrissen bekannt war. Siehe z.B. Giscard d'Estaing, V., Statement by the Governor of the Bank for France (1964), a.a.O., S. 205 ff. sowie de Lattre, A., Frankreich und die internationale Zusammenarbeit auf währungspolitischem Gebiet. Vortrag vor der Deutsch-Französischen Gesellschaft und dem Institut Français in Frankfurt am Main am 13. Januar 1965 - Übersetzung - in: Deutsche Bundesbank/Auszüge aus Presseartikeln, Nr. 4/20. 1. 1965, S. 13. Das CRU-System wurde in der Folgezeit mit verschiedenen Varianten auch von anderer Seite propagiert, jedoch unter Verwendung der gleichen Bezeichnung. Im folgenden bleibt diese Bezeichnung ausschließlich dem Vorschlag französischen Ursprungs vorbehalten.

reserven der Teilnehmer zählen würden. Ein zweites Verfahren sieht die Errichtung von Devisendepots bei der Zentrale vor. Die dadurch entstehenden Guthaben müssen dann mit einer Goldgarantie ausgestattet werden. Die Verteilung der CRU hat pro rata der Goldreserven der Teilnehmer zu erfolgen, kann jedoch auch nach deren Gesamtreserven oder deren IWF-Quoten vorgenommen werden. In jedem Fall sind die CRU unabhängig von der Zahlungsbilanzsituation der Teilnehmer zu ververteilen. Ihre Verwendung ist darauf beschränkt, in periodischen Ausgleichsoperationen, die in der jeweiligen Zwischenzeit eingetretenen Veränderungen der Goldbestände der Teilnehmer und damit der CRU-Gold-Relation wieder auszugleichen. Diese Ausgleichsoperationen hat die Zentrale durchzuführen. Dabei würden Länder mit Goldverlust einen Teil davon zurückerhalten und Länder mit Goldzugang einen Teil davon abgeben, und zwar im Austausch gegen eine entsprechende Anzahl CRU. Bei Zu- oder Abnahme der gesamten Goldbestände aller Teilnehmer dieses Systems würde eine neue CRU-Gold-Relation die vorige ersetzen, sofern nicht die Ausgabe neuer oder die Einziehung früher verteilter CRU in entsprechender Anzahl eine Neufestsetzung erübrigt. Zur Aufstockung oder Verminderung der umlaufenden CRU-Beträge sind einstimmige Beschlüsse eines zusätzlich einzusetzenden Lenkungsausschusses erforderlich. Vorschriften für Austritt und Liquidation sind vorgesehen.

Für die Einführung dieser neuen Art von Währungsreserven spricht nach Meinung der Sachverständigen,[6] daß sie bewußt geschaffen werden könnten und daher nicht als Nebenprodukt der Finanzierung von Defiziten entstehen würden. Eine kleine, möglichst homogene Gruppe von Industrieländern würde es erleichtern, Entscheidungen zu treffen und der Grundsatz der Einstimmigkeit könnte einem Mißbrauch dieses Systems vorbeugen. Mit der engen Bindung an das Gold wäre eine objektive, von anderen Bezugsgrößen unabhängige Verteilung der CRU gewährleistet, könnte eine unangemessene Anhäufung der CRU bei einzelnen Ländern verhindert werden, das Vertrauen in die neue Reserveart gestärkt werden und ließe sich klarstellen, daß eine Goldpreiserhöhung nicht zu erwarten ist, womit die Spekulation entmutigt werden könnte. Ferner wird zugunsten dieses Systems angeführt, daß die Vereinigten Staaten aufgrund des Umfangs ihrer Goldvorräte in den Besitz des Hauptteils der CRU kämen, mit der Folge, daß der

6 Vgl. im folgenden Gruppe der Zehn, Bericht der Sachverständigengruppe, a.a.O., Ziff. 158, S. 81 ff.

Status des US-Dollars gefestigt werden könnte. Außerdem könnte die monetäre Disziplin der Defizitländer durch die feste CRU-Gold-Relation gestärkt werden. Die Regelung, nach welcher die Schaffung, Verteilung und Verwendung der CRU ohne Einschaltung des IWF vorgenommen würde, könnte dessen bisherige Rolle nicht beeinträchtigen. Gegen die Einführung dieser Art von Währungsreserven wird von seiten der Sachverständigen vorgebracht,[7] daß die Betonung der Rolle des Goldes, namentlich die Verteilung der CRU entsprechend der Goldbestände, dazu veranlassen könnte, mehr Reservewährungsbestände als zuvor in Gold zu konvertieren; diese Wirkung wäre auch dann festzustellen, wenn die Verteilung nach einer anderen Bezugsgröße erfolgen sollte. Eine Ausbreitung der Tendenz, Reservewährungsbestände in Gold zu konvertieren, wäre auch in Drittländern möglich und hätte insgesamt zur Folge, daß die Gesamtreserven und die Goldreserven der Vereinigten Staaten abnehmen würden. Außerdem wird als nachteilig betrachtet, daß als Ergebnis der von Zeit zu Zeit durchzuführenden Ausgleichstransaktionen eine allmähliche Konzentration der CRU bei den Überschußländern eintreten könnte. Die Ausgleichstechnik selbst wird ebenfalls als weniger praktikabel bezeichnet, da die mit ihr verbundenen Goldtransaktionen ein restriktives Klima erzeugen könnten, dessen Folgen sich schädlich auf den Welthandel und das Wirtschaftswachstum auswirken würden. Schließlich könnte die Begrenzung des Teilnehmerkreises bei den ausgeschlossenen Ländern den Eindruck der Diskriminierung erwecken.

Zur ersten Kategorie gehört ein zweiter Vorschlag, der die Schaffung von Reserveforderungen ebenfalls durch und für eine Gruppe von Industrieländern jedoch unter Einschaltung des IWF vorsieht.[8] Danach sind die Reserven in der Weise zu kreieren, daß die Teilnehmer auf den IWF lautende, nicht übertragbare, goldwertgewicherte und möglicherweise verzinsliche Regierungsschuldverschreibungen hinterlegen im Austausch gegen übertragbare, auf einem Sonderkonto des Fonds geführte und ansonsten ebenso ausgestattete Reserveforderungen. Der Umfang der Reserveforderungen ist sowohl bei der ersten Zuteilung als auch bei späteren Umverteilungen nach den Goldbeständen des Teilnehmers zu bemessen. Damit könnte eine einheitliche Relation

---

[7] Vgl. im folgenden ebenda, Ziff. 159, S. 84 ff.

[8] Vgl. im folgenden ebenda, Ziff. 44 - 56, S. 22 ff.

zwischen Reserveforderungen und Goldbeständen hergestellt und aufrechterhalten werden. Anstatt vom Gold kann die Verteilung auch von den IWF-Quoten oder den vorhandenen Währungsreserven abhängig gemacht werden, keinesfalls soll sie jedoch von der Zahlungsbilanzsituation abhängig gemacht werden. Zum Zweck des Zahlungsausgleichs kreiert, sind die Reserveforderungen entweder direkt von einem auf den anderen Teilnehmer zu übertragen, gegebenenfalls verbunden mit entsprechenden Goldtransaktionen oder unter Einschaltung des Fonds. Die Beschlußfassung für die periodische Neuverteilung der Reserveforderungen soll einstimmig, mit einfacher Mehrheit oder mit einfacher Mehrheit, aber gewogenen Stimmen erfolgen. Es ist in diesem Vorschlag nicht vorgesehen, andere Fondsmitglieder an der Beschlußfassung zu beteiligen, so daß dem Fonds lediglich ausführende Kompetenzen zukommen. Vorschriften für Austritt und Liquidation werden für erforderlich gehalten, sind aber noch nicht konzipiert worden. Für und wider diesen Vorschlag werden hinsichtlich des Teilnehmerkreises und der Bindung an das Gold in etwa die gleichen Argumente angeführt wie für und wider das CRU-System.[9] Außerdem, so wird argumentiert, sei die Einschaltung des IWF vorteilhaft, weil sie eine mehr evolutionär verlaufende Entwicklung der internationalen Währungsordnung ermöglichen würde.

Die Vorschläge der zweiten Kategorie betreffen die Schaffung von Währungsreserven durch den IWF, und zwar sowohl im Rahmen als auch nach entsprechenden Änderungen der geltenden Statuten. Im einzelnen werden vier Verfahren unterschieden, von denen das erste die Schaffung von Reserven im Zuge des normalen Kreditgeschäfts des Fonds betrifft.[10] Bekanntlich entstehen dabei im Regelfall für das bezogene Land Reservepositionen im IWF in der Form zusätzlicher Ziehungsrechte aus der Goldtranche oder der Super-Goldtranche bzw. Gläubigerpositionen im Rahmen der AKV, die dem bezogenen Land quasiautomatisch zur Verfügung stehen und eine Nettozunahme seiner Gesamtreserven bewirken. Da der Fonds weitgehend zuständig ist für die Auswahl der Währungen, die bei Ziehungen zur Verfügung gestellt werden, steht ihm bereits damit ein erheblicher Einfluß auf die sich sozusagen als Nebenprodukt seines Kreditgeschäftes ergebende Schaffung und Verteilung von Reserven zu. In diesem Zusammenhang wird am

9 Vgl. im folgenden ebenda, Ziff. 160 - 162, S. 86 f.

10 Vgl. im folgenden ebenda, Ziff. 57 - 61, S. 25 ff.

Rande ein Vorschlag erwähnt, die Qualität der quasi-automatischen und praktisch auf Sicht verfügbaren Reservepositionen im IWF dadurch zu erhöhen, daß diese vollends automatisch zur Verfügung gestellt werden. Außerdem wird die Möglichkeit ihrer Verzinsung angesprochen.

Den übrigen Verfahren dieser Kategorie ist gemeinsam, daß sie auf eine Erweiterung des Aufgabengebiets des Fonds hinauslaufen, indem dessen Zuständigkeit auf die bewußte Reservenschaffung ausgedehnt wird.[11] Außerdem sollen die Reserven grundsätzlich ohne Bindung an das Gold geschaffen, verteilt und verwendet werden können. Das erste Verfahren davon sieht vor[12], die Ziehungsrechte der Goldtranche nach Bedarf, teilweise oder ganz, in die erste Kredittranche hinein auszudehnen unter entsprechender Vermehrung oder auch Verminderung der Ziehungsrechte der ersten Kredittranche. Die erweiterten Goldtranchen können dann von den Teilnehmern in gleicher Weise beansprucht werden wie vor ihrer Erweiterung. Jedoch sollen die Teilnehmer gegenüber dem Fonds besondere Kreditlinien eröffnen, die eine Übertragung der neuen Reserveguthaben ermöglichen, ohne daß der Fonds seine normalen Mittel einsetzen muß, d.h. es ist ein Mechanismus zu schaffen, der dem der AKV ähnlich ist. Die Ausweitung der Goldtranchenrechte kann entweder auf alle IWF-Mitglieder oder nur auf eine kleine Gruppe davon angewendet werden. In beiden Fällen ist lediglich eine Änderung der zuvor geltenden Kreditgrundsätze des Fonds und nicht seiner Statuten erforderlich, was denn auch von den Befürwortern dieses Verfahrens als besonders vorteilhaft erachtet wird.[13] Sie führen außerdem an, daß dieses Verfahren einerseits eine zahlungsbilanzunabhängige Reservenschaffung ermögliche, andererseits chronische Defizitländer dazu anhalten könne, die Anpassungsmaßnahmen zu verstärken, weil sie sonst von der Verteilung ausgeschlossen blieben, und zwar so lange, wie sie bereits in der ersten Kredittranche gezogen ha-

[11] Auf sämtliche folgenden Verfahren dieser Kategorie hat auch die Leitung des IWF in ihren Studien hingewiesen. Vgl. IMF, Annual Report (1963/64), S. 38 f.

[12] Vgl. im folgenden Gruppe der Zehn, Bericht der Sachverständigengruppe, a.a.O., Ziff. 62 - 67, S. 28 ff.. Ein entsprechender Vorschlag kam schon vor dieser Untersuchung der Zehner-Gruppe von Bernstein, E.M., Proposed Reforms in the International Monetary System, in: Grubel, H.G., (Hrsg.), World Monetary Reform, Plans and Issues, a.a.O., S. 196.

[13] Vgl. hier und im folgenden Gruppe der Zehn, Bericht der Sachverständigengruppe, a.a.O., Ziff. 163 - 164, S. 87 ff.

ben. Ferner wird als Vorteil angeführt, daß die Beschlußfassung nach dem im Fonds geltenden gewogenen Stimmrecht erfolge, wodurch den Ländern der Zehner-Gruppe ein maßgeblicher Einfluß erhalten bliebe. Was den Einen als Vorteil erscheint, wird von den Anderen als Nachteil betrachtet. Letztere wenden sich insbesondere gegen eine Erweiterung der Zuständigkeiten des Fonds und halten den Grundsatz des gewogenen Stimmrechts für die Handhabung derart bewußter Reservenschaffung nicht für akzeptabel. Außerdem wird vorgebracht, daß die Verteilung von Reserven im Rahmen des Fonds auf besonders dafür qualifizierte Länder unter Ausschluß der Defizitländer, bei letzteren den Eindruck der Diskriminierung noch viel eher hinterlassen könnte als im Fall einer Übereinkunft außerhalb des Fonds. Schließlich wird beklagt, daß die goldunabhängige Verwendung von Reserveforderungen auf den IWF die monetäre Disziplin nicht zu stärken vermöchte.

Ein weiteres Verfahren sieht ebenfalls eine Ausdehnung der Ziehungsrechte in der Goldtranche vor, doch in etwas anderer Ausführung.[14] Danach sind die Goldtranchenziehungsrechte anläßlich einer Quotenerhöhung nicht durch Goldeinzahlungen, sondern durch Hinterlegung jederzeit abrufbarer Goldzertifikate heraufzusetzen. Die Zulassung einer anderen Zahlungsmethode hat also die Wirkung, daß den Mitgliedern weitere Goldtranchenrechte eingeräumt werden, ohne daß sich ihre Gold- und Devisenreserven verringern. Die neu geschaffenen Goldtranchenpositionen können effektiv nur von denjenigen Ländern genutzt werden, die nicht schon über ihre ursprüngliche Goldtranche hinaus beim Fonds verschuldet sind, d.h. welche die Ziehungsrechte der ersten Kredittranche noch nicht beansprucht haben. Die derart geschaffenen Reservepositionen im IWF lassen sich erforderlichenfalls durch den Abruf der Goldzertifikate wieder abbauen. Dieses Verfahren der Erhöhung der Goldtranchenrechte ohne gleichzeitige Goldeinzahlung kann wie das vorige entweder auf alle IWF-Mitglieder oder nur auf einen begrenzten Kreis davon angewendet werden. Da es nur eine technische Abwandlung desjenigen der Ausweitung der automatischen Ziehungsrechte darstellt, ist es mit ähnlichen Vor- und Nachteilen verbunden.[15] Als Gegenargument kommt hinzu, daß seine Ausführung unter Umständen eine Änderung der Statuten des IWF erforderlich mache.

Das letzte Verfahren dieser Kategorie betrifft verschiedene Formen von Sonderoperationen seitens des IWF, welche die regulären Rechte seiner Mitglieder nicht berühren und zu deren Zulassung eine Änderung

[14] Vgl. im folgenden ebenda, Ziff. 68 - 72, S. 30 ff.

[15] Vgl. ebenda, Ziff. 165 - 166, S. 91 f.

der Statuten des IWF erforderlich ist.[16] Nach der ersten Form der Sonderoperationen wird der Fonds entweder in allen Mitgliedsländern oder nur einem Teil davon bzw. bei einer internationalen Institution wie der Weltbank nationale Währungen placieren[17], die er sich auf dem Kreditwege beschafft oder aus vorhandenen Beständen entnimmt. Die Folge davon ist einerseits regelmäßig eine Anhebung der Reservepositionen derjenigen Länder, deren Währungen der Fonds verwendet, andererseits die Bildung zusätzlicher Reserven in denjenigen Ländern, in denen er diese Währungsbestände placiert. Von letzteren wird der Fonds als Ausgleich nicht übertragbare, goldwertgesicherte Regierungsschuldverschreibungen entsprechender Fristigkeiten erhalten bzw. im Fall der Weltbank besondere Forderungen gegen diese Institution. Für diejenigen Länder, deren Währungen für die Sonderoperationen Verwendung finden, haben die neugeschaffenen Reservepositionen den Charakter goldwertgesicherter Forderungen gegen den Fonds mit entsprechenden Fristigkeiten. Sie können verzinst und entweder über den Fonds oder direkt von Land zu Land übertragen werden, wobei ihre Annahme von einer bestimmten Relation zu den anderen Reserven abhängig gemacht werden könnte. Sofern die Mittel für die Sonderoperationen aus den normalen Beständen des Fonds entnommen werden, ist die Folge eine Verbesserung der Goldtranchenrechte der entsprechenden Mitglieder. Die zweite Form der Sonderoperationen ist anstatt mit Währungen mit den Goldbeständen des Fonds durchzuführen, und zwar durch die Placierung von Gold im Austausch gegen Forderungen für den Fonds. Eine letzte Form besteht in der Annahme von Einlagen oder der Aufnahme von langfristigen Krediten seitens des Fonds zur Schaffung von Fondspositionen für die Einleger oder Kreditgeber und zur Finanzierung von Sonderkrediten in Fällen von Zahlungsbilanzschwierigkeiten.

Die allgemeinen Vor- und Nachteile einer Reservenschaffung durch den IWF nach dem Verfahren der Ausweitung der automatischen Ziehungsrechte im Fonds werden auch hinsichtlich der Zulassung von Sonder-

---

16 Vgl. im folgenden ebenda, Ziff. 73 - 90, S. 32 ff.

17 Diese Variante, die darauf abzielt, die Reservenschaffung und die Bereitstellung von kapitalmäßiger Entwicklungshilfe zu koppeln, geht auf einen Vorschlag zurück von Stamp, M., The Stamp Plan-1962 Version, in: Grubel, H.G., (Hrsg.), World Monetary Reform, Plans and Issues, a.a.O., S. 80 ff.

operationen vorgebracht.[18] Gegen die Einführung der Sonderoperationen wird außerdem angeführt, sie würden eine Änderung der Statuten des Fonds erforderlich machen, die in Betracht gezogene Anlage der Währungsbestände bei der Weltbank könne die notwendige Trennung von kapitalmäßiger Entwicklungshilfe und Währungspolitik behindern und außerdem sei durch derartige Operationen eine Anspannung der Liquidität des Fonds zu befürchten.[19]

Die Vorschläge der dritten Kategorie beinhalten im wesentlichen zwei Verfahren, die es den Währungsbehörden ermöglichen sollen, Devisenguthaben, namentlich Reservewährungsguthaben, in andere Reserveformen umzutauschen. Als erstes Verfahren[20] wird der Umtausch von Devisenguthaben in IWF-Positionen angeführt. Der Umtausch erfolgt in der Weise, daß das Schuldnerland, d.h. im Regelfall ein Reservezentrum, die Währung seines Gläubigerlandes beim Fonds zieht und damit seine Währung aus den Beständen des Gläubigerlandes zurückkauft.[21] Diese Transaktion vermindert die IWF-Position des ursprünglichen Schuldnerlandes und damit auch seine Gesamtreserven. Dagegen vermehrt sich die IWF-Position des ursprünglichen Gläubigerlandes ohne daß sich seine Gesamtreserven erhöhen. Es handelt sich also bei diesem Verfahren im Grunde lediglich um einen Vorschlag zur

---

18 Vgl. hier und im folgenden Gruppe der Zehn, Bericht der Sachverständigengruppe, a.a.O., Ziff. 167 - 169, S. 92 f.

19 Der Aspekt der Liquiditätsanspannung wird von der Fondsleitung, welche die Sonderoperationen mit dem Begriff der Investition (investment) umschreibt, selbst angesprochen: "Any acquisition of assets by investment would tend to put a strain on the Fund's resources and create a need for additional resources." IMF, Annual Report (1963/64), S. 39.

20 Vgl. im folgenden Gruppe der Zehn, Bericht der Sachverständigengruppe, a.a.O., Ziff. 92 - 95, S. 38 f.

21 Ähnliche Vorschläge wurden auch von Bernstein und Roosa vorgebracht. Siehe Bernstein, E.M., The Adequacy of United States Gold Reserves, in: The American Economic Review, Vol. LI, No. 2, May 1961, Papers and Proceedings, S. 445 f. und siehe Roosa, R.V., Reforming The International Monetary System, Foreign Affairs, New York - October 1963, in: Deutsche Bundesbank/Auszüge aus Presseartikeln, Nr. 72/27. 9. 1963, S. 4 ff.. Diese Vorschläge laufen darauf hinaus, die Reservezentren, namentlich die Vereinigten Staaten, vor einem Goldabfluß zu schützen. Nach Issing, O., Leitwährung und internationale Währungsordnung, Schriften des Instituts für das Spar-, Giro- und Kreditwesen an der Universität Bonn, Bd. 28, Berlin 1965, S. 252 dienen sie nur dem Zweck, den USA eine Fortsetzung ihrer inflationistischen Politik zu ermöglichen und den Status des US-Dollars zu erhalten. Diese Vorschläge haben daher "im Grunde nur eine ,Verewigung' des gegenwärtigen Systems zum Ziele". Ebenda, S. 254.

Übertragung von Reservepositionen im IWF von einem Schuldnerland auf ein Gläubigerland. Da derartige Transaktionen aber nur durchgeführt werden können, wenn der Fonds über ausreichende Bestände in der Währung des Gläubigerlandes verfügt, müssen sie ihm gegebenenfalls auf dem Kreditwege zur Verfügung gestellt werden.
Das zweite Verfahren besteht in der Einrichtung sogenannter gegenseitiger Währungskonten (Mutual Currency Account - MCA) beim Fonds.[22] Diese Konten ermöglichen, die von anderen Ländern gehaltenen Währungsbestände, ebenfalls vornehmlich Reservewährungsbestände, beim Fonds zu deponieren gegen Gutschrift goldwertgesicherter, unter Umständen verzinslicher, bis zu einem bestimmten Höchstbetrag zum Kauf der Währung eines Gläubigerlandes bzw. Überschußlandes transferierbarer MCA-Einheiten.[23] Für dieses Verfahren sind Teil- und Vollmitgliedschaft vorgesehen. Eine Vermehrung der Gesamtreserven kann nicht erzielt werden, aber es kann einem andernfalls aufgrund umfangreicher Konversionen in Gold eintretenden Rückgang der Gesamtreserven vorgebeugt werden. Diese letztere Eigenschaft wird auch als Vorteil des Systems der gegenseitigen Währungskonten angeführt.[24] Einem Mißbrauch der MCA-Einheiten zur Finanzierung von Zahlungsbilanzdefiziten könne nach Meinung seiner Befürworter dadurch begegnet werden, daß sämtliche Transaktionen unter die multilaterale Überwachung[25] gestellt würden.
Gegen beide Verfahren wird insbesondere vorgebracht, daß sie entweder direkt oder indirekt, nämlich durch den psychologischen Anreiz zur Konvertierung von Devisenguthaben in Gold, bei Bekanntwerden derartiger Transaktionen, eine Verminderung der Gesamtreserven herbeiführen könnten.

---

[22] Vgl. im folgenden Gruppe der Zehn, Bericht der Sachverständigengruppe, a.a.O., Ziff. 96 - 103, S. 39 ff.

[23] Das hier dargelegte System der gegenseitigen Währungskonten geht auf einen Vorschlag des früheren britischen Schatzkanzlers Maudling zurück. Siehe Maudling, R., Statement by the Governor for the United Kingdom, in: IMF, Summary Proceedings (1962), S. 67 f.. Es unterscheidet sich vom Maudling-Plan aber dadurch, daß die MCA-Einheiten nicht zur Finanzierung von Zahlungsbilanzdefiziten herangezogen werden dürfen.

[24] Vgl. hier und im folgenden Gruppe der Zehn, Bericht der Sachverständigengruppe, a.a.O., Ziff. 171 - 172, S. 93 f.

[25] Zur multilateralen Überwachung siehe oben, S. 172 ff.

3223 Wichtigste Kontroversen

Ihrem Auftrag folgend, eine wertfreie Beschreibung und Analyse verschiedener Verfahren zur Schaffung, Verteilung und Verwendung zusätzlicher Reserven vorzunehmen, haben die Sachverständigen der Zehner-Gruppe eine Reihe von Vorschlägen erörtert, deren Vor- und Nachteile geprüft, ohne sich auf einen der Vorschläge festzulegen. In der Tat haben sie mit ihrer Untersuchung die Frage der Reservenschaffung keineswegs präjudiziert, und zwar nicht nur deshalb, weil eine Einigung auf einen bestimmten Vorschlag von ihnen nicht verlangt worden war, sondern vor allem, weil hinsichtlich der Vor- und Nachteile, d.h. der Bewertung der einzelnen Vorschläge die Auffassungen in der Gruppe der Sachverständigen auseinandergingen und insofern gar keine Einigung erzielt werden konnte. Das Ergebnis dieser Untersuchung besteht daher nicht in einem gemeinsam unterstützten Vorschlag, sondern vielmehr in der Darlegung einer breiten Skala verschiedener Meinungen. Da man sich jedoch offensichtlich vor dieser Untersuchung der Unterschiede in der Beurteilung der einzelnen Vorschläge nur teilweise und oberflächlich bewußt war, kommt der Untersuchung der Sachverständigen insofern grundlegende Bedeutung zu, als sie die tatsächlich bestehenden Meinungsverschiedenheiten aufgezeigt und damit den Rahmen weiterer Diskussionen auf der Ebene der Stellvertreter bzw. der Minister und Notenbankgouverneure abgesteckt hat.[1] Im wesentlichen handelt es sich um folgende Fragen fundamentaler Natur, die in diesem Stadium der Diskussion im Kreis der Zehner-Gruppe unterschiedlich beurteilt wurden:[2] Die Bindung an das Gold, den Teilnehmerkreis, die Rolle des IWF und die Regeln für die Beschlußfassung bei der Schaffung, Verteilung und Verwendung zusätzlicher Reserven.

---

[1] Anderer Auffassung Hahn, L.A., Bemerkungen zum Ossola-Bericht, a.a.O., S. 33 (209) f.

[2] Im folgenden wird der Versuch gemacht, die im Bericht der Sachverständigen der Zehner-Gruppe wiedergegebenen unterschiedlichen Standpunkte bei der Beurteilung dieser Grundsatzfragen, vor allem in Verbindung mit den Ausführungen der offiziellen Vertreter der Zehner-Gruppe im Verlauf der Jahrestagungen des IWF vor und nach dieser Untersuchung - 1964 in Tokio und 1965 in Washington - den einzelnen Mitgliedern der Zehner-Gruppe zuzuordnen.

Wenngleich die Rolle des Goldes als grundlegendes Reservemedium allgemein anerkannt wurde, ergaben sich doch bei der Diskussion über die Bindung neuer Reservearten an das Gold beträchtliche Divergenzen.[3] Hauptsächlich von französischer Seite wurde für eine enge Bindung der Verteilung und Verwendung neuer Reserven an das Gold plädiert.[4] Mit ihr könne eine übermäßige Anhäufung neuer Reserven bei den Überschußländern verhindert und der Zwang zu monetärer Disziplin auf die Defizitländer verstärkt werden. Außerdem lasse sich auf diese Weise den Erwartungen auf eine Goldpreiserhöhung eine klare Absage erteilen mit der Folge, daß die private Nachfrage nach Gold zurückgehe zugunsten höherer offizieller Goldbestände. Ferner seien die neuen Reserven aufgrund ihrer engen Bindung an das Gold attraktiv genug, um der Gefahr umfangreicher Konversionen von Reservewährungsguthaben in Gold begegnen zu können. Mithin wäre insgesamt ein Beitrag zur Lösung des Problems der unzureichenden Goldbestände geleistet. Schließlich wurde argumentiert, daß mit der Hervorhebung der Rolle des Goldes einer unerwünschten Vermehrung der Reservewährungsbestände entgegengewirkt werden könne. Tatsächlich würde die Einführung des CRU-Systems unter den Teilnehmern die Reservewährungsbestände wenn auch nicht ersetzen, so doch in ihrer Verwendbarkeit beschränken.

Wenngleich auch von deutscher Seite eine gewisse Bindung der neuen Reserven an das Gold befürwortet wurde, so war der deutsche Standpunkt in dieser Frage doch nicht derart einseitig. Vielmehr wurde vorgebracht, daß anstelle einer festen Bindung an das Gold, eine Harmo-

---

[3] Vgl. im folgenden Gruppe der Zehn, Bericht der Sachverständigengruppe, a.a.O., Ziff. 114 - 116, S. 51 ff.

[4] Der französische Standpunkt in dieser Frage wurde bereits auf der Tokioter Jahrestagung des IWF im Jahre 1964 umrissen und gipfelte in der auf das Währungssystem bezogenen, kategorischen Feststellung von Giscard d'Estaing, V., Statement by the Governor of the Bank for France (1964), a.a.O., S. 205: "The inner circle is gold." Die im allgemeinen jedoch noch in Grenzen gehaltenen Ausführungen von Giscard d'Estaing wurden in der Folge durch die Erklärungen des früheren französischen Staatspräsidenten de Gaulle stark akzentuiert, indem dieser unumwunden eine Rückkehr zum Gold-Standard forderte, allerdings noch ohne gleichzeitige Forderung nach einer Erhöhung des Goldpreises. Siehe: Le système du ‚Gold Exchange Standard' ne correspond plus aux nécessités d'à présent (Aus dem Text der Erklärungen des Staatspräsidenten de Gaulle v. 4. 2. 1965), a.a.O., S. 1 f.. Die Forderung nach einer Rückkehr zum Goldstandard wird dagegen von Pedersen, J., The Problem of International Liquidity, in: Weltwirtschaftliches Archiv, Bd. 94 (1965 I), S. 181 f. als unrealistisch und als utopisch bezeichnet.

nisierung der Reservepolitik, d.h. eine allgemeine, von Zeit zu Zeit neu erfolgende Verständigung über das Verhältnis von Gold und anderen Reserven treten solle.[5] Vorschläge für eine Harmonisierung der Reservepolitik der führenden Industrieländer wurden auch von italienischer Seite vorgebracht.[6] An einen Ersatz der Reservewährungen durch ein neues Reservemedium wurde weder von deutscher noch von italienischer Seite gedacht.[7]
Die französische Haltung, die, soweit es die Bindung an das Gold betraf, nur noch von holländischer Seite deutlich unterstützt wurde, stand in krassem Gegensatz zur Auffassung der Vertreter der Vereinigten Staaten, für welche die Aufhebung einer festen Relation zwischen den neuen Reserven und dem Gold eine conditio sine qua non darstellte.[8] Sie standen damit an der Spitze derjenigen Mitglieder, die eine Bindung an das Gold ablehnten, weil sie einen Schritt zurück bedeute, indem sie die Tendenz neben dem Gold in zunehmendem Maße Reservewährungsbestände zu halten, umkehre. Eine Bindung an das Gold komme außerdem einer verdeckten Goldpreiserhöhung gleich und würde daher die private Nachfrage, namentlich zu Spekulationszwecken erhöhen. Die Verteilung neuer Reserven nach den Goldbeständen sei wegen der unterschiedlichen Reservepolitik insbesondere gegenüber denjenigen Ländern ungerecht, die den Goldanteil in ihren Reserven bis zu diesem Zeitpunkt bewußt niedrig hielten. Für sie wie auch die anderen ergebe sich bei einer an die Goldbestände gebundenen Verteilung der neuen Reserven daher ein Anreiz, ihre Goldbestände durch Konversionen von Reservewährungsguthaben noch rechtzeitig zu erhöhen. Dieser Anreiz würde auch dann bestehen, wenn nur die Verwendung der neuen Reserven an ein festes Verhältnis zum Gold gebunden wäre. In jedem Fall sei also mit einer Verringerung der Goldbestände der Vereinigten Staaten zu rechnen, was per Saldo außerdem auf eine Verringerung der Gesamtreserven des Systems hinausliefe. Dahinter

[5] Vgl. Deutsche Bundesbank, Geschäftsbericht für das Jahr 1964, S. 35.

[6] Siehe Colombo, E., Statement by the Governor of the Fund for Italy, in: IMF, Summary Proceedings (1965), S. 40 f.

[7] Siehe Blessing, K., Statement by the Governor of the Fund for the Federal Republic of Germany, in: IMF, Summary Proceedings (1965), S. 119 und Colombo, E., Statement by the Governor of the Fund for Italy (1965), a.a.O., S. 45.

[8] Vgl. Aschinger, F., Der amerikanisch-französische Gegensatz in der Währungsfrage, in: Aussenwirtschaft, Zeitschrift für internationale Wirtschaftsbeziehungen, 20. Jg., 1965, S. 43.

stand freilich die Befürchtung, daß mit der Einführung des französischen Vorschlags der Status des US-Dollars als Reservewährung bedroht werden könnte, wenngleich von französischer Seite bei Einbringung dieses Vorschlags noch beteuert worden war, daß dies nicht beabsichtigt sei[9]. Aufgrund dieser Befürchtung wurde auch von seiten der Vertreter der Vereinigten Staaten in den Diskussionen der Zehner-Gruppe angeführt, die Einführung des französischen Vorschlags liefe im Prinzip auf eine Verwirklichung des sogenannten Rueff-Plans[10] hinaus, d.h. auf die Wiedereinführung des Gold-Standards.[11] Anstatt jedoch wie im Rueff-Plan impliziert, den Goldpreis zu erhöhen, ergänze man das Gold durch die Schaffung goldgebundener Reserveeinheiten für einen begrenzten Teilnehmerkreis, was jedoch im Verkehr unter den Teilnehmern einer Verwirklichung des Rueff-Plans, getarnt in der Sprache der Reserveeinheiten, gleichkomme.[12] Die Äußerungen des früheren französischen Staatspräsidenten de Gaulle konnten diese Befürchtung nur noch untermauern.[13]
Da letztlich aber jeder Verteilungsschlüssel Kontroversen veranlassen kann, weil immer irgendwelche Länder als die Begünstigten betrachtet werden können, war man sich in der Mehrzahl darüber einig, daß ein Verteilungsschlüssel der auf den IWF-Quoten beruht, am wenigsten Anlaß zu Kontroversen geben dürfte.

---

9 Vgl. ebenda, S. 39. Daher äußerte der Geschäftsführende Direktor des IWF, "our aim should be to supplement and not to supplant the existing system". Schweitzer, P.-P., The International Monetary System and International Liquidity, a.a.O., S. 5.

10 Siehe Rueff, J., Die Gefahren des Gold-Devisen-Standards I, II, III, in: NZZ, Nr. 174, 27. 6. 1961, Bl. 10; Nr. 175, 28. 6. 1961, Bl. 10; Nr. 176, 29. 6. 1961, Bl. 11. Was der Rueff-Plan damals nur implizite enthielt, geht aus den neuesten Ausführungen von Rueff explizite hervor. Siehe die zweiteilige Artikelfolge: Rueff, J., Die Laster des Welt-Währungssystems, in: FAZ, Nr. 128, 5./6. 6. 1969, S. 23 f. und Rueff, J., Geld aus der Retorte oder Gold?, in: FAZ. Nr. 129, 7. 6. 1969, S. 15. Siehe dagegen Emminger, O., Der Goldpreis, Bemerkungen zur gegenwärtigen internationalen Diskussion, in: Beiträge zu Wirtschafts- und Währungsfragen und zur Bankgeschichte, Deutsche Bank AG, März 1967, in: Deutsche Bundesbank/Auszüge aus Presseartikeln, Nr. 35/19. 5. 1967, S. 1 ff.

11 Vgl. Aschinger, F., Der amerikanisch-französische Gegensatz in der Währungsfrage, a.a.O., S. 42.

12 Vgl. ebenda.

13 Siehe: Le système du ‚Gold Exchange Standard' ne correspond plus aux nécessités d'à présent (Aus dem Text der Erklärungen des Staatspräsidenten de Gaulle v. 4. 2. 1965), a.a.O., S. 1 f.

Eine weitere Kontroverse entzündete sich an der Frage des Teilnehmerkreises, und zwar sowohl hinsichtlich des Aspekts der Verantwortung für das neue System als auch hinsichtlich des Aspekts der Nutznießung.[14] Von französischer Seite wurde mit Unterstützung von holländischer, deutscher und italienischer Seite vorgebracht, daß die Entscheidung über die Reservenschaffung möglichst in einer Gruppe von Industrieländern wie etwa der Zehner-Gruppe getroffen werden soll, da eine kleine homogene Gruppe die Urteilsfindung und den Entscheidungsprozeß erleichtere und diese Länder auch geeignet seien, die Verantwortung für eine Reservenschaffung zu tragen.[15] Auch würden damit keine politischen Probleme besonderer Art aufgeworfen werden, wie die Einrichtung der Allgemeinen Kreditvereinbarungen als Präzidenzfall gezeigt hätte. Demgegenüber stand insbesondere der Standpunkt der Vertreter der Vereinigten Staaten und Großbritanniens, die an jedes System neuer Reserven die Grundforderung stellten, daß die notwendigen Entscheidungen zum Gegenstand weltweiter Diskussion gemacht werden.[16] Dazu wäre nach ihrer Auffassung vor allem der IWF das geeignetste Forum breiter und wirkungsvoller Erörterungen, wohingegen die endgültigen Entscheidungen dem Votum der quotenmäßig stärksten Mitglieder vorbehalten bliebe. Dagegen fand der französische Standpunkt, auch den Teilnehmerkreis bei der Verteilung und Verwendung neuer Reserven zu beschränken, weniger Zuspruch und wurde vornehmlich nur noch von holländischer Seite unterstützt.[17] Für eine Beschränkung wurde angeführt, daß ein internationales Reservemedium auf Vertrauen beruhen müsse, das nur innerhalb eines kleinen Kreises gewährt werden könne. Die teilnehmenden Länder müßten in der Lage sein, außer den Rechten auch die Pflichten aus der Verwen-

---

[14] Vgl. im folgenden Gruppe der Zehn, Bericht der Sachverständigengruppe, a.a.O., Ziff. 117 - 122, S. 54 ff.. Die Frage des Teilnehmerkreises wird unabhängig von der Frage der Einschaltung des IWF betrachtet.

[15] Vgl. Giscard d'Estaing, V., Statement by the Governor of the Bank for France, in: IMF, Summary Proceedings (1965), S. 125 und Holtrop, M.W., Statement by the Governor of the Fund for the Netherlands, in: IMF, Summary Proceedings (1965), S. 148 und Blessing, K., Statement by the Governor of the Fund for the Federal Republic of Germany (1965), a.a.O., S. 119 und Colombo, E., Statement by the Governor of the Fund for Italy (1965), a.a.O., S. 44.

[16] Vgl. Aschinger, F., Der amerikanisch-französische Gegensatz in der Währungsfrage, a.a.O., S. 40.

[17] Vgl. ebenda, S. 40 f.

dung neuer Reserven zu übernehmen, wobei letztere erfahrungsgemäß nur von solchen Ländern erfüllt werden könnten, deren Zahlungsbilanzen sich nicht zu weit vom Ausgleich entfernen. Zwar wurde von anderer Seite die Folgerichtigkeit dieser Argumentation anerkennt, dabei jedoch gleichzeitig vorgebracht, daß andere Länder eine größere Bewegungsfreiheit in ihrem internationalen Zahlungsverkehr ebenso zu schätzen wüßten und daß bei einer strikten Begrenzung des Teilnehmerkreises, wie sie der französischen Seite vorschwebe, mit schwierigen Grenzfällen zu rechnen sei. Daher dürfe der Teilnehmerkreis nicht derart streng begrenzt werden. Die Teilnahme könne jedoch von gewissen Qualifikationen abhängig gemacht werden, die eine immer noch offene, aber im Grunde doch selektive Gruppierung ermöglichen würden, da dann nur diejenigen Länder effektiv von den neuen Reserven Gebrauch machen könnten, welche die entsprechenden Qualifikationen nachweisen und sich somit einer gewissen Selbstbeschränkung unterwerfen würden. Die Auffassung, daß die Verteilung und Verwendung neuer Reserven nicht auf eine kleine Gruppe von Ländern begrenzt werden dürfe, wurde vor allem von seiten der Vertreter der Vereinigten Staaten und Großbritanniens angeführt.[18] Andeutungen in dieser Richtung kamen jedoch auch von deutscher Seite.[19]

Auch über die Rolle des IWF bei der Schaffung und Verteilung neuer Reserven waren die Meinungen innerhalb der Zehner-Gruppe geteilt.[20] Wiederum hauptsächlich von französischer Seite wurde eine Einschaltung des Fonds in den Prozeß der Reservenschaffung und -verteilung abgelehnt.[21] Diese Ablehnung wurde damit begründet, daß die Einschaltung des Fonds diesen an der Ausübung seiner bisherigen Funktionen hindern könne und daß das anzuwendende gewogene Stimmrecht nicht dazu geeignet sei, eine bewußte Reservenschaffung zu steuern. Außerdem sei es innerhalb des Fonds schwierig, eine Auswahl der am

---

[18] Vgl. ebenda, S. 40.

[19] Siehe Blessing, K., Statement by the Governor of the Fund for the Federal Republic of Germany (1965), a.a.O., S. 119.

[20] Vgl. im folgenden Gruppe der Zehn, Bericht der Sachverständigengruppe, a.a.O., Ziff. 123 - 125, S. 57 ff.

[21] Siehe Giscard d'Estaing, V., Statement by the Governor of the Bank for France (1964), a.a.O., S. 207 und vgl. Aschinger, F., Der amerikanisch-französische Gegensatz in der Währungsfrage, a.a.O., S. 38.

System der neuen Reserven zu beteiligenden Mitglieder zu treffen, was die Gefahr mit sich bringe, daß die neuen Reserven vornehmlich an chronische Defizitländer geleitet werden könnten. Diese Argumentation hatte ihre Ursache in den französischen Bedenken, wonach der Fonds insbesondere den Interessen der hartnäckigen Defizitländer, nämlich den Vereinigten Staaten und Großbritannien diene. Offenbar zögerten jedoch noch weitere Mitglieder der Zehner-Gruppe, dem Fonds neue Vollmachten zu erteilen.[22] Hinzu kam, daß Frankreich bei diesem Stand der Diskussionen, ebenso wie die Niederlande, anstatt der Erhöhung der IWF-Positionen, deren Ausnutzung über die Goldtranche hinaus regelmäßig mit Auflagen verbunden wird, eine Vermehrung der eigenen, nicht kreditierten Reserven anstrebte.[23]
Während von französischer Seite eine Einschaltung des Fonds ganz abgelehnt wurde, war von seiten der Vertreter Italiens zu vernehmen, dem Fonds ließen sich zumindest administrative Funktionen im Prozeß der Reservenschaffung und -verteilung übertragen, obwohl Vorkehrungen zu treffen seien, daß er bei der Ausübung seiner bisherigen Funktionen nicht beeinträchtigt werde.[24]
Dagegen zeigte sich von seiten der Vertreter der Vereinigten Staaten und Großbritanniens ein starker Widerstand gegen eine Reservenschaffung ohne Einschaltung des Fonds.[25] Für die Einschaltung wurde insbesondere vorgebracht, daß damit eine evolutionäre Entwicklung des internationalen Währungssystems gewährleistet sei und die Möglichkeit einer zweiten, in Konkurrenz zum Fonds stehenden Institution ausgeschaltet werden könne. Im Gegensatz zu Frankreich traten die Vertreter der Vereinigten Staaten und Großbritanniens bei diesem Stand der Diskussionen dementsprechend auch dafür ein, das Schwergewicht bei der Vermehrung der Reserven auf den Ausbau der internationalen Kredithilfe zu legen, d.h. insbesondere auf die Erhöhung der Reservepositionen im IWF.

---

[22] Siehe Ossola, R., a.a.O., S. 285 und Schweitzer, P.-P., The International Monetary System and International Liquidity, a.a.O., S. 6.

[23] Siehe Giscard d'Estaing, V., Statement by the Governor of the Bank for France (1965), a.a.O., S. 124 f. und Holtrop, M.W., Statement by the Governor for the Netherlands, in: IMF, Summary Proceedings (1964), S. 65 f.

[24] Siehe Colombo, E., Statement by the Governor of the Fund for Italy (1965), a.a.O., S. 44.

[25] Vgl. Aschinger, F., Der amerikanisch-französische Gegensatz in der Währungsfrage, a.a.O., S. 46.

In engem Zusammenhang mit der Frage der Einschaltung des IWF steht die Frage nach den Regeln der Beschlußfassung.[26] Namentlich von französischer Seite wurde für die Notwendigkeit einstimmiger Entscheidungen plädiert.[27] Für ein solches Verfahren wurde angeführt, daß es einen gewissen Schutz gegen Inflationsgefahren bieten könne und den Teilnehmern die monetäre Autonomie erhielte. Dagegen wurde von seiten der Vertreter der Vereinigten Staaten vorgebracht, daß mit der Bindung der Reservenschaffung an einstimmige Entscheidungen, die Aktionsfähigkeit von der Zielsetzung des restriktivsten Mitglieds abhinge.[28] In der Mehrzahl sah man daher eine befriedigende Lösung in einem Verfahren gewogener Stimmrechte mit einfacher Mehrheit oder in einem Verfahren gewogener Stimmrechte mit qualifizierter Mehrheit; beide Verfahren werden im Fonds angewendet. Freilich läßt sich die Entscheidung über den zweckmäßigsten Abstimmungsmodus nicht unabhängig von dem institutionellen Rahmen in welchem die Reservenschaffung vorgenommen wird und der technischen Ausgestaltung der Reserven herbeiführen. Diese Fragen blieben jedoch beim Abschluß der Untersuchung der Sachverständigen der Zehner-Gruppe noch offen.

Der Untersuchungsbericht der Sachverständigengruppe und die Ausführungen der offiziellen Vertreter der Zehner-Gruppe haben gezeigt, daß in diesem Stadium der Diskussion des Projekts zur Ergänzung des Bestands an internationaler Liquidität nicht nur technische Fragen unterschiedlich beurteilt wurden, sondern insbesondere Fragen fundamentaler Natur, die im Grunde politischer Entscheidungen bedurften, denn hinter den tieferen Meinungsgegensätzen standen reale Interessengegensätze der an den Diskussionen beteiligten Volkswirtschaften. Dabei ergaben sich die divergierenden Standpunkte bezüglich dieser Grundsatzfragen einerseits durch die unterschiedliche Beurteilung der Auswirkungen des Gold-Devisen-Standards, andererseits durch die verschiedenartigen Zielsetzungen hinsichtlich seiner Fortentwicklung. Um jedoch von dem Stadium der Untersuchung in das formeller Ver-

---

[26] Vgl. im folgenden Gruppe der Zehn, Bericht der Sachverständigengruppe, a.a.O., Ziff. 126 - 129, S. 62 ff.

[27] Siehe Giscard d'Estaing, V., Statement by the Governor of the Bank for France (1965), a.a.O., S. 125.

[28] Siehe auch Aschinger, F., Der amerikanisch-französische Gegensatz in der Währungsfrage, a.a.O., S. 41.

handlungen gelangen zu können, mußte eine gewisse Annäherung der Standpunkte in diesen Grundsatzfragen erzielt werden, und zwar zunächst bei den Vertretern der Länder der Zehner-Gruppe, zwischen denen auch die größten Meinungsverschiedenheiten bestanden[29].

323 Die Errichtung des Systems der Sonderziehungsrechte im Internationalen Währungsfonds zur Ergänzung des Bestands an internationaler Liquidität im Bedarfsfall

3231 Projektierung des Systems der Sonderziehungsrechte

32311 Erste Verhandlungsphase 1965/1966

Nach einer längeren Periode hartnäckiger Zahlungsbilanzdefizite der Vereinigten Staaten zeichnete sich bis Mitte 1965 eine Besserung in der Zahlungsbilanz dieses bedeutendsten Reservewährungslandes ab. Damit schien der Zeitraum zu beginnen, in dem gleichzeitig mit der Stagnation in der Vermehrung der offiziellen Goldreserven nun auch der US-Dollar als traditionelle Reservequelle ausscheiden würde.[1] Während von französischer Seite zu Anfang 1965 die Rückkehr zum Gold-Standard gefordert worden war, erklärte der amerikanische Schatzsekretär Fowler im Juli 1965 die Bereitschaft seiner Regierung zu einer internationalen Währungskonferenz[2]. Als Gründe für diesen Schritt führte er den scheinbar bevorstehenden Ausgleich in der Zahlungsbilanz seines Landes an, die weltweite Überzeugung, daß das internationale Währungssystem verbessert werden müsse und den vorausgegangenen Abschluß der Untersuchung zur Schaffung eines neuen Reservemediums, die von der Zehner-Gruppe durchgeführt worden war. Der Vorschlag zu einer weltweiten Währungskonferenz wurde verbunden mit der Versicherung, daß es sich aufgrund der positiven

---

[29] Vgl. Blessing, K., Statement by the Governor of the Fund for the Federal Republic of Germany (1965), a.a.O., S. 118.

---

[1] Nach Deutsche Bundesbank, Geschäftsbericht für das Jahr 1966, S. 34 ff. hat neben dem sichtbaren Versiegen des Goldes als Reservequelle auch das Zahlungsbilanzdefizit der Vereinigten Staaten 1965 nicht mehr wesentlich zur Erweiterung der internationalen Liquidität beigetragen. Siehe auch oben, S. 169 Fußnote 19.

[2] Zu den Ausführungen von Fowler vgl. N.N., Amerikanischer Vorstoß zur Revision des internationalen Währungssystems, Rede Fowlers, in: NZZ, Nr. 190, 13. 7. 1965, Bl. 1.

Erfahrungen mit dem bestehenden System nur darum handeln könne, dieses zu verbessern und gegebenenfalls durch die Schaffung zusätzlicher Reserven, namentlich über den IWF, auszubauen.
Es liegt auf der Hand, daß dieser überraschende Vorstoß zu einer Weltwährungskonferenz in gewisser Hinsicht dem Zweck dienen sollte, den französischen Bestrebungen dadurch zu begegnen, daß die weiteren Erörterungen der Entwicklung des Währungssystems möglichst bald aus dem Kreis der Zehner-Gruppe heraus vor das weltweite Forum des IWF getragen werden, auf den die Vereinigten Staaten einen maßgeblichen Einfluß auszuüben in der Lage sind.
Nicht nur von französischer Seite, sondern auch von seiten anderer kontinentaleuropäischen Länder wurde der Vorschlag zu einer Weltwährungskonferenz in diesem Stadium der Diskussionen mit Zurückhaltung aufgenommen. Zwar hatte sich zu jenem Zeitpunkt die Zahlungsbilanzsituation der Vereinigten Staaten einer Besserung genähert, jedoch war keineswegs gesichert, daß sie von Dauer sein würde und schließlich zu einem Zahlungsbilanzausgleich führen würde. Auch war Großbritannien als zweites Reservewährungsland nach wie vor von einem Ausgleich in seiner Zahlungsbilanz entfernt.[3] Ein dauerhafter Zahlungsbilanzausgleich wurde aber neben anderen vor allem von französischer Seite als wichtigste Bedingung für die Schaffung zusätzlicher Reserven gestellt.[4] Ferner wurde von europäischer Seite angeführt, daß das Problem der Versorgung der Welt mit Währungsreserven nicht derart akut sei, da sich in der Periode der chronischen Defizite in der Zahlungsbilanz der Vereinigten Staaten bei den Hauptindustrieländern beträchtliche Guthaben in US-Dollar angesammelt hätten, so daß also eher ein Zuviel als ein Zuwenig an Währungsreserven bestünde.[5] Schließlich war man sich darüber klar, daß zunächst zwischen denjenigen Ländern, welche vornehmlich die Verantwortung für das Funktionieren des internationalen Währungssystems tragen, den Ländern der Zehner-Gruppe, zwischen denen auch die gegensätzlichsten Auffassungen über die Reform des bestehenden Währungssystems gegeben waren, ein Mindestmaß an Übereinstimmung erzielt werden

---

[3] Siehe oben, S. 89 ff.

[4] Vgl. Giscard d'Estaing, V., Statement by the Governor of the Bank for France (1965), a.a.O., S. 124.

[5] Vgl. Emminger, O., Zehner-Gruppe und Reform des Weltwährungssystems, in: Aussenpolitik, Zeitschrift für internationale Fragen, 17. Jg., 1966, Heft 1, S. 8.

mußte. Dieser Auffassung innerhalb der Zehner-Gruppe traten vor allem die außerhalb der Zehner-Gruppe stehenden anderen Mitglieder des IWF, namentlich die Gruppe der Entwicklungsländer, mit schärfsten Argumenten entgegen.[6] Bei ihnen machte sich nämlich offensichtlich die Befürchtung breit, sie könnten ihren Anteil an der währungspolitischen Mitbestimmung verlieren und damit auch die Durchsetzung ihrer spezifischen Interessen.

Dennoch wurde im Verlauf der Jahrestagung des IWF im September 1965 in Washington von der Zehner-Gruppe beschlossen, zuerst im engeren Kreis jenes Mindestmaß an Übereinstimmung zu suchen, das erforderlich war, um in das Stadium der Verhandlungen auf breiterer Basis übergehen zu können. Zu diesem Zweck beauftragten die Minister und Notenbankgouverneure der Zehner-Gruppe ihre Stellvertreter damit, festzustellen und ihnen zu berichten, "welche Grundlage sich für eine Einigung über die erforderlichen Verbesserungen im Weltwährungssystem finden läßt, einschließlich von Vorkehrungen für die zukünftige Schaffung von Reserven, s o f e r n und s o b a l d solche benötigt werden, um für den Reservenbedarf der Weltwirtschaft angemessen vorzusorgen"[7]. Mit diesem Auftrag an die Stellvertreter wurde die erste Phase der Verhandlungen eingeleitet, die aufgrund der Meinungsverschiedenheiten über die Dringlichkeit der Reformarbeiten unter das Motto einer sogenannten Vorausplanung für den Bedarfsfall (contingency planning) gestellt wurden.[8]

Die Verhandlungen auf der Ebene der Stellvertreter fanden in Anwesenheit von Vertretern der Leitung des IWF, der BIZ und der OECD sowie eines Beobachters der Schweizerischen Nationalbank statt.[9] Den Vorsitz führte der deutsche Stellvertreter der Zehner-Gruppe, Otmar Emminger von der Deutschen Bundesbank. Er legte den Ministern und Notenbankgouverneuren im Juli 1966 einen Bericht über die Verhandlun-

---

[6] Vgl. ebenda, S. 10.

[7] Gruppe der Zehn, Communiqué of the Ministers and Governors of the Group of Ten Issued on September 28, 1965, Ziff. 7, in: IMF, Summary Proceedings (1965), S. 280 f. (v. Verf. gesperrt).

[8] Vgl. ebenda, Ziff. 7, S. 280.

[9] Die wichtigsten Konferenzen der Stellvertreter fanden Ende Januar und Anfang März in Paris, Ende April in Washington und Ende Juni 1966 in Frankfurt/M. statt. Vor der Frankfurter Konferenz traten im Juni die Finanzminister und Notenbankgouverneure der EWG in Rom zusammen und besprachen die Möglichkeiten einer einheitlichen Stellungnahme zu den auf der Konferenz in Den Haag aufgetretenen Fragen.

gen der Stellvertreter vor, über den im gleichen Monat auf einer in Den Haag arrangierten Konferenz der Minister und Notenbankgouverneure der Zehner-Gruppe beraten wurde.[10]

Ihrem Auftrag folgend und im Bewußtsein, daß die Probleme des Währungssystems nicht nur in der Schaffung zusätzlicher Reserven liegen, haben die Stellvertreter nach diesem Bericht vor der Erörterung der Fragen künftiger Reservenschaffung verschiedene Vorschläge diskutiert, die darauf abzielen, das bestehende System auf andere Weise als durch die Schaffung von Reserven zu verbessern.[11] Dabei empfahlen die Stellvertreter übereinstimmend, die Maßnahmen zur Förderung des Anpassungsprozesses[12] zu verbessern und die multilaterale Überwachung auszubauen. Ferner haben sie Vorschläge zur Harmonisierung der einzelstaatlichen Reservepolitik, zur Anhebung des Status der Reservepositionen im IWF, zur Erweiterung der kurzfristigen Kredithilfe sowie zum Aufbau langfristiger Kredithilfen unter den Mitgliedern der Zehner-Gruppe besprochen, ohne zu übereinstimmenden Empfehlungen zu gelangen.

Zur Frage der Reservenschaffung führt der Bericht eingangs an: "Wir sind uns darüber klar, daß eine bewußte Schaffung neuer Reserven ein kühnes Unterfangen darstellt. Die Möglichkeiten sind zahlreich, die Risiken erheblich, die Folgen schwerwiegend."[13] Ferner wurde sowohl von den Stellvertretern als auch von den Ministern und Notenbankgouverneuren, die in den vorausgegangenen Jahren verschiedentlich auf beiden Ebenen vertretene Auffassung wiederholt, daß im gegebe-

---

[10] Der Bericht der Stellvertreter wurde zum 7. Juli 1966 fertiggestellt. Die zweitägige Konferenz in Den Haag konnte mit der Veröffentlichung eines Kommuniqué am 26. Juli 1966 beendet werden. Siehe Gruppe der Zehn, Kommuniqué der Minister und Notenbankgouverneure und Bericht der Stellvertreter - Juli 1966 - (Aus dem englischen Original-Text übersetzt in der Deutschen Bundesbank), (im folgenden zitiert: Kommuniqué der Minister und Notenbankgouverneure, 26. Juli 1966 bzw. Bericht der Stellvertreter, 7. Juli 1966).

[11] Vgl. Gruppe der Zehn, Bericht der Stellvertreter, 7. Juli 1966, a.a.O., Ziff. 10 - 28, S. 7 ff.

[12] Mit diesen Erörterungen wollten die Stellvertreter aber den Bemühungen der Arbeitsgruppe Nr. 3 des Wirtschaftspolitischen Ausschusses der OECD keineswegs vorgreifen. Über den Bericht der Arbeitsgruppe Nr. 3 wurde ebenfalls auf der Konferenz in Den Haag beraten. Siehe zu diesem Bericht oben, S. 174 ff.

[13] Gruppe der Zehn, Bericht der Stellvertreter, 7. Juli 1966, a.a.O., Ziff. 8, S. 5.

nen Zeitpunkt nicht mit einer unmittelbaren Liquiditätsverknappung gerechnet werden müsse, jedoch aufgrund des Versiegens der traditionellen Reservequellen auf längere Sicht, die gegebenen Reservearten möglicherweise durch die bewußte Schaffung zusätzlicher Reserven ergänzt werden müßten.[14] Dieser Standpunkt wurde auch von französischer Seite vertreten. Jedoch war man auf französischer Seite der Ansicht, daß es unzweckmäßig und obendrein gefährlich sei, zu versuchen, eine mit beträchtlichen Unsicherheitsfaktoren behaftete Entwicklung zu antizipieren, um damit einen im wesentlichen fertigen Plan vorbereiten zu können, der erst zu einem späteren, noch nicht bestimmbaren Zeitpunkt, in Kraft gesetzt werden könne.[15] Der französischen Ablehnung lag die Auffassung zu Grunde, daß sich die Erwartungen, unter denen in der Zehner-Gruppe im September 1965 eine Vorausplanung für den Bedarfsfall beschlossen worden war, nicht realisiert hätten, da die Vereinigten Staaten noch immer von einem Ausgleich in ihrer Zahlungsbilanz entfernt waren.[16] Die französische Ablehnung einer Vorausplanung unter diesen Umständen, die eine weitere Versteifung der bisherigen französischen Haltung bedeutete, wurde den übrigen Stellvertretern auf der Pariser Tagung Anfang März 1966 mitgeteilt.[17] Wenngleich sich die französische Delegation unge-

[14] Vgl. ebenda, Ziff. 7, S. 4 f. und vgl. Gruppe der Zehn, Kommuniqué der Minister und Notenbankgouverneure, 26. Juli 1966, a.a.O., Ziff. 4.

[15] Vgl. zum französischen Standpunkt Gruppe der Zehn, Bericht der Stellvertreter, 7. Juli 1966, a.a.O., Ziff. 46, S. 22 f.

[16] Dieser Ausgleich wurde im wesentlichen durch die Eskalation des Vietnam-Krieges vereitelt. Das chronische Zahlungsbilanzdefizit setzte sich fort.

[17] "Les délégués français ont donc développé devant les représentants des neuf autres pays les deux points suivants: Le système monétaire international ne peut etre fondé que sur l'or; Il existe un préalable à toute réforme du système monétaire et surtout à toute création d'une nouvelle unité de réserve, à savoir le rétablissement de la balance des paiements des Etats-Unis." N.N., La réunion des Dix a été consacrée à l'examen de questions techniques, L'affronement entre la France et ses partenaires aura lieu ultérieurement, Le Monde, Paris, No. 6580 - 10 mars 1966, in: Deutsche Bundesbank/Auszüge aus Presseartikeln, Nr. 20/16. 3. 1966, S. 2. Zu diesen Forderungen Milton Gilbert, Volkswirtschaftlicher Berater und Direktor der Währungs- und Wirtschaftsabteilung der BIZ: "How is that supposed to be done ?" und: "When we hear that any plans for new reserve assets cannot be activated until such and such happens, that does not end the matter." Gilbert, M., The Role of the Dollar in International Monetary Stability, New York, September 22, 1966, in: Deutsche Bundesbank/Auszüge aus Presseartikeln, Nr. 87/25. 11. 1966, S. 11. Entgegen dem französischen Standpunkt räumt Gilbert dem US-Dollar zumindest in operationaler Hinsicht den ersten Rang im gegenwärtigen Währungssystem ein: "The dollar is the centre of the international monetary system from an operational point of view." Ebenda, S. 12.

achtet dieser Ablehnung weiterhin an den Konferenzen der Stellvertreter beteiligte und Frankreich auch auf der Konferenz in Den Haag vertreten wurde, beteiligte sich die französische Delegation nicht aktiv an den weiteren Diskussionen und lehnte auch die Zustimmung zu allen weiteren Folgerungen aus den Verhandlungen dieser Phase ab.[18]

Dagegen waren die Stellvertreter der Meinung, "eine globale Knappheit an Reserven, die eine bewußte Schaffung von Reserven notwendig macht, ist ... eine Eventualität mit der wir rechnen müssen, selbst wenn es gegenwärtig ungewiß ist, wann sie eintreten wird"[19]. Daraus folgerten sie, daß die Vorausplanung für den Bedarfsfall fortgesetzt werden müsse, mit dem Ziel, einen vollständigen und detaillierten, von allen Beteiligten gebilligten Gesamtplan eines neuen Reservesystems zu entwerfen.[20] Jedoch waren sich auch die Stellvertreter sehr wohl der Notwendigkeit bewußt, daß klar zwischen der Ausarbeitung eines Plans für den Eventualfall und der Ingangsetzung dieses Plans unterschieden werden muß.[21] Dabei sollten die Bedingungen für die Ingangsetzung im Voraus festgelegt werden und die Ingangsetzung keinesfalls erfolgen, solange durch die Zahlungsbilanzdefizite der Reservewährungsländer eine ausreichende Versorgung mit Reserven sichergestellt ist bzw. die Ingangsetzung erst dann erfolgen, wenn tatsächlich eine Dollarlücke eintreten würde.

Dieser klare Standpunkt hinsichtlich Vorausplanung und Ingangsetzung war, obwohl auch von den Vertretern der Vereinigten Staaten und Großbritanniens akzeptiert, von seiten der Leitung des IWF verschiedentlich in offizieller Weise heftig kritisiert worden.[22] Während also Frankreich eine Vorausplanung ablehnte, die übrigen Stellvertreter mit der Unterscheidung zwischen Vorausplanung und Ingangsetzung eine Mittelstellung einnahmen, reichten die Vorstellungen der Fonds-

---

[18] Im folgenden verstehen sich daher sämtliche Ausführungen der Stellvertreter immer ohne Beteiligung und ohne Zustimmung von französischer Seite.

[19] Gruppe der Zehn, Bericht der Stellvertreter, 7. Juli 1966, a.a.O., Ziff. 36, S. 18.

[20] Vgl. ebenda, Ziff. 44 - 45, S. 21 f.

[21] Vgl. ebenda, Ziff. 47, S. 24.

[22] Vgl. zu diesem Aspekt der auch auf andere Fragen ausgedehnten Kontroverse Rosenstiel, F.H., Schweitzer kritisiert den Zehnerklub, Harte Debatte über die Neuordnung des internationalen Währungssystems, in: FAZ, Nr. 134, 13. 6. 1966, S. 16.

leitung in der Frage der Dringlichkeit ins andere Extrem. Dadurch jedoch geriet sie noch mehr als jeher in den Verdacht, eine einseitige Reservenexpansion durch den Ausbau ihrer eigenen Kapazität forcieren zu wollen. Diese Kontroverse zwischen der Leitung des Fonds und der Zehner-Gruppe hat sich bis kurz vor der Konferenz im Juli 1966 in Den Haag fortgesetzt.

In ihrem Bericht haben die Stellvertreter übereinstimmend die Grundsätze festgelegt, die nach ihrer Auffassung jeder Plan enthalten sollte und in einem Neun-Punkte-Programm zusammengefaßt:[23]

(1) Eine bewußte Reservenschaffung sollte aufgrund gemeinsamer Beurteilung des globalen Bedarfs an Reserven erfolgen und weder der Finanzierung von Zahlungsbilanzdefiziten einzelner Länder entspringen noch für sie bestimmt sein.
(2) Eine bewußte Reservenschaffung sollte auf die langfristige Entwicklung des globalen Reservenbedarfs ausgerichtet werden.
(3) Das Volumen der Reservenschaffung sollte gerade so groß sein, um zu verhindern, daß die Weltwirtschaft durch Deflation oder Inflation bedroht wird.
(4) Die neuen Reserven sollten grundsätzlich an alle Mitglieder des IWF verteilt werden, und zwar auf der Grundlage ihrer Quoten oder nach anderen objektiven Kriterien.
(5) Die neuen Reserven sollten grundsätzlich ohne Auflagen verteilt und verwendet werden, jedoch sollten Vorkehrungen gegen eine mißbräuchliche Verwendung getroffen werden.
(6) Die neuen Reserven sollten als direkt transferierbare Reserveeinheiten und/oder als Ziehungsrechte im IWF mit Reservecharakter kreiert werden, nur von Währungsbehörden gehalten werden können und diesen nur dazu dienen, Währungsbeträge anderer Länder zu erwerben.
(7) Unabhängig von dem einzuführenden Reservesystem sollte das Verfahren der Beschlußfassung über die Schaffung und Steuerung der neuen Reserven einerseits dem Interesse aller Länder an einem reibunglosen Funktionieren des gesamten Währungssystems dienen und andererseits die besondere Verantwortung einer begrenzten Gruppe von Ländern berücksichtigen, die durch ihre Bereitschaft

---

23 Vgl. Gruppe der Zehn, Bericht der Stellvertreter, 7. Juli 1966, a.a.O., Ziff. 98, S. 42 ff.

zur Annahme und Verwendung der neuen Reserven erst die finanzielle Rückendeckung für jedes neue System übernehmen müßten[24].

(8) Das neue Reservesystem sollte nur nach gemeinsamer Feststellung eines eindeutigen Reservenbedarfs der absehbaren Zukunft in Gang gesetzt werden. Bei dieser Feststellung sollten die schon bestehenden Reservearten berücksichtigt werden, zwischen den Mitgliedsländern ein angemessenes Zahlungsbilanzgleichgewicht erreicht sein und begründete Aussicht für ein ordentliches Funktionieren des Anpassungsprozesses bestehen.

(9) Der Beschluß zur Ingangsetzung wie auch die periodisch folgenden Beschlüsse zur Steuerung des Systems sollten den voraussichtlichen Bedarf eines Zeitraums von drei bis fünf Jahren berücksichtigen.

Diese Ausführungen der Stellvertreter sowie die Verlautbarung der Minister und Notenbankgouverneure zum Abschluß der Konferenz in Den Haag[25], welche die Kernpunkte der Ausführungen der Stellvertreter bekräftigt, zeigen, daß in den vordem noch völlig umstrittenen Grundsatzfragen teilweise eine Annäherung der Standpunkte erreicht werden konnte. Freilich wurde diese Annäherung durch das Ausscheiden der französischen Seite als aktiver Verhandlungspartner dieser Phase der Vorausplanung wesentlich erleichtert, da gerade die französische Seite in allen Grundsatzfragen einen sehr exponierten Standpunkt eingenommen hatte. Für Frankreich selbst bedeutete die Ablehnung der Vorausplanung, daß der schon 1964 in die Diskussionen der Zehner-Gruppe eingebrachte Vorschlag zur Errichtung eines Systems kollektiver Reserveeinheiten, d.h. des CRU-Systems mehr und mehr, zumindest was seine wesentlichen Charakteristika betraf, aus den Diskussionen der Zehner-Gruppe eliminiert wurde.[26] Außerdem lief

---

[24] Anfang 1966 haben die Länder der Zehner-Gruppe und die Schweiz 72 v.H. der gesamten Währungsreserven und 86 v.H. der Goldreserven des westlichen Währungssystems gehalten. Die Kredithilfen des IWF wurden zu 97,5 v.H. aus den Subskriptionen bzw. Kreditlinien der AKV dieser Länder finanziert. Vgl. Emminger, O., Zehner-Gruppe und Reform des Weltwährungssystems, a.a.O., S. 15.

[25] Siehe Gruppe der Zehn, Kommuniqué der Minister und Notenbankgouverneure, 26. Juli 1966, a.a.O., Ziff. 5 - 6.

[26] Offensichtlich hatte jedoch auch auf französischer Seite das Interesse an diesem System nachgelassen. Es ist aber nicht hinreichend bekanntgeworden, inwieweit dies mit dem personellen Wechsel an der Spitze des französischen Finanz- und Wirtschaftsministeriums,

Frankreich Gefahr, in der währungspolitischen Diskussion isoliert zu werden.

Eine Annäherung der Standpunkte konnte insbesondere in der sehr wichtigen Frage des Teilnehmerkreises erreicht werden[27], und zwar sowohl was den Aspekt der Nutznießung betrifft als auch was den Aspekt der Verantwortung betrifft. Hinsichtlich der Frage der Nutznießung war man sich einig, daß neue Reserven den legitimen Bedarf aller Mitglieder des IWF berücksichtigen sollen, so daß auch alle Mitglieder grundsätzlich Zugang zu einem neuen System haben sollten, sofern sie in der Lage sind, neben den Rechten auch die Pflichten aus dieser Art der Teilnahme zu tragen. Im Hinblick auf die Frage der Verantwortung wurde zwar die breite Erörterung der Notwendigkeit eines Bedarfs an Reserven befürwortet, aber gleichzeitig die besondere Stellung der wichtigsten Industrieländer und hauptsächlichsten Träger jedweder Art von einem neuen Reservesystem hervorgehoben. Wenngleich die Länder der Zehner-Gruppe den Kern dieser Gruppe von währungsstarken Ländern bilden, bedeutete dieser Standpunkt nicht, daß der Kreis der Verantwortung tragenden Länder auf die Zehner-Gruppe beschränkt werden müßte.[28] Beiden Teilaspekten wurde

nämlich mit dem Ausscheiden von Giscard d'Estaing, welcher den CRU-Vorschlag zur Diskussion gestellt hatte, und der Ernennung von Michel Debré, im Januar 1966, zusammenhing.

27 Dagegen Gilbert, M., a.a.O., S. 12; "The problem in the monetary sphere does not concern the rich countries as such or the less developed countries; it concerns the dollar and sterling."

28 Vgl. Emminger, O., Zehner-Gruppe und Reform des Weltwährungssystems, a.a.O., S. 15. Ebenda, S. 16 wird auch eine stichhaltige Begründung der Verantwortung einer begrenzten Gruppe von Ländern mit dem Hinweis gegeben, "daß auch der Bedarf an echten Reserven sich ganz überwiegend auf diese Gruppe von Ländern konzentriert", weil erstens ihr Handels- und Zahlungsverkehr größer ist als der der Entwicklungsländer und weil zweitens die damit induzierten größeren Schwankungen in ihren Handels- und Dienstleistungsbilanzen "noch gewaltig verstärkt werden durch sehr erhebliche Schwankungen im Kapitalverkehr". Außerdem führt Emminger an, daß es keineswegs willkürlich sei, wenn die Verantwortung, die vordem ausschließlich von den Vereinigten Staaten kraft ihrer wirtschaftlichen Stärke getragen worden sei, nun aber nicht mehr allein getragen werden könne, mit der Schaffung eines neuen Reservemediums auf mehrere währungsstarke Länder verteilt werde. Vgl. ebenda, S. 14. Die hier von Emminger vorgebrachten Aspekte haben bekanntlich schon bei der Einrichtung der AKV eine wesentliche Rolle gespielt. Siehe oben, S. 71 f. Parallelen zu den Ausführungen von Emminger finden sich bei Gilbert, M., a.a.O., S. 11 und S. 12, der die Teilung der währungspolitischen Verantwortung, allerdings aus einem etwas anderen Blickwinkel heraus, ebenfalls fordert.

im IWF schon immer Rechnung getragen, in dem die währungsstarken Länder mehr als zwei Drittel der Stimmrechte auf sich vereinigen. Freilich ist zu bedenken, daß im engeren Kreis einer Gruppe von währungsstarken Ländern den Ländern der EWG, insbesondere dann, wenn sie eine geschlossene Haltung einnehmen, leichter einen ihrem wirtschaftlichen Gewicht entsprechenden Anteil an der Mitbestimmung gesichert werden könnte.

Eine weitere Annäherung der Standpunkte zeichnete sich in der Frage der Einschaltung des IWF ab. Die meisten Stellvertreter waren der Ansicht, daß die Schaffung neuer Reserven entweder innerhalb des Fonds oder in enger Kooperation mit dem Fonds erfolgen sollte.[29] Diese Ansicht ist nicht zuletzt eine Folge aus der bekundeten Bereitschaft, die Teilnahme an einem neuen System grundsätzlich allen Mitgliedern des Fonds zu ermöglichen. In diesem Fall nämlich wäre eine Einschaltung des Fonds, wenigstens zum Zweck der Distribution und Verwaltung, mit praktischen Vorteilen verbunden. Jedoch waren sich auch die Stellvertreter darin einig, daß neue Aufgaben vom Fonds auch strikt getrennt von seinen traditionellen Aufgaben betreut werden müssen.[30]

Mit dieser Annäherung der Standpunkte, insbesondere in der Frage des Teilnehmerkreises, ließe sich meinen, daß auch die Befürchtungen einer Diskriminierung der außerhalb der Zehner-Gruppe stehenden anderen Mitglieder des Fonds, namentlich der Entwicklungsländer, wenn auch noch nicht endgültig ausgeräumt, so doch entkräftet werden konnten. Jedoch war die Leitung des Fonds, die sich in dieser Verhandlungsphase mehr denn je als Sprachrohr der Entwicklungsländer zeigte, mit diesem Ergebnis nicht zufrieden. Im Verlauf der Kontroverse mit der Zehner-Gruppe brachte sie denn auch vor, "daß ganz gewiß jeder Versuch, die Länder der Welt in einzelne Gruppen aufzuteilen, sehr übel aufgenommen würde und der Sache der internationalen Zusammenarbeit in Währungs- und Wirtschaftsfragen schweren Schaden zufügen könnte"[31]. Die Kritik richtete sich dabei zunächst gegen die in Betracht gezogene Regelung der Nutznießung neuer Reserven. Außerdem gab die Absicht, den Teilnehmerkreis zu begrenzen, der die Verant-

[29] Vgl. Gruppe der Zehn, Bericht der Stellvertreter, 7. Juli 1966, a.a.O., Ziff. 42, S. 20.

[30] Vgl. ebenda.

[31] Schweitzer, P.-P., Entwicklungen im Weltwährungssystem, a.a.O., S. 4.

wortung für die Schaffung und Steuerung tragen sollte, ebenfalls Anlaß zu Kritik von seiten der Fondsleitung, wobei vorgebracht wurde, daß es kein Kriterium gebe, "nach dem man die Mitglieder des Fonds unter objektiven Maßstäben und ohne Diskriminierung in eine zuverlässige Minderheit und eine weniger verantwortungsbewußte Mehrheit aufgliedern könnte"[32]. Beide Aspekte der Kritik trugen offensichtlich Züge der Ablehnung, aber auch in gewisser Hinsicht der Verkennung der Erwägungen der Zehner-Gruppe. In die Diskussionen der Zehner-Gruppe aber hatte die Leitung des Fonds, die zu den Konferenzen der Gruppe Delegierte entsandte, einen umfassenden Einblick gehabt.

Weitgehend offen blieb jedoch in den Verhandlungen der Stellvertreter die Frage des Verfahrens der Beschlußfassung.[33] Sie konnte auch noch nicht geklärt werden, weil sie sehr eng mit den technischen Aspekten des einzuführenden Systems und damit der Ausgestaltung der neuen Reserven verbunden ist. Tatsächlich war man sich aber über die Art und die Eigenschaften neuer Reserven noch nicht einig. Zwei Arten von Reserven, nämlich Reserveeinheiten und Ziehungsrechte mit besonderen Eigenschaften wurden in die engere Wahl gezogen. Während Reserveeinheiten mehr den traditionellen Reserven ähneln würden, müßte ein System neuer Ziehungsrechte auf den Grundsätzen und der Praxis des IWF aufbauen. Obwohl keine Übereinstimmung erzielt werden konnte, ob die zu schaffenden Reserven den Charakter eigener oder den geborgter Reserven tragen sollten, war doch allgemein klar geworden, daß die neuen Reserven unabhängig von Art und Eigenschaften, "im wesentlichen immer einen Anspruch darstellen, die Währung anderer Teilnehmer auf dem Wege automatischer Kreditgewährung und -aufnahme zu erhalten"[34]. Immerhin haben sich in dieser Verhandlungsphase der Vorausplanung, entsprechend der in die engere Wahl gezogenen Reservearten, auch schon gewisse Varianten herauskristallisiert, welche für die Verwirklichung eines neuen Reservesystems zur Ergänzung der traditionellen Reservequellen in Frage kommen.[35] Unterteilt in

---

32 Ebenda.

33 Vgl. Gruppe der Zehn, Bericht der Stellvertreter, 7. Juli 1966, a.a.O., Ziff. 83 - 87, S. 37 f.

34 Ebenda, Ziff. 52, S. 25.

35 Sämtliche von den Stellvertretern in der ersten Verhandlungsphase geprüften Vorschläge wurden im wesentlichen schon von den Sachverständigen der Zehner-Gruppe untersucht. Siehe daher auch oben, S. 179 ff.

zwei Kategorien, laufen die Vorschläge der ersten Kategorie darauf hinaus, einerseits für eine begrenzte aber nicht geschlossene (open-ended) Gruppe von Ländern ein System von Reserveeinheiten zu errichten und andererseits den übrigen Mitgliedern des IWF besonders ausgestattete Ziehungsrechte im Fonds einzuräumen[36]. Nach den Vorschlägen der ersten Kategorie wird die Mitgliedschaft von der Erfüllung verschiedener Qualifikationen wie z. B. der Konvertibilität der Währung und der Übernahme verschiedener Verpflichtungen wie z. B. der Unterordnung unter die multilaterale Überwachung abhängig gemacht. Der hervorstechendste Vorschlag, der die Errichtung eines Systems von Reserveeinheiten bei gleichzeitiger Einräumung besonders ausgestatteter Ziehungsrechte im Fonds vorsieht, wurde von der Delegation der Vereinigten Staaten[37] auf der Konferenz der Stellvertreter der Zehner-Gruppe im Januar 1966 in Paris offiziell in die Verhandlungen der Zehner-Gruppe eingebracht.[38] Die Vorschläge der ersten Kategorie, die der besonderen Interessenlage der Industrieländer auf der einen Seite und derjenigen der Entwicklungsländer auf der anderen Seite Rechnung tragen sollten, wurden wiederum von der Leitung des Fonds kritisiert. Gerade diese Vorschläge, die auf einem zweigleisigen Vorgehen (dual approach) beruhen, lieferten nämlich den tieferen Ansatzpunkt für die hinsichtlich der Frage des Teilnehmerkreises vorgebrachte Kritik, weshalb auch die Gegenargumente im wesentlichen übereinstimmen.[39]

---

36 Es handelt sich hierbei um Plan A und Plan B in Gruppe der Zehn, Bericht der Stellvertreter, 7. Juli 1966, a.a.O., Anhang, Plan A Ziff. 3 - 7, S. 47 ff. und Plan B Ziff. 8 - 11, S. 49 ff.

37 Damit haben sich die Vereinigten Staaten zum ersten Mal auch offiziell hinter einen Vorschlag gestellt. Dieser Vorschlag wird verschiedentlich, nach dem damaligen Stellvertreter der Vereinigten Staaten in der Zehner-Gruppe, Deming, auch als Deming-Plan bezeichnet, geht aber auf eine Kombination der von den Sachverständigen untersuchten Vorschläge zurück. Siehe Gruppe der Zehn, Bericht der Sachverständigengruppe, a.a.O., Ziff. 44 - 56, S. 22 f. und Ziff. 62 - 67, S. 28 ff.. Die dort genannten Vorschläge sind oben, S. 182 ff. behandelt worden.

38 Zu diesem Vorschlag, der die Interessen der Industrieländer und die der Entwicklungsländer gleichzeitig berücksichtigt, Gilbert, M., a.a.O., S. 12: "One might get the impression that our major interest was in a new aid programme, designed in the State Department, to preserve our image of generosity before the rest of the world. Besides, we make it appear that we want to do it with other people's money."

39 Siehe dazu Schweitzer, P.-P., Entwicklungen im Weltwährungssystem, a.a.O., S. 4.

Anstelle eines zweigleisigen Vorgehens befürwortete die Fondsleitung ein universales Vorgehen (universal approach) für die Deckung des zukünftigen Reservebedarfs.[40] Ihren Vorstellungen entsprechend hatte sie denn auch eigene Pläne[41] in den Verhandlungen der Stellvertreter zur Diskussion gestellt, die sich zur zweiten Kategorie zusammenfassen lassen. Diese Vorschläge sehen ebenfalls die Schaffung eines Systems von Reserveeinheiten[42] und die Einräumung besonderer Ziehungsrechte[43] im IWF vor. Sie unterscheiden sich jedoch von den Vorschlägen der ersten Kategorie dadurch, daß nach ihnen die Teilnahme, und zwar sowohl im Hinblick auf die Nutznießung als auch auf die Verantwortung, ausnahmslos allen Mitgliedern des IWF ermöglicht wird. Es wird ferner vorgeschlagen, beide Systeme nicht gleichzeitig einzurichten, sondern zunächst ein System besonders ausgestatteter Ziehungsrechte im Fonds zu errichten und erst in einem zweiten Schritt, über einen dem Fonds angegliederten Reservefonds, ein System von Reserveeinheiten aufzubauen. Auch was diesen letzteren Aspekt betrifft, unterscheiden sich die Vorschläge der beiden Kategorien.

Die Verhandlungen der ersten Phase der Vorausplanung für den Bedarfsfall waren mit der Billigung des Berichts der Stellvertreter durch die Minister und Notenbankgouverneure auf der Konferenz der Zehner-Gruppe im Juli 1966 in Den Haag abgeschlossen.

32312 Zweite Verhandlungsphase 1966/1967

Auf der Konferenz der Zehner-Gruppe im Juli 1966 in Den Haag beauftragten die Minister und Notenbankgouverneure ihre Stellvertreter damit, erstens die Untersuchung der den Kreis der Zehner-Gruppe speziell betreffenden Fragen fortzusetzen und zweitens diejenigen Fragen, welche die Interessen aller Mitglieder des IWF berührten, in einem erweiterten Gremium zu erörtern. Zur Erörterung der als allgemein interessierend anerkannten Fragen, d.h. den Fragen der Schaffung zusätzlicher Reserven, empfahlen die Minister und Notenbankgouverneu-

---

[40] Siehe ebenda, S. 5.

[41] Siehe zu diesen Plänen auch IMF, Annual Report (1965/66), S. 17 ff.

[42] Vgl. Gruppe der Zehn, Bericht der Stellvertreter, 7. Juli 1966, a.a.O., Anhang, Ziff. 19 - 21, S. 53 ff. zu Plan D.

[43] Vgl. ebenda, Anhang, Ziff. 22 - 27, S. 55 f. zu Plan E.

re, nach Rücksprache mit dem Geschäftsführenden Direktor des IWF, eine Reihe von Sitzungen der Stellvertreter mit den Exekutivdirektoren[1] des Fonds.[2] Damit wurde die zweite Verhandlungsphase der Vorausplanung für den Bedarfsfall eingeleitet.

Nachdem die Verhandlungen zunächst allerdings bis zur Jahrestagung des IWF im September 1966, in Washington, geruht hatten, fanden in der Folgezeit vier informelle, gemeinsame Sitzungen (joint meetings) der Stellvertreter mit den Exekutivdirektoren statt, und zwar Ende November 1966 in Washington, Ende Januar 1967 in London, Ende April 1967 wiederum in Washington und Mitte Juni 1967 in Paris. Die Verhandlungen der Stellvertreter mit den Exekutivdirektoren wurden ergänzt durch zahlreiche Konferenzen der Stellvertreter der Zehner-Gruppe, der Minister und Notenbankgouverneure der Zehner-Gruppe sowie der zuständigen Minister und der Notenbankgouverneure der Länder der EWG.[3] An den Konferenzen der Stellvertreter mit den Exekutivdirektoren und an den Konferenzen der Zehner-Gruppe nahmen Vertreter der Schweizerischen Nationalbank, der BIZ und der OECD als Beobachter teil.

Die französische Delegation, die sich der Empfehlung zur Fortsetzung der Vorausplanung auf der Konferenz in Den Haag nicht angeschlossen hatte, beteiligte sich an den Verhandlungen der zweiten Phase anfangs weiterhin nur unter dem Vorbehalt, daß auch eine Vorausplanung für den Bedarfsfall verfrüht sei, weshalb auf ihre konstruktive Mitarbeit zunächst noch verzichtet werden mußte.[4]

---

[1] Von den 20 Direktoren des Exekutivrats werden 10 von IWF-Mitgliedern außerhalb der Zehner-Gruppe gewählt.

[2] Siehe Gruppe der Zehn, Kommuniqué der Minister und Notenbankgouverneure, 26. Juli 1966, a.a.O., Ziff. 7.

[3] Die wichtigsten Konferenzen fanden unter nachstehender Beteiligung und in genannter Reihenfolge statt: Konferenz der EWG Mitte September 1966 in Luxemburg, Mitte Januar 1967 in Den Haag und Mitte April 1967 in München, Konferenz der Stellvertreter der Zehner-Gruppe Mitte Mai 1967 in Paris, Konferenz der EWG Anfang Juli 1967 in Brüssel, Konferenz der Minister und Notenbankgouverneure der Zehner-Gruppe Mitte Juli 1967 in London, Konferenz der Stellvertreter der Zehner-Gruppe Ende Juli 1967 in Paris, Konferenz der Minister und Notenbankgouverneure der Zehner-Gruppe Ende August in London. Bei den Konferenzen der EWG handelte es sich um routinemäßige, informelle Quartalskonferenzen.

[4] Die bekannte Haltung der französischen Regierung in dieser Frage und hinsichtlich des Gesamtkomplexes der Reservenschaffung wurde vielmehr mit Nachdruck auf der Jahrestagung des IWF im September 1966 erneut vorgebracht. Siehe Debré, M., Statement by the Governor of the Bank for France, in: IMF, Summary Proceedings (1966), S. 37 ff.

Das erste Joint Meeting diente vornehmlich dem Zweck, die gemeinsamen von den unterschiedlichen Auffassungen abzugrenzen, die sich im wesentlichen aus dem von den Stellvertretern aufgestellten Neun-Punkte-Programm zur Schaffung zusätzlicher Reserven und aus den diesbezüglich während der ersten Verhandlungsphase von der Fondsleitung in die Diskussion eingebrachten Vorschläge ergaben. Über diese erste Fühlungnahme hinaus konnte jedoch mit Abschluß der ersten gemeinsamen Sitzung auch schon ein erstes Ergebnis erzielt werden. Alle Beteiligten waren sich darin einig, daß der Plan zur Schaffung zusätzlicher Reserven, ungeachtet dessen, wie er letztlich ausgestaltet sein mochte, der Notwendigkeit einer universalen Regelung der Nutznießung Rechnung tragen müsse[5], mit anderen Worten, daß alle Mitglieder des IWF an der Nutznießung eines jeden Systems beteiligt werden sollen. Damit konnten die Befürchtungen der außerhalb der Zehner-Gruppe stehenden anderen Mitglieder des Fonds, namentlich der Entwicklungsländer, die sich in der Frage der Teilnahme vor allem auf den Aspekt der Nutznießung bezogen hatten, endgültig ausgeräumt werden. Die Einigung in dieser Frage erfolgte umso leichter, als die Entwicklungsländer entgegen der in ihrem Kreis vorher verbreiteten Auffassung zugestanden, daß die Frage der Reservenschaffung getrennt von der Frage der kapitalmäßigen Entwicklungshilfe behandelt werden müsse.[6]

Hinsichtlich des zweiten Aspekts in der Frage der Teilnahme, nämlich der währungspolitischen Mitbestimmung konnte eine allgemeine Übereinstimmung auf dem zweiten Joint Meeting insofern erzielt werden, als allseitig anerkannt wurde, daß dem Grundsatz der Universalität in der Frage der Nutznießung entsprechend, auch ein zweistufiges Verfahren der Beschlußfassung vermieden werden müsse[7]. Ein zweistufiges Verfahren der Beschlußfassung sahen alle jenen Pläne vor, die auf einem zweigleisigen Vorgehen beruhten. Jedoch wurde für erforderlich gehalten, daß durch entsprechende Konsultationen zwischen den Teilnehmern von vorneherein die Zustimmung der überwiegenden Mehr-

[5] Vgl. N.N., Die Vorbereitung einer internationalen Währungsreform, Freimütige Aussprache zwischen IMF und Zehner-Gruppe, in: NZZ, Nr. 331, 2. 12. 1966, Bl. 11.

[6] Vgl. Rieke, W., Die Funktionen der neuen Sonderziehungsrechte im IWF, in: Aussenpolitik, Zeitschrift für internationale Fragen, 19. Jg., 1968, Heft 3, S. 149.

[7] Vgl. N.N., Der Plan zusätzlicher Währungsreserven, Die Londoner Tagung zwischen den Zehn und dem IMF, in: NZZ, Nr. 27, 28. 1. 1967, Bl. 10.

zahl der Mitglieder zur erstmaligen Aktivierung und zu den folgenden Beschlüssen sichergestellt werde.[8] Allerdings wurde diese Übereinstimmung erzielt, obwohl die Modalitäten des Verfahrens der Beschlußfassung noch nicht festlagen.
Ohne daß eine Entscheidung für oder gegen Reserveeinheiten bzw. besonders ausgestattete Ziehungsrechte gefallen ist, trat mit diesem Stand der Verhandlungen entsprechend der Übereinstimmung in der Frage der Teilnahme zwangsläufig der Vorschlag erweiterter Ziehungsrechte für alle Mitglieder des Fonds gegenüber dem Vorschlag zur Schaffung von Reserveeinheiten für eine begrenzte Gruppe von Mitgliedern des IWF in den Vordergrund, womit sich neben einer universalen auch eine uniforme Regelung abzeichnete.
Mit Abschluß der zweiten Sitzung konnte ferner eine weitgehende Übereinstimmung der Auffassungen der Zehner-Gruppe und derjenigen der außerhalb der Zehner-Gruppe stehenden Mitglieder des Fonds in der Notwendigkeit der Unterscheidung zwischen Vorausplanung und Ingangsetzung eines Plans für den Bedarfsfall sowie den unabdingbaren Voraussetzungen für die Ingangsetzung speziell, festgestellt werden, wobei die Stellvertreter ihre Forderungen im Hinblick auf die Ingangsetzung im wesentlichen durchsetzen konnten.[9]
Damit hatte sich aber schon sehr bald im Verlauf der zweiten Verhandlungsphase gezeigt, entgegen vorausgegangener Befürchtungen, daß die Auffassungen der Industrieländer auf der einen und der Entwicklungsländer auf der anderen Seite keineswegs unvereinbar sondern vielmehr elastisch genug gewesen waren, um große Linien der Übereinstimmung herbeiführen zu können. Es bestätigte sich allerdings auch die zu Anfang der ersten Verhandlungsphase geäußerte Vermutung, daß weitere Fortschritte nur dann erzielt werden könnten, wenn namentlich im Kreis der währungspolitisch stärksten Länder, d.h. vor allem im Kreis der Zehner-Gruppe in allen Fragen von wesentlicher Bedeutung eine gemeinsame Auffassung erreicht wird.

---

[8] Vgl. ebenda. Ein entsprechender Vorschlag wurde schon auf der vorausgegangenen Jahrestagung des IWF von seiten des damaligen britischen Schatzkanzlers unterbreitet. Siehe Callaghan, J., Statement by the Governor of the Fund for the United Kingdom, in: IMF, Summary Proceedings (1966), S. 62.

[9] Vgl. N.N., Der Plan zusätzlicher Währungsreserven, Die Londoner Tagung zwischen den Zehn und dem IMF, a.a.O., Bl. 10.

Daher war die Konferenz der Minister und Notenbankgouverneure der EWG-Staaten Mitte April 1967 in München von entscheidender Bedeutung für den Fortgang der Vorausplanung, und zwar insofern als die Sechs, aufbauend auf dem Gedanken einer Stärkung ihrer währungspolitischen Position, beschlossen, "eine gemeinsame Haltung bei den ... Verhandlungen über die Reform des internationalen Währungssystems zu suchen und in Zukunft eine enge Zusammenarbeit aufrechtzuerhalten, um in der Lage zu sein, solidarisch ihre berechtigten Anliegen zu wahren"[10]. Gleichzeitig damit einigten sie sich unter Einschluß Frankreichs auf ein Programm, das folgende wichtige Grundsätze einer gemeinsamen Haltung in den weiteren Verhandlungen der Vorausplanung aufführte:[11] Anerkennung der Notwendigkeit einer Vorausplanung für den Bedarfsfall, Aufrechterhaltung der inzwischen anerkannten allgemeinen Voraussetzungen für die Ingangsetzung, Forderung nach einem angemessenen Einfluß bei der Abstimmung über wichtige Beschlüsse innerhalb des IWF, Unterstützung eines Plans zur Errichtung eines Systems automatischer, grundsätzlich rekonstituierbarer, gegebenenfalls bilateral transferierbarer Ziehungsrechte im IWF bei strenger Trennung der traditionellen von den neuen Funktionen des Fonds zur Schaffung internationaler Liquidität im Fall eines allgemein anerkannten Bedarfs.

In Fortsetzung ihrer Bemühungen, die verschiedenen Auffassungen, die sie hinsichtlich der Weiterentwicklung des internationalen Währungssystems vertraten, zu koordinieren[12], ist es den Sechs mit ihrem Münchner Programm gelungen, einen akzeptablen Kompromiß zustande zu bringen, der für die weiteren Verhandlungen richtungsweisend sein sollte. Die eine Seite dieses Kompromisses trägt zweifellos Frankreich. Es hatte seine Ablehnung einer Vorausplanung aufgegeben und seine Bereitschaft zu konstruktiver Mitarbeit erklärt. Ferner wurde von französischer Seite die Forderung nach einer Erörterung des Goldproblems, die sie zu Beginn der zweiten Verhandlungsphase verschie-

---

[10] EWG, Kommuniqué der Finanz- und Wirtschaftsminister der EWG-Staaten, München, 18. April 1967, in: Deutsche Bundesbank/Auszüge aus Presseartikeln, Nr. 30/21. 4. 1967, S. 5.

[11] Vgl. ebenda.

[12] Diesen Bemühungen galt teilweise schon die Quartalskonferenz der EWG Mitte September 1966 in Luxemburg und mehr noch die Quartalskonferenz Mitte Januar 1967 in Den Haag.

dentlich mit Vehemenz erhoben hatte[13], obwohl diese Frage schon früher mit Zustimmung Frankreichs aus den Diskussionen der Zehner-Gruppe eleminiert worden war, zurückgezogen. Schließlich ist von besonderer Bedeutung, daß sich in der französischen Haltung hinsichtlich des Reformwerks eine beachtliche Kehrtwende vollzogen hatte, und zwar von der ursprünglichen Forderung nach Errichtung eines Systems kollektiver Reserveeinheiten außerhalb der Institution des IWF zur Forderung nach Errichtung eines Systems besonders ausgestatteter Ziehungsrechte im Rahmen der Institution des IWF.
Die andere Seite dieses Kompromisses wird im wesentlichen von den übrigen Mitgliedern der Sechsergemeinschaft getragen, die vordem, ungeachtet anderer Verhandlungen, immer noch dazu neigten, ein System von Reserveeinheiten einem solchen von Ziehungsrechten vorzuziehen. Während Reserveeinheiten grundsätzlich nicht mit einer Rückerwerbsverpflichtung verbunden gewesen wären, mußten sie zur Erreichung des Kompromisses dem französischen Wunsch entgegenkommen, für ein System von Ziehungsrechten einzutreten, die nach im einzelnen noch nicht festgelegten Regeln rekonstituiert, d.h. zurückerworben werden sollten.
Wenn auch in der abschließenden Verlautbarung anläßlich der Münchner Konferenz der Sechs expressis verbis nicht genannt, so ist doch schon damals allgemein bekannt geworden, daß hinter der gemeinsamen Forderung nach mehr Gewicht bei den wichtigsten Abstimmungen innerhalb des Fonds, wozu, wie vorauszusehen war, auch die Entscheidungen im Zusammenhang mit der Schaffung zusätzlicher Reserven gerechnet werden mußten, das Bestreben stand, die im Fonds angewendete qualifizierte Mehrheit von vorher 80 v.H. auf 85 v.H. der gewogenen Stimmen anzuheben. Dies nämlich war, abgesehen von einer selektiven Quotenerhöhung, der einzig gangbare Weg, um den Sechs, die knapp 17 v.H. der Stimmen auf sich vereinigen, einen größeren Einfluß im IWF zu sichern, und zwar über eine Sperrminorität, die freilich nur dann ausgeübt werden könnte, wenn die Sechs geschlossen votierend auftreten.

13 Wenngleich die eigentlichen Hintergründe dieser Forderung nicht auszumachen sind, kamen doch in diesem Zusammenhang erstmals Zweifel an der offiziellen französischen Haltung hinsichtlich des Goldpreises auf. Dies aber wirkte sich unmittelbar auf die Goldmärkte aus und störte außerdem den Beginn der zweiten Verhandlungsphase. Siehe zu den Äußerungen von französischer Seite, Roeper, H., Gold in Frankreich, in: FAZ, Nr. 17, 20. 1. 1967, S. 22. Ebenda wird versucht, die Zweifel an der französischen Haltung in der Frage des Goldpreises zu widerlegen.

Für Frankreich bedeutete diese Übereinstimmung jedoch noch mehr: Die Gefahr seiner ständig zunehmenden Isolierung in der internationalen währungspolitischen Diskussion war gebannt und sozusagen in gleichem Zug die Unterstützung eines seiner ureigensten Interessen, das nämlich nach mehr währungspolitischem Gewicht, durch andere währungsstarke Mitglieder innerhalb der Zehner-Gruppe und innerhalb des IWF gesichert.

Während sich die Sechs[14] auf den Vorschlag eines Systems besonders ausgestatteter Ziehungsrechte geeinigt hatten, hielten insbesondere die Vertreter der Vereinigten Staaten an ihrem Vorschlag zur Errichtung eines Systems von Reserveeinheiten fest, der ihnen offenbar die größere Bewegungsfreiheit zu sichern schien. Dies zeigte sich vor allem auf dem folgenden, dritten Joint Meeting Ende April 1967 in Washington, auf dem das Münchner Programm der Sechsergemeinschaft im Mittelpunkt der Diskussion stand.[15] Anläßlich dieser Sitzung war man sich jedoch auch mehr als zuvor darin einig geworden, daß die Frage ob Reserveeinheiten oder Ziehungsrechte, d.h. "ob Geld oder Kredit, mehr eine Frage der Optik als der Sache war"[16] und ihr daher mehr Bedeutung zugemessen worden war, als ihr eigentlich zukommen durfte, vor allem nachdem schon in anderen wesentlichen Punkten des Projekts der Reservenschaffung Übereinstimmung erzielt werden konnte. Beide Reservemedien, so wurde schon im Verlauf der ersten Verhandlungsphase im Kreis der Stellvertreter festgestellt, sollten immer nur zum Zweck des Erwerbs von Währungsbeträgen anderer Länder kreiert werden.

Auf der Pariser Konferenz der Stellvertreter Mitte Mai 1967 stand wiederum das Münchner Programm der EWG im Mittelpunkt der Diskussion. Hier kam es dann auch zu einer wichtigen Vorentscheidung: Nachdem die Schaffung eines Systems von Reserveeinheiten auf starken Widerstand gestoßen war, einigte man sich auf die Errichtung eines Systems besonders ausgestatteter Ziehungsrechte im Rahmen

---

[14] Da Luxemburg zwar Mitglied des IWF, aber nicht Teilnehmer der AKV ist, traten in den Verhandlungen der Zehner-Gruppe allerdings nur fünf der Sechs auf.

[15] Siehe N.N., Die Washingtoner Währungskonferenz, Dritte Sitzung der Zehn und des IMF, in: NZZ, Nr. 115, 28. 4. 1967, Bl. 10.

[16] Rieke, W., a.a.O., S. 149.

des IWF.[17] Gleichzeitig mit dieser Vorentscheidung traten jedoch neue Fragen in den Vordergrund der Diskussion, welche insbesondere die Rückerwerbsverpflichtung, die Regeln des Rückerwerbs, die Transferierbarkeit, die technischen Einzelheiten der Einschaltung des Fonds und das Verfahren der Beschlußfassung betrafen. Diese Fragen blieben auch im Kreis der Stellvertreter noch weitgehend offen.

Mit dem nachfolgenden, letzten Joint Meeting der Stellvertreter der Zehner-Gruppe und der Exekutivdirektoren konnten dann die entscheidenden Fortschritte der zweiten Phase der Vorausplanung erzielt werden.[18] Dort nämlich fiel die Entscheidung für die Schaffung eines Systems speziell ausgestatteter Ziehungsrechte im Rahmen des IWF entsprechend der Vorentscheidung der Stellvertreter. Außerdem wurde Übereinstimmung darüber erreicht, daß die Ziehungsrechte entsprechend ihrem Kreditcharakter grundsätzlich zurückerworben werden müssen. Ferner einigte man sich darauf beide Wege der Übertragung, die direkte Übertragung und die Übertragung durch Vermittlung des IWF zu ermöglichen. Schließlich wurde allgemein anerkannt, daß Beschlüsse zur Ingangsetzung wie auch zur Steuerung des Systems der neuen Ziehungsrechte mit einer qualifizierten Mehrheit gefaßt werden müssen.

So wichtig die Anerkennung des Grundsatzes der Rückerwerbspflicht sein mochte, die im Grunde schon mit der Einigung auf ein System von Ziehungsrechten gegeben war, so hängt doch die praktische Bedeutung dieses Grundsatzes von den Regeln des Rückerwerbs ab. Über diese Regeln konnte keine Einigung erzielt werden, da insbesondere von französischer Seite für starre Rückerwerbsregeln der beanspruchten Ziehungsrechte und von angelsächsischer wie auch teilweise kontinentaleuropäischer Seite für elastische, d.h. hier Spielraum bietende Rückerwerbsregeln plädiert worden war. Auch konnte noch keine Einigkeit über die Festlegung der qualifizierten Mehrheit erreicht werden. Außerdem war zwar die Einschaltung des Fonds unbestritten, die Einzelheiten jedoch noch offen. Zur Wahl stand die Errichtung besonderer Konten im IWF oder die Errichtung einer an den Fonds rechtlich angegliederten aber wirtschaftlich selbständigen Institution. In

[17] Vgl. N.N., Die Diskussion um die internationale Währungsreform, Neue Beratungen der Zehner-Gruppe, in: NZZ, Nr. 138, 22. 5. 1967, Bl. 4.

[18] Siehe zu den Ergebnissen des vierten Joint Meeting: N.N., Das Ergebnis der Pariser Konferenz über die Währungsreform, in: NZZ, Nr. 170, 23. 6. 1967, Bl. 11.

der Errichtung einer derartigen Tochtergesellschaft wurde vor allem der Vorteil erblickt, auch dem IWF nicht angehörenden Ländern, wie z.B. der Schweiz, den Zutritt zu dem neuen System von Ziehungsrechten ermöglichen zu können.[19] Ungeachtet dieser noch offenen Fragen, war mit den Ergebnissen des vierten Joint Meeting ein Stand der Einigung erreicht worden, der es gestattete, einen Entwurf der Grundsätze zur Schaffung sogenannter Sonderziehungsrechte - SZR (Special Drawing Rights - SDRs) im IWF auszuarbeiten.

Nachdem die Finanzminister und Notenbankgouverneure der EWG Anfang Juli 1967 in Brüssel die in ihrem Münchner Programm zusammengefaßten Forderungen für die Schaffung neuer Ziehungsrechte bekräftigten, oblag es den Ministern und Notenbankgouverneuren der Zehner-Gruppe, die bis dahin in ihrem Kreis noch umstrittenen Punkte, insbesondere die Festsetzung der qualifizierten Mehrheit bei der Beschlußfassung und die Rückerwerbsregeln zu klären. Die diesbezüglichen Meinungsverschiedenheiten wurden auf den Londoner Konferenzen der Zehner-Gruppe Mitte Juli und Ende August 1967 im Wege eines Kompromisses ausgeräumt, der im wesentlichen, aber nicht ausschließlich von den Vereinigten Staaten auf der einen und von Frankreich auf der anderen Seite getragen wird. Dabei einigte man sich hinsichtlich des Verfahrens der Beschlußfassung darauf, daß die Beschlüsse im Zusammenhang mit der Schaffung der Sonderziehungsrechte mit einer qualifizierten Mehrheit von 85 v.H. der gewogenen Stimmen des Gouverneursrats des IWF gefaßt werden müssen.[20] Mithin machten die Vereinigten Staaten das Zugeständnis, daß die Beschlüsse für die Schaffung der Sonderziehungsrechte über eine Sperrminorität dem Vetorecht der Länder der EWG unterliegen. Dieses Zugeständnis bezog sich wohlgemerkt nur auf Beschlüsse, die für die Anwendung des neuen Reserveplans gefaßt werden müssen, und nicht auf andere Beschlüsse innerhalb des Fonds.
Hinsichtlich der Regeln des Rückerwerbs stimmte man im wesentlichen darin überein, daß in dem Umfang in dem von den zugeteilten Sonderziehungsrechten für einen Zeitraum von fünf Jahren durchschnittlich mehr als 70 v.H. beansprucht werden, ein Rückerwerb noch in diesem

---

19 Vgl. ebenda.

20 Vgl. Gruppe der Zehn, Communiqué of the Ministerial Meeting of the Group of Ten on 26th August, 1967 in London, Ziff. 4, in: Deutsche Bundesbank/Auszüge aus Presseartikeln, Nr. 65, 31. 8. 1967, S. 1.

Zeitraum stattzufinden hat.[21] Damit jedoch beharrte Frankreich nicht weiter auf seinen Vorstellungen nach einem Rückerwerb des Gesamtbetrags der beanspruchten Sonderziehungsrechte und auch nicht auf strengen Regeln für den Rückerwerb der den Durchschnittswert übersteigenden Inanspruchnahme. Infolgedessen konnte eine Lösung getroffen werden, "die einerseits den Kreditcharakter der zu schaffenden Sonderziehungsrechte beibehält, sie aber andererseits zu einem reserveähnlichen Instrument macht"[22].

Gleichzeitig mit der Einigung über die Fragen des Verfahrens der Beschlußfassung und die Rückerwerbsregeln einigten sich die Minister und Notenbankgouverneure der Zehner-Gruppe am 26. August 1967 auf einen Entwurf[23], welcher die Grundlage für die Ausarbeitung der neuen Abkommensbestimmungen über die Schaffung eines Systems von Sonderziehungsrechten im IWF bildete. Dieser Entwurf wurde am 6. September 1967 gleichlautend von den Exekutivdirektoren des Fonds gebilligt. Damit war die zweite Phase der Verhandlungen der Vorausplanung abgeschlossen.

32313 Dritte Verhandlungsphase 1967/1968

Der von der Zehner-Gruppe und von den Exekutivdirektoren des IWF gleichlautend angenommene Entwurf enthielt zwar die Hauptmerkmale eines Systems von Sonderziehungsrechten für den Bedarfsfall, ließ aber noch eine Reihe von Fragen offen. Damit dieser Entwurf als Basis für die Erarbeitung eines Gesamtplans für ein System von Sonderziehungsrechten verwendet werden konnte, mußte er zunächst noch vom Rat der Gouverneure, dem höchsten Organ des Fonds, akzeptiert werden. Dies erfolgte am 29. September 1967 auf der Jahresversammlung des Fonds in Rio de Janeiro.[1] Gleichzeitig wurden die Exekutiv-

[21] Vgl. ebenda.

[22] Rieke, W., a.a.O., S. 151.

[23] Siehe: Outline of a Facility Based on Special Drawing Rights in the Fund (Grundsätze für die Schaffung einer Fazilität in Form von Sonderziehungsrechten im IWF), in: Deutsche Bundesbank/Auszüge aus Presseartikeln, Nr. 68/11. 9. 1967, S. 1 ff.

[1] Siehe Board of Governors of the International Monetary Fund, Resolution No. 22-8: Establishment of a Facility Based on Special Drawing Rights in the Fund and Modifications in the Rules and Practices of the Fund, in: IMF, Summary Proceedings (1967), S. 271 ff.

direktoren von den Gouverneuren damit beauftragt, auf der Basis des angenommenen Entwurfs einen Gesamtplan für ein System von Sonderziehungsrechten auszuarbeiten und die dazu erforderlichen Änderungen und Zusätze zu den Statuten des Fonds zu formulieren. Außerdem erhielten die Exekutivdirektoren den Auftrag, verschiedene Empfehlungen zur Anpassung der geltenden Regeln und Geschäftsgrundsätze des Fonds an die seit der Annahme der Statuten im Jahr 1944 eingetretene Entwicklung der Weltwirtschaft, die sie den Gouverneuren auf der Jahrestagung 1967 unterbreitet hatten, weiter auszuarbeiten und mit den gegebenenfalls für erforderlich gehaltenen Änderungen und Zusätzen zu den Statuten vorzutragen. Mit diesen Aufträgen wurde die dritte Phase der Verhandlungen der Vorausplanung für den Bedarfsfall eingeleitet. Wenngleich sich die Verhandlungen aufgrund des Auftrags an die Exekutivdirektoren vornehmlich auf sie konzentrierten, wurden außerdem auch von der Zehner-Gruppe und im Kreis der Länder der EWG Verhandlungen zu speziellen Fragen des gesamten Reformwerks geführt.

Hinter den Empfehlungen des Exekutivrats zur Revision der geltenden Regeln und Geschäftsgrundsätze des Fonds stand ein Programm von Vorschlägen, das vom Währungsausschuß der EWG parallel zu den Verhandlungen der zweiten Phase der Vorausplanung erarbeitet worden war und zum Abschluß der zweiten Verhandlungsphase den Exekutivdirektoren zur Prüfung übergeben wurde. Die Initiative zur Revision der geltenden Regeln und Geschäftsgrundsätze des Fonds ging also von der Sechsergemeinschaft aus.[2] Für die Sechs war denn auch die Erarbeitung eines Gesamtplans zur Errichtung eines Systems von Sonderziehungsrechten im IWF und die Revision der geltenden Regeln und Geschäftsgrundsätze des Fonds sozusagen eine Sachgesamtheit, weswegen sie auch auf der Jahrestagung des Fonds im September 1967 andeuteten, daß sie die endgültige Zustimmung zu dem einen Teil des Reformwerks von der Verabschiedung des anderen Teils abhängig machen würden.[3] Für diese Forderung nach einer Synchronisierung der

[2] Die Sechs haben ihre im Verlauf der zweiten Verhandlungsphase im wesentlichen schon ausgearbeiteten Forderungen hinsichtlich der Revision der Statuten des IWF anläßlich einer Quartalskonferenz Mitte Dezember 1967 in Paris bekräftigt und in einzelnen Punkten arrondiert.

[3] Vgl. z.B. Schiller, K., Statement by the Governor of the Bank for Germany, in: IMF, Summary Proceedings (1967), S. 46 f. und vgl. Debré, M., Statement by the Governor of the Bank for France, in: IMF, Summary Proceedings (1967), S. 69. Daher werden die fol-

beiden Teile des Reformwerks waren in erster Linie zwei Gründe ausschlaggebend: Die bereits im Verlauf der zweiten Verhandlungsphase vorgetragene Forderung nach mehr währungspolitischem Gewicht und offensichtlich auch die Befürchtung, daß die strengen Regeln der Beschlußfassung, wie sie für das System der Sonderziehungsrechte zum Zweck der zukünftigen Schaffung zusätzlicher internationaler Liquidität vorgesehen wurden, dadurch umgangen werden könnten, daß die Schaffung zusätzlicher internationaler Liquidität zumindest teilweise auch außerhalb des dafür vorgesehenen Systems der Sonderziehungsrechte stattfindet und damit nach wie vor einer Sperrminorität der Sechs entzogen bleibt. Die wichtigsten Forderungen, die von den Sechs hinsichtlich einer Anpassung der Regeln und Geschäftsgrundsätze des Fonds erhoben wurden und die schließlich zum Ende der dritten Verhandlungsphase in Form von Änderungsvorschlägen den Gouverneuren vom Exekutivrat auch vorgelegt wurden, sind folgende:[4]

a) Anhebung der qualifizierten Mehrheit von vorher 80 v.H. auf 85 v.H. der gewogenen Stimmen für Entscheidungen über künftige allgemeine Quotenerhöhungen.
b) Anhebung der vorher einfachen Mehrheit auf eine qualifizierte Mehrheit von 85 v.H. der gewogenen Stimmen bei Entscheidungen über einheitliche Änderungen der Währungsparitäten.
c) Verbesserung des Status der Goldtranchen- und der Super-Goldtranchen-Positionen durch die de jure-Anerkennung der vordem nur de facto gestatteten automatischen Ziehungen aus diesen Reservepositionen und durch die Verzinsung der vordem unverzinslichen Super-Goldtranchen.[5]
d) Ausdrückliche Befristung der Dauer der Inanspruchnahme der Ziehungsrechte im Fonds.

Mit der Annahme der qualifizierten Mehrheit bei allgemeinen Quotenerhöhungen werden die geltenden Bestimmungen an die für das System der Sonderziehungsrechte ausgearbeiteten Regeln der Beschlußfassung

---

genden Ausführungen über den zweiten Teil des Reformwerks im Zusammenhang der dritten Verhandlungsphase für erforderlich erachtet.

[4] Vgl. Aschinger, F., The General Revision of the IMF, in: The Banker, Vol. 118, No. 503, January 1968, S. 28 ff. und IMF, Annual Report (1967/68), S. 15 f.

[5] Mithin wird ein Vorschlag realisiert, der auch von den Sachverständigen der Zehner-Gruppe diskutiert wurde. Siehe oben, S. 184 .

angeglichen und damit der EWG auch für diese Entscheidungen das geforderte Mehr an währungspolitischem Gewicht im Wege einer Sperrminorität zugestanden. Dieser Angleichung kommt, wie frühere Quotenerhöhungen deutlich zeigten[6], allerdings keine die bisherige Praxis ändernde Bedeutung zu, denn schon bisher konnte eine allgemeine Quotenerhöhung praktisch nur dann durchgeführt werden, wenn alle währungsstarken Mitglieder zustimmten und mit dieser Zustimmung der Ausweitung der internationalen Liquidität ihre Rückendeckung zusicherten. Bekanntlich werden vornehmlich die Währungen einer begrenzten Gruppe von Mitgliedern gezogen.

Mit der Änderung des Verfahrens der Beschlußfassung und der Festsetzung einer qualifizierten Mehrheit von 85 v.H. für Entscheidungen über einheitliche Änderungen aller Währungsparitäten wird ebenfalls einer Forderung der EWG nach mehr währungspolitischer Einflußnahme im konkreten Einzelfall[7] nachgegeben, indem ihr auch hier eine Sperrminorität zugestanden wird, die vordem nur von den Vereinigten Staaten und Großbritannien hätte ausgeübt werden können.

Mit der Anerkennung des automatischen Charakters der Ziehungsrechte aus der Goldtranche und der Super-Goldtranche wird eine schon seit längerem geübte Praxis rechtlich fundiert[8] und ihr Charakter als unbedingt zur Verfügung stehende Reservepositionen im IWF betont. Damit ist die Basis für die Einbeziehung dieser unbedingten Reservepositionen in die nationalen Währungsreserven gegeben, eine Handhabung die ebenfalls schon seit längerem vom Fonds unterstützt wird[9], aber bisher noch nicht von allen Mitgliedern übernommen wurde. Ferner wird damit ausgeschlossen, daß auch die Inanspruchnahme der Ziehungsrechte aus den verschiedenen Kredittranchen, ohne vorherigen qualifizierten Mehrheitsbeschluß, zu einem späteren Zeitpunkt automatisch gestaltet werden könnte, um den Mitgliedern ein unbedingtes Liquiditätsreservoir beachtlichen Ausmaßes zu eröffnen. Da mit einem derartigen qualifizierten Mehrheitsbeschluß der Gouverneure kaum zu rech-

---

[6] Siehe z.B. die diesbezüglichen Diskussionen anläßlich der Quotenerhöhung der Jahre 1965/1966, oben, S. 174.

[7] Die seitherige Entwicklung hat jedoch gezeigt, daß mit einer derartigen Änderung kaum zu rechnen ist, zumal die Diskussionen über eine Goldpreiserhöhung an Intensität verloren haben und diese Frage aus den offiziellen Diskussionen schon seit jeher ausgeschlossen blieb.

[8] Siehe oben, S. 23 ff.

[9] Vgl. Aschinger, F., The General Revision of the IMF, a.a.O., S. 31 f.

nen ist, werden die Grenzen zwischen Gold- und Kredittranchen, die von den Exekutivdirektoren mit einfachem Mehrheitsbeschluß abgesteckt worden sind, langfristig festgelegt. Damit soll erreicht werden, daß im Bedarfsfall die Schaffung unbedingter internationaler Liquidität auf die Möglichkeiten des Systems der Sonderziehungsrechte gelenkt wird.
Mit der ausdrücklichen Befristung der Dauer der Inanspruchnahme der Ziehungsrechte im Fonds wird explizite gesagt, was die Statuten des IWF bislang nur implizite enthielten, und damit der temporäre Charakter der Kredithilfen des Fonds betont.
Diese Zugeständnisse, mit denen auf die wichtigsten Forderungen der Gemeinschaft der Sechs eingegangen wurde, wurden, wie allgemein bekannt geworden war, im wesentlichen erst auf der Konferenz der Minister und Notenbankgouverneure der Zehner-Gruppe Ende März 1968 in Stockholm gemacht, bevor sie in die endgültigen Änderungsvorschläge der Exekutivdirektoren an die Gouverneure übernommen werden konnten. Von französischer Seite wurden jedoch noch weitere Vorschläge zur Revision der Regeln und Geschäftsgrundsätze des Fonds unterbreitet, wovon einer die Goldpolitik des Fonds betraf.[9]
Diese weiteren Vorschläge fanden aber offensichtlich weder bei den Partnern der Gemeinschaft noch im größeren Kreis der Zehner-Gruppe Unterstützung.

Frankreich brachte auch in Bezug auf den ersten Teil des Reformwerks, den Gesamtplan für ein System von Sonderziehungsrechten, im Verlauf der dritten Verhandlungsphase Vorbehalte ein, und zwar anläßlich von Beratungen der Stellvertreter Anfang März 1968 in Paris über einen vorläufigen Gesamtplan nach dem zu diesem Zeitpunkt gegebenen Stand der Verhandlungen der Exekutivdirektoren.[10] Während der auch von Frankreich angenommene Entwurf[11] für ein System von Sonderziehungsrechten impliziert, daß alle Teilnehmer an dem System bei der ersten Zuteilung eine Pflichtquote in noch nicht genannter Höhe zu übernehmen haben und erst bei den periodisch folgenden Zuteilungen die Annahme zusätzlicher Sonderziehungsrechte abgelehnt werden

[10] Siehe zu den französischen Vorbehalten N.N., Das Projekt der Währungsreform in der Schlußphase, Meinungsaustausch im Zehnerklub über die Sonderziehungsrechte, in: NZZ, Nr. 69, 11. 3. 1968, S. 11.

[11] Siehe: Outline of a Facility Based on Special Drawing Rights in the Fund, Ziff. III/ 6, a.a.O., S. 2.

kann, forderte Frankreich unter Berufung auf den Entwurf, die Ausübung des sogenannten Enthaltungsrechts bereits bei der ersten Zuteilung zu gestatten. Ferner wandte sich Frankreich gegen die im Entwurf[12] expressis verbis nicht vorgesehene, nun aber diskutierte Möglichkeit, Sonderziehungsrechte nicht ausschließlich an Mitgliedsländer des IWF, sondern auch an internationale Institutionen zu übertragen und verlangte, daß in diesem Fall die Übertragung auf Institutionen mit ausgesprochen währungspolitischem Charakter und Aufgabengebiet beschränkt werden müsse. Schließlich wurde von französischer Seite eine Klärung der Frage verlangt, inwieweit der Fonds nach einer im Entwurf[13] angesprochenen, aber im Detail ungeklärt gebliebenen Regelung berechtigt sein werde, von den Mitgliedern zur Begleichung von Verpflichtungen aus der Fortführung der bisherigen Transaktionen wie auch z. B. bei zukünftigen Quotenerhöhungen Sonderziehungsrechte entgegenzunehmen an Stelle von Gold und Devisen, wofür sich Frankreich einsetzte. Mit diesen Vorbehalten tauchten im Grunde schon im Verlauf der vorausgehenden Verhandlungsphasen mitunter von Frankreich nicht allein gehegte Befürchtungen erneut auf, daß nämlich das System der Sonderziehungsrechte zu früh in Gang gesetzt werden könnte, weswegen Frankreich sich schon für die erste Zuteilung ein Enthaltungsrecht sichern wollte, daß ferner die Schaffung zusätzlicher Reserven doch noch gewissermaßen auf Umwegen zur unerwünschten Verwendung für die Zwecke der Entwicklungshilfe herangezogen werden könnte und daß schließlich die vorgesehene Kontentrennung und damit Trennung der Funktionen des Fonds nicht strikt eingehalten werden könnte, womit die Gefahr bestanden hätte, daß der von Frankreich betonte Kreditcharakter des neuen Reservemediums verfälscht wird.

Die Präzisierung der angesprochenen, aber im Detail noch offenen Regelungen, konnte von den Exekutivdirektoren ohne Instruktionen der Minister und Notenbankgouverneure der Zehner-Gruppe nicht vorgenommen werden, weil sie sonst Gefahr gelaufen wären, daß man ihren Gesamtplan teilweise gutgeheißen und teilweise verworfen hätte. Daher oblag es wiederum den Ministern und Notenbankgouverneuren, in den noch offenen Fragen zunächst im Kreis der Zehner-Gruppe Übereinstimmung herbeizuführen, bevor die Exekutivdirektoren dem Rat der Gouverneure den endgültigen Gesamtplan vorlegen konnten. Die Mini-

[12] Siehe ebenda, Ziff. II, S. 1.

[13] Siehe ebenda, Ziff. I i.V.m. Ziff. II/2, S. 1.

ster und Notenbankgouverneure, die sich mit diesen Fragen ebenfalls auf der Stockholmer Konferenz Ende März 1968 befaßten, auf denen ihnen auch die vorgeschlagenen Änderungen der Statuten hinsichtlich des zweiten Teils des Reformwerks vorlagen, einigten sich entsprechend der französischen Vorstellungen und beauftragten die von der Zehner-Gruppe gestellten Exekutivdirektoren, den endgültigen Gesamtplan für ein System von Sonderziehungsrechten im Kreis des Exekutivrats zur Vorlage bei den Gouverneuren des Fonds auszuarbeiten.[14]

Obwohl in den zuvor noch offenen Fragen entsprechend der französischen Vorstellungen Übereinstimmung erzielt werden konnte, meldete die französische Delegation gegen alle das System der Sonderziehungsrechte betreffenden Punkte der abschließenden Verlautbarung der Stockholmer Konferenz, auch gegen den Auftrag an die Exekutivdirektoren wiederum Vorbehalte an.[15] Als Begründung dafür wird in der Verlautbarung selbst angegeben, daß der nunmehr erarbeitete Gesamtplan von den im Entwurf festgehaltenen Grundsätzen für das System der Sonderziehungsrechte abweiche und daß diejenigen Probleme, die die französische Delegation im Hinblick auf den zweiten Teil des Reformwerks als grundlegend erachtet, nicht untersucht worden seien.[16] Tatsächlich weicht der Gesamtplan in einem Punkt von den im Entwurf festgelegten Grundsätzen ab, und zwar in der Regelung des Enthaltungsrechts. welches ursprünglich für die erste Zuteilung nur teilweise, d.h. nach Übernahme einer bestimmten Mindestquote gestattet sein sollte. Gerade diese Abweichung aber ergab sich aufgrund des Drucks der französischen Delegation in den Verhandlungen der dritten Phase. Was den zweiten Einwand betrifft, so ist er zweifellos im Zusammenhang mit einem weiteren Punkt der abschließenden Verlautbarung anläßlich der Stockholmer Konferenz zu sehen, von dem sich die französische Delegation ebenfalls distanzierte[17]: In ihm bekräftigen die Minister und Notenbankgouverneure ihre Entschlossenheit, "auf der Grundlage des gegenwärtigen offiziellen Goldpreises zu-

[14] Vgl. Gruppe der Zehn, Communiqué of the Ministerial Meeting of the Group of Ten on March 29 - 30th 1968, in Stockholm, Ziff. 7, in: Deutsche Bundesbank/Auszüge aus Presseartikeln, Nr. 26/5. 4. 1968, S. 1.

[15] Siehe ebenda, Ziff. 8, S. 1.

[16] Vgl. ebenda.

[17] Siehe ebenda.

sammenzuarbeiten"[18]. Frankreich aber hatte im Verlauf der dritten Verhandlungsphase erneut den Vorschlag gemacht, das Goldproblem und damit freilich auch den Goldpreis zu untersuchen. Bekanntlich ist jedoch dieser Vorschlag nicht erst im Kreis der Zehner-Gruppe auf Widerstand gestoßen, sondern bereits im Kreis der Gemeinschaft der Sechs.

Es hat den Anschein, als ob Frankreich damit aus der in der zweiten Verhandlungsphase auf der Münchner Konferenz der Sechs Mitte April 1967 begründeten Solidarität, welche einen entscheidenden Fortschritt der Vorausplanung herbeiführte, wieder auszubrechen drohte bzw. ausgebrochen ist, und sich damit erneut der Gefahr einer Isolierung in der internationalen währungspolitischen Diskussion aussetzte. Tatsächlich aber hatte die französische Delegation gleichzeitig mit der Einbringung oben genannter Vorbehalte mitgeteilt, daß die endgültige Entscheidung über die Teilnahme erst bei Vorlage der endgültigen Vertragstexte erfolgen werde.[19] Ungeachtet dessen erhob sich schon nach dem Bekanntwerden der Ergebnisse der Konferenz der Zehner-Gruppe in Stockholm die Frage nach der Auswirkung eines etwaigen Beiseitestehens Frankreichs. Von Bedeutung ist dabei vor allem, daß die Sperrminorität der EWG bei den Beschlußfassungen im System der Sonderziehungsrechte gegebenenfalls nicht zum Zuge kommen könnte. Doch ist demgegenüber zu bedenken, daß die hinsichtlich des Enthaltungsrechts erzielte Übereinstimmung allen Teilnehmern die Möglichkeit gibt, das Enthaltungsrecht bereits bei der ersten in Betracht gezogenen Zuteilung auszuüben. Damit aber hätte die EWG nach wie vor die Möglichkeit gehabt, eine gegen ihre Zustimmung vorgeschlagene Ingangsetzung im konkreten Einzelfall praktisch zu verhindern, so daß ihre tatsächliche Stellung durch eine Nichtteilnahme Frankreichs nur vermeintlich berührt worden wäre.[20]

---

[18] Ebenda, Ziff. 4, S. 1.

[19] Siehe ebenda, Ziff. 8, S. 1.

[20] Wie bei Abschluß dieser Arbeit bekanntgeworden ist, hat auch Frankreich inzwischen die Änderungen und Ergänzungen zu den IWF-Statuten ratifiziert. Siehe zur Begründung der Entscheidung der neuen französischen Regierung bei Giscard d'Estaing, V., Ansprache des französischen Wirtschafts- und Finanzministers bei der Jahresversammlung des Internationalen Währungsfonds und der Weltbank am 30. September 1969 in Washington, in: Deutsche Bundesbank/Auszüge aus Presseartikeln, Nr. 76/7. 10. 1969, S. 6 f.

Der Exekutivrat legte die mit dem gesamten Reformwerk verbundenen Änderungs- und Ergänzungsvorschläge zu den IWF-Statuten den Gouverneuren Mitte April 1968 gleichzeitig mit einem Begleitbericht vor.[21] Die Gouverneure haben diese Vorschläge bis zum 31. Mai 1968 ordnungsgemäß angenommen. Damit wurde die dritte Verhandlungsphase der Vorausplanung beendet und der Prozeß der Ratifizierung eingeleitet. Die Änderungen und Ergänzungen zu den IWF-Statuten mußten von drei Fünfteln (67) der Mitgliedsländer mit insgesamt vier Fünfteln aller Stimmen angenommen werden, ehe sie in Kraft treten konnten.[22] Diese Bedingung war am 28. Juli 1969 erfüllt.[23] Damit traten die Änderungen und Ergänzungen zu den IWF-Statuten für alle Mitgliedsländer des IWF in Kraft.

3232 Grundzüge des Systems der Sonderziehungsrechte

32321 Sonderziehungskonto und Teilnehmer

Dem unterschiedlichen Charakter der Sonderziehungsrechte und der herkömmlichen Ziehungsrechte entsprechend, werden die Transaktionen des IWF mit der Einführung des neuen Systems über zwei verschiedene Konten abgewickelt. Und zwar werden grundsätzlich alle Bewegungen von Sonderziehungsrechten auf einem für jedes teilnehmende Land zu eröffnenden Sonderziehungskonto (Special Drawing Account) und alle herkömmlichen Transaktionen zwischen dem Fonds und seinen Mitgliedern fortan über ein für jedes Mitglied zu eröffnendes Generalkonto (General Account) verbucht.[1] Mit dieser Regelung wird eine klare Trennung zwischen den ausschließlich das System der Sonderziehungsrechte betreffenden Vermögenswerten und Verbindlichkeiten und den das System der herkömmlichen Ziehungsrechte betreffenden Vermögenswerten und Verbindlichkeiten erreicht. Eine derartige Trennung

[21] Die Änderungs- und Ergänzungsvorschläge und der Begleitbericht (im folgenden zitiert: The New Facility) sind abgedruckt in: IMF, Annual Report (1967/68), Appendix I, S. 129 ff.: Establishment of a Facility Based on Special Drawing Rights in the International Monetary Fund, A Report by the Executive Directors to the Board of Governors Proposing Amendment of the Articles of Agreement.

[22] Siehe Art. XVII Articles of Agreement (1944).

[23] Siehe IMF, Press Release No. 749 - July 28, 1969.

[1] Vgl. Art. XXII Articles of Agreement (1968).

ist nicht nur wegen des unterschiedlichen Charakters dieser Reserveinstrumente erforderlich, sondern auch insofern, als der Teilnehmerkreis am System der Sonderziehungsrechte nicht zwangsläufig identisch sein muß mit dem Mitgliederkreis des Fonds. Das Sonderziehungskonto, das keine eigene Rechtspersönlichkeit besitzt[2], wird vom Gouverneursrat, vom Exekutivrat und vom Geschäftsführenden Direktor als den Organen des Fonds verwaltet, wobei alle Befugnisse beim Gouverneursrat liegen, dieser jedoch einen Teil seiner Vollmachten an den Exekutivrat delegieren kann[3].

Nach dem Grundsatz der Universalität können alle Mitglieder des Fonds auch Teilnehmer (participant) am System der Sonderziehungsrechte werden. Jedoch wird die Teilnahme nicht schon mit der Ratifizierung des Vertragswerks begründet.[4] Sie setzt vielmehr voraus, daß das Mitglied, welches Teilnehmer zu werden wünscht, beim Fonds eine schriftliche Erklärung des Inhalts hinterlegt, daß es sämtliche Verpflichtungen aus der Teilnahme zu übernehmen bereit ist und die finanziellen und institutionellen Vorkehrungen getroffen hat, um diesen Verpflichtungen nachkommen zu können.[5] Kein Mitglied konnte jedoch Teilnehmer werden, bevor nicht die Erklärungen von Mitgliedern, welche zusammen mindestens 75 v.H. der IWF-Quoten auf sich vereinigen, hinterlegt worden waren.[6] Diese Bedingung wurde bis zum 7. August 1969 erfüllt.[7] Die wichtigste finanzielle Vorkehrung, die von den die Teilnahme erwerbenden Mitgliedern zu treffen ist, betrifft die Sicherstellung der de facto-Konvertierbarkeit[8] ihrer Währungen für die

[2] Vgl. IMF, The New Facility, a.a.O., Ziff. 2, S. 135.

[3] Vgl. Art. XXVII Articles of Agreement (1968) i.V.m. Art. XII Articles of Agreement (1944).

[4] Die Bundesrepublik Deutschland hatte die Änderungen und Ergänzungen zu den IWF-Statuten noch vor Ende 1968 ratifiziert. Siehe Gesetz zu den Änderungen und Ergänzungen des Abkommens über den Internationalen Währungsfonds, die das Direktorium des Fonds im Bericht vom April 1968 dem Vorsitzer des Gouverneursrats vorgelegt und die der Gouverneursrat bis zum 31. Mai 1968 genehmigt hat - Vom 23. Dezember 1968, BGBl., Jg. 1968, Tl. II, S. 1225 - 1226.

[5] Vgl. Art. XXIII, Abschnitt 1 Articles of Agreement (1968).

[6] Vgl. ebenda.

[7] Siehe IMF, Press Release No. 754 - August 7, 1969.

[8] Der Begriff der de facto-Konvertierbarkeit wird erklärt in Art. XXXII (b) Articles of Agreement (1968).

Transaktionen im Rahmen des Systems der Sonderziehungsrechte[9]. Da nur Mitglieder des Fonds, also nur Staaten Teilnehmer werden können, und nur sie im Außenverhältnis berechtigt und verpflichtet werden, ist ferner durch institutionelle Vorkehrungen dafür zu sorgen, daß ihre Notenbanken bzw. Schatzämter im Wege einer entsprechenden Gestaltung des Innenverhältnisses ermächtigt werden, die technischen Funktionen wahrzunehmen. Im Fall der Bundesrepublik Deutschland werden die technischen Funktionen durch eine besondere Verwaltungsvereinbarung auf die Deutsche Bundesbank übertragen.

Von den Teilnehmern am System der Sonderziehungsrechte, den Teilnehmern im engeren Sinn, sind die sonstigen Inhaber (holders) von Sonderziehungsrechten, die Teilnehmer im weiteren Sinn, zu unterscheiden.[10] Zunächst kann der Fonds als Inhaber auftreten, da er berechtigt ist, auf dem Generalkonto Sonderziehungsrechte anzunehmen, zu halten und zu verwenden.[11] Außerdem können Mitglieder welche nicht Teilnehmer sind, ferner Nichtmitglieder und internationale Institutionen mit Zentralbankfunktionen für Mitglieder des Fonds, allerdings nur nach qualifiziertem Mehrheitsbeschluß von 85 v.H. der gewogenen Stimmen, unter bestimmten Bedingungen, die ebenfalls in diesem Beschluß festzulegen sind, berechtigt werden, Sonderziehungsrechte anzunehmen, zu halten und zu verwenden.[12] Mit anderen Worten können sie also zum Verkehr mit Sonderziehungsrechten zugelassen werden, ohne daß sie damit den Status eines Teilnehmers im engeren Sinn erlangen. Von besonderer Bedeutung ist diese Regelung z. B. für die Schweiz und für die BIZ.

Ein IWF-Mitglied kann seine Teilnahme am System der Sonderziehungsrechte jederzeit beenden, ohne damit seine Mitgliedschaft im Fonds zu verlieren. Die Beendigung der Mitgliedschaft im Fonds bewirkt dagegen gleichzeitig die Beendigung der Teilnahme am System der Sonderziehungsrechte. Die Bedingungen unter denen die Teilnahme am System der Sonderziehungsrechte beendet werden kann, sind denen für die Aufgabe der Mitgliedschaft im Fonds im wesentlichen gleich.[13]

---

[9] Vgl. IMF, The New Facility, a.a.O., Ziff. 3, S. 135.

[10] Soweit in den folgenden Ausführungen lediglich von Teilnehmern gesprochen wird, werden darunter Teilnehmer im engeren Sinn verstanden.

[11] Vgl. Art. XXIII, Abschnitt 2 Articles of Agreement (1968).

[12] Vgl. Art. XXIII, Abschnitt 3 Articles of Agreement (1968).

[13] Vgl. Art. XXX und Anhang H Articles of Agreement (1968) i.V.m. Art. XV und Anhang D Articles of Agreement (1944).

32322 Zuteilung und Verwendung der Sonderziehungsrechte

Im Unterschied zu den Gold- und Devisenreserven entstehen die Sonderziehungsrechte nicht in Abhängigkeit von den Zufälligkeiten der Goldproduktion bzw. den Zahlungsbilanzdefiziten der Reservewährungsländer. Auch werden die Sonderziehungsrechte nicht wie die traditionellen Ziehungsrechte durch die Einzahlung von Gold und Devisen in einen Pool, nämlich den IWF, geschaffen. Entsprechend der Zweckbestimmung des Vorsorgeplans für den Bedarfsfall werden sie vielmehr bewußt und zahlungsbilanzunabhängig aufgrund periodischer Beschlüsse der Teilnehmer am System der Sonderziehungsrechte kreiert und dann vom Fonds den Teilnehmern zugeteilt, "um im Bedarfsfall die bestehenden Währungsreserven ergänzen zu können"[1] (to meet the need, as and when it arises, for a supplement to existing reserve assets). Für diese Zuteilungen, die nicht etwa dem Individualbedarf einzelner Länder, sondern dem Globalbedarf an internationaler Liquidität Rechnung tragen sollen, ist der mutmaßliche Bedarf des Beschlußzeitraums zu ermitteln und dementsprechend der gegebene Bestand an internationaler Liquidität derart zu ergänzen, "daß die Verwirklichung der Ziele des Fonds gefördert wird und daß wirtschaftliche Stagnation und Deflation in der Welt ebenso vermieden werden wie Übernachfrage und Inflation"[2]. Dieser Grundsatz gilt gleichermaßen für die erste wie für alle folgenden Zuteilungen.

Das Inkrafttreten des Vorsorgeplans für den Bedarfsfall und die Hinterlegung der Teilnahmeerklärungen setzen also das System der Sonderziehungsrechte noch nicht in Gang. Die erstmalige Aktivierung ist vielmehr an den Eintritt des Bedarfsfalls gebunden. Eine präzise Bestimmung des Bedarfsfalls wurde allerdings umgangen. Die Ergänzungsartikel implizieren nur, daß ein Bedarf nach Ergänzung des gegebenen Bestands an internationaler Liquidität im Zeitpunkt ihrer Verabschiedung noch nicht gegeben war. Die Feststellung des Bedarfsfalls, d.h. des Zeitpunkts in dem die Notwendigkeit besteht, den gegebenen Bestand an internationaler Liquidität durch die Ingangsetzung des Systems der Sonderziehungsrechte zu ergänzen, bleibt der gemeinsamen

---

[1] Art. XXI, Abschnitt 1 Articles of Agreement (1968).

[2] Art. XXIV, Abschnitt 1 (a) Articles of Agreement (1968).

Beurteilung aller Teilnehmer des Systems überlassen[3]. Als besondere Bedingungen der erstmaligen Aktivierung werden ferner gefordert, "daß ein besseres Gleichgewicht der Zahlungsbilanzen erreicht ist und daß ein besseres Funktionieren des Anpassungsprozesses in der Zukunft wahrscheinlich ist"[4]. Diese Bedingungen für die erstmalige Aktivierung wurden ebenfalls nicht näher präzisiert, so daß es wiederum den Teilnehmern überlassen bleibt, darüber zu entscheiden, ob diese Bedingungen in dem Zeitpunkt in dem die Ingangsetzung in Betracht gezogen wird, erfüllt sind.

Der Voraussetzung einer gemeinsamen Beurteilung des Zeitpunkts und des Ausmaßes der erstmaligen Zuteilung von Sonderziehungsrechten wie auch der weiteren Zuteilungen wird durch ein dreistufiges Verfahren der Beschlußfassung Rechnung getragen. Dieses Verfahren bestimmt insbesondere, daß sowohl der erste als auch die folgenden Zuteilungsbeschlüsse nur mit einer qualifizierten Mehrheit von 85 v.H. der gewogenen Stimmen, und zwar nur derjenigen der Gouverneure der Teilnehmerländer getroffen werden können.[5] Den Zuteilungsbeschlüssen liegt regelmäßig ein Vorschlag des Geschäftsführenden Direktors des Fonds zugrunde, dem die Exekutivdirektoren bereits zugestimmt haben.[6] Im Regelfall liegt also die Initiative für die Zuteilungsbeschlüsse beim Geschäftsführenden Direktor des Fonds. Er ist auch verpflichtet, die Teilnehmerländer zu konsultieren und sich der Unterstützung ihrer großen Mehrheit zu vergewissern, bevor er den Gouverneuren einen Zuteilungsvorschlag zur Abstimmung unterbreitet.[7] Die einzelnen Stufen dieses Verfahrens der Beschlußfassung bestehen somit aus der Zustimmung der Exekutivdirektoren, der obligatorischen Konsultation der Teilnehmerländer und der nachfolgenden Abstimmung der Gouverneure. Dieses Verfahren der Beschlußfassung berücksichtigt den Grundsatz der Universalität der Teilnahme, der sich nicht nur auf den Aspekt der Nutznießung, sondern auch auf den der Verantwortung für das System der Sonderziehungsrechte bezieht.

3 Vgl. Art. XXIV, Abschnitt 1 (b) Articles of Agreement (1968).

4 Ebenda.

5 Vgl. Art. XXIV, Abschnitt 4 (d) i.V.m. Art. XXVII (a) (i) und (ii) Articles of Agreement (1968).

6 Vgl. Art. XXIV, Abschnitt 4 (a) Articles of Agreement (1968).

7 Vgl. Art. XXIV, Abschnitt 4 (b) Articles of Agreement (1968).

Es gestattet nämlich die breite Erörterung aller Gesichtspunkte für die erstmalige Aktivierung und die folgenden Zuteilungsbeschlüsse und beteiligt alle Teilnehmer an der eigentlichen Abstimmung. Gleichzeitig jedoch wird durch das Mehrheitserfordernis der besonderen Verantwortung einer begrenzten Gruppe von währungsstarken Ländern, ohne deren Teilnahme das System finanziell nicht existenzfähig ist, Rechnung getragen. Zweck der Konsultationen ist es, zu verhindern, daß ein einmal offiziell eingebrachter Vorschlag an der Ablehnung der Gouverneure der währungsstärksten Teilnehmer, vor allem derjenigen der Länder der EWG, denen eine Sperrminorität eingeräumt worden ist, scheitert. In Ausnahmefällen kann die Initiative für Zuteilungsbeschlüsse auch vom Gouverneursrat oder vom Exekutivrat ergriffen werden.[8] Damit wird das Konsultationsverfahren zwar nicht umgangen, verliert jedoch an Bedeutung. Stellt sich im Verlauf der Konsultationen heraus, daß ein Vorschlag nicht von einer großen Mehrheit der Teilnehmer unterstützt wird, so hat der Geschäftsführende Direktor den Exekutivrat und den Gouverneursrat davon zu unterrichten.[9]
Die Zuteilungsbeschlüsse werden regelmäßig für eine Basisperiode, die in fünf Zuteilungsperioden von je einem Jahr unterteilt wird, im voraus gefaßt.[10] Die Laufzeit der Basisperioden entspricht damit dem zeitlichen Abstand der wiederkehrenden Überprüfung der IWF-Quoten. Die erste Basisperiode beginnt mit dem ersten Zuteilungsbeschluß oder zu einem späteren in diesem Beschluß festgelegten Zeitpunkt.[11]
Die jährlichen Zuteilungen einer Basisperiode erfolgen nach den im Zuteilungsbeschluß festgelegten Zuteilungsraten, und zwar im Verhältnis der IWF-Quoten der Teilnehmer am System der Sonderziehungsrechte[12]. Wohlgemerkt werden die kreierten Sonderziehungsrechte nur an die Teilnehmer im engeren Sinn verteilt. Buchtechnisch erfolgen die Zuteilungen durch Gutschrift des entsprechenden Betrages an Sonderziehungsrechten auf den Sonderziehungskonten der Teilnehmer.
Von Bedeutung im Zusammenhang mit den Zuteilungen sind die Bestimmungen über die Ausübung des Enthaltungsrechts bei beschlosse-

[8] Vgl. Art. XXIV, Abschnitt 4 (c) (iv) Articles of Agreement (1968).

[9] Vgl. Art. XXIV, Abschnitt 4 (c) Articles of Agreement (1968).

[10] Vgl. Art. XXIV, Abschnitt 2 (a) Articles of Agreement (1968).

[11] Vgl. ebenda.

[12] Vgl. Art. XXIV, Abschnitt 2 (b) Articles of Agreement (1968).

nen Zuteilungen. Das Enthaltungsrecht bietet die Möglichkeit, die Zuteilungen von Sonderziehungsrechten während einer Basisperiode abzulehnen und damit auch die sich aus den Zuteilungen ergebenden Verpflichtungen. Es kann jedoch nur ausgeübt werden, wenn der Gouverneur des Teilnehmerlandes sich bei der Abstimmung über den entsprechenden Zuteilungsvorschlag der Stimme enthalten hat oder gegen diesen Vorschlag gestimmt hat und wenn der Teilnehmer noch vor der ersten Zuteilung der anschließenden Basisperiode beim Fonds schriftlich die Ausübung des Enthaltungsrechts angezeigt hat.[13] Der Möglichkeit des Hinausoptierens (opting out) steht die Möglichkeit des Hineinoptierens (opting back in) gegenüber. Letztere besteht noch im Verlauf der Basisperiode für die restlichen Zuteilungsperioden. Der Fonds wird einem diesbezüglichen Antrag seitens eines Teilnehmers, der zunächst von dem Enthaltungsrecht Gebrauch gemacht hat, wohlwollend gegenüberstehen.[14] Durch die Ausübung des Enthaltungsrechts werden freilich Verpflichtungen aus vorausgehenden Zuteilungen nicht berührt.

Anstatt von Zuteilungen kann auch die Einziehung von bereits zugeteilten Sonderziehungsrechten beschlossen werden, wenn die Versorgung mit internationaler Liquidität als zu reichlich erscheint. Für Einziehungen gelten die gleichen Grundsätze und Bestimmungen wie für Zuteilungen, auch hinsichtlich des Verfahrens der Beschlußfassung.[15]

Bei unerwarteten Entwicklungen im monetären Bereich ist es außerdem möglich, sowohl die Zuteilungsraten und Zuteilungsperioden bzw. die Einziehungsraten und Einziehungsperioden als auch die Dauer der laufenden Basisperiode mit einer qualifizierten Mehrheit von 85 v.H. zu ändern.[16]

Schließlich kann es zuteilungsfreie und einziehungsfreie Basisperioden (empty periods) geben, und zwar treten sie immer dann auf, wenn der Geschäftsführende Direktor im Verlauf der obligatorischen Konsultationen für seinen noch inoffiziellen Vorschlag keine Unterstützung bei

---

13 Vgl. Art. XXIV, Abschnitt 2 (d) Articles of Agreement (1968).

14 Vgl. IMF, The New Facility, a.a.O., Ziff. 10, S. 138. "It is expected that the Fund will give sympathetic consideration to a request by a participant to opt back in." Ebenda.

15 Siehe Art. XXIV, Abschnitt 1 Articles of Agreement (1968).

16 Siehe Art. XXIV, Abschnitt 3 i.V.m. Art. XXIV, Abschnitt 4 (d) Articles of Agreement (1968).

einer großen Mehrheit der Teilnehmer findet oder wenn ein offizieller Vorschlag von den Gouverneuren abgelehnt wird.[17]

Es hat den Anschein, als ob mit der Zuteilung von Sonderziehungsrechten eine Leistung ohne Gegenleistung erbracht werde, d.h. als ob an die Teilnehmer kraft eigener Beschlußfassung Reserven sozusagen umsonst oder gratis verteilt würden.[18] Zu dieser Beurteilung verleitet auch der Zweck der Sonderziehungsrechte, der bekanntlich darin besteht, im Bedarfsfall den gegebenen Bestand an internationaler Liquidität zu ergänzen. Die Art und Weise, wie die Sonderziehungsrechte verwendet werden können, zeigt aber deutlich, daß es sich nur scheinbar um eine Gratiszuteilung handelt und in Wirklichkeit "um einen Austausch von Rechten und Verpflichtungen"[19]. Die Sonderziehungsrechte können von den Teilnehmern nämlich nur dazu verwendet werden, bei anderen Teilnehmern konvertierbare Währungen gegen Hingabe des entsprechenden Gegenwerts an Sonderziehungsrechten zu erwerben[20], d.h. zu ziehen. Dem Recht der Nutznießung steht also die Pflicht der Entgegennahme von Sonderziehungsrechten gegenüber. Damit erhält das System erst seine Funktionsfähigkeit. Wer der Pflicht zur Entgegennahme nicht nachkommt, verliert das Recht der Nutznießung.[21] Ohne eine Annahmeverpflichtung wäre das System auf die Dauer nur bedingt funktionsfähig, womit die Annahmeverpflichtung der eigentliche Grundpfeiler des Systems der Sonderziehungsrechte ist. Das Annahme-Obligo, d.h. der Umfang der Verpflichtung von anderen Teilnehmern Sonderziehungsrechte entgegenzunehmen, übersteigt das Recht um das Doppelte. Und zwar ist jeder Teilnehmer verpflichtet, bis zum zweifachen Betrag der ihm insgesamt zugeteilten Sonderziehungsrechte abzüglich der gegebenenfalls von ihm eingezogenen Sonderziehungsrechte, d.h. also bis zum zweifachen Betrag seiner kumulativen Nettozuteilung[22] (net cumulative allocation) konvertierbare Währung bereitzustellen und dafür den Gegenwert an Sonderziehungs-

---

[17] Vgl. IMF, The New Facility, a.a.O., Ziff. 8, S. 137.

[18] So die Auffassung von Rueff, J., Geld aus der Retorte oder Gold ?, a.a.O., S. 15.

[19] Emminger, O., Internationales Währungssystem, a.a.O., S. 850.

[20] Vgl. Art. XXV, Abschnitt 2 Articles of Agreement (1968).

[21] Siehe Art. XXIV, Abschnitt 2 (a) Articles of Agreement (1968).

[22] Vgl. Art. XXXII (a) Articles of Agreement (1968).

rechten anzunehmen.[23] Dabei hat die bereitzustellende Währung wohlgemerkt nicht notwendig die des bezogenen Teilnehmers zu sein. Mit der Begrenzung der Annahmeverpflichtung ist sichergestellt, daß die Belastung einzelner Teilnehmer, deren Währungen besonders begehrt werden, eine akzeptable Grenze nicht überschreitet und wird vermieden, daß sich Sonderziehungsrechte bei einzelnen Teilnehmern im Übermaß akkumulieren. Das Annahme-Obligo kann aber in bestimmten Fällen mit Zustimmung des Fonds freiwillig erhöht werden.

Wenngleich die Sonderziehungsrechte auf andere Weise entstehen als die traditionellen Ziehungsrechte im Fonds, haben sie doch eine Funktion gemeinsam: Beide Arten von Ziehungsrechten dienen nur dazu, konvertierbare Währungen zu erwerben. Allerdings richten sich die Ansprüche aus den traditionellen Ziehungsrechten gegen den Fonds, während sich die Ansprüche aus den Sonderziehungsrechten gegen die Teilnehmer an diesem System richten. Auch wird die Inanspruchnahme der Ziehungsrechte im Fonds, soweit sie nicht die Gold- und Super-Goldtranche betrifft, sich also auf die Kredittranchen bezieht, regelmäßig mit wirtschafts- und währungspolitischen Auflagen verbunden, während der Erwerb konvertierbarer Währung durch Verwendung der Sonderziehungsrechte nicht an derartige Bedingungen gebunden ist. Die Sonderziehungsrechte können vielmehr ohne Auflagen und automatisch beansprucht werden und ergänzen daher den Bestand an unbedingter internationaler Liquidität der Teilnehmer des Systems. Freilich mußte auch ihre Verwendung von der Einhaltung verschiedener Spielregeln abhängig gemacht werden. Die Sonderziehungsrechte dürfen grundsätzlich nur zur Überbrückung temporärer Zahlungsbilanzdefizite, welche aus laufenden Transaktionen oder aus Kapitaltransaktionen herrühren, beansprucht werden, und nicht etwa in der bloßen Absicht, die Zusammensetzung der Währungsreserven zu verändern.[24] Die Verwendung der Sonderziehungsrechte ist also mit anderen Worten an den Grundsatz eines echten Finanzierungsbedarfs aus Zahlungsbilanzgründen gebunden. Da die Sonderziehungsrechte nicht direkt in Gold konvertiert werden können, soll dieser Grundsatz vor allem verhindern, daß sie von einzelnen Teilnehmern über den Umweg des Erwerbs von US-Dollar dazu verwendet werden, die eigenen Goldreserven zu La-

---

[23] Vgl. Art. XXV, Abschnitt 4 Articles of Agreement (1968).

[24] Vgl. Art. XXV, Abschnitt 3 (a) Articles of Agreement (1968).

sten der Goldreserven der Vereinigten Staaten zu erhöhen.[25] In dem genannten Regelfall der Verwendung von Sonderziehungsrechten werden die bezogenen Teilnehmer, welche im Austausch gegen Sonderziehungsrechte konvertierbare Währung bereitzustellen haben, vom Fonds designiert. Die Verwendung der Sonderziehungsrechte ist jedoch nicht auf den Regelfall beschränkt, und auch die Einschaltung des Fonds ist nicht in jedem Fall erforderlich. Zwei Teilnehmer können nämlich auch frei vereinbaren, daß einer der beiden Teilnehmer Sonderziehungsrechte an den anderen abgibt, um Guthaben in seiner eigenen Währung, die von dem anderen Teilnehmer gehalten werden, zurückzukaufen.[26] Diese Verwendungsmöglichkeit visiert zwar offensichtlich die besondere Situation der Vereinigten Staaten an[27], schließt aber gleichzeitig aus, daß sie ihren Bestand an Sonderziehungsrechten zur direkten Ablösung eines Teils ihrer Auslandsverbindlichkeiten einsetzen, ohne ausdrückliche Zustimmung der angesprochenen Teilnehmer. In weiteren, vom Fonds noch näher zu bestimmenden Fällen sollen Transaktionen mit Sonderziehungsrechten ebenfalls direkt zwischen den Teilnehmern durchgeführt werden können.[28] Entgegen dem Grundsatz des echten Finanzierungsbedarfs können die Sonderziehungsrechte unter Einschaltung des Fonds schließlich auch noch dann verwendet werden, wenn ein echter Finanzierungsbedarf nicht vorliegt, die entsprechenden Transaktionen aber bei einem Teilnehmer dazu dienen, die Rekonstitution zu fördern, einen Fehlbestand[29] an Sonderziehungsrechten zu verhindern oder zu beseitigen, dem Grundsatz des echten Finanzierungsbedarfs zuwiderlaufende Transaktionen rückgängig zu machen oder die Bestände beider Teilnehmer ihren Ausgangspositionen anzunähern[30].

---

[25] Entsprechend Rieke, W., a.a.O., S. 152.

[26] Vgl. Art. XXV, Abschnitt 2 (b) (i) Articles of Agreement (1968).

[27] Diese besteht darin, daß bei den Vereinigten Staaten ein Zahlungsbilanzdefizit nicht zu einem Bedarf an konvertierbarer Währung für die Devisenmarkt-Intervention führt, sondern zu einem Bedarf an konvertierbarer Währung zur Einlösung ihrer Dollarverbindlichkeiten.

[28] Vgl. Art. XXV, Abschnitt 2 (b) (ii) Articles of Agreement (1968).

[29] Ein Fehlbestand entsteht, wenn ein Teilnehmer bei der Durchführung eines Einziehungsbeschlusses den auf ihn entfallenden Betrag an Sonderziehungsrechten nicht zur Verfügung stellen kann.

[30] Vgl. Art. XXV, Abschnitt 3 (c) Articles of Agreement (1968) und IMF, The New Facility, a.a.O., Ziff. 16, S. 141.

Wenngleich die Ansprüche aus den Sonderziehungsrechten nicht gegenüber dem Fonds bestehen, wird dennoch jede Übertragung von Sonderziehungsrechten, abgesehen von den Ausnahmefällen der direkten Übertragung, vom Fonds gesteuert und erfordert jede Übertragung, Ausnahmefälle ausgenommen, daß ein echter Finanzierungsbedarf für die Verwendung der Sonderziehungsrechte vorliegt. Buchtechnisch erfolgt die Übertragung in allen genannten Fällen dadurch, daß der Fonds das Sonderziehungskonto des ziehenden Teilnehmers belastet und das Sonderziehungskonto des bezogenen Teilnehmers in gleicher Höhe erkennt. Da alle Bestandsveränderungen an Sonderziehungsrechten erst dann rechtswirksam werden, wenn sie vom Fonds auf dem Sonderziehungskonto verbucht worden sind, müssen die direkten Übertragungen zwischen zwei Teilnehmern dem Fonds zu Buchungszwecken gemeldet werden.[31]

Die Verwendung der Sonderziehungsrechte wird vom Fonds in der Weise gesteuert, daß jeder Teilnehmer entsprechend dem Zweck der Sonderziehungsrechte in die Lage versetzt wird, jederzeit im Austausch gegen Sonderziehungsrechte konvertierbare Währung, im Einklang mit den Bestimmungen des Systems, zu erwerben. Für die Designierung, d.h. für die Aufforderung an einen Teilnehmer konvertierbare Währung im Austausch gegen Sonderziehungsrechte für einen anderen Teilnehmer bereitzustellen, gelten drei Grundsätze:

a) Es sind diejenigen Teilnehmer vorrangig zu designieren, die zum Rückerwerb von Sonderziehungsrechten verpflichtet sind, einen Fehlbestand an Sonderziehungsrechten aufweisen oder gegen den Grundsatz des echten Finanzierungsbedarfs bei der Verwendung von Sonderziehungsrechten verstoßen haben, wobei diese Teilnehmer auch dann designiert werden können, wenn sie eine schwache Zahlungsbilanz- und Reserveposition aufweisen[32] (Grundsatz I).
b) Es sind diejenigen Teilnehmer zu designieren, die sich in einer ausreichend starken Zahlungsbilanz- und Reserveposition befinden, doch können auch Teilnehmer designiert werden, die eine starke Reserveposition bei mäßigen Zahlungsbilanzdefiziten aufweisen[33] (Grundsatz II).

---

[31] Vgl. Art. XXII, Abschnitt 3 Articles of Agreement (1968).

[32] Vgl. Art. XXV, Abschnitt 5 (a) (ii) und (iii) Articles of Agreement (1968).

[33] Vgl. Art. XXV, Abschnitt 5 (a) (i) Articles of Agreement (1968).

c) Die Designierung nach Grundsatz II ist in der Weise vorzunehmen, daß sich bei den designierten Teilnehmern im Laufe der Zeit ein einheitliches Verhältnis zwischen den Gold- und Devisenreserven und den über die Zuteilungen hinaus erworbenen Sonderziehungsrechten einstellt[34] (Grundsatz III).[35]

Die Grundsätze der Designierung sind vor Ablauf jeder Basisperiode zu überprüfen und können bei Bedarf geändert oder ersetzt werden.[36]

Neben den Teilnehmern im engeren Sinn ist auch der Fonds als Teilnehmer im weiteren Sinn berechtigt und verpflichtet, Sonderziehungsrechte anzunehmen, zu halten und zu verwenden.[37] Die Verpflichtung, Sonderziehungsrechte anzunehmen, beschränkt sich auf bestimmte Fälle von Rückkäufen der eigenen Währung aus dem Bestand des Fonds und auf die von Zeit zu Zeit erfolgenden Erstattungen für die Führung der Sonderziehungskonten. Es steht ihm ferner frei, auch bei Gebührenzahlungen und allen anderen Rückkäufen eigener Währung Sonderziehungsrechte entgegenzunehmen, und zwar in einem noch festzusetzenden Umfang. Die erworbenen Sonderziehungsrechte kann der Fonds unter Beachtung der Grundsätze der Designierung dazu verwenden, seine Bestände an Währungen, die er für die traditionellen Transaktionen benötigt, aufzufüllen. Er kann sie außerdem gegen Gold oder Devisen an einen Teilnehmer abgeben, wenn dadurch die Rekonstitution der Ausgangsposition dieses Teilnehmers gefördert wird, ein

---

[34] Vgl. Art. XXV, Abschnitt 5 (a) (i) und Abschnitt 5 (b) i.V.m. Anhang F (a) Articles of Agreement (1968).

[35] Grundsatz III beinhaltet wohlgemerkt nur die Vorschrift, bei den designierten Teilnehmern eine einheitliche Relation zwischen Gold- und Devisenreserven und erworbenen Sonderziehungsrechten herzustellen. Bei dieser Interpretation steht der Verwirklichung von Grundsatz III nichts im Wege. Geht man jedoch von der falschen Annahme aus, daß sich Grundsatz III auf alle Teilnehmer bezieht, dann ist die Verwirklichung von Grundsatz III unmöglich. Diese falsche Annahme liegt der Interpretation von Art. XXV, Abschnitt 5 (a) (i) und Abschnitt 5 (b) i.V.m. Anhang F (a) Articles of Agreement (1968) bei von Wangenheim, E., Konzeptionelle und wirtschaftspolitische Aspekte der Sonderziehungsrechte im IWF, in: Österreichisches Bank-Archiv, Zeitschrift für das gesamte Bank- und Sparkassen-, Börsen- und Kreditwesen, 16. Jg., Heft IX, September 1968, S. 358 zugrunde.

[36] Vgl. Art. XXV, Abschnitt 5 (c) Articles of Agreement (1968).

[37] Vgl. Art. XXV, Abschnitt 7 Articles of Agreement (1968).

Fehlbetrag an Sonderziehungsrechten vermindert bzw. ausgeglichen wird oder der Effekt von dem Grundsatz des echten Finanzierungsbedarfs zuwiderlaufenden Transaktionen dieses Teilnehmers mit einem anderen Teilnehmer ausgeglichen wird. Darüber hinaus dürfen die Sonderziehungsrechte bei allen anderen Transaktionen zwischen dem Fonds und seinen Mitgliedern, soweit sie zugleich Teilnehmer des Systems der Sonderziehungsrechte sind, nach Vereinbarung beider Seiten verwendet werden.
Die Tatsache, daß der Fonds zur Erfüllung traditioneller Ziehungsrechte regelmäßig Währungsbeträge benötigt, wird einem Mißbrauch der Bestimmung, wonach der Fonds Sonderziehungsrechte nicht nur bei bestimmten Rückkäufen eigener Währung anzunehmen hat, sondern auch bei allen anderen Rückkäufen annehmen kann, vorbeugen.
Da ein Beschluß über die Zulassung anderer Teilnehmer im weiteren Sinn zum Verkehr mit Sonderziehungsrechten noch nicht gefaßt ist, sind auch noch keine Regeln für Transaktionen zwischen diesen und den Teilnehmern im engeren Sinn gefaßt worden.

32323 Rekonstitution und Ausstattung der Sonderziehungsrechte

Die Bestimmungen der Rekonstitution regeln einerseits den Umfang der zulässigen Inanspruchnahme der Sonderziehungsrechte und andererseits den Rückerwerb beanspruchter Sonderziehungsrechte, wobei sowohl die Höhe als auch die Dauer der Inanspruchnahme berücksichtigt wird. Sie sehen vor, daß ein Teilnehmer die ihm zugeteilten und die von ihm im Transfer mit anderen Teilnehmern erworbenen Sonderziehungsrechte nur soweit beanspruchen darf, daß der Durchschnitt seiner täglichen Bestände an Sonderziehungsrechten über einen Zeitraum von fünf Jahren, nämlich der Dauer der Basisperiode, nicht geringer ist als 30 v.H. (Mindestwert) des Durchschnitts der täglichen Bestände seiner kumulativen Nettozuteilung an Sonderziehungsrechten der gleichen Basisperiode.[1] Mit anderen Worten darf also die durchschnittliche Nettoinanspruchnahme (average net use) den Wert von 70 v.H. (Höchstwert) der kumulativen Nettozuteilung einer Basisperiode nicht überschreiten. Da es sich bei dem Höchstwert der Inanspruchnahme um einen Durchschnittswert handelt, sind aber diesen

[1] Vgl. Art. XXV, Abschnitt 6 (a) i.V.m. Anhang G Abschnitt 1 (a) (i) Articles of Agreement (1968).

Wert überschreitende Inanspruchnahmen so lange zulässig, wie sie durch diesen Wert unterschreitende Inanspruchnahmen im Verlauf einer Basisperiode wieder ausgeglichen werden können. Damit können auch die Bestände auf dem Sonderziehungskonto im Verlauf einer Basisperiode um den Mindestwert pendeln. Die Regelung schließt also eine volle Inanspruchnahme der in jedem Zeitpunkt einer Basisperiode insgesamt bereits zugeteilten Sonderziehungsrechte dieser Basisperiode nicht aus, sofern die Inanspruchnahme vorübergehender Natur ist, beugt aber einer dauernden vollen Inanspruchnahme vor.[2] Eine dauernde volle Inanspruchnahme ist auch mit dem Zweck der Sonderziehungsrechte nicht vereinbar, da sie grundsätzlich nur der Überbrükkung vorübergehender Zahlungsbilanzdefizite dienen sollen. Mindestwert und Höchstwert können zu Beginn jeder Basisperiode ermittelt werden. Der Nachweis, daß der durchschnittliche Bestand nicht unter dem Mindestwert liegt bzw. die durchschnittliche Nettoinanspruchnahme nicht über dem Höchstwert, kann aber erst am Ende einer Basisperiode erbracht werden. Daher ist in allen Fällen, in denen sich während einer Basisperiode abzeichnet, daß die Einhaltung dieser Regeln gefährdet wird, ein Rückerwerb von Sonderziehungsrechten in erforderlichem Umfang noch in der gleichen Basisperiode vorzunehmen. Der Rückerwerb von Sonderziehungsrechten erfolgt grundsätzlich im Austausch gegen konvertierbare Währung. Dabei handelt es sich aber nicht um eine Rückzahlungspflicht der Sonderziehungsrechte[3], sondern vielmehr um eine Rückerwerbspflicht desjenigen Teils

---

[2] Da die Basisperioden, abgesehen von Ausnahmen, in fünf Zuteilungsperioden unterteilt werden, kann eine volle Inanspruchnahme der kumulativen Nettozuteilung einer Basisperiode erst nach der fünften Zuteilung, d.h. nach Beginn der fünften Zuteilungsperiode erfolgen.

[3] Zwar besteht die Möglichkeit, Sonderziehungsrechte einzuziehen, eine Rückzahlungspflicht, mit der sich die Vorstellung eines Gläubiger-Schuldner-Verhältnisses verbindet, besteht jedoch nicht. Mit der Durchführung des Rückerwerbs werden Sonderziehungsrechte nicht zurückgezahlt, sondern wird der ursprüngliche Bestand teilweise wiederhergestellt. Es ändern sich die Bestände einzelner Teilnehmer, nicht aber der Gesamtbestand des Systems. Daher kommt auch Thompson-McCausland, L.P., The place of Special Drawing Rights in the international monetary system, in: Bank of England, Quarterly Bulletin, June 1968, a.a.O., S. 147 hinsichtlich der Designierungs- und Rekonstitutionsregeln zu dem Ergebnis, "none of these is an obligation to repay a credit. They are, rather, club rules to ensure that, so far as possible, ownership of the asset continues to be spread throughout the membership and does not get concentrated in the hands of a minority." Thompson-McCausland nahm an den Verhandlungen der Sachverständigen der Zehner-Gruppe als Vertreter Großbritanniens teil.

der beanspruchten Sonderziehungsrechte, der den zulässigen Höchstwert der Inanspruchnahme überschreiten und damit den Mindestwert des durchschnittlichen Bestands unterschreiten würde. Damit den Teilnehmern der Rückerwerb rechtzeitig, nämlich noch vor Ablauf der jeweiligen Basisperiode ermöglicht werden kann, überprüft der Fonds in bestimmten Abständen die Sonderziehungskonten der Teilnehmer und errechnet den voraussichtlichen Umfang der Rückerwerbspflichten[4]. Alsdann sorgt der Fonds für die Durchführung der Transaktionen zum Rückerwerb, indem er nach Grundsatz I der Designierungsvorschriften die zum Rückerwerb verpflichteten Teilnehmer vorrangig designiert und dadurch Ziehungen anderer Teilnehmer auf sie lenkt. Reichen die Ziehungen anderer Teilnehmer nicht aus, um den rückerwerbspflichtigen Teilnehmern die Erfüllung ihrer Rückerwerbspflichten zu ermöglichen, dann haben diese Teilnehmer sozusagen im Wege eines Zwangserwerbs die noch erforderlichen Sonderziehungsrechte gegen konvertierbare Währung oder gegen Gold im Transfer mit dem Generalkonto bzw. gegen konvertierbare Währung im Transfer mit anderen Teilnehmern, die dazu besonders aufgefordert werden, zu beschaffen.[5]

Diese Bestimmungen der Rekonstitution werden ergänzt durch die Aufforderung an die Teilnehmer, im Laufe der Zeit ein ausgewogenes Verhältnis zwischen ihren Beständen an Sonderziehungsrechten und ihren Gold- und Devisenreserven sowie Reservepositionen im Fonds anzustreben[6]. Mit welchem Verhältnis dieser Forderung entsprochen werden kann, bleibt allerdings unbestimmt, weswegen ihr der Charakter einer bloßen Ermahnungsformel gegen eine übermäßige Verwendung der Sonderziehungsrechte nicht abgesprochen werden kann.[7]

---

[4] Vgl. Art. XXV, Abschnitt 6 (a) i.V.m. Anhang G, Abschnitt 1 (a) (ii) Articles of Agreement (1968). Insgesamt steht in jedem Zeitpunkt einer Basisperiode der Summe der Überschreitungen des Höchstwerts der durchschnittlichen Nettoinanspruchnahme eine gleiche Summe an Unterschreitungen des Höchstwerts der durchschnittlichen Nettoinanspruchnahme gegenüber.

[5] Vgl. Art. XXV, Abschnitt 6 (a) i.V.m. Anhang G, Abschnitt 1 (a) (iv) Articles of Agreement (1968).

[6] Vgl. Art. XXV, Abschnitt 6 (a) i.V.m. Anhang G, Abschnitt 1 (b) Articles of Agreement (1968).

[7] Nach von Wangenheim, E., a.a.O., S. 359 wird die Effektivität dieser Forderung gering sein. An gleicher Stelle wird auch eine rechnerische Formel für die Ermittlung des geforderten ausgewogenen Verhältnisses genannt.

Hält ein Teilnehmer die Regeln der Rekonstitution nicht ein, so kann der Fonds gegebenenfalls das Recht des Teilnehmers, neu erworbene Sonderziehungsrechte zu verwenden, aussetzen.[8] Sämtliche Regeln der Rekonstitution gelten nur für die erste Basisperiode und müssen vor ihrem Ablauf wie auch vor dem Ablauf jeder folgenden Basisperiode überprüft werden.[9] Sollen die Rekonstitutionsregeln anläßlich der obligatorischen Überprüfungen geändert oder aufgehoben werden, so ist dafür ein qualifizierter Mehrheitsbeschluß von 85 v.H. der gewogenen Stimmen der Gouverneure der Teilnehmer des Systems erforderlich.

Für alle Transaktionen mit Sonderziehungsrechten zwischen den Teilnehmern ist eine Wechselkursgarantie vorgesehen, d.h. es sind für alle Transaktionen solche Wechselkurse anzuwenden, daß jeder ziehende Teilnehmer stets den gleichen Gegenwert erhält, unabhängig davon welcher andere Teilnehmer der bezogene Teilnehmer ist und welche Währung der bezogene Teilnehmer zur Verfügung stellt[10]. Stellt der Transfer-Partner eine andere als die gewünschte Währung zur Verfügung, so kann sich der ziehende Teilnehmer die gewünschte Währung durch eine Konversion beschaffen, die in der Regel zu den jeweiligen Marktkursen durchgeführt wird. Bei Transaktionen mit dem Generalkonto dagegen werden nicht die Marktkurse, sondern der vereinbarte Paritätswert angewendet[11]. Die Sonderziehungsrechte sind ferner mit einer Goldwertgarantie ausgestattet, was bedeutet, daß Bestände, die größer oder geringer als die kumulative Nettozuteilung sind, mit Forderungen und Verbindlichkeiten in Gold gleichwertig sind. Der Wert einer Einheit Sonderziehungsrechte entspricht 0,888671 g Feingold[12] und damit dem Goldwert eines US-Dollars. Beide, Wechselkurs- und Goldwertgarantie sind unabdingbar, d.h. sie können nicht aufgehoben werden, auch nicht durch einen qualifizierten Mehrheitsbeschluß.

---

8 Vgl. Art. XXV, Abschnitt 6 (a) i.V.m. Anhang G, Abschnitt 2 Articles of Agreement (1968).

9 Vgl. Art. XXV, Abschnitt 6 (b) Articles of Agreement (1968).

10 Vgl. Art. XXV, Abschnitt 8 (a) Articles of Agreement (1968).

11 Vgl. IMF, The New Facility, a.a.O., Ziff. 19, S. 142.

12 Vgl. Art. XXI, Abschnitt 2 Articles of Agreement (1968).

Der Anreiz zur Entgegennahme und zum Halten von Sonderziehungsrechten, der bereits durch die Wechselkurs- und Goldwertgarantie ausgeübt wird, soll noch dadurch erhöht werden, daß die Gesamtbestände an Sonderziehungsrechten verzinst werden, während für die kumulative Nettozuteilung an Sonderziehungsrechten Gebühren zu entrichten sind[13]. Der Nettoeffekt dieser Regelung besteht darin, daß einerseits der Fonds an die Teilnehmer, deren Bestände die kumulative Nettozuteilung überschreiten, für den Betrag der Überschreitung Zinsen zu zahlen hat und daß andererseits die Teilnehmer, deren Bestände die kumulative Nettozuteilung unterschreiten, für den Betrag der Unterschreitung Gebühren an den Fonds zu entrichten haben.[14] Da Zinssatz und Gebührensatz gleich sind, werden die Zinsen der einen Gruppe von Teilnehmern grundsätzlich durch die Gebühren der anderen Gruppe von Teilnehmern getragen. Freilich sind zunächst Zinszahlung und Gebührenzahlung eines jeden Teilnehmers zu ermitteln. Per Saldo jedoch werden den Teilnehmern entweder Zinsen gutgeschrieben oder Gebühren belastet. Ausschlaggebend dafür ist der Bestand an Sonderziehungsrechten am Ende der Basisperiode. Der Zins- und Gebührensatz beträgt normalerweise 1 1/2 v.H. pro anno, kann aber bis auf 1 v.H. herabgesetzt bzw. bis auf 2 v.H. erhöht werden und in bestimmten Fällen diese Unter- bzw. Obergrenze noch überschreiten.[15] Die Kosten der Führung der Sonderziehungskonten werden von Zeit zu Zeit auf die Teilnehmer im Verhältnis ihrer kumulativen Nettozuteilungen umgelegt und sind alsdann dem Fonds zu erstatten.[16] Zinsen, Gebühren und Umlagen sind in Sonderziehungsrechten zu begleichen.[17] Gutschriften werden im Haben gebucht, Lastschriften im Soll der Sonderziehungskonten. Sofern der Bestand an Sonderziehungsrechten eines Teilnehmers nicht ausreicht, um Gebühren und Umlagen zu begleichen, können die erforderlichen Sonderziehungsrechte gegen konvertierbare Währung oder gegen Gold im Transfer mit dem Generalkonto erworben werden bzw. sofern auch die Bestände des General-

---

13 Vgl. Art. XXVI, Abschnitt 1 und 2 Articles of Agreement (1968).

14 Vgl. auch IMF, The New Facility, a.a.O., Ziff. 20, S. 142.

15 Vgl. Art. XXVI, Abschnitt 3 Articles of Agreement (1968).

16 Vgl. Art. XXVI, Abschnitt 4 i.V.m. Art. XXII, Abschnitt 2 Articles of Agreement (1968).

17 Vgl. Art. XXVI, Abschnitt 5 Articles of Agreement (1968).

kontos nicht ausreichen, gegen konvertierbare Währung im Transfer mit einem dann vom Fonds besonders zu bestimmenden Teilnehmer.[18]

Die wichtigsten Eigenschaften der Sonderziehungsrechte lassen sich abschließend folgendermaßen zusammenfassen: Die Sonderziehungsrechte werden aufgrund periodischer Beschlüsse bewußt und zahlungsbilanzunabhängig zur Ergänzung des Bestands an unbedingter internationaler Liquidität kreiert, können grundsätzlich nur von Währungsbehörden entgegengenommen, gehalten und verwendet werden, sind über den IWF aber auch direkt zum Erwerb konvertierbarer Währung übertragbar, vorübergehend in vollem Umfang verwendbar, teilweise rückerwerbspflichtig, wechselkursgesichert, goldwertgesichert, ihre Inanspruchnahme ist gebührenpflichtig, ihr Erwerb wird verzinst.

3233 Kritische Würdigung des Systems der Sonderziehungsrechte

Das stetig expandierende Volumen des Welthandels wie auch die Zunahme des internationalen Kapitalverkehrs erweitern den Schwankungsbereich der Zahlungsbilanzen und induzieren damit einen größeren Bedarf an Reserven zur Überbrückung von Ungleichgewichten. Freilich wird anerkannt, daß kein direkter Zusammenhang zwischen dem Wachstum des Welthandels und dem Wachstum des Reservenbestands besteht, d.h. daß mit dem Wachstum des Welthandels nicht eine proportionale Erweiterung des Bestands an internationaler Liquidität einherzugehen hat. Auch ist nicht nur die Zusammensetzung, sondern ebenso der Bedarf an Reserven bei den einzelnen Währungsbehörden recht unterschiedlich. Ungeachtet dessen richten sie ihre Reservepolitik im allgemeinen aber auf ein gleichmäßiges Wachstum ihrer Reserven aus, denn ein Zuwachs wird grundsätzlich "als Zeichen einer gesunden Wirtschaftsentwicklung und der Vertrauenswürdigkeit der betreffenden Währung betrachtet, während eine Verminderung gern zu gegenteiligen Schlussfolgerungen Anlass gibt"[1]. Der Bestand an internationaler Liquidität setzt sich im gegenwärtigen Währungssystem, neben zahlreichen bilateralen und multilateralen Kreditfazilitäten, hauptsächlich aus Gold und Devisen zusammen. Es ist unwahrscheinlich, daß diese Hauptkomponenten der internationalen

---

[18] Vgl. ebenda.

---

[1] Schweizerische Nationalbank, Sechzigster Geschäftsbericht (1967), S. 9.

Liquidität auch zukünftig noch in ausreichendem Umfang zur Versorgung mit internationaler Liquidität beitragen werden. Die Zunahme der offiziellen Goldbestände stagnierte bekanntlich bereits vor einigen Jahren und bald darauf haben die offiziellen Goldbestände aufgrund verschiedener Einflußfaktoren zum ersten Mal auch absolut abgenommen.[2] Wenngleich die Devisenkomponente in der Aufbauphase der gegenwärtigen Währungsordnung, also bis anfangs der sechziger Jahre, eine wesentliche Rolle gespielt hat, setzte sich inzwischen sowohl bei den Währungstheoretikern als auch bei den Währungspraktikern die Erkenntnis durch, daß ihre weitere Ausdehnung für die Errichtung und Festigung einer stabilen internationalen Währungsordnung nicht wünschenswert sein kann. Die zunehmende kurzfristige Auslandsverschuldung der Vereinigten Staaten hatte nämlich die Goldkonvertibilität des US-Dollars und damit des Faktors, der neben anderen gerade diese Währung zur ersten Reservewährung des gegenwärtigen Systems machte, mehr und mehr in Frage gestellt. Verschiedene Währungsbehörden zeigten sich daher auch nicht mehr bereit, weitere Guthaben in US-Dollar anzusammeln und gingen stattdessen dazu über, die bereits angesammelten und die zusätzlich erworbenen Guthaben in dieser Währung teilweise in Gold zu konvertieren. Insbesondere als Folge dieser Konversionen reduzierten sich die offiziellen Goldbestände der Vereinigten Staaten von einem Gegenwert von rd. 19,5 Mrd. US-$ Ende 1959 auf einen Gegenwert von rd. 10,8 Mrd. US-$ Ende 1968, während die offiziellen Goldbestände der kontinentaleuropäischen Industrieländer im gleichen Zeitraum von einem Gegenwert von rd. 10,5 Mrd. US-$ auf einen Gegenwert von 18,2 Mrd. US-$ anstiegen.[3] Mit der Abnahme der offiziellen Goldbestände der Vereinigten Staaten und der Fortsetzung ihrer als chronisch geltenden Zahlungsbilanzdefizite wurde das Vertrauen in den Status der Reservewährung US-Dollar, sozusagen in

---

[2] Mit den Washingtoner Beschlüssen der Goldpoolländer vom 16. und 17. März 1968 konnte ein weiterer Rückgang zwar aufgehalten werden, doch ist kaum zu erwarten, daß diese Beschlüsse eine Zunahme bewirken können. Vielmehr sollte gerade das System der Sonderziehungsrechte die Verwirklichung dieser Beschlüsse auf längere Sicht ermöglichen, so daß ein direkter Zusammenhang zwischen den Washingtoner Beschlüssen und der Verabschiedung des Systems der Sonderziehungsrechte besteht. Dieser Zusammenhang wird im Kommuniqué von Washington auch angesprochen. Siehe: Washingtoner Beschlüsse der Notenbankgouverneure, offizielles Kommuniqué, Washington, den 17. März 1968, a.a.O., S. 1. Siehe auch oben, S. 113 f.

[3] Siehe zu diesen Daten IMF, International Financial Statistics, Vol. XXII, No. 5, May 1969.

einem kumulativen Prozeß, weiter untergraben. Diese nicht zu übersehende Entwicklung hat der Ausdehnung der kurzfristigen Auslandsverschuldung der Vereinigten Staaten eine Grenze gesetzt und den Abbau ihrer Zahlungsbilanzdefizite zur Wiederherstellung des Vertrauens in den Status ihrer Währung und damit auch im Interesse der internationalen Währungsordnung dringend erforderlich gemacht. In dem Maße jedoch, wie es den Vereinigten Staaten gelingt, einen Ausgleich in ihrer Zahlungsbilanz herbeizuführen, scheidet aber auch der US-Dollar als Quelle zur Deckung des zusätzlichen Bedarfs an internationaler Liquidität aus.

Für den Fall des endgültigen Versiegens der traditionellen Reservequellen, bei dessen Eintritt zusätzliche Mittel erforderlich sind, um ein angemessenes Wachstum der Reserven sicherzustellen, sollte schon rechtzeitig Vorsorge getroffen werden. Entsprechende Untersuchungen wurden bereits 1963 von offizieller Seite aufgenommen und konzentrierten sich zunächst vor allem auf den Kreis der Länder der Zehner-Gruppe. Ihre Bestrebungen liefen darauf hinaus, die Versorgung mit internationaler Liquidität auf lange Sicht von der im Grunde höchst willkürlichen Versorgung mit Gold und Devisen zu lösen und unabhängig davon zu gewährleisten. Da unter den Beteiligten sowohl unterschiedliche Auffassungen über den Istzustand als auch über den Sollzustand des Gold-Devisen-Standards bestanden, gingen auch die Auffassungen über die konkrete Ausgestaltung eines derartigen Instruments der Liquiditätsschöpfung freilich nicht von Anfang an konform. Zahlreiche Kontroversen, hinter denen reale Interessengegensätze der vertretenen Volkswirtschaften standen, erschwerten den Durchbruch zu einem von allen Seiten akzeptierten Instrument. Die Meinungsverschiedenheiten über die Ausgestaltung des neuen Instruments bestanden aber nicht nur zwischen den Vertretern der Vereinigten Staaten und denen Frankreichs, die jeweils besonders exponierte Standpunkte einnahmen, sondern allgemein zwischen den angelsächsischen Ländern auf der einen und den kontinentaleuropäischen Ländern auf der anderen Seite. Hinzu traten im Verlauf der Verhandlungen die Vorstellungen der Entwicklungsländer, welche von einem neuen System der Liquiditätsschöpfung erleichterten Zugang zu langfristiger Kapitalhilfe erwarteten. Obwohl zahlreiche Vorschläge konzipiert worden waren, deren wichtigste die Schaffung von Reserveeinheiten bzw. von Ziehungsrechten vorsahen, freilich jeweils mit Varianten, wurde ein rascher Fortgang der Planung insbesondere dadurch behindert, daß sich aus dem

Bündel funktioneller und institutioneller Eigenschaften, mit denen das neue Instrument ausgestaltet werden sollte, mannigfaltige Probleme gravierender Natur ergaben.[4] Das Ergebnis der verschiedenen Untersuchungen und zahlreichen Verhandlungen, die sich über einen Zeitraum von fünf Jahren erstreckten und an denen in der letzten Phase der Projektierung neben den Vertretern der Länder der Zehner-Gruppe auch die Exekutivdirektoren des Fonds maßgeblich beteiligt waren, sind die Sonderziehungsrechte. Mit ihnen wurde ein Instrument geschaffen, welches genau genommen weder ausschließlich Reserveeinheit noch ausschließlich Ziehungsrecht ist, sondern Reserve- und Krediteigenschaften in sich vereinigt und entsprechend diesem Doppelcharakter besonders treffend als "Reserve-Kreditfazilität"[5] bezeichnet werden kann.[6]

In der Errichtung des Systems der Sonderziehungsrechte ist keine revolutionäre, sondern vielmehr eine evolutionäre Neuerung der auf den Statuten von Bretton Woods aufbauenden internationalen Währungsordnung zu sehen.[7] Was jedoch speziell den Aspekt der Liquiditätsschöpfung innerhalb des vorgegebenen Rahmens betrifft, so ist der Versuch einer Abkehr von der willkürlichen, traditionellen Praxis der Reservenschaffung, die mit zahlreichen Unsicherheitsfaktoren und destabilisierenden Begleiterscheinungen verbunden ist, und der Übergang zu einer bewußten[8], von einer Staatengemeinschaft gezielt gelenkten und

[4] Die Kenntnis der im Verlauf der Untersuchungen und Verhandlungen aufgetretenen Fragen trägt wesentlich zum Verständnis des Systems der Sonderziehungsrechte bei.

[5] Emminger, O., Reform des internationalen Währungssystems, Vortrag in Montreal am 11. September 1967 (Deutsche Übersetzung aus dem englischen Originaltext), in: Deutsche Bundesbank/Auszüge aus Presseartikeln, Nr. 73/26. 9. 1967, S. 4.

[6] Dabei liegt, was die offiziellen Auffassungen betrifft, in den angelsächsischen Ländern die Betonung in der Regel auf dem Reservecharakter und in den kontinentaleuropäischen Ländern auf dem Kreditcharakter.

[7] Eine revolutionäre Neuerung läge dagegen in einer Abkehr von dem grundsätzlich festen Wechselkursgefüge bzw. in einer Änderung des Goldpreises.

[8] Dazu Emminger, O., Reform des internationalen Währungssystems, a.a.O., S. 7: "Bewußte Reserveschaffung ist kein Allheilmittel. Aber es ist ein großer Schritt vorwärts. Sie bedeutet im wesentlichen, daß die Völker der Welt schließlich begonnen haben, die Kontrolle über das Geld im internationalen Bereich zu übernehmen, damit nicht die bisherigen blinden Kräfte der Versorgung mit internationalem Geld die Kontrolle über die Nationen gewinnen."

auch getragenen Liquiditätsschöpfung als ein Wendepunkt zu betrachten. Mit dem System der Sonderziehungsrechte wurde erstmals die Möglichkeit einer systematischen, an den währungs- und zahlungsbilanzpolitischen Erfordernissen ausgerichteten Steuerung des Bestands an internationaler Liquidität geschaffen. Mithin ist ein wichtiger Schritt vorwärts getan worden, und zwar in Richtung "einer zentralen Versorgung der Zentralbanken mit internationaler Liquidität in weltweitem Maßstab und zu einer Steuerung, wie sie für die nationale Geldversorgung im Zuge einer längeren historischen Entwicklung heute selbstverständlich geworden ist"[9]. Von einer Steuerung der internationalen Liquiditätsversorgung kann insofern die Rede sein, als der Mechanismus des Systems der Sonderziehungsrechte so konstruiert ist, daß im Wege der Zuteilung von Sonderziehungsrechten, d.h. durch bewußte Liquiditätsschöpfung einem etwaigen Deflationsdruck und im Wege der Einziehung von Sonderziehungsrechten, d.h. durch bewußte Liquiditätsvernichtung einem etwaigen Inflationsdruck entgegengewirkt werden kann. Zwischen diesen Extremen besteht die Möglichkeit, zuteilungs- und einziehungsfreie Basisperioden einzulegen. Allerdings wird es sich erst noch erweisen müssen, ob von den Anwendungsmöglichkeiten nicht nur einseitig Gebrauch gemacht wird.[10]

Es erscheint angebracht, einige funktionelle Aspekte der Sonderziehungsrechte herauszugreifen: Dabei ist zunächst festzuhalten, daß die Sonderziehungsrechte nur dazu bestimmt sind, die bestehenden Währungsreserven, also Gold, Devisen und unbedingt zur Verfügung stehende Reservepositionen im IWF, im Bedarfsfall zu ergänzen[11]. Diese Zweckbestimmung bedeutet erstens, daß die Sonderziehungsrechte den

---

9 Schneider, E., a.a.O., S. 203.

10 Dazu Rueff, J., Geld aus der Retorte oder Gold ?, a.a.O., S. 15: "Man kann sich leicht die politischen Pressionen vorstellen, welche die großen Schuldner und zugleich Reservewährungsländer, die Vereinigten Staaten und England, ausüben werden. Jede internationale Währungskrise, jede große Kapitalfluchtbewegung, die ein mächtiges Land in Mitleidenschaft zieht, wird Anlaß für eine Vermehrung der Ziehungsrechte sein. Mächtige Inflationswellen werden die Folge sein in den Gläubigerländern ebenso wie in der übrigen Welt. Die Schaffung der Sonderziehungsrechte wird die Inflationsangst nicht ausräumen, sondern nur verstärken." Demgegenüber ist zu bedenken, daß ein wie auch immer erfolgter Mißbrauch sehr rasch die Verwendbarkeit des neuen Instruments zerstören würde.

11 Daß ein neues Reservemedium nur diese Funktion ausüben soll, wurde schon mit der Untersuchung der Zehner-Gruppe, 1963/1964, betont. Siehe oben, S. 170.

bestehenden Währungsreserven formell gleichgestellt sind, weshalb sie auch unter diesen ausgewiesen werden sollen[12]; sie bedeutet zweitens, daß sie einen Ausfall in der Vermehrung der bestehenden Währungsreserven kompensieren sollen. Mithin ist es nicht die Zweckbestimmung der einmal kreierten Sonderziehungsrechte, die traditionellen Währungsreserven zu ersetzen bzw. ganz zu verdrängen. Freilich wird mit der Kreierung von Sonderziehungsrechten der prozentuale Anteil der bestehenden Reserven an den Gesamtreserven zurückgehen. Was speziell die Devisenkomponente betrifft, so tragen die Sonderziehungsrechte ihr gegenüber, neben anderen, zwar den besonderen Vorteil, daß sie nicht auf dem Vertrauen in die wirtschafts- und währungspolitische Stabilität eines Landes beruhen, sind aber im gegebenen System gar nicht in der Lage, die Devisenkomponente, d.h. vor allem den US-Dollar ganz zu verdrängen, weil sie seine Funktionen als Reserve- und Interventionswährung nicht zu übernehmen vermögen[13]. Die Sonderziehungsrechte sind vielmehr so ausgestattet, daß sie grundsätzlich nur von Währungsbehörden erworben, gehalten und verwendet werden können. Außerdem können sie nicht zu direkten Interventionen auf den Devisenmärkten eingesetzt werden, sondern nur zum Erwerb konvertierbarer Währung, hauptsächlich also der Interventionswährung US-Dollar. Diese letztere Eigenschaft teilen sie aber mit der anderen traditionellen Reservenkomponente, dem Gold, welches ebenfalls vorwiegend nur noch zum Erwerb benötigter Interventionswährung verwendet wird.[14] Um diese Reservefunktion des Goldes im Bedarfsfall auch tatsächlich übernehmen zu können, mußten die Sonderziehungsrechte dem Gold durch eine strenge Goldwertklausel wertmäßig gleichgestellt werden.[15] Während die Goldwertklausel

---

[12] Einige Länder haben denn auch schon eine entsprechende Handhabung angekündigt. Siehe zu den Möglichkeiten des Ausweises der Sonderziehungsrechte bei von Wangenheim, E., a.a.O., S. 365.

[13] Vgl. Emminger, O., Reform des internationalen Währungssystems, a.a.O., S. 4.

[14] Vgl. ebenda und vgl. Thompson-McCausland, L.P., a.a.O., S. 147.

[15] Gerade diesbezüglich aber sieht Rueff, J., Geld aus der Retorte oder Gold ?, a.a.O., S. 15 einen gravierenden Unterschied zwischen Gold und Sonderziehungsrechten, da letztere nach seiner Auffassung "willkürlicher Bewertung, also einer politischen Entscheidung des Weltwährungsfonds" unterliegen. Derart begründeten Auffassungen tritt Emminger, O., Internationales Währungssystem, a.a.O., S. 852 mit dem Argument entgegen, "die Gesamtheit der führenden Länder, die hinter den Sonderziehungsrechten steht, könnte durch entsprechende Beschlüsse und Maßnahmen der Reservepolitik auch den Wert des Goldes verändern".

einerseits die Ubernahme der Reservefunktion des Goldes bis zu einem gewissen Umfang ermöglicht, bindet sie andererseits aber die Sonderziehungsrechte an den Wert des Goldes. Damit bleibt das Gold das Fundament und der zentrale Punkt des gegebenen Währungssystems und behält auch in Zukunft seine Funktion als absoluter Wertmesser, an dem sich alle anderen Reservemedien orientieren.[16] Nur insofern und insoweit die Reservefunktion des Goldes tatsächlich durch die Sonderziehungsrechte übernommen wird, kann also von einer Degradierung der Rolle des Goldes oder einer Demonetisierung des Goldes gesprochen werden.[17] In ihrer gegebenen Ausstattung sind die Sonderziehungsrechte also nicht in der Lage, über eine Ergänzung des Goldes hinaus, dieses zu verdrängen.[18]

Die erstmalige Ausgabe von Sonderziehungsrechten setzt den Eintritt des Bedarfsfalls voraus und ist überdies an zwei besondere Bedingungen gebunden: Die Erreichung eines besseren Gleichgewichts in den Zahlungsbilanzen und die Aussicht auf ein besseres Funktionieren des Anpassungsprozesses. Die Erfüllung dieser Bedingungen hängt von der wirtschafts- und währungspolitischen Verhaltensweise der wichtigsten Industrieländer ab. Die erste der beiden Bedingungen entsprang vor

[16] Dazu Harrod, R., Reforming the World's Money, Reprinted Ed., London - Melbourne - Toronto 1965, S. 80: "I regard gold as a sheet anchor of liberty. So it has been for many hundred years of civilization. It has the virtue of being ... an 'anonymous asset'. I do not wish it to be the sole medium for international settlement, but to remain an important medium, and one on which a country which happens to be temporarily out of line with the latest fashion in international thinking can fall back."

[17] Dagegen kommt Thompson-McCausland, L.P., a.a.O., S. 152 nachdem er den historischen Prozeß einer allmählichen Demonetisierung des Goldes auf die verbleibenden Funktionen, Wertmesserfunktion und Reservefunktion, nachgezeichnet hat, zu dem Ergebnis, "gold itself is no longer necessary to the system", denn nach seiner Auffassung ist die Wertmesserfunktion praktisch schon durch den US-Dollar übernommen worden, während die Reservefunktion durch die Sonderziehungsrechte übernommen werden kann. Dennoch wird zugestanden, daß das System der Sonderziehungsrechte nicht zu diesem Zweck konstruiert worden ist. Ebenda, S. 153.

[18] Diese Interpretation wird hinreichend deutlich, wenn man den Inhalt der vorausgehenden Untersuchungen und Verhandlungen verfolgt. Eine gegenteilige Interpretation ist insofern nicht akzeptierbar, als die Betonung seit Beginn der Untersuchungen immer auf der evolutionären Entwicklung des gegebenen Systems gelegen hatte. Die Absicht, mit dem System der Sonderziehungsrechte das Gold zu verdrängen, würde dagegen einen völligen Bruch mit dem gegebenen System herbeiführen und im wahrsten Sinne des Wortes eine revolutionäre Neuerung bedeuten.

allem der Befürchtung, die einmal ausgegebenen Sonderziehungsrechte könnten den Schuldnerländern die Fortsetzung ihrer Defizite ermöglichen und damit den im Interesse einer stabilen internationalen Währungsordnung dringend erforderlichen Ausgleichsprozeß verschleppen. Danach beinhaltet diese Bedingung in erster Linie eine Aufforderung an die Vereinigten Staaten, noch vor der Ausgabe von Sonderziehungsrechten, ihre Zahlungsbilanzprobleme, die noch immer als potentieller Störungsfaktor auf dem System lasten, zu lösen. Tatsächlich brachten die Bemühungen in Richtung auf einen Ausgleich in der Zahlungsbilanz der Vereinigten Staaten und der damit verbundenen Sanierung des US-Dollars ein erstes Ergebnis:[19] Die Zahlungsbilanz der Vereinigten Staaten schloß 1968, nach einer zehnjährigen Periode chronischer Defizite, zum ersten Mal mit einem Überschuß ab. Diese Aktivierung der Zahlungsbilanz der Vereinigten Staaten wurde jedoch nur durch einen Umschwung in der amerikanischen Kapitalbilanz ermöglicht. Dem Umschwung in der Kapitalbilanz, der auf verschiedene außerordentliche Einflüsse zurückzuführen ist und daher nur temporärer Natur sein dürfte, stand eine erhebliche Verschlechterung der amerikanischen Handelsbilanz gegenüber. Entscheidend für die endgültige Lösung der Zahlungsbilanzprobleme der Vereinigten Staaten und eine dauerhafte Sanierung des US-Dollars ist jedoch eine angemessene Aktivierung der Handelsbilanz.[20] In zweiter Linie richtet sich die Aufforderung nach Erreichung eines besseren Gleichgewichts an Großbritannien, dessen Zahlungsbilanz seit 1962 ununterbrochen mit einem Defizit abschloß.[21] Die Bemühungen, die Zahlungsbilanzprobleme Großbritanniens zu lösen und das Pfund Sterling dauerhaft zu sanieren, haben 1969 erste Ergebnisse gezeigt, so daß die Aussicht auf eine Aktivierung der britischen Grundbilanz besteht. Neben den Vereinigten Staaten und Großbritannien richtet sich diese Aufforderung insbesondere auch an Frank-

---

[19] Vgl. zu den folgenden Ausführungen über die Zahlungsbilanz der Vereinigten Staaten die vortreffliche Analyse in Deutsche Bundesbank, Geschäftsbericht für das Jahr 1968, S. 35 ff.

[20] Dazu Zijlstra, J., Aus der Ansprache von Präsident Dr. Jelle Zijlstra, Vorsitzender des Verwaltungsrats der Bank für Internationalen Zahlungsausgleich, auf der Generalversammlung vom 9. 6. 1969 in Basel, in: Deutsche Bundesbank/Auszüge aus Presseartikeln, Nr. 42/ 11. 6. 1969, S. 2: "The restoration of a true international equilibrium requires that the current account of the United States balance of payments show a surplus sufficient to cover a volume of capital exports appropriate to the richest country in the world."

[21] Siehe zur Zahlungsbilanzentwicklung Großbritanniens oben, S. 142 ff.

reich, das seit der Krise im vorigen Jahr zu den bedeutendsten Defizitländern unter den Industrieländern gehört. Mit der Abwertung des französischen Franc und den darüber hinaus getroffenen wirtschafts- und währungspolitischen Maßnahmen wurde erst die Grundlage für eine Sanierung der französischen Zahlungsbilanz gelegt.[22] Den Zahlungsbilanzproblemen der Vereinigten Staaten, Großbritanniens und Frankreichs stehen diejenigen der Länder gegenüber, deren Zahlungsbilanzen 1968 mit beachtlichen Überschüssen abschlossen, das sind im kontinentaleuropäischen Raum vor allem die Bundesrepublik Deutschland und Italien. Betrachtet man die Divergenzen zwischen Defizitländern auf der einen und Überschußländern auf der anderen Seite, so kann von einer deutlichen Verminderung der Ungleichgewichte im internationalen Handels- und Zahlungsverkehr nicht gesprochen werden. Damit kann jedoch die erste Bedingung für die Aktivierung der Sonderziehungsrechte in diesem Zeitpunkt noch nicht als erfüllt betrachtet werden. Auch die zweite Bedingung für die Aktivierung, die Aussicht auf ein besseres Funktionieren des Anpassungsprozesses, beinhaltet eine Forderung an die wichtigsten Industrieländer. Sie trägt der zunehmenden Erkenntnis Rechnung, daß der Bedarf an internationaler Liquidität in direktem Zusammenhang mit dem Funktionieren des Anpassungsprozesses steht. Daher werden diese Länder aufgefordert, die Belange des außenwirtschaftlichen Gleichgewichts bei der Ergreifung wirtschafts- und währungspolitischer Maßnahmen gebührend zu berücksichtigen. Die bestehenden Ungleichgewichte im internationalen Handels- und Zahlungsverkehr beweisen hinreichend, daß dieser Aufforderung noch nicht in ausreichendem Maße entsprochen worden ist, wenngleich beachtliche Ungleichgewichte im Außenhandel teilweise durch Kapitalbewegungen verdeckt werden konnten. Obwohl der Mechanismus des Anpassungsprozesses in den vorausgehenden Jahren Gegenstand umfangreicher Studien auf internationaler Ebene gewesen ist[23], bleibt also noch immer eine weite Kluft zwischen den daraus gewonnenen Erkenntnissen und ihrer praktischen Verwirklichung[24]. Ungeachtet dieser Tatsachen ist verschiedentlich die Forderung nach

[22] Siehe oben, S. 150 ff.

[23] Siehe oben, S. 174 ff.

[24] Vgl. Schweitzer, P.-P., Bretton Woods, Twenty-Five Years After, Address by the Managing Director of the International Monetary Fund at Queens University, Kingston, Ontario, June 2, 1969, in: IMF, International Financial News Survey, Vol. XXI, No. 22, June 6, 1969, S. 179.

einer sofortigen oder zumindest baldigen Ausgabe von Sonderziehungsrechten zu vernehmen.[25] Allerdings gehen die Vorstellungen über das Volumen der während der ersten Basisperiode vorzunehmenden Zuteilungen beträchtlich auseinander und weichen auch von demjenigen Volumen ab, das ursprünglich, mit dem Abschluß der dritten Verhandlungsphase, im Gespräch gewesen ist. Während damals für die erste Basisperiode jährliche Zuteilungen im Gegenwert von 1 bis 2 Mrd. US-$ anvisiert wurden[26], werden inzwischen hauptsächlich von amerikanischer Seite für die erste Basisperiode jährliche Zuteilungen im Gegenwert von mindestens 5 Mrd. US-$ für erforderlich gehalten[27]. Das bisher in Betracht gezogene Gesamtvolumen der Zuteilungen der ersten Basisperiode würde sich damit von einem Gegenwert von höchstens 10 Mrd. US-$ auf einen Gegenwert von mindestens 25 Mrd. US-$ erhöhen. Demgegenüber werden von kontinentaleuropäischer Seite jährlich Zuteilungen im Gegenwert von 1 bis 4 Mrd. US-$ für ausreichend erachtet, um den wachsenden Liquiditätsbedarf decken zu können.[28] An diesen divergierenden Vorstellungen zeigt sich eine wesentliche Schwäche des Systems der Sonderziehungsrechte: Im System der bewußten Liquiditätsschöpfung bestehen keine objektiven Maßstäbe zur Ermittlung der optimalen Wachstumsrate des Bestands an internationaler Liquidität.[29] Formeln jedweder Art versagen, wenn es darum geht, den zukünftigen Bedarf auch nur annähernd exakt festzulegen. Die Werte der Vergangenheit sind bestenfalls von untergeordneter Bedeutung für den Bedarf der Zukunft, so daß ihre Projezierung mit den Zielen einer bewußten Liquiditätsschöpfung nicht vereinbart werden kann. Es verbleibt die Möglichkeit, den Bedarf der Zukunft für absehbare Perioden gleicher Dauer, nämlich die Basisperioden, zu schätzen. Dieses Problem ist insofern nicht neu, als es schon bisher auftrat, wenn es darum ging, in fünfjährigen Abständen die Quoten der IWF-Mitglieder zu überprüfen und den Bedarf an traditionellen Ziehungsrechten für den beginnenden Zeitraum festzulegen. Es unter-

---

[25] Siehe z.B. ebenda, S. 180 und BIZ, Neununddreissigster Jahresbericht (1968/69), S. 199.

[26] Vgl. Emminger, O., Internationales Währungssystem, a.a.O., S. 851.

[27] Vgl. N.N., Sonderziehungsrechte, Immer noch ohne gemeinsamen Nenner, in: Industriekurier, Nr. 99, 3. 7. 1969, S. 16.

[28] Vgl. ebenda.

[29] Dieser Mangel wird auch angesprochen von Rueff, J., Geld aus der Retorte oder Gold ?, a.a.O., S. 15.

scheidet sich von der Überprüfung der IWF-Quoten aber dadurch, daß bei der Überprüfung der IWF-Quoten vor allem der Bedarf an bedingter internationaler Liquidität festgestellt werden muß, während vor der Ausgabe von Sonderziehungsrechten der Bedarf an unbedingter internationaler Liquidität zu ermitteln ist. Obwohl der hiermit angesprochene Mangel nicht zu übersehen ist, muß dennoch im Übergang zu einer bewußten Schaffung zusätzlicher internationaler Liquidität ein Fortschritt gegenüber der in keiner Weise lenkbaren Versorgung mit Gold und Devisen gesehen werden.

Geht man von jährlichen Zuteilungen im Gegenwert von durchschnittlich 3 Mrd. US-$ für die Dauer der ersten Basisperiode aus und nimmt man ferner an, daß alle IWF-Mitglieder auch Teilnehmer am System der Sonderziehungsrechte werden, so ergibt sich, bei einem Stand von 111 IWF-Mitgliedern mit Quoten im Gegenwert von insgesamt 21 223 Mio. US-$, folgende Verteilung der Gesamtzuteilung einer ersten fünfjährigen Basisperiode:[30]

	1	2	3	4
	IWF-Quote		Zugeteilte SZR	Währungs-reserven
Teilnehmer	in Mio. US-$	in v.H.	in Mio. US-$	in Mio. US-$
Vereinigte Staaten	5 160	24,31	3 646,5	15 758
Großbritannien	2 440	11,49	1 723,5	2 470
BR Deutschland	1 200	5,65	847,5	8 209
Frankreich	985	4,64	696,0	3 987
Kanada	740	3,48	522,0	3 007
Japan	725	3,41	511,5	3 218
Italien	625	2,94	441,0	5 053
Niederlande	520	2,45	367,5	2 408
Belgien	422	1,98	297,0	2 102
Schweden	225	1,06	159,0	754
Zehner-Gruppe insgesamt	13 042	61,41	9 211,5	46 966
Übrige IWF-Mitglieder insgesamt	8 181	38,59	5 788,5	rd. 29 034
Insgesamt	21 223	100,00	15 000,0	rd. 76 000

Vergleicht man die auf die einzelnen Teilnehmer entfallende Gesamtzuteilung an Sonderziehungsrechten (Spalte 3) mit den Währungsreserven (Spalte 4), so ist festzustellen, daß sich die Zuteilung von Sonderziehungsrechten bei den einzelnen Teilnehmern umso vorteilhafter auf den Gesamtbestand an Währungsreserven auswirkt, je geringer ihre Währungsreserven und je größer ihre IWF-Quoten (Spalte 1) sind. Diese Beziehung zeigt sich sehr deutlich, wenn man Großbritannien mit relativ niedrigen Währungsreserven, aber relativ hoher IWF-Quote der Bundesrepublik Deutschland mit relativ hohen Währungsreserven, aber relativ niedriger IWF-Quote gegenüberstellt. Im Fall Großbritanniens hebt die angenommene Gesamtzuteilung an Sonderziehungsrechten der ersten Basisperiode die Währungsreserven ceteris paribus von einem Gegenwert von 2 470 Mio. US-$ um einen Gegenwert von 1 723,5 Mio. US-$ auf einen Gegenwert von 4 193,5 Mio. US-$ an, wovon auf die zugeteilten Sonderziehungsrechte rd. 41 v.H. entfallen. Im Fall der Bundesrepublik Deutschland dagegen bewirkt die angenommene Gesamtzuteilung an Sonderziehungsrechten der ersten Basisperiode lediglich eine Zunahme im Gegenwert von 847,5 Mio. US-$ und erweitert den Bestand an Währungsreserven ceteris paribus von einem Gegenwert von vorher 8 209 Mio. US-$ auf einen Gegenwert von 9 056,5 Mio. US-$, wovon auf die zugeteilten Sonderziehungsrechte rd. 9 v.H. entfallen. Der Zuwachs ist also im Fall Großbritanniens relativ höher als im Fall der Bundesrepublik Deutschland. Diese Beziehung wird auch dann deutlich, wenn man der Bundesrepublik Deutschland die Vereinigten Staaten gegenüberstellt. Bei den Vereinigten Staaten nämlich bewirkt die angenommene Gesamtzuteilung an Sonderziehungsrechten der ersten Basisperiode eine Zunahme im Gegenwert von 3 646,5 Mio. US-$ und erhöht ihren Bestand an Währungsreserven ceteris paribus von einem Gegenwert von 15 758 Mio. US-$ auf einen Gegenwert von 19 404,5 Mio. US-$, wovon auf die zugeteilten Sonderziehungsrechte rd. 19 v.H. entfallen. Gerade im Fall der Vereinigten Staaten bietet sich jedoch noch ein weiterer Vergleich an. Von den angenommenen jährlichen Gesamtzuteilungen im Gegenwert von durchschnittlich 3 Mrd.

---

[30] Die Daten der Spalten 1 und 4 wurden entnommen aus IMF, International Financial Statistics, Vol. XXII, No. 5, May 1969 (Stand: 30. März 1969). Von den Währungsreserven im Gegenwert von rd. 76 Mrd. US-$ entfallen rd. 39 Mrd. US-$ auf die Goldreserven, rd. 31 Mrd. US-$ auf die Devisenreserven und rd. 6 Mrd. US-$ auf die Reservepositionen im IWF (ohne Gläubigerpositionen aufgrund von Kreditgewährungen im Rahmen der AKV). Siehe ebenda.

US-$ entfallen auf die Vereinigten Staaten 24,31 v.H. bzw. ein Gegenwert von 729,3 Mio. US-$. Betrachtet man dagegen die Defizite in der Zahlungsbilanz der Vereinigten Staaten, die sich in den vorausgegangenen Jahren bekanntlich in der Größenordnung von 2 Mrd. US-$ bewegten, so kommt der Zuteilung an Sonderziehungsrechten zunächst noch eine untergeordnete Rolle zu[31].
Schließlich zeigt die Tabelle die Verteilung der angenommenen Gesamtzuteilung auf zwei Teilnehmer-Gruppen, die Länder der Zehner-Gruppe und die übrigen Mitglieder des IWF: Aufgrund der Zuteilung nach dem Schlüssel der IWF-Quoten entfallen auf die Länder der Zehner-Gruppe 61,41 v.H. der Gesamtzuteilung bzw. ein Gegenwert von 9 211,5 Mio. US-$, während auf die übrigen 101 IWF-Mitglieder die restlichen 38,59 v.H. der Gesamtzuteilung bzw. Sonderziehungsrechte im Gegenwert von 5 788,5 Mio. US-$ entfallen. Auch auf die beiden Teilnehmer-Gruppen läßt sich die oben genannte Beziehung zwischen den Währungsreserven und IWF-Quoten einerseits, der angenommenen Gesamtzuteilung an Sonderziehungsrechten andererseits, anwenden.
Die angenommene Gesamtzuteilung an Sonderziehungsrechten ist ferner zum gegebenen Bestand an Währungsreserven in Beziehung zu setzen: Vergleicht man in einem ersten Schritt die angenommene jährliche Gesamtzuteilung an Sonderziehungsrechten in einem Gegenwert von durchschnittlich 3 Mrd. US-$ mit dem gegebenen Bestand an Währungsreserven im Gegenwert von rd. 76 Mrd. US-$, so nimmt sich der Betrag der jährlich zugeteilten Sonderziehungsrechte noch relativ gering aus[32]. Wird in einem zweiten Schritt die angenommene Gesamt-

---

31 Entsprechend bezeichnet Rueff, J., Geld aus der Retorte oder Gold ?, a.a.O., S. 15, ausgehend von einer Gesamtzuteilung im Gegenwert von 10 Mrd. US-$, den auf die USA entfallenden Betrag, im Vergleich zum amerikanischen Defizit der vorausgegangenen Jahre als "lächerlich gering".

32 Bedenkt man außerdem, daß bei einer massiven Goldpreiserhöhung, etwa in Höhe von 50 v.H. des gegebenen Bestands an offiziellen Goldreserven, wie sie verschiedentlich gefordert wurde, der Bestand an internationaler Liquidität in einem Zug um einen Gegenwert von rd. 18 Mrd. US-$ erhöht würde, so nimmt sich die Erhöhung des Bestands an internationaler Liquidität im Wege jährlicher Zuteilungen im angenommenen Gegenwert von 3 Mrd. US-$ nicht nur relativ gering, sondern geradezu bescheiden aus.

zuteilung der ersten Basisperiode zunächst dem gegebenen Bestand an Währungsreserven zugeschlagen, so zeigt sich, daß die angenommene Gesamtzuteilung der ersten fünf Jahre den Bestand an Währungsreserven ceteris paribus immerhin um 15 Mrd. US-$ von rd. 76 Mrd. US-$ auf einen Gegenwert von rd. 91 Mrd. US-$ erhöht. Von den nach Ablauf der ersten Basisperiode ceteris paribus gegebenen gesamten Währungsreserven im Gegenwert von rd. 91 Mrd. US-$ entfällt ein Gegenwert von rd. 39 Mrd. US-$ (rd. 43 v.H.) auf die Goldreserven, ein Gegenwert von rd. 31 Mrd. US-$ (rd. 34 v.H.) auf die Devisenreserven, ein Gegenwert von 15 Mrd. US-$ (rd. 16 v.H.) auf die zugeteilten Sonderziehungsrechte und ein Gegenwert von rd. 6 Mrd. US-$ (rd. 7 v.H.) auf die Reservepositionen im IWF. Der Gesamtzuwachs im Gegenwert von 15 Mrd. US-$ entspricht einem jährlichen Zuwachs von 3,94 v.H., berechnet auf der Basis der gegebenen Währungsreserven im Gegenwert von rd. 76 Mrd. US-$. Ob diese Wachstumsrate der Währungsreserven ausreicht, um die notwendige monetäre Basis einer expandierenden Weltwirtschaft zu schaffen, ist von den Gouverneuren der Teilnehmer des Systems der Sonderziehungsrechte zu entscheiden.[33] Dabei ist in jedem Fall zu bedenken, daß auch der Vermehrung

---

[33] Wie bei Abschluß dieser Arbeit bekanntgeworden ist, hat der Geschäftsführende Direktor des IWF am 23. September 1969, wenige Tage vor der Jahresversammlung des IWF in Washington, den Gouverneuren der Mitgliedsländer den offiziellen Vorschlag zur Aktivierung der Sonderziehungsrechte unterbreitet. Danach sollte für eine verkürzte Basisperiode dreijähriger Dauer ein Initialbetrag an Sonderziehungsrechten im Gegenwert von insgesamt knapp 9,5 Mrd. US-$ wie folgt zugeteilt werden: Am 1. 1. 1970 ein Gegenwert von knapp 3,5 Mrd. US-$, am 1. 1. 1971 und am 1. 1. 1972 je ein Gegenwert von knapp 3,0 Mrd. US-$. Siehe IMF, Press Release No. 758 - September 23, 1969. Zur Begründung dieses Vorschlags siehe Schweitzer, P.P., Ansprache des Geschäftsführenden Direktors des Internationalen Währungsfonds bei der Jahresversammlung des Internationalen Währungsfonds und der Weltbank am 29. September 1969 in Washington, in: Deutsche Bundesbank/Auszüge aus Presseartikeln, Nr. 75/6. 10. 1969, S. 3 ff.. Die Mitglieder der Zehner-Gruppe haben diesen Vorschlag unterstützt. Siehe Gruppe der Zehn, Press Communiqué of the Ministerial Meeting of the Group of Ten, 1st October, 1969 - Washington, D.C., Ziff. 3 a.a.O., S. 1. Damit konnte die erstmalige Aktivierung beschlossen werden. Siehe zur Kritik N.N., Der Ausbau des Gold-Devisen-Standards, Nach der Währungsfondstagung Washington, in: NZZ, Nr. 274, 6. 10. 1969, S. 13. Die ebenda geäußerten Bedenken stimmen im wesentlichen überein mit der in der vorliegenden Arbeit oben, S. 249 ff. gegenüber einer vorzeitigen Aktivierung angebrachten Kritik.

der Weltwährungsreserven durch die Schaffung von Sonderziehungsrechten, zumindest was die erste Basisperiode betrifft, sozusagen eine natürliche Grenze gesetzt ist.

Aufbauend auf den funktionellen Aspekten des Systems der Sonderziehungsrechte sind abschließend noch einige institutionelle Aspekte des neuen Systems und ihre Auswirkungen zu betrachten: Obwohl die traditionellen Ziehungsrechte im IWF als Vorläufer der Sonderziehungsrechte gelten können, unterscheiden sich beide Arten von Ziehungsrechten doch in wesentlichen Punkten und haben eigentlich nur gemeinsam, daß sie grundsätzlich nur dazu verwendet werden können, konvertierbare Währung zur Überbrückung temporärer Zahlungsbilanzschwierigkeiten zu erwerben. Insbesondere richten sich die Ansprüche aus den Sonderziehungsrechten, im Gegensatz zu den Ansprüchen aus den traditionellen Ziehungsrechten, nicht gegen den Fonds, sondern gegen die Gemeinschaft der am System der Sonderziehungsrechte teilnehmenden Staaten.
Dennoch lag es nahe, dem Prinzip der Universalität der Teilnahme entsprechend, das neue System in den institutionellen Rahmen des IWF einzugliedern. Damit konnte auf der Technik und der Praxis des Fonds mit den traditionellen Ziehungsrechten aufgebaut, die Errichtung einer zweiten Institution vermieden und so auch von der institutionellen Seite her gesehen eine evolutionäre Entwicklung des internationalen Währungssystems erreicht werden.
Dadurch wurde aber der Fonds nur vermeintlich gestärkt. Er fungiert nämlich nur als Agent des Systems, der die Aufgabe hat, die Transaktionen im System der Sonderziehungsrechte nach den Richtlinien und Grundsätzen, die von den Teilnehmern an diesem System beschlossen worden sind und die nur von ihnen geändert werden können, zu lenken, zu überwachen und zu verrechnen. Die Entscheidungsgewalt liegt dagegen ausschließlich bei den Teilnehmern des Systems. Dies ist von besonderer Bedeutung für die periodisch wiederkehrenden Entscheidungen zur bewußten Steuerung des Bestands an unbedingter internationaler Liquidität entsprechend dem Globalbedarf der Weltwirtschaft.
Die Zuteilungsbeschlüsse, die regelmäßig für eine Basisperiode von fünf Jahren gelten, können nur von den Gouverneuren der Teilnehmer des Systems und nur mit einer qualifizierten Mehrheit von 85 v.H. der gewogenen Stimmen getroffen werden. Das dreistufige Verfahren der Beschlußfassung beteiligt zwar alle Teilnehmer an diesem Entschei-

dungsprozeß, das Mehrheitserfordernis von 85 v.H. überläßt aber die eigentliche Entscheidung über die Steuerung des Bestands an unbedingter internationaler Liquidität einer Gruppe von währungsstarken Ländern, vor allem den Ländern der Zehner-Gruppe und in ihrem Kreis speziell den Ländern der EWG, denen neben den Vereinigten Staaten eine Sperrminorität eingeräumt worden ist. Die Synchronisierung der Verhandlungen über das System der Sonderziehungsrechte mit denen über die Revision der Statuten des IWF hat es ermöglicht, daß den Ländern der EWG nicht nur im System der Sonderziehungsrechte, sondern vor allem auch bei Änderungen der IWF-Quoten das geforderte Mehr an währungspolitischem Gewicht zugestanden worden ist, indem ihnen auch dort eine Sperrminorität eingeräumt worden ist, die bislang nur die Vereinigten Staaten hatten. Mit der Festlegung der qualifizierten Mehrheit bei Beschlüssen im System der Sonderziehungsrechte und auch bei Quotenerhöhungen wurde der Prozeß der währungspolitischen Gewichtsverschiebung von den angelsächsischen Ländern auf die kontinentaleuropäischen Länder, welcher bereits mit der Basler Absprache begann und mit der Errichtung der Allgemeinen Kreditvereinbarungen der Zehner-Gruppe einen ersten sichtbaren Höhepunkt erreicht hatte, fortgesetzt.

ZUSAMMENFASSENDE SCHLUSSBEMERKUNGEN UND AUSBLICK

Mit dem Beginn der Ära der Konvertibilität der Währungen der wichtigsten Industrieländer zu Anfang der sechziger Jahre, die, entgegen den weniger weitreichenden Verpflichtungen aufgrund der IWF-Mitgliedschaft, in zunehmendem Maße auch auf den Kapitalsektor ausgedehnt worden ist, wurde die wichtigste Voraussetzung für private kurzfristige Kapitalbewegungen zwischen diesen Ländern erfüllt. Damit hatte sich die Mobilität ihrer Währungen schlagartig erhöht, was sich in der Folgezeit in einer starken Zunahme des privaten kurzfristigen Kapitalverkehrs zeigte. Allerdings verlief die Richtung der privaten kurzfristigen Kapitalbewegungen weit weniger von Überschußländern zu Defizitländern als umgekehrt. Damit wirkten sie sich in überwiegendem Maße auch nicht stabilisierend, sondern vor allem destabilisierend auf die internationale Währungsordnung aus. Zuweilen verursacht durch außerordentliche politische, soziale und wirtschaftliche Ereignisse im nationalen wie im internationalen Bereich, hauptsächlich aber verursacht durch Ungleichgewichte in den Zahlungsbilanzen einiger Industrieländer, haben diese Kapitalbewegungen Zahlungsbilanzungleichgewichte hervorgerufen bzw. bereits vorhandene Zahlungsbilanzungleichgewichte beträchtlich verstärkt, das Wechselkursgefüge erschüttert, die erreichte Freizügigkeit im Zahlungs- und Kapitalverkehr schwer belastet und damit den Fortbestand der auf den IWF-Statuten aufbauenden internationalen Währungsordnung verschiedentlich ernsthaft bedroht. Da der IWF seine Mitglieder ursprünglich nur bei Ungleichgewichten, die durch laufende Transaktionen und nicht durch Kapitaltransaktionen entstanden waren, mit Devisenhilfen unterstützt hatte, haben sich bereits 1961, im Verlauf der ersten akuten Krise nach Erreichung der Konvertibilität, verschiedene Notenbanken aus dem Kreis der Länder der Zehner-Gruppe und der Schweiz auf der Grundlage der informellen Basler Absprache zur Kooperation auf den Devisenmärkten bereiterklärt. Mit den sich anschließenden Maßnahmen konnten die destabilisierenden Auswirkungen der heftig einsetzenden Krise rasch überwunden werden. Zwar diente diese gemeinsame Aktion nicht nur der Stützung einer einzelnen Währung, sondern der Erhaltung des bestehenden Wechselkursgefüges und der erreichten Freizügigkeit im Zahlungs- und Kapitalverkehr der auf den Statuten des IWF aufbauenden internationalen Währungsordnung schlechthin, doch erfolgte sie ohne unmittelbare Verpflichtung aus der Mitgliedschaft beim IWF und vollzog sich auch außerhalb der Institution des IWF. Die Basler Absprache der Notenbanken von 1961 war der Ausgangspunkt für die Bildung der Zehner-Gruppe. Sie legte die Grundlage für die Kooperation auf den Devisenmärkten, und zwar insbesondere bei der Bereitstellung auf ad hoc-Basis bilateral vereinbarter kurzfristiger Devisenhilfen. Wenige Monate nach der Basler Absprache hat der IWF seine Ausleihepolitik revidiert und den Mitgliedern auch bei der Überwindung von Reservenschwierigkeiten, die durch private kurzfristige Kapitalbewegungen verursacht oder verschärft würden, seine Unterstützung zugesichert. Da die zu jenem Zeitpunkt gegebene Zusammensetzung des Fondsvermögens für Fälle einer außerordentlichen und massiven Beanspruchung nicht geeignet erschien, hat der IWF 1962 mit den zehn wichtigsten Industrieländern, den Ländern der Zehner-Gruppe, das formelle Abkommen über die Allgemeinen Kreditvereinbarungen getroffen. Dadurch verpflichteten sich die Mitglieder der Zehner-Gruppe zur Kooperation bei der Bereitstellung auf stand-by-Basis multilateral vereinbarter mittelfristiger Devisenhilfen, soweit zusätzliche Mittel erforderlich sind, um einer Beeinträchtigung der internationalen Währungsordnung entgegenzutreten oder sie abzuwenden. Da eine Beeinträchtigung der internationalen Währungsordnung praktisch nur durch Krisen in einem oder mehreren der wichtigsten Industrieländer hervorgerufen werden kann, da auf sie auch der Hauptteil des privaten kurzfristigen Kapitalverkehrs entfällt, und außerdem die ordentlichen Mittel des Fonds für die Ziehungswünsche der anderen IWF-Mitglieder ausreichen, ist die Verwendung der zusätzlichen Kreditreserve auf die Teilnehmer an den Allgemeinen Kreditvereinbarungen beschränkt. Die Schweiz, die nicht Mitglied des IWF ist, im Verlauf internationaler Krisen aber regelmäßig zum Zielland umfangreicher privater kurzfristiger Kapitalbewegungen wird, hat sich 1964 durch Vereinbarungen mit dem IWF mit den Allgemeinen Kreditvereinbarungen assoziiert. Mit dem Abkommen über die Allgemeinen Kreditvereinbarungen war die Bildung der Zehner-Gruppe abgeschlossen. Im Bestreben, die internationale Währungsordnung als monetäre Basis für die Integration der Weltwirtschaft zu erhalten, sind in der Folgezeit sowohl auf der Grundlage der Basler Absprache als auch gemäß den Allgemeinen Kreditvereinbarungen zahlreiche Devisenhilfen kurzfristiger bzw. mittelfristiger Laufzeit eingeräumt bzw. gewährt worden. Die Notwendigkeit zur Kooperation bei der Bereitstellung von Devisenhilfen, die über die unmittelbaren Verpflichtungen aufgrund der IWF-Mitgliedschaft hinausging und sich teilweise ohne, teilweise mit Einschaltung des IWF vollzogen hat, entsprang jedoch nicht einem Mangel der auf den IWF-Statuten aufbauenden internationalen Währungsordnung. Die Notwendigkeit zu dieser engeren Kooperation entsprang vielmehr der Tatsache, daß als Folge jener größeren Freizügigkeit im Kapitalsektor, wie sie in den IWF-Statuten nicht vorgesehen ist, die privaten kurzfristigen Kapitalbewegungen verschiedene Währungen gerade der Länder aus dem Kreis der Zehner-Gruppe in immer kürzeren Zeitabständen auf das Heftigste bedrohten und damit gleichzeitig den Fortbestand der internationalen Währungsordnung gefährdeten. Durch die Kooperation bei der Bereitstellung von Devisenhilfen im Rahmen der Zehner-Gruppe konnte den von Zahlungsbilanzstörungen unmittelbar betroffenen Ländern in Form von Devisenhilfen diejenige Atempause verschafft werden, die regelmäßig erforderlich ist, um den Ursachen der Krise auf den Grund gehen und geeignete Maßnahmen zu ihrer Beseitigung treffen zu können. Damit konnten gleichzeitig andernfalls unvermeidbare Kettenreaktionen verhindert werden, so daß die Kooperation bei der Bereitstellung von Devisenhilfen dazu beigetragen hat, daß einmal eingetretene Krisen nicht zu nachhaltigen Störungen der internationalen Währungsordnung führten.

Allerdings ist auch die Zweckbestimmung der Devisenhilfen in jedem Fall darauf beschränkt, den von Reservenschwierigkeiten betroffenen Ländern überbrückend zur Seite zu stehen und damit gleichzeitig nachhaltige Auswirkungen auf die internationale Währungsordnung abzuwenden. Keinesfalls sind die Devisenhilfen dazu geeignet, die hauptsächlichen Ursachen der privaten kurzfristigen Kapitalbewegungen, die als Symptome internationaler Krisen regelmäßig auftreten, nämlich die tieferliegenden Zahlungsbilanzungleichgewichte zu beseitigen. Während das Verfahren der Gewährung kurzfristiger Devisenhilfen auf der Grundlage der Basler Absprache schon aus zeitlichen Gründen eine umfassende Prüfung der Ursachen des Ungleichgewichts und der Maßnahmen zu seiner Beseitigung kaum zuläßt, trägt insbesondere das Verfahren der Kreditgewährung gemäß den Allgemeinen Kreditvereinbarungen der begrenzten Zweckbestimmung der Devisenhilfen Rechnung, indem es gestattet, die Gewährung von Devisenhilfen an entsprechende wirtschafts- und währungspolitische Auflagen zu binden, was in verschiedenen Fällen auch getan worden ist. Freilich kann die gegenseitige Abhängigkeit und der daraus resultierende Zwang zur engeren Solidarität die Effizienz solcher Auflagen in Frage stellen. Ungeachtet dessen bleibt es letztlich immer denjenigen Ländern, deren tieferliegende Zahlungsbilanzungleichgewichte internationale Währungskrisen verursachen oder verschärfen, überlassen, die notwendigen Maßnahmen zum Ausgleich der Zahlungsbilanzen einzuleiten. Diese Aufgabe obliegt allerdings nicht allein den Defizitländern, sondern auch den hartnäckigen Überschußländern. Im gegebenen System grundsätzlich fester Wechselkurse muß dem Ausgleich der Zahlungsbilanz die Priorität vor anderen Zielsetzungen eingeräumt werden. Soweit die inneren Anpassungsmaßnahmen nicht zum Zahlungsbilanzausgleich führen, müssen Defizit- und Überschußländer durch eine realistische Wechselkurspolitik im Rahmen der Verpflichtungen und Möglichkeiten aufgrund der IWF-Mitgliedschaft die Grundlage für die Beseitigung tieferliegender Zahlungsbilanzungleichgewichte legen. Den wichtigsten Industrieländern kann also, wie in der vorliegenden Arbeit verschiedentlich auch sehr deutlich gezeigt worden ist, die Bürde einer zahlungsbilanzorientierten Wirtschafts- und Währungspolitik nicht abgenommen werden. Solange es nämlich nicht gelingt, durch innere Anpassungsmaßnahmen bzw. durch eine realistische Wechselkurspolitik die Über- bzw. Unterbewertung einzelner Währungen zu beseitigen, kann auch der Anreiz zu privaten kurzfristigen Kapitalbewegungen destabilisierender Art nicht beseitigt werden.

Obwohl mit dem zur Verfügung stehenden Instrumentarium der kurzfristigen Devisenhilfen auf der Grundlage der Basler Absprache und der mittelfristigen Devisenhilfen gemäß den AKV sowie dem darüber hinaus bestehenden Swap-Netz der Federal Reserve Bank, an dem sich neben anderen Notenbanken auch alle übrigen Notenbanken der Zehner-Gruppe und die BIZ beteiligt haben, die erforderlichen Überbrückungshilfen gewährt werden konnten, haben sich die Notenbankgouverneure anläßlich der Konferenz der Minister und Notenbankgouverneure der Zehner-Gruppe im November 1968 bereiterklärt, zu untersuchen, "ob neue Absprachen unter den Notenbanken die Auswirkungen spekulativer Kapitalbewegungen auf die Währungsreserven mildern können"[1]. Das Ergebnis dieser Untersuchung, an der sich auch die BIZ und die Schweizerische Nationalbank beteiligt haben, wurde Anfang 1969 veröffentlicht.[2] Danach wird im wesentlichen das bisherige Verfahren bei

[1] Gruppe der Zehn, Communiqué of the Ministers and Governors of the Group of Ten, Meeting in Bonn, 20th - 22nd November 1968, Ziff. 8, a.a.O., S. 1.

[2] Vgl. im folgenden Gruppe der Zehn, Stellungnahme der Notenbankgouverneure der Zehnergruppe und der Schweiz zu Punkt 8 des Kommuniqués von Bonn, Basel, den 10. Februar 1969, in: Deutsche Bundesbank/Auszüge aus Presseartikeln, Nr. 12/13. 2. 1969, S. 1.

der Bereitstellung kurzfristiger Devisenhilfen als erste Verteidigungslinie zur Abwehr spekulativer Kapitalbewegungen als ausreichend erachtet, indem auch zukünftig Teilnehmer, Umfang und Laufzeit von Devisenhilfen entsprechend den Erfordernissen des Einzelfalles jeweils ad hoc vereinbart werden sollen. Jedoch sind die Notenbankgouverneure übereingekommen, zur Beschleunigung des Verfahrens bei der Gewährung von Devisenhilfen, die bisher im Rahmen der monatlichen Routinesitzungen bei der BIZ vereinbart worden sind, in Fällen außerordentlich umfangreicher spekulativer Kapitalbewegungen auf Einladung des Präsidenten der BIZ unverzüglich zur gegenseitigen Konsultation über die Bereitstellung von Devisenhilfen zusammenzutreten. Ferner sind die Notenbankgouverneure übereingekommen, die Kreditlinien der einzelnen Notenbanken noch mehr als bisher auf die Richtung der zu kompensierenden spekulativen Kapitalbewegungen abzustellen und zum Zweck eines Risikoausgleichs denjenigen Notenbanken, die im Verlauf internationaler Krisen keine oder nur geringe Devisenzuflüsse zu verzeichnen haben, eine Refinanzierungsmöglichkeit für etwaige Kreditzusagen an die von Devisenabflüssen betroffenen Notenbanken einzuräumen. Schließlich wird erwogen, die BIZ, die sich bisher schon an verschiedenen Stützungsmaßnahmen beteiligt hat, verstärkt für die Rückschleusung spekulativer Kapitalbewegungen einzusetzen. Mit dieser Stellungnahme, bei der es sich wohlgemerkt nicht um eine formelle Vereinbarung, sondern lediglich um eine Absprache informellen Charakters handelt, haben die Notenbankgouverneure jene bekanntlich von verschiedenen Seiten zur Diskussion gestellten Pläne abgelehnt, wonach spekulativ bedingte Reservenverluste automatisch und unbegrenzt auf der Grundlage formeller Vereinbarungen der Notenbanken der Zehner-Gruppe in die betroffenen Länder zurückgeschleust werden sollten. Gegen ein derartiges Verfahren läßt sich denn auch folgendes einwenden: Erstens lassen sich im konkreten Einzelfall die Reservenverluste aufgrund kurzfristiger Kapitalabflüsse kaum von jenen aufgrund anderer Entwicklungen der Zahlungsbilanz unterscheiden. Zweitens läßt sich nicht ermitteln, welche kurzfristigen Kapitalabflüsse spekulativ bedingt und welche anderer Motivation sind. Drittens können die Notenbanken, da sie regelmäßig nur in US-Dollar intervenieren, gar nicht erkennen, woher die aufgenommenen Devisenbeträge letztlich stammen. Viertens verlaufen die kurzfristigen Kapitalbewegungen nicht nur zwischen den Ländern der Zehner-Gruppe, sondern darüber hinaus zwischen diesen und anderen Ländern sowie in zunehmendem Maße zwischen der Gesamtheit der Länder und dem Zentrum des kurzfristigen Kapitalverkehrs, dem Eurogeldmarkt. Fünftens, und dies ist der wichtigste Einwand gegen derartige Pläne, würde die Gewißheit, daß Reservenverluste automatisch und unbegrenzt kompensiert werden, den im gegebenen System erforderlichen Zwang, die regelmäßigen Ursachen außerordentlicher Reservenverluste durch gezielte wirtschafts- und währungspolitische Maßnahmen zu beseitigen, noch mehr als bisher lockern bzw. die Bereinigung unrealistischer Paritäten noch mehr als bisher verzögern. Die im Verlauf der Krise vom Mai 1969 getroffenen Maßnahmen zu einem Recycling spekulativer Kapitalabflüsse in die hauptsächlichsten Ursprungsländer basieren nicht auf jenen Plänen, die einen automatischen und unbegrenzten Rücktransfer spekulativ bedingter Reservenverluste auf der Grundlage formeller Vereinbarungen vorsehen.

Während bei der Bereitstellung kurz- und mittelfristiger Devisenhilfen der Bestand an internationaler Liquidität jeweils nur vorübergehend erhöht worden ist, galten die Bemühungen der Zehner-Gruppe um eine Reform des internationalen Währungssystems vornehmlich der langfristigen Versorgung mit internationaler Liquidität. Das wichtigste Ergebnis dieser Bemühungen ist die Errichtung des Systems der Sonderziehungsrechte im IWF zur Steuerung des Bestands an internationaler Liquidität entsprechend den Bedürfnissen einer expandierenden Weltwirtschaft, unabhängig von den Zahlungsbilanzdefiziten der Vereinigten Staaten und den Zufälligkeiten der Goldproduktion. Die erstmalige Aktivierung des Systems der Sonderziehungsrechte ist auf der Jahrestagung des Internationalen Währungsfonds im Herbst 1969 beschlossen worden. Seine Bewährungsprobe steht noch aus. Neben den Bemühungen um ein neues Instrument zur Steuerung der internationalen Liquidität hat die Zehner-Gruppe sowohl 1965 als auch 1969 zur jeweils einmaligen Erhöhung des Bestands an internationaler Liquidität eine Aufstockung der IWF-Quoten unterstützt. Die 1969 dem Grundsatz nach beschlossene Erhöhung der IWF-Quoten ist noch nicht durchgeführt worden. Aufgrund der Erkenntnis, daß ein direkter Zusammenhang zwischen der Zahlungsbilanzdisziplin der wichtigsten Industrieländer und dem Bedarf an internationaler Liquidität besteht, hat sich die Zehner-Gruppe im Rahmen ihrer Bemühungen um eine Reform des internationalen Währungssystems aber nicht auf Maßnahmen zur Beeinflussung des Bestands an internationaler Liquidität beschränkt. Zunächst wurde bereits im Verlauf der Reformbestrebungen die multilaterale Überwachung zur gegenseitigen Information und Konsultation bei der Finanzierung von Zahlungsbilanzungleichgewichten errichtet. Damit ist ein Instrument geschaffen worden, das die Finanzierung von Ungleichgewichten der Beurteilung aller Länder der Zehner-Gruppe unterstellt und dazu geeignet ist, rechtzeitig darauf hinzuwirken, daß das Netz von bilateralen und multilateralen Kreditfazilitäten die im gegebenen System erforderliche monetäre Disziplin nicht zu sehr lokkert. Darüber hinaus ist eine breite Untersuchung der geeignetsten Maßnahmen und Instrumente zur Vermeidung von Zahlungsbilanzungleichgewichten und zum Ausgleich der Zahlungsbilanzen durchgeführt worden. Dabei hat sich allerdings gezeigt, daß es praktisch nicht möglich ist, außer einigen Grundsätzen allgemeingültige und jedem Einzelfall gerecht werdende zahlungsbilanzpolitische Verhaltensregeln aufzustellen, da jedes Ungleichgewicht auch bei gleichen Zielvorstellungen in der Wirtschafts- und Währungspolitik unterschiedliche Maßnahmen erfordert. Einer wünschenswerten Harmonisierung der Wirtschafts- und Währungspolitik der wichtigsten Industrieländer steht darüber hinaus entgegen, daß allgemeinverbindliche zahlungsbilanzpolitische Verhaltensregeln sehr bald die gegebene Autonomie in der Wirtschafts- und Währungspolitik fühlbar berühren würden. Daher ist auch im Kreis der Länder der Zehner-Gruppe der Durchbruch zu einer nennenswerten Kooperation in der Wirtschafts- und Währungspolitik bisher noch nicht gelungen. Immerhin sind verschiedene Ansätze zur gemeinsamen Behandlung wirtschafts- und währungspolitischer Entscheidungen von weltweiter Tragweite vorhanden, wie die Konsultationen bei der Abwertung des Pfund Sterling im November 1967 und die Bonner Währungskonferenz im November 1968 gezeigt haben. Diese Ansätze, die durch den Druck internationaler Krisen erzwungen wurden, sind jedoch keineswegs ausreichend, die Entstehung solcher Krisen in Zukunft zu verhindern.

Wenngleich mit den gegebenen Kooperationsformen der Zehner-Gruppe internationale Krisen im Währungssektor nicht verhindert werden konnten, so haben sie sich doch insoweit bewährt, als mit ihnen nachhaltige Auswirkungen dieser Krisen überwunden werden konnten. Es ist damit zu rechnen, daß sich die Kooperation der Zehner-Gruppe auch in Zukunft bewähren wird, wenn es darum geht, die monetäre Basis einer expandierenden Weltwirtschaft zu erhalten. Damit kommt den Ländern der Zehner-Gruppe eine besondere Verantwortung und eine erstrangige Stellung innerhalb des auf den IWF-Statuten aufbauenden internationalen Währungssystems zu. Die engere Kooperation im Rahmen der Zehner-Gruppe ist freilich nicht nur für die Zehner-Gruppe selbst von Bedeutung, sondern ebenso für die außerhalb der Zehner-Gruppe stehenden, aber zum IWF gehörenden anderen Länder.

LITERATURVERZEICHNIS

I. Selbständige Schriften

Bloomfield, Arthur I., Speculative and Flight Movements of Capital in Postwar International Finance, Princeton, N.J., 1954.

C.J. Devine Institute of Finance, New York University, The Key Currencies, Bulletin, No. 17, November 1961.

International Liquidity, Bulletin, No. 27, November 1963.

Dudler, H.-J., Kurzfristige internationale Kapitalbewegungen, Ihre quantitativ-definitorische Erfassung und theoretische Analyse, Veröffentlichungen des Instituts für Bankwirtschaft an der Universität Köln, Bd. XVI, Frankfurt am Main 1966.

Einzig, Paul, Leads and Lags - The Main Cause of Devaluation, London - Melbourne - Toronto - New York 1968.

Fensch, Ute, Zum Problem der internationalen Liquidität, Kieler Studien 62, Tübingen 1963.

Issing, Otmar, Leitwährung und internationale Währungsordnung, Schriften des Instituts für das Spar-, Giro- und Kreditwesen an der Universität Bonn, Bd. 28, Berlin 1965.

Janocha, Peter, Intervention und Kooperation der Zentralbanken auf den Devisenmärkten nach dem Zweiten Weltkrieg, Kieler Studien 74, Tübingen 1966.

Joerges, Harald, Schleiminger, Günther, Internationaler Währungsfonds, Weltbank, IFC, IDA, Frankfurt am Main 1965.

Kindleberger, Charles P., International Short-Term Capital Movements, Reprinted Ed., New York 1965.

Küng, Emil, Zahlungsbilanzpolitik, St. Galler Wirtschaftswissenschaftliche Forschungen, Hrsg. Handelshochschule St. Gallen, Bd. 15, Zürich - Tübingen 1959.

Lipfert, Helmut, Einführung in die Währungspolitik, 4. überarbeitete Aufl., München 1969.

Internationaler Devisen- und Geldhandel, 2. Aufl. von Devisenhandel, Frankfurt am Main 1967.

Maaß, Günther, Die Rolle des Pfund Sterlings in der Weltwirtschaft seit dem Zweiten Weltkrieg, Kieler Studien 90, Tübingen 1968.

Machlup, Fritz, Die Pläne zur Reform des internationalen Geldwesens, Kieler Vorträge, Neue Folge 23, Kiel 1962.

International Monetary Arrangements: The Problem of Choice, Report on the Deliberations of an International Study Group of 32 Economists, International Finance Section, Department of Economics, Princeton University, Princeton 1964.

Meyer, Hans, Die kurzfristige internationale Kredithilfe, Veröffentlichungen der Hochschule St. Gallen für Wirtschafts- und Sozialwissenschaften, Volkswirtschaftlich-wirtschaftsgeographische Reihe - Bd. 8, Zürich und St. Gallen 1966.

Scammel, W.M., International Monetary Policy, Second Ed. 1961, Reprinted 1965, London.

Schmölders, Günter, Geldpolitik, 2. Aufl., Tübingen - Zürich 1968.

Schneider, Erich, Zahlungsbilanz und Wechselkurs, Eine Einführung in die monetären Probleme internationaler Wirtschaftsbeziehungen, Tübingen 1968.

Sohmen, Egon, The Theory of Forward Exchange, Princeton Studies in International Finance No. 17, Princeton, N.J., 1966.

Triffin, Robert, Gold and the Dollar Crisis, The Future of Convertibility, New Haven 1960.

Veit, Otto, Grundriß der Währungspolitik, Zweite unveränderte Aufl., Frankfurt/Main ohne Jahr.

II. Gesetze und internationale Verträge

Allgemeine Kreditvereinbarungen: 1. Entscheidung der Exekutivdirektoren des IWF vom 5. Januar 1962 über Allgemeine Kreditvereinbarungen unter Artikel VII, Abschnitt 2 des Abkommens über den Internationalen Währungsfonds; 2. Ergänzendes Schreiben des französischen Finanzministers vom 15. Dezember 1961; 3. Antwortschreiben der Deutschen Bundesbank vom 27. Dezember 1961 - Übersetzungen - in: Deutsche Bundesbank, Mitteilung Nr. 7002/62, 16. Januar 1962, Internationaler Währungsfonds (IWF).

Amendment to the Articles of Agreement of the International Monetary Fund - Prepared Pursuant to Board of Governors Resolution No. 22-8 (Änderungen und Ergänzungen des Abkommens über den Internationalen Währungsfonds - Ausgearbeitet gemäß Resolution Nr. 22-8 des Gouverneursrats), BGBl., Jg. 1968, Tl. II, S. 1227 - 1250.

Articles of Agreement of the International Monetary Fund (Abkommen über den Internationalen Währungsfonds), BGBl., Jg. 1952, Tl. II, S. 638 - 663.

Bundesbeschluss über die Mitwirkung der Schweiz an internationalen Währungsmassnahmen vom 4. Oktober 1963, in: Bundesblatt der Schweizerischen Eidgenossenschaft, 115. Jg. (1963), Bd. II, S. 809 - 810.

Europäisches Währungsabkommen - Vom 26. März 1959, BGBl., Jg. 1959, Tl. II, S. 294 - 330.

Gesetz über den Beitritt der Bundesrepublik Deutschland zu den Abkommen über den Internationalen Währungsfonds (International Monetary Fund) und über die Internationale Bank für Wiederaufbau und Entwicklung (International Bank for Reconstruction and Development) - Vom 28. Juli 1952, BGBl., Jg. 1952, Tl. II, S. 637.

Gesetz über die Deutsche Bundesbank - Vom 26. Juli 1957, BGBl., Jg. 1957, Tl. I, S. 745 - 755.

Gesetz über Maßnahmen zur außenwirtschaftlichen Absicherung gemäß § 4 des Gesetzes zur Förderung der Stabilität und des Wachstums der Wirtschaft (AbsichG) - Vom 29. November 1968, BGBl., Jg. 1968, Tl. I, S. 1255 - 1262.

Gesetz zu den Änderungen und Ergänzungen des Abkommens über den Internationalen Währungsfonds, die das Direktorium des Fonds im Bericht vom April 1968 dem Vorsitzer des Gouverneurrats vorgelegt und die der Gouverneursrat bis zum 31. Mai 1968 genehmigt hat - Vom 23. Dezember 1968, BGBl., Jg. 1968, Tl. II, S. 1225 -1226.

Gesetz zur Förderung der Stabilität und des Wachstums der Wirtschaft - Vom 8. Juni 1967, BGBl., Jg. 1967, Tl. I, S. 582 - 589.

Vertrag zur Gründung der Europäischen Wirtschaftsgemeinschaft - Vom 25. März 1957, BGBl., Jg. 1957, Tl. II, S. 766 - 903.

III. Halbamtliche und amtliche Veröffentlichungen

Banca d'Italia, Abridged Version of the Report for the Year 1963; 1964; 1967.

Bank of Canada, Annual Report for the Year 1967; 1968.

Bank of England, Quarterly Bulletin, Vol. I, No. 4, September 1961; Vol. I, No. 5, December 1961; Vol. III, No. 2, June 1963; Vol. IV, No. 4, December 1964; Vol. V, No. 2, June 1965; Vol. V, No. 3, September 1965; Vol. V, No. 4, December 1965; Vol. VI, No. 2, June 1966; Vol. VI, No. 3, September 1966; Vol. VI, No. 4, December 1966; Vol. 7, No. 2, June 1967; Vol. 7, No. 4, December 1967 fortlaufend bis Quarterly Bulletin, Vol. 9, No. 3, September 1969.

Verlautbarung der Bank von England über die Verlängerung der Notenbank-Kreditlinien, London, 10. Februar 1965, in: Deutsche Bundesbank/Auszüge aus Presseartikeln, Nr. 12/17. 2. 1965, S. 1.

Banque de France, Compte Rendu Des Opérations, Exercice 1966; Exercice 1967.

Baumgartner, Wilfried, Statement by the Governor of the Bank for France, in: IMF, Summary Proceedings (1961), S. 60 - 64.

Bank für Internationalen Zahlungsausgleich, Communiqué vom 12. März 1961.

Kommuniqué der Bank für Internationalen Zahlungsausgleich vom 9. September 1968 über die Baseler Notenbankaktion zugunsten des Pfundes, Basel, 9. September 1968, in: Deutsche Bundesbank/Auszüge aus Presseartikeln, Nr. 61/11. 9. 1968, S. 1.

Fünfunddreissigster Jahresbericht, 1. April 1964 - 31. März 1965 [Fünfunddreissigster Jahresbericht (1964/65)] fortlaufend bis Neununddreissigster Jahresbericht, 1. April 1968 - 31. März 1969 [Neununddreissigster Jahresbericht (1968/69)]

Blessing, Karl, Aktuelle währungspolitische Fragen, Vortrag des Präsidenten der Deutschen Bundesbank am 10. November 1961 vor der Verwaltungs- und Wirtschafts-Akademie in Düsseldorf, in: Deutsche Bundesbank/Auszüge aus Presseartikeln, Nr. 90/6. 12. 1961, S. 1 - 7.

Comments on the International Monetary Situation, Ausführungen des Präsidenten der Deutschen Bundesbank vor dem Council on Foreign Relations, New York, am 4. Oktober 1965 (Deutsche Fassung), in: Deutsche Bundesbank/Auszüge aus Presseartikeln, Nr. 75/13. 10. 1965, S. 1 - 4.

,Dirigismus wirkt leider ansteckend', Spiegel-Interview mit Bundesbankpräsident Karl Blessing, in: Der Spiegel, Nr. 49, 2. 12. 1968, S. 106.

Statement by the Governor of the Fund for the Federal Republic of Germany, in: IMF, Summary Proceedings (1961), S. 64 - 69.

Statement by the Governor of the Fund for the Federal Republic of Germany, in: IMF, Summary Proceedings (1965), S. 115 - 119.

Botschaft des Bundesrates an die Bundesversammlung über die Mitwirkung der Schweiz an internationalen Währungsmassnahmen vom 1. März 1963, in: Bundesblatt der Schweizerischen Eidgenossenschaft, 115. Jg. (1963), Bd. I, S. 349 - 364.

Der Bundesminister für Wirtschaft, Bekanntmachung über die neue Parität der D-Mark - Vom 8. März 1961, VIB3 - 425/7 - 18712/61II, in: Bundesanzeiger, Jg. 13, Nr. 48, 9. März 1961, S. 2.

Callaghan, James, Statement by the Governor of the Fund for the United Kingdom, in: IMF, Summary Proceedings (1966), S. 57 - 64.

Colombo, Emilio, Statement by the Governor of the Fund for Italy, in: IMF, Summary Proceedings (1965), S. 38 - 48.

Coombs, Charles A., Treasury and Federal Reserve Foreign Exchange Operations, in: Federal Reserve Bulletin,
Vol. 48, No. 9, September 1962, S. 1138 - 1153;
Vol. 49, No. 9, September 1963, S. 1216 - 1223;
Vol. 50, No. 9, September 1964, S. 1119 - 1133;
Vol. 54, No. 3, March 1968, S. 267 - 288;
Vol. 54, No. 9, September 1968, S. 721 - 742;
Vol. 55, No. 3, March 1969, S. 210 - 227;
Vol. 55, No. 9, September 1969, S. 697 - 718.

Debré, Michel, Statement by the Governor of the Bank for France, in: IMF, Summary Proceedings (1966), S. 37 - 48.

Statement by the Governor of the Bank for France, in: IMF, Summary Proceedings (1967), S. 66 - 73.

Deutsche Bundesbank, Geschäftsbericht für das Jahr 1958; 1961 fortlaufend bis Geschäftsbericht für das Jahr 1968.

Monatsbericht Februar 1962; Juni 1965; Oktober 1968; November/Dezember 1968; Juni 1969.

Die Deutsche Mark wird nicht aufgewertet, Erklärung des stellvertretenden Regierungssprechers Ahlers auf der Pressekonferenz in Bonn am 9. Mai 1969, in: Deutsche Bundesbank/Auszüge aus Presseartikeln, Nr. 35/13. 5. 1969, S. 1.

Dillon, Douglas, Statement by the Governor of the Bank and Fund for the United States, in: IMF, Summary Proceedings (1961), S. 46 - 55.

Ergänzende Maßnahmen zur Pfundabwertung, Das Kommuniqué der britischen Regierung, in: FAZ, Nr. 270, 20. 11. 1967, S. 20.

Erklärung des Bundesministers für Wirtschaft, Prof. Dr. Ludwig Erhard, auf der Pressekonferenz in Bonn am 5. März 1961 zur Aufwertung der DMark, in: Deutsche Bundesbank/Auszüge aus Presseartikeln, Nr. 19/8. 3. 1961, S. 1 - 3.

Erklärung des Präsidenten der Deutschen Bundesbank Karl Blessing auf der Pressekonferenz in Bonn am 5. März 1961 zur Aufwertung der DMark, in: Deutsche Bundesbank/Auszüge aus Presseartikeln, Nr. 19/8. 3. 1961, S. 3 - 4.

Erklärung von Premierminister Wilson zur Pfundabwertung, in: Deutsche Bundesbank/Auszüge aus Presseartikeln, Nr. 95/21. 11. 1967, S. 2 - 3.

Europäische Wirtschaftsgemeinschaft, Kommuniqué der Finanz- und Wirtschaftsminister der EWG-Staaten, München, 18. April 1967, in: Deutsche Bundesbank/Auszüge aus Presseartikeln, Nr. 30/21. 4. 1967, S. 5.

Wortlaut der vom Europäischen Ministerrat gebilligten Richtlinie über den gegenseitigen Beistand, Vereinigte Wirtschaftsdienste, Finanzen, Frankfurt a. M., vom 22. 7. 1968, in: Deutsche Bundesbank/Auszüge aus Presseartikeln, Nr. 51/ 31. 7. 1968, S. 6.

Europäische Wirtschaftsgemeinschaft, Entscheidung der Kommission der Europäischen Gemeinschaften, Brüssel, am 23. Juli 1968, mit der die Französische Republik ermächtigt wird, gemäß Artikel 108 Absatz 3 des Vertrages bestimmte Schutzmaßnahmen zu treffen, in: Deutsche Bundesbank/Auszüge aus Presseartikeln, Nr. 51/31. 7. 1968, S. 7 - 8.

Kommuniqué über die Konferenz der EWG-Wirtschafts- und Finanzminister in Rotterdam am 9. und 10. September 1968, in: Deutsche Bundesbank/Auszüge aus Presseartikeln, Nr. 62/ 13. 9. 1968, S. 1.

Excerpts from the Full Text of the Chancellor's Letter of Intent to the Managing Director of the IMF, The Times, London - June 24, 1969, in: Deutsche Bundesbank/Auszüge aus Presseartikeln, Nr. 47/27. 6. 1969, S. 9 - 10.

de Gaulles Ansprache zur Währungskrise, Vollendung des Aufstiegs ,ohne zur Abwertung Zuflucht zu nehmen'/Der General über die Ursachen des Rückschlags/Der Wortlaut, in: FAZ, Nr. 275, 26. 11. 1968, S. 4.

Gemeinsames Pressekommuniqué von sieben Notenbanken, Frankfurt am Main, den 26. November 1967, in: Deutsche Bundesbank/ Auszüge aus Presseartikeln, Nr. 97/29. 11. 1967, S. 1.

Giscard d'Estaing, Valéry, Ansprache des französischen Wirtschafts- und Finanzministers bei der Jahresversammlung des Internationalen Währungsfonds und der Weltbank am 30. September 1969 in Washington, in: Deutsche Bundesbank/Auszüge aus Presseartikeln, Nr. 76/7. 10. 1969, S. 6 - 7.

La valeur d'une monnaie se constate elle ne se décide pas, Le Monde, Paris - 10/11 août 1969, in: Deutsche Bundesbank/ Auszüge aus Presseartikeln, Nr. 59/13. 8. 1969, S. 2 - 3.

Statement by the Governor of the Bank for France, in: IMF, Summary Proceedings (1964), S. 203 - 209.

Statement by the Governor of the Bank for France, in: IMF, Summary Proceedings (1965), S. 121 - 129.

Gruppe der Zehn, Verlautbarung über das erste Treffen der 10 Teilnehmerländer an den Allgemeinen Kreditvereinbarungen mit dem Internationalen Währungsfonds, Washington, 20. 9. 1962, in: Deutsche Bundesbank/Auszüge aus Presseartikeln, Nr. 71/ 26. 9. 1962, S. 1.

Verlautbarung der Gruppe der Zehn bei der Jahrestagung des Internationalen Währungsfonds in Washington, 2. Oktober 1963, in: Deutsche Bundesbank/Auszüge aus Presseartikeln, Nr. 74/ 3. 10. 1963, S. 1.

Verlautbarung der Minister und Notenbankgouverneure der Gruppe der Zehn und Anhang hierzu, ausgearbeitet von den Stellvertretern - August 1964 - (Aus dem englischen Original-Text übersetzt in der Deutschen Bundesbank).

Verlautbarung der Zehnergruppe, Paris, 7. November 1964, in: Deutsche Bundesbank/Auszüge aus Presseartikeln, Nr. 74/ 11. 11. 1964, S. 12.

Bericht der Sachverständigengruppe zum Studium der Schaffung von Währungsreserven, Bericht an die Stellvertreter der Gruppe der Zehn, 31. Mai 1965 - (Aus dem englischen Original-Text übersetzt in der Deutschen Bundesbank).

Communiqué of the Ministers and Governors of the Group of Ten Issued on September 28, 1965, in: IMF, Summary Proceedings (1965), S. 279 - 281.

Kommuniqué der Minister und Notenbankgouverneure und Bericht der Stellvertreter - Juli 1966 - (Aus dem englischen Original-Text übersetzt in der Deutschen Bundesbank).

Communiqué of the Ministerial Meeting of the Group of Ten on 26th August, 1967 in London, in: Deutsche Bundesbank/Auszüge aus Presseartikeln, Nr. 65/31. 8. 1967, S. 1.

Communiqué of the Ministerial Meeting of the Group of Ten on March 29 - 30th 1968, in Stockholm, in: Deutsche Bundesbank/ Auszüge aus Presseartikeln, Nr. 26/5. 4. 1968, S. 1.

Communiqué of the Ministers and Governors of the Group of Ten, Meeting in Bonn, 20th - 22nd November 1968, Bulletin des Presse- und Informationsamtes der Bundesregierung, Bonn, Nr. 149 vom 26. November 1968, in: Deutsche Bundesbank/Auszüge aus Presseartikeln, Nr. 81/26. 11. 1968, S. 1.

Gruppe der Zehn, Stellungnahme der Notenbankgouverneure der Zehnergruppe und der Schweiz zu Punkt 8 des Kommuniqués von Bonn, Basel, den 10. Februar 1969, in: Deutsche Bundesbank/ Auszüge aus Presseartikeln, Nr. 12/13. 2. 1969, S. 1.

Presseverlautbarung der Notenbankgouverneure in Basel vom 11. Mai 1969, in: Deutsche Bundesbank/Auszüge aus Presseartikeln, Nr. 35/13. 5. 1969, S. 1.

Communiqué on General Arrangements to Borrow, Paris - June 6, 1969, in: IMF, International Financial News Survey, Vol. XXI, No. 23, June 13, 1969, S. 181.

Press Communiqué of the Ministerial Meeting of the Group of Ten, 1st October, 1969 - Washington, D.C., in: Deutsche Bundesbank/Auszüge aus Presseartikeln, Nr. 75/6. 10. 1969, S. 1.

Holtrop, M.W., Statement by the Governor for the Netherlands, in: IMF, Summary Proceedings (1964), S. 62 - 70.

Statement by the Governor of the Fund for the Netherlands, in: IMF, Summary Proceedings (1965), S. 145 - 149.

International Monetary Fund, Annual Report of the Executive Directors for the Fiscal Year Ended April 30, 1948 [Annual Report (1947/48)] ; (1948/49); (1950/51); (1951/52); (1952/53); (1958/59) fortlaufend bis Annual Report of the Executive Directors for the Fiscal Year Ended April 30, 1968 [Annual Report (1967/68)] .

Annual Report on Exchange Restrictions, Tenth (1959); Twelfth (1961); Twentieth (1969).

Board of Governors of the International Monetary Fund, Resolutions Nos. 20-6 and 20-7: Increases in Quotas of Members - Fourth Quinquennial Review, in: IMF, Summary Proceedings (1965), S. 245 - 249.

Board of Governors of the International Monetary Fund, Resolution No. 22-8: Establishment of a Facility Based on Special Drawing Rights in the Fund and Modifications in the Rules and Practices of the Fund, in: IMF, Summary Proceedings (1967), S. 271 - 279.

International Monetary Fund, Establishment of a Facility Based on Special Drawing Rights in the International Monetary Fund and Modifications in the Rules and Practices of the Fund, A Report by the Executive Directors to the Board of Governors Proposing Amendment of the Articles of Agreement, in: IMF, Annual Report (1967/68), Appendix I, S. 129 - 174.

International Financial Statistics, Vol. XXII, No. 5, May 1969.

Press Release No. 502 - November 20, 1964; No. 634 - November 18, 1967; No. 651 - November 29, 1967; No. 693 - June 17, 1968; No. 694 - June 17, 1968; No. 695 - June 19, 1968; No. 723 - February 24, 1969; No. 739 - May 23, 1969; No. 742 - June 20, 1969; No. 743 - June 27, 1969; No. 746 - July 9, 1969; No. 749 - July 28, 1969; No. 750 - August 1, 1969; No. 754 - August 7, 1969; No. 755 - August 10, 1969; No. 758 - September 23, 1969; No. 761 - September 27, 1969.

Summary Proceedings of the Twelfth Annual Meeting of the Board of Governors (1957) [Summary Proceedings (1957)] fortlaufend bis Summary Proceedings of the Twenty-Third Annual Meeting of the Board of Governors (1968) [Summary Proceedings (1968)] .

Jacobsson, Per, Address by the Managing Director of the International Monetary Fund before the Economic and Social Council of the United Nations, April 6, 1962, in: Deutsche Bundesbank/ Auszüge aus Presseartikeln, Nr. 29/18. 4. 1962, S. 1 - 6.

Presentation of the Sixteenth Annual Report by the Chairman of the Executive Board and Managing Director of the International Monetary Fund, in: IMF, Summary Proceedings (1961), S. 13 - 32.

Keine Aufwertung der Deutschen Mark, Absicherung der Preisstabilität durch steuerliche Sofortmaßnahmen auf dem Gebiet der Ein- und Ausfuhr, Wirksamer Beitrag der Bundesregierung zur Verbesserung der internationalen Zahlungsbilanzen, Bulletin des Presse- und Informationsamtes der Bundesregierung, Bonn, Nr. 148 vom 22. November 1968, in: Deutsche Bundesbank/Auszüge aus Presseartikeln, Nr. 80/26. 11. 1968, S. 1.

Kennedys Botschaft zum amerikanischen Zahlungsbilanzproblem, Der Wortlaut der Botschaft, in: NZZ, Nr. 38, 8. 2. 1961, Bl. 3.

Maudling, Reginald, Statement by the Governor for the United Kingdom, in: IMF, Summary Proceedings (1962), S. 61 - 68.

De Nederlandsche Bank N. V., Report for the Year 1967.

Österreichische Nationalbank, Bericht über das Geschäftsjahr 1967 mit Rechnungsabschluß 1967.

Organisation for Economic Cooperation and Development, Der Prozess zum Ausgleich der Zahlungsbilanzen, Ein Bericht der Arbeitsgruppe Nr. 3 des Wirtschaftspolitischen Ausschusses der Organisation für wirtschaftliche Zusammenarbeit und Entwicklung, August 1966.

Outline of a Facility Based on Special Drawing Rights in the Fund (Grundsätze für die Schaffung einer Fazilität in Form von Sonderziehungsrechten im IWF), in: Deutsche Bundesbank/Auszüge aus Presseartikeln, Nr. 68/11. 9. 1967, S. 1 - 3.

Presseverlautbarung Präsident Johnson's über das Programm zur Verbesserung der amerikanischen Zahlungsbilanz, Washington, 1. Januar 1968, in: Deutsche Bundesbank/Auszüge aus Presseartikeln, Nr. 1/4. 1. 1968, S. 1 - 4.

Die Reden von Bundeskanzler Kiesinger, Bundesminister für Wirtschaft Professor Schiller und Bundesminister der Finanzen Strauß vor dem Deutschen Bundestag am 26. November 1968, Bulletin des Presse- und Informationsamtes der Bundesregierung, Bonn, Nr. 151 vom 28. November 1968, in: Deutsche Bundesbank/Auszüge aus Presseartikeln, Nr. 83/4. 12. 1968, S. 3 - 9.

Regierungserklärung von Premierminister Couve de Murville vom 17. 7. 1968, Le Monde, Paris, No. 7313 - 19 juillet 1968, in: Deutsche Bundesbank/Auszüge aus Presseartikeln, Nr. 50/ 24. 7. 1968, S. 3 - 4.

Schiller, Karl, Statement by the Governor of the Bank for Germany, in: IMF, Summary Proceedings (1967), S. 44 - 48.

Schweitzer, Pierre-Paul, Ansprache des Geschäftsführenden Direktors des Internationalen Währungsfonds bei der Jahresversammlung des Internationalen Währungsfonds und der Weltbank am 29. September 1969 in Washington, in: Deutsche Bundesbank/Auszüge aus Presseartikeln, Nr. 75/6. 10. 1969, S. 3 - 6.

Bretton Woods, Twenty-Five Years After, Address by the Managing Director of the International Monetary Fund at Queens University, Kingston, Ontario, June 2, 1969, in: IMF, International Financial News Survey, Vol. XXI, No. 22, June 6, 1969, S. 177 - 180.

Entwicklungen im Weltwährungssystem, Vortrag des Geschäftsführenden Direktors des Internationalen Währungsfonds vor dem Bundesverband der Deutschen Industrie in Kronberg im Taunus am 25. April 1966, in: Deutsche Bundesbank/Auszüge aus Presseartikeln, Nr. 27/27. 4. 1969, S. 1 - 5.

International Liquidity and the Fund, An Address by the Managing Director of the International Monetary Fund before the Commercial Club of Chicago, March 24, 1966, in: Finance and Development, Vol. 3, No. 2, June 1966, S. 99 - 106.

The International Monetary System and International Liquidity, Address by the Managing Director of the International Monetary Fund at the Institut d'Etudes Bancaires et Financières, Paris - June 2, 1965 (English text of Speech being delivered in French), in: Deutsche Bundesbank/Auszüge aus Presseartikeln, Nr. 40/4. 6. 1965, S. 1 - 7.

Schweizerische Nationalbank, Vierundfünfzigster Geschäftsbericht (1961) fortlaufend bis 61. Geschäftsbericht (1968).

Sveriges Riksbank, Yearbook Vol. LIX (1966); Vol. LX (1967).

Le système du ‚Gold Exchange Standard' ne correspond plus aux nécessités d'à présent (Aus dem Text der Erklärungen des Staatspräsidenten de Gaulle vom 4. 2. 1965) Le Monde, Paris, No. 6241, 6 février 1965, in: Deutsche Bundesbank/Auszüge aus Presseartikeln, Nr. 10/10. 2. 1965, S. 1 - 2.

Thompson-McCausland, L. P., The place of Special Drawing Rights in the international monetary system, in: Bank of England, Quarterly Bulletin, Vol. 8, No. 2, June 1968, S. 146 - 155.

Washingtoner Beschlüsse der Notenbankgouverneure, offizielles Kommuniqué, Washington, den 17. März 1968, in: Deutsche Bundesbank/Auszüge aus Presseartikeln, Nr. 22/20. 3. 1968, S. 1.

Zijlstra, Jelle, Aus der Ansprache von Präsident Dr. Jelle Zijlstra, Vorsitzender des Verwaltungsrats der Bank für Internationalen Zahlungsausgleich, auf der Generalversammlung vom 9. 6. 1969 in Basel, in: Deutsche Bundesbank/Auszüge aus Presseartikeln, Nr. 42/11. 6. 1969, S. 1 - 2.

Zolotas, Xenophon, Statement by the Governor of the Fund for Greece, in: IMF, Summary Proceedings (1957), S. 39 - 43.

Statement by the Governor of the Fund for Greece, in: IMF, Summary Proceedings (1958), S. 89 - 92.

IV. Aufsätze und Beiträge in Periodika und Sammelwerken

1. Mit Verfasserangabe

Adler, John H., Internationale Kapitalbewegungen, in: Enzyklopädisches Lexikon für das Geld-, Bank- und Börsenwesen, Bd. 2, 3. Aufl., Frankfurt am Main 1967/68, S. 808 - 826.

Altmann, Oscar L., Fund Quotas Will Be Increased to $ 21 Billion, in: Finance and Development, Vol. 2, No. 4, December 1965, S. 205 - 210.

Aschinger, Franz, Der amerikanisch-französische Gegensatz in der Währungsfrage, in: Aussenwirtschaft, Zeitschrift für internationale Wirtschaftsbeziehungen, 20. Jg., 1965, S. 33 - 47.

The General Revision of the IMF, in: The Banker, Vol. 118, No. 503, January 1968, S. 28 - 33.

Bernhardt, Klaus, Aufwertungsdiskussion wird brisant, Bundesbank in einer Schlüsselposition - Übereinstimmung zwischen Blessing und Schiller, in: Handelsblatt, Nr. 87, 7. 5. 1969, S. 3.

Bernstein, Edward Morris, Proposed Reforms in the International Monetary System, in: Grubel, Herbert G., (Hrsg.), World Monetary Reform, Plans and Issues, Stanford 1963, S. 187 - 202.

The Adequacy of United States Gold Reserves, in: The American Economic Review, Vol. LI, No. 2, May 1961, Papers and Proceedings, S. 439 - 446.

Braun, Bernd, Rechtliche Schranken des Handels-Protektionismus, in: FAZ - Blick durch die Wirtschaft, Nr. 141, 23. 6. 1969, S. 2.

Brestel, Heinz, Die verstossenen Milliarden, Geschichte und Bedeutung des Eurodollar-Marktes, in: FAZ, Nr. 158, 12. 7. 1969, S. 17.

Eick, Jürgen, de Gaulle sagt nein, in: FAZ, Nr. 274, 25. 11. 1968, S. 1.

Einzig, Paul, The Support Points Mechanism, in: Banca Nazionale del Lavoro, Quarterly Review, Vol. XVIII, No. 74, September 1965, S. 225 - 271.

Emminger, Otmar, Aktuelle Probleme der internationalen Währungspolitik, Vortrag vor der Frankfurter Gesellschaft für Handel Industrie und Wissenschaft am 14. 2. 1962, in: Deutsche Bundesbank/Auszüge aus Presseartikeln, Nr. 16/28. 2. 1962, S. 2 - 8.

Bilanz der Währungskrisen, Ausführungen vor dem Wirtschaftsforum Hessen in Frankfurt am Main am 21. Februar 1969, in: Deutsche Bundesbank/Auszüge aus Presseartikeln, Nr. 15/26. 2. 1969, S. 2 - 8.

Der Goldpreis, Bemerkungen zur gegenwärtigen internationalen Diskussion, Beiträge zu Wirtschafts- und Währungsfragen und zur Bankgeschichte, Deutsche Bank AG, März 1967, in: Deutsche Bundesbank/Auszüge aus Presseartikeln, Nr. 35/ 19. 5. 1967, S. 1 - 7.

Grundprobleme der internationalen Währungsordnung, Referat auf der Wirtschaftswissenschaftlichen Tagung 1964 der Gesellschaft für Wirtschafts- und Sozialwissenschaften in Travemünde am 22. September 1964, in: Deutsche Bundesbank/ Auszüge aus Presseartikeln, Nr. 65/7. 10. 1964, S. 2 - 8.

Internationaler Währungsfonds, in: Enzyklopädisches Lexikon für das Geld-, Bank- und Börsenwesen, Bd. 2, 3. Aufl., Frankfurt am Main 1967/68, S. 827 - 842.

Internationales Währungssystem, in: Enzyklopädisches Lexikon für das Geld-, Bank- und Börsenwesen, Bd. 2, 3. Aufl., Frankfurt am Main 1967/68, S. 842 - 852.

Reform des internationalen Währungssystems, Vortrag in Montreal am 11. September 1967 (Deutsche Übersetzung aus dem englischen Originaltext), in: Deutsche Bundesbank/Auszüge aus Presseartikeln, Nr. 73/26. 9. 1967, S. 1 - 7.

Zehner-Gruppe und Reform des Weltwährungssystems, in: Aussenpolitik, Zeitschrift für internationale Fragen, 17. Jg., 1966, Heft 1, S. 7 - 17.

Evans, Jr., James G., Current and Capital Transactions: How the Fund Defines Them, in: Finance and Development, Vol. 5, No. 3, September 1968, S. 30 - 35.

Fankhauser, Larry H., Schweigsam und mächtig: Die Bank der Banken, Weichensteller an der europäischen Finanzfront, in: Industriekurier, Nr. 54, 12. 4. 1969, S. 24.

Gilbert, Milton, The Role of the Dollar in International Monetary Stability, New York, September 22, 1966, in: Deutsche Bundesbank/Auszüge aus Presseartikeln, Nr. 87/25. 11. 1966, S. 9 - 12.

Hahn, L. Albert, Bemerkungen zum Ossola-Bericht, in: Aussenwirtschaft, Zeitschrift für internationale Wirtschaftsbeziehungen, 20. Jg., 1965, S. 23(199) - 34(210).

Geld ohne Gold, I, II, III, in: NZZ, Nr. 212, 4. 8. 1968, S. 33 - 34; Nr. 214, 6. 8. 1968, S. 10; Nr. 215, 7. 8. 1968, S. 9.

Harrod, Roy F., A Plan for Increasing Liquidity: A Critique, in: Grubel, Herbert G., (Hrsg.), World Monetary Reform, Plans and Issues, Stanford 1963, S. 111 - 119.

Reforming the World's Money, Reprinted Ed., London - Melbourne - Toronto 1965.

Horsefield, J. Keith, The Fund's Charges, in: Finance and Development, Vol. 6, No. 3, September 1969, S. 19 - 23.

Iklé, Max, Währungspolitik in der Konvertibilität, in: Vereinigung für gesunde Währung, Zürich, Jahresbericht 1961, S. 12 - 39.

Janocha, Peter und Rohwedder, Jürgen, Bemerkungen zur jüngsten Diskussion über die internationale Währungsordnung, in: Weltwirtschaftliches Archiv, Bd. 94 (1965 I), S. 133 - 152.

Karlstroem, Bo S., How Did They Become Reserve Currencies?, in: Finance and Development, Vol. 4, No. 3, September 1967, S. 209 - 217.

Kloidt, Heinrich, Spekulation, in: Handwörterbuch der Betriebswirtschaft, Bd. III, 3. Aufl., Stuttgart 1960, Sp. 4986 - 4994.

Kroc, Rudolf, The Financial Structure of the Fund, Part I: Quotas and Charges, in: Finance and Development, Vol. 2, No. 1, March 1965, S. 40 - 48.

The Financial Structure of the Fund, Part II: How the Fund's Resources Revolve, in: Finance and Development, Vol. 2, No. 2, June 1965, S. 103 - 110.

de Lattre, André, Frankreich und die internationale Zusammenarbeit auf währungspolitischem Gebiet, Vortrag vor der Deutsch-Französischen Gesellschaft und dem Institut Français in Frankfurt am Main am 13. Januar 1965 - Übersetzung - in: Deutsche Bundesbank/Auszüge aus Presseartikeln, Nr. 4/ 20. 1. 1965, S. 6 - 14.

Lutz, Friedrich A., Das Problem der internationalen Liquidität und das System der mehrfachen Reservewährungen, in: Hunold, Albert, (Hrsg.), Inflation und Weltwährungsordnung, Erlenbach-Zürich und Stuttgart 1963, S. 73 - 97.

The Case for Flexible Exchange Rates, in: Banca Nazionale del Lavoro, Quarterly Review, Vol. VII, No. 3, December 1954, S. 175 - 185.

Machlup, Fritz, Die Theorie der Kapitalflucht, in: Weltwirtschaftliches Archiv, 36. Bd. (1932 II), S. 512 - 529.

Madan, B.K., Echoes of Bretton Woods, in: Finance and Development, Vol. 6, No. 2, June 1969, S. 30 - 38.

van der Mensbrugghe, Jean, Consultations with the Fund, in: Finance and Development, Vol. 2, No. 2, June 1965, S. 90 - 96.

Ossola, Rinaldo, On the Creation of New Reserve Assets: the Report of the Study Group of Ten, in: Banca Nazionale del Lavoro, Quarterly Review, Vol. XVIII, No. 74, September 1965, S. 272 - 292.

Pedersen, Jørgen, The Problem of International Liquidity, in: Weltwirtschaftliches Archiv, Bd. 94 (1965 I), S. 179 - 187.

Rieke, Wolfgang, Die Funktionen der neuen Sonderziehungsrechte im IWF, in: Aussenpolitik, Zeitschrift für internationale Fragen, 19. Jg., 1968, Heft 3, S. 148 - 156.

Robinson, Joan, The International Currency Proposals, in: The Economic Journal, Vol. LIII, 1943, S. 161 - 175.

Roeper, Hans, Gold in Frankreich, in: FAZ, Nr. 17, 20. 1. 1967, S. 22.

Woher kommt das "heiße Geld"?, in: FAZ, Nr. 39, 15. 2. 1964, S. 7.

Roosa, Robert V., Reforming The International Monetary System, Foreign Affairs, New York - October 1963, in: Deutsche Bundesbank/Auszüge aus Presseartikeln, Nr. 72/27. 9. 1963, S. 1 - 6.

Rosenstiel, Frederick H., Schweitzer kritisiert den Zehnerklub, Harte Debatte über die Neuordnung des internationalen Währungssystems, in: FAZ, Nr. 134, 13. 6. 1966, S. 16.

Rueff, Jacques, Die Gefahren des Gold-Devisen-Standards, I, II, III, in: NZZ, Nr. 174, 27. 6. 1961, Bl. 10; Nr. 175, 28. 6. 1961, Bl. 10; Nr. 176, 29. 6. 1961, Bl. 11.

Die Laster des Welt-Währungssystems, in: FAZ, Nr. 128, 5./6. 6. 1969, S. 23 - 24.

Geld aus der Retorte oder Gold?, in: FAZ, Nr. 129, 7. 6. 1969, S. 15.

Schaefer, Alfred, Beitritt der Schweiz zum Währungsfonds?, in: NZZ, Nr. 117, 30. 4. 1968, S. 13.

Stamp, Maxwell, The Stamp Plan-1962 Version, in: Grubel, Herbert G., (Hrsg.), World Monetary Reform, Plans and Issues, Stanford 1963, S. 80 - 89.

Stobbe, Alfred, Neuere Vorschläge zur Reform des internationalen Währungssystems, in: Weltwirtschaftliches Archiv, Bd. 87 (1961 II), S. 238 - 270.

Stucken, Rudolf, Spekulation, in: Handwörterbuch der Sozialwissenschaften, 9. Bd., Stuttgart - Tübingen - Göttingen 1956, S. 690 - 694.

de Vries, Margaret G., Exchange Restrictions: Progress Toward Liberalization, in: Finance and Development, Vol. 6, No. 3, September 1969, S. 40 - 44.

Fluctuating Exchange Rates: The Fund's Approach, in: Finance and Development, Vol. 6, No. 2, June 1969, S. 44 - 48.

von Wangenheim, Eberhard, Konzeptionelle und wirtschaftspolitische Aspekte der Sonderziehungsrechte im IWF, in: Österreichisches Bank-Archiv, Zeitschrift für das gesamte Bank- und Sparkassen-, Börsen- und Kreditwesen, 16. Jg., Heft IX, September 1968, S. 354 - 379.

2. Ohne Verfasserangabe

Die Niederlande nach der Guldenaufwertung, in: NZZ, Nr. 67, 9. 3. 1961, Bl. 7.

Die internationalen Geldbewegungen und die Notenbanken, in: NZZ, Nr. 207, 30. 7. 1961, Bl. 11.

Paris und die Reformen des Internationalen Währungsfonds, in: NZZ, Nr. 239, 31. 8. 1961, Bl. 6.

Die Stärkung des Internationalen Währungsfonds, Paraphierung der "borrowing arrangements", in: NZZ, Nr. 344, 15. 12. 1961, Bl. 10.

Die Abwicklung der Währungsfondshilfe an England, in: NZZ, Nr. 211, 4. 8. 1962, Bl. 7.

Die Assoziation der Schweiz mit dem Währungsfonds, in: NZZ, Nr. 329, 1. 12. 1962, Bl. 10.

Das Echo auf die Währungsvorschläge, in: NZZ, Nr. 221, 12. 8. 1964, Bl. 11.

Der Großeinsatz zugunsten des Pfundes, in: NZZ, Nr. 332, 2. 12. 1964, Bl. 10.

Die Hilfe des Währungsfonds an Großbritannien, in: NZZ, Nr. 125, 8. 5. 1965, Bl. 10.

Die neue Hilfe des Währungsfonds an Großbritannien, in: NZZ, Nr. 132, 15. 5. 1965, Bl. 10.

Amerikanischer Vorstoß zur Revision des internationalen Währungssystems, Rede Fowlers, in: NZZ, Nr. 190, 13. 7. 1965, Bl. 1.

La rêunion des Dix e êtê consacrêe à l'examen de questions techniques, L'affronement entre la France et ses partenaires aura lieu ultêrieurement, Le Monde, Paris, No. 6580 - 10 mars 1966, in: Deutsche Bundesbank/Auszüge aus Presseartikeln, Nr. 20/16. 3. 1966, S. 2.

Die Vorbereitung einer internationalen Währungsreform, Freimütige Aussprache zwischen IMF und Zehner-Gruppe, in: NZZ, Nr. 331, 2. 12. 1966, Bl. 11.

Der Plan zusätzlicher Währungsreserven, Die Londoner Tagung zwischen den Zehn und dem IMF, in: NZZ, Nr. 27, 28. 1. 1967, Bl. 10.

Die Washingtoner Währungskonferenz, Dritte Sitzung der Zehn und des IMF, in: NZZ, Nr. 115, 28. 4. 1967, Bl. 10.

Die Diskussion um die internationale Währungsreform, Neue Beratungen der Zehnergruppe, in: NZZ, Nr. 138, 22. 5. 1967, Bl. 4.

Das Ergebnis der Pariser Konferenz über die Währungsreform, in: NZZ, Nr. 170, 23. 6. 1967, Bl. 11.

Kredit für Großbritannien, in: SZ, Nr. 282, 25./26. 11. 1967, S. 21.

Der Stand-by-Kredit des IMF an Großbritannien, in: NZZ, Nr. 330, 1. 12. 1967, Bl. 13.

Das Projekt der Währungsreform in der Schlußphase, Meinungsaustausch im Zehnerklub über die Sonderziehungsrechte, in: NZZ, Nr. 69, 11. 3. 1968, S. 11.

Aufhebung der Golddeckung des Dollars, in: NZZ, Nr. 74, 16. 3. 1968, S. 13.

Tirage de la France sur le Fonds Monêtaire International, in: Banque, No. 264, Juin 1968, S. 453.

Wieder Devisenkontrollen in Frankreich, Vereinigte Wirtschaftsdienste, Finanzen, Frankfurt am Main, Nr. 126 vom 31. 5. 1968, in: Deutsche Bundesbank/Auszüge aus Presseartikeln, Nr. 39/ 8. 6. 1968, S. 6.

Aufhebung der Devisenkontrolle in Frankreich, in: NZZ, Nr. 245, 6. 9. 1968, S. 17.

Die Sterlingzone nach dem Basler Beistandskredit, Veröffentlichung eines Weißbuches durch das britische Schatzamt, in: NZZ, Nr. 284, 16. 10. 1968, S. 13 - 14.

Frankreich erhöhte den Diskontsatz, Vereinigte Wirtschaftsdienste, Finanzen, vom 12. 11. 1968, in: Deutsche Bundesbank/Auszüge aus Presseartikeln, Nr. 79/19. 11. 1968. S. 12.

Pressekonferenz Schillers, in: NZZ, Nr. 323, 24. 11. 1968, S. 7.

Stellungnahme Strauss', in: NZZ, Nr. 323, 24. 11. 1968. S. 34.

Die Absage de Gaulles an eine Abwertung des Franc, Politische und wirtschaftliche Beweggründe der französischen Haltung, in: NZZ, Nr. 324, 25. 11. 1968, S. 13.

Refus de Gaulles, Überraschender Verzicht auf eine Abwertung des Franc, in: NZZ, Nr. 324, 25. 11. 1968. S. 1.

Belgien und Holland erleichtert, in: FAZ, Nr. 275, 26. 11. 1968. S. 4.

Frankreichs neue Sanierungsmaßnahmen, Rede Couve de Murvilles in der Nationalversammlung, in: NZZ, Nr. 327, 28. 11. 1968, S. 13.

Währung und Börse in Frankreich, Die Devisenverluste in der kritischen Woche, in: NZZ, Nr. 329, 30. 11. 1968, S. 15.

Bonner Aufwertungs-Rätsel, in: SZ, Nr. 106, 3./4. 5. 1969, S. 4.

Neue kreditpolitische Maßnahmen in Frankreich, in: NZZ, Nr. 127, 10. 5. 1969, S. 13.

Frankreichs Wirtschaft ein Jahr nach der Maikrise, in: NZZ, Nr. 142, 25. 5. 1969, S. 33 - 34.

Sonderziehungsrechte, Immer noch ohne gemeinsamen Nenner, in: Industriekurier, Nr. 99, 3. 7. 1969, S. 16.

Keine Konsultationen Frankreichs mit den EWG-Partnern, in: NZZ, Nr. 219, 11. 8. 1969, S. 6.

Les quatorze pays africains et malgache membres de la zone franc dévaluent à leur tour pour maintenir la parité de leurs monnaies avec le franc, Le Monde, Paris - 12 août 1969, in: Deutsche Bundesbank/Auszüge aus Presseartikeln, Nr. 59/ 13. 8. 1969, S. 3.

La dévaluation du franc, Les premières mesures d'accompagnement, in: Banque, No. 277, Septembre 1969, S. 631 - 632.

Frankreichs Devisenposition vor dem IMF-Kredit, in: NZZ, Nr. 240, 1. 9. 1969, S. 13.

Das französische Sanierungsprogramm, Ausgleich des Staatshaushalts als Grundlage, in: NZZ, Nr. 244, 5. 9. 1969, S. 13.

Der IMF-Kredit für Frankreich, Mitwirkung des Zehnerklubs an der Mittelaufbringung, in: NZZ, Nr. 256, 17. 9.1969, S. 13.

Großbritannien auf dem Weg zur wirtschaftlichen Erstarkung, Verbesserte Zahlungsbilanzaussichten, in: NZZ, Nr. 260, 21. 9. 1969, S. 36.

Einzelheiten des IWF-Bereitschaftskredits für Frankreich, Vereinigte Wirtschaftsdienste, Finanzen, Frankfurt, vom 20. 9. 1969, in: Deutsche Bundesbank/Auszüge aus Presseartikeln, Nr. 70/ 24. 9. 1969, S. 11.

Die Konsolidierung der britischen Auslandsverschuldung, Neue Ziehung beim IMF, in: NZZ, Nr. 267, 29. 9. 1969, S. 13.

Der Ausbau des Gold-Devisen-Standards, Nach der Währungsfondstagung in Washington, in: NZZ, Nr. 274, 6. 10. 1969, S. 13.

GPSR Compliance

The European Union's (EU) General Product Safety Regulation (GPSR) is a set of rules that requires consumer products to be safe and our obligations to ensure this.

If you have any concerns about our products, you can contact us on ProductSafety@springernature.com

In case Publisher is established outside the EU, the EU authorized representative is:

Springer Nature Customer Service Center GmbH
Europaplatz 3
69115 Heidelberg, Germany

Batch number: 10815964

Printed by Printforce, the Netherlands